"一带一路"中国智慧展览发展报告
（2017）

中国机械国际合作股份有限公司　编

·北京·

图书在版编目（CIP）数据

"一带一路"中国智慧展览发展报告 . 2017 / 中国机械国际合作股份有限公司编. —北京：科学技术文献出版社，2018.4（2019.5重印）
ISBN 978-7-5189-3441-6

Ⅰ.①一… Ⅱ.①中… Ⅲ.①展览馆—研究报告—中国—2017 Ⅳ.① G245

中国版本图书馆 CIP 数据核字（2018）第 056280 号

"一带一路"中国智慧展览发展报告（2017）

| 策划编辑：周国臻 | 责任编辑：张 红 | 责任校对：文 浩 | 责任出版：张志平 |

出 版 者	科学技术文献出版社
地 址	北京市复兴路15号　邮编　100038
编 务 部	（010）58882938，58882087（传真）
发 行 部	（010）58882868，58882870（传真）
邮 购 部	（010）58882873
官方网址	www.stdp.com.cn
发 行 者	科学技术文献出版社发行　全国各地新华书店经销
印 刷 者	北京虎彩文化传播有限公司
版 次	2018年4月第1版　2019年5月第2次印刷
开 本	710×1000　1/16
字 数	368千
印 张	27.25
书 号	ISBN 978-7-5189-3441-6
定 价	118.00元

版权所有　违法必究

购买本社图书，凡字迹不清、缺页、倒页、脱页者，本社发行部负责调换

《"一带一路"中国智慧展览发展报告（2017）》
编 委 会

顾　　　　问	张福生
编委会主任	韩晓军　赵立志
编委会副主任	彭明京　陆一舟　乔　工　温忆梅
	程永顺　王　阳　张　力　茅俊民
	王笃洋　姜德钧　唐　亮　宋长颖
	贾怀江　贾　浴　郭　庆　杜超英
编委会成员	姚亚平　李　创　刘　箴　王会清
	王淑坤　孔　迪　吕　宁　黄　燕
	姜　东　高润峰　任　伟　万　鹏
	曹　晨　杨　明　王　悦　丁建荣
	叶静敏　张　林
编　写　组	张国锋　张　翼　李　阳　马　萱
	纪虹宇　刘文思　夏　洋　郭未璇
	张　静　王永宽

前　言

当今世界，国际金融危机爆发后的余波正逐渐平息，全球经济走上了复苏的道路，但危机的深层次影响还远未消除，调整复苏之路依然艰难曲折。世界主要国家普遍把加快信息化发展、推动互联网产业发展、不断开发互联网应用潜力作为应对后金融危机时代经济增长乏力的重要手段。

以互联网为代表的新一轮科技和产业革命日益成为创新驱动发展和改变人们生产生活的主动力，有力推动着经济社会发展。在此背景下，中国政府审时度势，第一次站在世界地图前制定五年规划："十三五"规划。"十三五"规划亮点集中体现在"一带一路"进入"十三五"规划。通过稳步推进"一带一路"倡议、供给侧改革等措施，中国充分发挥信息化对经济社会发展的驱动和引领作用，大力发展数字经济，在电子商务、信息服务、网络终端设备、互联网金融、共享经济及"互联网+"融合等领域取得突出成效。

展览业作为投资和贸易的重要平台及现代服务业的重要组成部分，不仅在服务国家总体战略方面做出了积极贡献，行业自身也呈现出许多新的发展态势。基于"互联网+展览"诞生的网络展览、展览大数据、展览电子商务等新业态正极大助力展览行业经济提速。

伴随着展览业转型升级的需要，"智慧展览"作为时代发展的产物成为行业发展制高点，同时，也是展览产业未来发展的必然趋势。目前，建设智慧城市已成为当今世界城市发展不可逆转的历史潮流。在我国，智慧城市的普及和建设卓有成效，智慧展览这一概念也深受各级政府、各展览城市、各展馆及各展览主办方的重视。截至目前，业内并没有对智慧展览进行真正官方明确的定义。近年来，"线上为主＋线下为辅"的模式不断帮助传统企业拓展新的发展空间。其中，以线上"虚拟展览"加线下"面对面展览"虚实互补的组合方式渐成热点，这个现象为我们探索"智慧展览"提供了诸多实践案例。

随着信息技术的不断发展，进一步加速了"智慧展览"概念的落地与应用。展览产业的各个领域在面对信息化、智慧化的发展趋势时，都需要进行新一轮的改变与突破。从"智慧展览"的研究现状看，业界对其关注度很高，对我国"智慧展览"的发展也进行了深刻思考。学术界、媒体对我国展览，尤其是"互联网＋展览"的发展现状及存在的问题进行了非常详尽的探索和报道，但对我国"智慧展览"进行系统研究的还比较少，对我国"智慧展览"未来的发展方向、发展理念和发展模式的研究相对还比较薄弱。

鉴于此，本报告应运而生。什么是"智慧展览"？"智慧展览"的过去、现在和未来怎样？我国"智慧展览"将向何处去？带着这些问题，本报告对"智慧展览"相关素材进行了归纳、分析，通过分类归纳和比较分析整理汇编，基于前人的研究成果，为关注"智慧展览"发展的有识之士提供一个畅思、畅想、畅谈的参考，意在抛砖引玉。

本报告在内容上分为总报告、行业篇、技术篇、案例篇、借鉴国外篇、政策标准篇6个篇章。如上所言，本报告希望能为"智慧展览"研究尽一丝绵薄之力。在我国，"智慧展览"是一个新生事物，"智慧展览"建设是一个涉及面非常广的系统工程，在编写中参阅和引用了一些专家学者的研究成果，在此一并表示感谢。由于学识所限，本报告关于"智慧展览"的研究围绕"一带一路"建设进行探索，还非常粗浅，许多方面甚至未有涉及。请广大读者不吝赐教，多提宝贵建议和意见。

编委会

二〇一七年十二月

目　录

总报告

"一带一路"倡议下，2016年中国智慧展览行业发展综述 ····· 1

行业篇

契合新时代要求，我国智慧展览发展方向探讨 ·················· 60
大数据构建智慧展览数字生态圈 ······························· 81
中国展览业与新媒体技术的融合发展概述 ······················ 109

技术篇

智慧展览技术发展与展望 ····································· 142
展览服务平台加密方法 ······································· 154
呼叫中心技术发展浅析 ······································· 161

案例篇

关于智慧中国家博会发展的思考 …………………………………… 168

借鉴国外篇

从国外智慧博物馆建设看我国智慧展馆建设发展 ………………… 183

政策标准篇

国务院关于进一步促进展览业改革发展的若干意见 ……………… 199
关于促进上海市展览业改革发展的实施意见 ……………………… 205
浙江省人民政府办公厅关于进一步促进展览业发展的实施意见 … 212
广东省进一步促进展览业改革发展的实施方案 …………………… 216
重庆市人民政府关于进一步促进会展业改革发展的实施意见 …… 222
辽宁省人民政府关于加快展览业改革发展的实施意见 …………… 230
吉林省人民政府办公厅关于加快全省展览业改革发展的
　　实施意见 …………………………………………………………… 238
黑龙江省人民政府关于促进展览业改革发展的实施意见 ………… 245
福建省《促进展览业改革发展实施方案》 ………………………… 250
广西壮族自治区进一步促进展览业改革发展的实施方案 ………… 256
海南省会展业发展规划（2015—2020 年） ………………………… 261
内蒙古自治区人民政府关于促进展览业改革发展的实施意见 …… 281

宁夏回族自治区人民政府办公厅关于加快发展会展业的
　　实施意见 ………………………………………………… 286
陕西省人民政府关于进一步促进展览业改革发展的实施意见 …… 290
云南省人民政府关于进一步促进展览业改革发展的实施意见 …… 295
展览会信息管理系统建设规范（GB/T 33489—2017）………… 303

附 录

附录1　2016年"一带一路"沿线地区展馆数据一览 ………… 311
附录2　2016年"一带一路"沿线地区展览概览 ……………… 314

总报告

"一带一路"倡议下，
2016年中国智慧展览行业发展综述

国际金融危机爆发8年来，在世界各国的共同努力下，2016年全球经济终于走上了复苏的道路，再次爆发系统性金融危机和经济危机的可能性已经大大降低，但危机的深层次影响还远未消除，调整复苏之路依然艰难曲折。欧洲银行业风险上升、国际金融市场动荡、美欧大选、地缘政治冲突等增加了全球经济复苏变数，贸易保护主义等新的不确定性因素正在集中显现。

作为最大的新兴市场国家，中国的改革进程拥有很强的示范效应，是新兴市场国家改革的引擎。2016年，中国全面启动国民经济和社会发展第十三个五年规划。中国政府审时度势，第一次站在世界地图前制定"十三五"规划。"在国际视野下制定五年规划"，集中体现在"一带一路"进入"十三五"规划。这一倡议树立了"十三五"规划中的对外开放新格局。从改革开放之初的东南沿海开放，到加入世界贸易组织后进一步扩大开放，中国更自觉地梳理全球视野和战略思维，通过稳步推进"一带一路"倡议、供给侧改革等措施，依旧保持了社会经济的平稳健康发展。

当前，世界经济依然低迷，但中国的展览业在"一带一路"倡议指引下呈现蓬勃发展的大好形势。2015年3月28日，发展改革委、外交部、商务部联合发布了《推动共建丝绸之路经济带和21世纪海上丝绸之路的愿景与行动》（简称《愿景与行动》）。"一带一路"倡议对展览业的发展起到至关重要的作用。有了国家层面上的政策支持和引导，"一带一路"沿线各省市加大了对当地展览业发展的重视和推动。在此背景下，随着互联网技术的快速发展和科技产品在现代展览业中的广泛应用，进一步促进了展览业的数字化和信息化发展，加速推动了现代展览业的智慧转型。2015年4月19日，国务院印发《关于进一步促进展览业改革发展的若干意见》，这是国务院首次全面系统地提出展览业发展的战略目标和主要任务，并对进一步促进展览业改革发展做出全面部署：提出"坚持信息化方向"，同时表明在推动创新发展过程中，需要加快信息化进程，将云计算、大数据、移动互联等技术融入当下展览业。由此可以看出，推动展览的数字化、信息化发展已是新形势下的必经之路。在政策和科技的推动下，为了满足人们对展览服务多元化的要求，展览业已逐步告别了传统模式，进入以大数据、云计算、物联网、移动互联等技术为核心的展览数字化、信息化时代。展览业也挥别了传统搬砖式的"体力驱动增长"，向"智慧驱动增长"阶段迈进。

近年来，智慧展览日渐成为行业发展关键词。"十三五"时期，是智慧展览建设的重要机遇期。随着"一带一路""互联网+"行动计划、"中国制造2025"等的全面实施，智慧展览已发展成为独树一帜的新兴现代服务型产业风向标，成为衡量一个城市智慧化程度的重要标志之一。在智慧展览理论与实践探索不断深入的情况下，互联网信息技术、传媒手段与展览融合的模式和形态也已经发生了重大变化，中国展览业迎来了智慧展览发展新时代。

一、"一带一路"倡议引领展览业改革前行

围绕"一带一路"倡议，我国积极同沿线国家密切联系、合作共

赢、以展促贸,取得了不错的成绩。"一带一路"建设是一项系统工程,要坚持共商、共建、共享原则,积极推进沿线国家的相互对接。为推进实施"一带一路"倡议,让古丝绸之路焕发新的生机和活力,以新的形式使亚欧非各国联系更加紧密,互利互惠,加强合作,共同迈向新的历史高度。在《愿景与行动》中有这样的描述:"沿线国家间互办文化年、艺术节、电影节、电视周和图书展等活动""继续发挥沿线各国区域、次区域相关国际论坛、展会及博鳌亚洲论坛、中国—东盟博览会、中国—亚欧博览会、欧亚经济论坛、中国国际投资贸易洽谈会,以及中国—南亚博览会、中国—阿拉伯博览会、中国西部国际博览会、中国—俄罗斯博览会、前海合作论坛等平台的建设性作用。支持沿线国家地方、民间挖掘'一带一路'历史文化遗产,联合举办专项投资、贸易、文化交流活动,办好丝绸之路(敦煌)国际文化博览会、丝绸之路国际电影节和图书展。倡议建立'一带一路'国际高峰论坛"。

中国的展览业发展离不开国家的引导,"一带一路"倡议为展览业发展指明了方向。改革开放以来,中国展览业经历了从无到有、从小到大的发展历程。在首届中国会展经济国际合作论坛上,据国家发展和改革委员会副主任李盛霖介绍,中国展览业每年以年均近20%的速度在快速发展。尤其是中国加入世贸组织以后,展览行业有了更多的发展机会,很多一线城市的展览活动空前活跃,在世界展览行业中异军突起。伴随着展览经济的迅猛发展,展览逐渐形成一定的行业规模,专业的展览场馆建设也日趋完善。据统计,2016年全国展馆可展览面积再次大幅提高。2016年,全国共举办展览3054个,展出面积达8200万平方米,比2015年增长了4%。① 多种形式的展览活动,在传递信息、知识的同时,也带来了大量的商机,创造了很多直接和间接的经济效益。由于展览业具有极强的产业带动效应,展览业的发展同时又带动了交通、物流、金融、电信、广告、餐饮、娱乐、酒店、旅游、商务咨询、保险等

---

① 引自《中国展览经济发展报告(2016)》。

相关产业的发展，因而受到了很多国家和城市的青睐。据不完全统计，截至2015年，我国已有40多座城市将展览业列为城市经济发展的支柱产业或重要产业，某些省、直辖市还因此专门制定了展览业长期发展的纲要。①

随着"一带一路"倡议出台，出国展览规模不断提升，"一带一路"沿线市场成为新热点。据统计，2016年全国97家组展单位共赴63个国家组织参展1492项，较上年增长7%（表1）；展出面积为83.5万平方米，增长14%；参展企业数为5.84万家，增长12%。②

表1 2016年出国参展实施情况（按项目数量统计排名前25位组展单位）

序号	场馆	项目数		实际参展面积		参展企业	
		数量/个	比例	数量/平方米	比例	数量/家	比例
1	西麦克国际展览有限责任公司	110	7.7%	41 474	5.9%	3335	6.7%
2	长城国际展览有限责任公司	85	6.0%	35 848.5	5.1%	2573	5.2%
3	中国国际展览中心集团公司	79	5.5%	47 462.7	6.7%	3346	6.7%
4	贸促会机械行业分会	69	4.8%	21 559.5	3.0%	1719	3.5%
5	中国机电产品进出口商会	65	4.6%	19 849.5	2.8%	1563	3.1%
6	远大国际展览有限公司	57	4.0%	19 711.6	2.8%	1734	3.5%
7	浙江远大国际会展有限公司	54	3.8%	16 095	2.3%	1365	2.7%
8	福建汇源国际商务会展有限公司	46	3.2%	14 533.3	2.1%	1385	2.8%
9	中国医药保健品进出口商会	38	2.7%	16 598.5	2.3%	1625	3.3%
10	保利国际展览有限公司	37	2.6%	11 544	1.6%	979	2.0%
11	贸促会电子信息行业分会	37	2.6%	13 193	1.9%	891	1.8%

① 引自《"一带一路"战略下会展业发展趋势报告》。
② 引自《中国展览经济发展报告（2016）》。

续表

序号	场馆	项目数 数量/个	比例	实际参展面积 数量/平方米	比例	参展企业 数量/家	比例
12	福建省服贸会展服务有限公司	36	2.5%	10 664.8	1.5%	901	1.8%
13	中国电子国际展览广告有限责任公司	32	2.2%	11 443.3	1.6%	953	1.9%
14	中国中轻国际控股公司	32	2.2%	13 135.5	1.9%	1105	2.2%
15	商务部外贸发展事务局	27	1.9%	38 491.5	5.4%	2644	5.3%
16	贸促会上海市分会	26	1.8%	6387.8	0.9%	342	0.7%
17	贸促会化工行业分会	25	1.8%	14 826.6	2.1%	1320	2.7%
18	中国华阳经贸集团有限公司	25	1.8%	67 761	9.6%	4464	9.0%
19	上海国际服务贸易（集团）有限公司	24	1.7%	9108	1.3%	447	0.9%
20	中国对外贸易中心（集团）	24	1.7%	13 609.8	1.9%	1014	2.0%
21	贸促会江苏省分会	22	1.5%	4711.2	0.7%	350	0.7%
22	贸促会浙江省委员会	22	1.5%	8857.5	1.3%	670	1.3%
23	中国印刷及设备器材工业协会	21	1.5%	12 328.2	1.7%	440	0.9%
24	贸促会轻工行业分会	19	1.3%	11 446.1	1.6%	750	1.5%
25	中国食品土畜进出口商会	19	1.3%	7448.18	1.1%	644	1.3%

来源：《中国展览经济发展报告（2016）》。

2016年，是"一带一路"倡议提出的第3个年头。多年来，这个合作倡议所包含的深刻内容日益为合作伙伴所理解和支持，互利合作愿景日益强烈，项目日益增多，展览合作成果令人鼓舞。在"一带一路"倡议的引领下，"一带一路"沿线国家和地区成为出展市场新热点。截至2016年12月，全国83个组展单位共赴32个"一带一路"沿线国家实施参展计划602项，较上年增长16%；展出总面积为30.2万平方米，较上年增长31.9%；参展企业为2万家，较上年增长25%。其中，为了深入了解对方市场需求，中捷双方企业前往对方国家参加交易会和博览会。2016年10月，中国首次以伙伴国身份参加了布尔诺国际机械工业博览会，参加企业多达120家，很好地展示了中国装备制造业的发展水平。①

"一带一路"倡议对展览业的发展起到至关重要的作用。有了国家层面上的政策支持和引导，"一带一路"沿线各省市也加大对展览发展的重视和推动。围绕我国经济发展转型，目前全国各省市都在调结构、惠民生、发展可持续性经济，很多省市已经意识到资源的过分开发对环境的污染，开始瞄准展览业这个可持续发展的绿色产业。例如，随着"一带一路"倡议的实施，甘肃省首届丝绸之路（敦煌）国际文化博览会在敦煌召开，85个国家、5个国际组织的95个代表团、1500多位中外嘉宾在活动期间合作交流，签约金额达1078亿元；黑龙江省2016年第七届中俄文化大集推出展览展销、文艺演出等六大版块近40项活动，销售额近2.5亿元，带动黑河市实现旅游收入5.6亿元。

伴随中国创新驱动发展的新常态，展览业也进入了新常态，即增长方式由规模速度型粗放增长向质量效益型集约增长转变，"转型升级、提质增效"成为展览业现在和未来一段时间的发展战略。而大数据、云计算、移动互联、物联网和5G网络等信息技术的发展则为这一战略的实施提供了重要技术保障。通过信息技术实现了展览业的智能应用和智慧管理，打破了展览活动时空的限制，将展览服务质量和运作水平提升到一个新高度。尤其是中国与沿线国家的电商合作发展正在如火如荼地展开，未来发展趋势良好。2016年12月出台的《电子商务"十三五"发展规划》明确指出，要推动与"一带一路"沿线国家和地区积极开展电子商务合作，这为展览电商的发展提供了有力的政策保障。展览电商是将电子商务广泛运用到展览运作过程中。"一带一路"下的跨境展览电商合作势必会成为经济全球化和信息化趋势下一种重要的经济贸易方

---

① 李永全."一带一路"蓝皮书："一带一路"建设发展报告[M].北京：社会科学文献出版社，2017.

式，将为国际以展带贸合作提供更为便捷的交流环境，促进沿线各国逐步实现开放的自由贸易，推动智慧展览在互联网营销方面的服务功能不断升级。

二、智慧展览的内涵及其基本特征

（一）展览的含义

全球展览业协会（UFI）对展览的定义是：展览是一种市场活动，是在特定的时间内，众多厂商聚集于特定场地陈列产品，从而推销其最新产品或服务。从展览活动来看，展览存在三大基本要素：一是展览的经营主体，即具有展览资质的企业或机构，是展览的组织者和实施者；二是展览的参展主体，即参展商；三是展览的受众，即参观展览的观众。在这3个基本因素中，展览的经营主体通过对市场的了解、分析，为参展主体和展览受众提供了交流的平台，满足两者所需。三者相互依存，谁也离不开谁。对于展览经营主体来说，展览价值的主要体现部分是参展主体，与此同时参展主体也是其收入的主要来源；但是展览受众的质量和数量将直接影响参展主体的满意度，最终会影响到整个展览的效果及发展（图1）。

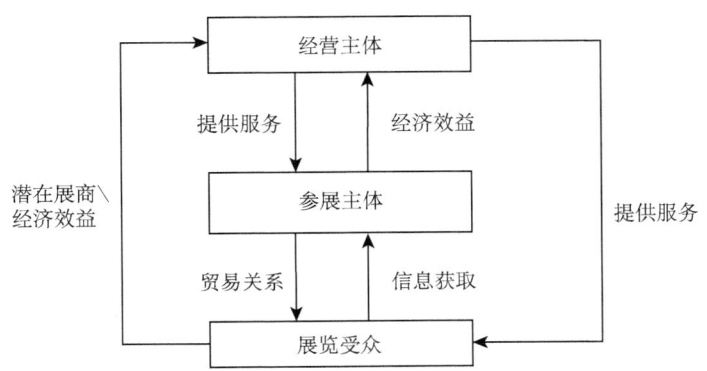

图1 经营主体、参展主体和展览受众的关系

就本质而言，展览实际上就是一种传播媒介和集中贸易形式的融合。展览作为信息和传播的手段或工具，或作为企业的营销手段，或作为地区和政策的营销手段或工具，或作为经济和对外政策的手段或工具；由展览经营主体组织在特定时间内，在固定或非固定的展览场所，利用各种技术服务手段，搭建平台聚集众多参展企业，从而推销其最新产品或服务，比较常见的如车展、机床展、画展、房展等。

（二）展览的功能

现在看来，销售并不是参展企业参展的唯一动机，观众也未必一定是现实的或潜在的买家。根据半个世纪以来有关参展企业和观众参展动机的国外研究文献分析发现，展览的功能涉及以下5个方面。

1. 展览展示功能

展览展示功能是展览的基本功能。展览作为一种现代化的传媒方式，不断融入高新科技的成果，可以树立企业形象，推广企业产品、技术和服务，更可以树立城市形象、展示发展成就、弘扬文化艺术、促进经济建设、推动社会进步。

2. 信息交流功能

参展企业通过参加展览来研究产业和市场，获得细分市场和具体企业的信息，确定需求信息，辨别市场前景，发现产业趋势；从广泛的信息中，获得改进产品的信息，研判市场竞争策略。观众通过参观，发现新技术、新观点和新应用，了解新产品和新技术的发展现状与趋势；与特定公司对接，了解展品质量、性能，获取技术或产品参数。展览的信息交流功能，除了展场体现外，还有一部分是通过展前、展中及展后的广告、新闻实现的。通过互联网媒介手段，展览的信息传播范围得以扩大，其功能得到强化。

3. 沟通功能

展览的沟通功能主要体现在参展企业与观众之间，也体现在组织者

与参展企业和观众之间,以及参展企业与参展企业之间、观众与观众之间。在展览过程中,对于不同国家、不同民族、不同文化也具有沟通融合的功能。展览为参展企业提供了与商业合作伙伴、销售代表、分销商及客户实现往来的交流平台,与媒体和其他具有影响力的人士保持友好的合作平台;同时,也为观众提供了解决问题、满足购买需求、了解展览活动信息、寻求展览合作的沟通渠道。

4. 营销功能

展览营销具有主体综合性、内容整体性及手段多样性等特点。展览营销能够起到刺激需求、充当信息传播媒介及降低企业产品的市场营销成本等作用,另外,展览营销不仅本身能创造收入,而且具有较强的产业关联带动性。传统的展览营销形式主要包括报纸、电话、杂志及电话销售等。[①] 当前互联网时代背景下,展览营销出现了新的模式。基于展览经济较强的产业带动性,展览营销将互联网营销在一定程度上进行了融合。例如,网上展览有效地打破了传统展览行业的地域、空间限制,能够降低展览营销的市场成本,提升展览营销的运营效率,促进展览企业国际化市场发展。此外,通过这个平台能够为参展企业提供一个更全面的线上线下营销平台,将参展企业的销售内容向更广阔的市场推广,为参展企业的发展带来市场机遇。

5. 风向标功能

依托展览平台专业人士相聚、产品及相关服务汇集,能够形成行业发展主流声音,能够增强与提升相关行业的地位与作用,可以推进和强化产业的发展、提升与融合。一个成功的展览往往可以成为某一类别的消费群体或某一类展览活动的"风向标"。这意味着成功的展览有着足以作为引导群体和行业的清晰、被广泛认同并理解的价值观念,在其所组织或参与的展览活动中,这种价值观在一个特定的平台上被推广、放大、传播,带来巨大的社会和经济效益。[②]

---

① 周江华. 互联网时代会展营销的策略优化研究 [J]. 企业改革与管理,2016(8):60.
② 陶新桂. "互联网+"与会展产业 [N]. 中国经济时报,2016-06-30.

（三）展览的发展特点

1. 政府优化展览业发展环境

2015年4月，国务院发布《关于进一步促进展览业改革发展的若干意见》以来，中央及各级地方政府高度重视，先后出台了一系列切实有效的措施，不断优化展览业发展环境。特别是商务部于2016年12月印发的《展览业统计监测报表制度》，对进一步完善展览业的统计监测体系，科学、有效地开展展览业统计工作发挥了重要作用，为推动展览行业的健康发展提供了科学依据。随着"一带一路"建设的不断推进，沿线国家及国内各地区都对"一带一路"建设表现出了极大的热情。主要表现在国内众多省份积极与国内外大企业合作，借助"一带一路"的机遇推进展览经济发展。各地方政府抓住展览业发展的有利时机，陆续出台了一系列政策措施，从财政、税收、人才、土地等多个方面给予展览业鼓励和扶持，为展览业的健康发展创造了良好的环境。在这个有利的发展环境下，展览经营主体企业也开始积极布局发展。例如，中国机械国际合作股份有限公司紧密结合"一带一路"倡议，在中国的上海、广州、深圳、杭州、重庆、西安、沈阳、昆明、海口、呼和浩特等众多城市，香港、澳门特别行政区，以及印度、缅甸、泰国、越南、印尼、伊朗、蒙古国、斯里兰卡等20多个国家执行展览项目百余个；并且利用精准的展览资源举办各类活动助推地方政府产能输出。其中，2017中印塑料工业产能合作企业家对接会采用B2B洽谈采购模式，按塑料机械、模具、塑机配件及辅机、化工及原料行业细致分类及供需关系为中印两国企业进行现场配对，为中印贸易商搭建了一个双向互动和选择的优质、高效的平台。河北省产业合作经贸对接会上，中捷双方前来参加对接的企业被分成了20个小组分别进行对接洽谈，合作领域涉及生物制药、化工设备、教育培训、金融服务、纳米技术、航空产业等众多领域，合作范围较以前大大拓展。

2. 展览向细分化、专业化方向发展

近几年来，综合性展览的举办数量不断减少，许多综合性展览都不同程度地转为专业性展览。与一般的展览相比，专业展览具有针对性强、参展企业实力雄厚、参展观众质量高、参展效果好等特点，原来的一些综合性展览逐步被细化分为若干个专业展览，如汉诺威工业博览会就是由若干个专业展，如机器人展、灯具展、仪器仪表展、铸件展等组成的综合展。此外，由于专业展览能够集中反映某个行业或其相关行业的整体状况，并具有更强的市场功能，因而从产生之日起就受到世界各国特别是展览城市的青睐。例如，北京国际汽车展览会，中国国际机床工具展览会，上海汽配展，中国（郑州）国际磨料磨具磨削展览会，海南世界咖啡大会暨咖啡及饮品展览会，杜赛尔多夫的国际印刷、包装展，中国香港珠宝、玩具展，意大利米兰的国际服装展等。可见，专业化是展览业发展的必然趋势，因为只有具有明确的展览主题和市场定位，展览才能够对参展企业或观众有足够的吸引力。

3. 展览系统发展完善

展览业属于城市社会经济系统中的一部分，其本身也是一个关联性、外向性极大的生态链系统，由于展览业带动旅游、餐饮、广告、交通等几十种社会经济系统中其他部分的发展，因此，城市相关功能的配套发展既是展览业健康发展的必需条件，也是充分发挥展览业辐射功能的必要条件。健康成熟的展览业必须依靠整体配套、系统发展。国际展览业经过多年的发展，已经形成了展览经营主体与目的地管理公司的专业化分工。展览经营主体负责策划、组织和实施展览活动，是展览业的核心；目的地管理公司负责协同工作，实施接待，包括展览场馆经营、展览工程搭建、展场物流运输、无线工程服务、保洁、保安服务、餐饮供应、广告制作、印刷、现场服务与数据服务等。展览业对配套的完整性要求极高，在展览业发展成熟度的指标中，展馆业的发展程度、政策环境、周边交通、周边商业设施和服务都是非常关键的因素。但中国的展览接待体系还不健全，这就造成了中国展览业在招揽和接待上的衔接还不顺畅。

4. 国际合作、企业重组趋势增强

党的十九大之后，中国在未来30年已经制定了非常明确的建设社会主义现代化强国的蓝图。在这个进程中，中国展览业国际合作、企业重组必然会有非常明显的发展。

在各级政府对展览业的规划语境中，国际化一直是一个高频词汇。而随着中国展览业国际地位的提升和展览经济发展水平的不断提高，业内人士对国际化这一概念的理解也更加深刻。并购和联盟已经席卷了全球经济的各个领域，展览领域也不例外。展览企业通过资本的运作进行的兼购与合作，是一种典型的国际化运作。通过兼并合作，它们可以利用国内外两种资源，开拓国内外两个市场，以获得资源的优化配置。目前，世界展览业中许多大的组织和企业纷纷开始联合，以期优势互补，提升实力，打造业内"超级航母"。

展览业作为一个高额利润的行业，是一项投入大、回报快的产业，其利润率高达25%。表现在微观领域，即对展览经营主体企业的资产总额、人力资源、技术力量等提出了很高的要求，因此，行内的竞争十分激烈。在利益的驱动下，国际展览业的巨头们为了降低成本，减少风险，维护高利润率，正在以兼并与合作的方式进行国际化运作。例如，世界上两家著名的展览公司"端德"和"克劳斯"联姻，共同开发通信和计算机展览市场；再如，美国的克劳斯公司，用40亿美元购买了南美的品牌展会及其相关产业。

目前，中国的展览业已经站到国际舞台的中央，正在发挥着一个展览大国的作用。随着中国制造"走出去"要向中国品牌"走出去"转型，强大的中国制造自然需要同样强大的中国展览营销服务产业来配套，这犹如德国制造和德国展览的相互配合。① 因此，2015年国务院的国发15号文件把培育打造境外自主品牌展览确定为中国展览业2020年的一

---

① 潘建军. 2016应是中国展览市场兼并收购转型年[EB/OL].（2016-03-02）[2017-10-15]. http://www.ccpit.org/Contents/Channel_3432/2016/0302/588672/content_588672.htm.

个发展目标。在这样的背景下，我们需要重新思考中国展览业的整合模式。以中机国际央企重组发展之路为例。2017年2月8日，中国汽车工业国际合作有限公司（中汽国际）中文名称正式变更为中国机械国际合作有限公司（中机国际），这是继国机集团展览资源整合后的又一项推进举措。

展览资源整合是国机集团资本运营总体规划的一项重点工作。2016年年底，作为此次整合平台的中机国际完成重组增资暨股权收购，成为由集团控股，CMEC、中国机床和国机资本参股的公司，西麦克国际展览有限责任公司、北京国机展览有限公司正式成为中机国际大家庭成员。整合后的中机国际作为"国机集团重要的会展平台"，以及"中国会展界规模最大、实力最强的中央企业"，肩负着全球推广国机品牌和产品、推动中国装备制造企业国际化进程的重要使命。①

5. 互联网公司纷纷涉足展览行业

近年来，原本"扎根"网上的电子商务服务企业纷纷开始涉水线下展览，借助"线上为主＋线下为辅"的模式帮助参展企业拓展新的发展空间。其中，以线上"虚拟展会"加线下"面对面展览"虚实互补的组合方式，俨然成为电子商务巨头们觊觎的一大热点，开创了我国展览业发展新局面。

在国内，包括阿里巴巴、网盛生意宝、慧聪网、环球资源、焦点科技在内的5家B2B电子商务上市公司在线上内外贸交易平台、线下展览或买家见面会和认证服务中均有涉足。而以线上线下互动办展办会的形式，能够提供贸易匹配、招商引资等服务。例如，阿里巴巴B2B事业群（包括Alibaba.com及1688.com）和亚洲最大的展览主办单位博闻公司签署协议，打通线上线下展览模式，帮助中小企业做好跨境业务。双方正在联合打造一个展览APP，通过阿里巴巴平台多年做买卖家交易匹配的一套底层数据和技术体系，帮助参展的买卖各方实现精准匹配。买家参

---

① 中机国际. 中汽国际更名为中机国际公告[EB/OL].（2017-03-10）[2017-10-15]. http://www.sinomach.com.cn/xwzx/tzgg/tz17_6387/201703/t20170310_139979.html.

观展览可以通过APP输入自己的需求，找到符合需求的卖家及其位置。

"淘宝造物节"是阿里巴巴继"双十一"全球购物狂欢节之后针对"90后"年轻人推出的大规模线下活动。首届"淘宝造物节"于2016年7月22—24日登陆上海世博展览馆。这是淘宝首次举办超大规模的线下活动。"淘宝造物节"以"TAO"为标志，分别围绕T（Technology，科技）、A（Art，艺术）、O（Originality，原创力）3个主题板块，以极具互动性的参与方式，向全世界的年轻人展示科技、音乐、潮流时尚、现场综艺、亚文化等内容。第二届造物节于2017年7月8—12日举办，108家精选的淘宝店铺亮相杭州G20展馆（图2）。2017年淘宝造物节试图把现场变成"潮流版的清明上河图"，108家线下商店纷纷布局在东市、西市、南街和北街4个板块中。

图2　淘宝造物节

6. 实物展览数字化趋势明显

随着互联网对人们的生活产生日益深远的影响，多媒体数字化的展示手段在展览中的作用也越发重要。展览已不再是单一的静态实物展示、影像、视频和光影结合产生的特效变幻,新颖的动态效果展示文化,更能吸引观众的注意力,让观众从传统的视觉参观转向视觉、听觉、触觉等综合感官体验,从而更加高效地传递展览信息内容。从宣传推广的角度来看,数字化播放与手工操作的完美结合,能更有效地提高观众对展览的认可度。尽管大部分学者将多媒体数字化视为展览的一种辅助手段[1],但在现实中却大有超越实物展示的趋势。智能手机在世界范围内基本普及,使得展览的这一特点更加明显。以什么样的内容和方式去满足观众的心理需求,为观众提供高质量的服务,是每个展览经营主体企业必须思考的问题。现在展览业基于手机用户的庞大需求,一般会推出 IOS 和 Android 系统的移动 APP 或者基于第三方平台的客户端,如微信客户端,在手机终端及时推送数字化实物展览、真人语音及商务活动等服务内容。近年来,越来越多的人黏附于微信、QQ 等互联网社交 APP 平台,人们通过扫描二维码就能观看全部实物展示,而且每件展品都能从 360°的三维模式观看。这就对展览数字化发展提出了更高的要求。

7. 利用现代传媒信息技术为展览业的发展注入新活力

信息技术、互联网技术等科学技术的快速发展为全球展览经济的发展注入了新的活力。2016 年 4 月在北京国际汽车展览会上,花椒直播首次采用 VR 技术进行直播。通过花椒 VR,用户可以看到最新款车型、配置、外观、内饰等情况,甚至还有"坐进去"看到每个零部件的炫酷体验。随着科学技术的迅猛发展,尤其是科技革命带来的大量新工艺、新材料的出现,展览设备现代化已经成为展览业发展的一个不争的事实。实际上,设备现代化也是展览标准现代化、展览内容国际化、展览形式多样化发展的共同要求。更为值得关注的是,大量信息技术的应用,向网络求发展空间,又成为世界展览业发展不可回避的发展特点。有关专家把这种以高科技产业为支撑,以知识经济、信息网络经济为主要内容

---

[1] 黄芳. 多媒体技术在现代展览中的运用[J]. 南方论刊, 2011 (7): 81.

的新经济对展览经济产生的影响,归纳为快捷、关联和效果3个方面。因为,借助现代传媒信息技术的优势,可以为参展企业和观众双方带来极大的方便和效益。例如,参展企业可以通过在线PC端平台、移动终端(手机、掌上电脑等)在异地向全球发布自己的展览产品的详细信息,参展观众也可以借助个人电脑、手机在任何地方浏览和选择自己喜欢的产品,这样一来,参展企业和观众的双方经贸洽谈环节大大简化,同时也降低了过程风险,提高了经济效益。面向2020年及未来,移动互联网和物联网业务将成为移动通信发展的主要驱动力。5G将满足人们在居住、工作、休闲和交通等领域的多样化业务需求,即便在较为密闭的展览区域、会议室、体育场、露天集会、地铁、快速路、高铁和广域覆盖等具有超高流量密度、超高连接数密度、超高移动性特征的场景中,也可以为用户提供超高清视频、虚拟现实、增强现实、云桌面、在线游戏等极致业务体验。与此同时,5G还将渗透到物联网及各种行业领域,与工业设施、医疗仪器、交通工具等深度融合,有效满足工业、医疗、交通等垂直行业的多样化业务需求,实现真正的"万物互联"。随着移动网络数据传输速度的突飞猛进,画质超过全高清4~8倍的超高清(UHD)影像及3D立体影像制作业也将迎来发展的新时期。由此可见,在不久的将来,展览将全面实现数字化、信息化。展览活动将变得越来越便捷,越来越充满智慧。

(四)智慧展览的含义

智慧展览(Smarter Exhibition)的概念起源于IBM在2008年提出的"智慧地球"(Smarter Plant)及其衍生成果"智慧城市"(Smarter Cities)。

IBM最早布局智慧城市可追溯到1953年,用电子订票系统(Sabre)替换了美国航空的纸质系统。与当时世界最大、最先进的军事计算机项目SAGE一样,Sabre是世界最大的民用计算机项目,它采用新技术建立了整个行业。2008年,IBM提出重大社会发展理念:智慧地球(Smart

Planet）。它认为世界的基础结构正在向智慧的方向发展，可感应、可度量的信息源无处不在，让一切变得更加智能。

当前，大数据、云计算、物联网、移动互联网等新技术对全球治理、国际竞争、经济运行、产业发展、社会生活等诸多方面产生深远影响，这使得智慧地球的实现成为可能。在展览业，自"智慧展览"提出以来，大量以此为主题的研究在国内迅速展开。国家会议中心总经理刘海莹定义"展览4.0"的概念，其认为"展览4.0"即智能展览，且智能展览不仅仅是展览期间细碎的智慧应用，而应该是覆盖主办、场馆、物流、搭建等多层次、系统性的智能化展览项目解决方案。成都市博览局局长母涛认为，所谓的智能化，最核心的就是信息化，智慧展览与传统展览相比较而言，最大的不同就是引入了物联网、移动互联网等技术及大数据的分析与服务。

当前，学界对智慧展览的认知仍处于讨论阶段，智慧展览仍有巨大的研究空间。有研究认为，智慧展览由组展企业、会展ICT企业、政府共同开发，依托泛在网、物联网、大数据、云计算等智慧展览的核心ICT技术，由政府、组展企业、参展商、展馆、行业协会及其他营利机构、非营利机构共同应用。智慧展览是以新型信息通信技术为基础，以提升展览各参与主体满意度，利用数据为展览活动进行高效管理、预测、决策为目的，由政府、市场共同主导实现的。[1] 还有研究认为，智慧展览是通过移动互联网、云计算、物联网等新的信息技术进行综合集成应用的成果，能够为企业提供更加智慧化的推广与宣传服务，也为展览管理向更加智能趋势下的社会管理与展览管理服务，新的信息技术为智慧展览行业发展提供了技术保障，进而实现展览业新的改变与突破。[2] 此外还有一种观点：社会需求的变化和科学技术的发展，使得各种展览从品牌竞争走向了"全球营销组合"式的媒介竞争。这种竞争以实体展览内容为依托，以互联网官方网站为基地，以网络社交媒介为突破，运

---

[1] 赵骏杰.基于重要性—满意度分析的智慧会展观众服务研究[D].广州：广州大学，2016.
[2] 杨玉春.智慧技术在会展行业的发展现状与策略[J].中国科技信息，2017（16）:116.

用互联网数字化营销的诸多优势和手段，能够进行全方位、立体式、多元化的营销宣传。①

综上，本报告从展览信息化管理的视角理解智慧展览：智慧展览是在以人为本的原则基础上，展览经营主体通过使用物联网、云计算、移动互联网等新一代信息技术，并结合现代信息传媒手段，站在整体运营思维视角为参展企业和观众提供系统化的信息服务。也就是说，展览经营主体通过大数据分析参展商和观众的行为，积极响应，满足展览的精准服务需求。依据GB/T33489—2017《展览会信息管理系统建设规范》分类内容，把智慧展览信息服务细化为如下内容：通过观众信息管理，参展企业信息管理，商务配对、邀请，数据库管理4个方面实现智慧管理、智慧营销和智慧服务功能。如果展览在信息化方面实现了如下功能，就可以认为它具备了智慧展览的基本特征。

1. 观众信息管理

（1）展前数据采集系统

展前数据采集系统应能够提供各种来源数据的录入功能，同时，还能够提供网上预登记和管理功能，以实现：①个体观众预登记：包括对首次预登记观众登记观众信息、开展预登记调查等；对往届观众和已预登记观众提供观众信息和调查表的查看和更新等；②团体观众预登记：提供数据文件上传、数据批量导入等；③活动及会议参加者预登记：提供各类活动及会议信息的检索、下载、打印，提供活动及会议的报名或取消报名等。

（2）现场信息管理

现场信息管理应具备现场观众登记功能，并根据需要实现观众行为管理功能：①现场观众登记：为进入展览会参观的观众办理现场登记，根据需要收集名片、登记表等观众信息，上传到观众数据库，为观众发放观众身份识别标识等；②观众行为管理：根据展览会主办单位对观众

---

① 曼弗雷德·基希盖奥格，等.博览管理[M].上海：上海财经大学出版社，2008：170.

信息获取的要求，利用数据采集终端设备收集和管理观众行为。

2．参展企业信息管理

（1）参展企业基本信息管理

参展企业基本信息管理应具备下列功能：①储存管理参展企业基本信息；②生成招展邀请，保存与参展企业的联络记录；③生成用于制作会刊、楣板、参展证件等的信息。

（2）展位销售管理

展位销售管理应具备下列功能：①实现展位管理；②实现销售过程管理；③实现销售人员管理。

3．展览服务管理

展览服务管理应具备下列功能：①发布和回收展览会服务信息；②实现展览会的互联网服务；③汇总和统计服务信息；④分类和导出服务信息。

4．商务配对

商务配对应具备下列功能：①为参展企业和观众提供商务信息检索功能；②基于参展企业和观众的供求信息分析进行商务匹配；③为参展企业和观众之间的自主商务邀约提供系统平台；④管理参展企业和观众之间的动态预约信息；⑤根据预约配对情况，生成活动日程并自动提醒。

5．邀请

可根据需要配置多种信息技术营销功能，用于展览会的招商、招展等。

6．数据库管理

（1）数据处理

信息管理系统应当具备下列数据处理功能：①批量导入和导出数据；②增加、删除、修改、合并数据；③参展历史数据关联及追溯；④重复数据提示及合并；⑤误操作恢复。

（2）数据利用

信息管理系统应当具备下列数据利用功能：①数据库操作记录；②多检索条件合并查询；③数据库操作记录查询；④数据筛选；⑤数据分类管理；⑥统计及分析，包括当届数据统计及分析及历届数据对比分析。

目前，国内展览形式已经做到了上述这几件事情，有些时候还系统地实现了不同功能在同一个信息平台上的集成。例如，2016（第十四届）北京国际汽车展览会在北京中国国际展览中心新馆和中国国际展览中心老馆同时开幕，科技应用方面的最大亮点即采用信威4G无线政企行业专网（首都信威网）为展馆提供通信服务，真正打造以高科技和信息化为引领的"智慧车展"。不同于传统的集群通信系统，由信威亚辰投资建设的首都信威网具有专业集群通信性能、高可靠性和高实时性数据传输及多媒体调度的能力，能在一张网络内同时提供专业级的语音集群、宽带数据传输、高清视频监控及视频调度等丰富的多媒体通信手段。

借助首都信威网为展馆提供了人员调度、场馆监控、应急保障等信息化服务，具体体现在：

• 国展内部通信，通过专网可实现内部语音通信需要，并能解决加密通信服务；

• 语音集群调度，实现安保语音集群调度；

• 多媒体集群调度，实现一呼百应、语音与视频同步调度、一对多视频集群会议等；

• 通过调度平台，实现应急通信、远程指挥、GIS定位等应急管理服务。

语音、视频、GIS的综合调度，使得场馆安保监控从过去的仅能"听得见"到如今的"听得见、看得清"，实现真正的跨部门联动。展览从票证印刷发售到门禁检票工作，从展信平台到网站自适应性改版，从服务商与记者接待到售票组织，从自助机到室内展位图接入高德，从现场摄影到车展专题全面发布，从过去的有线网络到如今的无线全面高质覆盖，从过去的电话沟通到现在的一按即通、一呼百应的多媒体通信系统，无不体现着优质可靠的信息化服务与高效贴心的智能化管理。

当然，展览走到这一步并非一步到位的，而是在不断完善展览服务的过程中摸索发展出来的。

（五）智慧展览的总体框架

基于上述智慧展览的内涵，从信息化管理的视角拟定智慧展览的总体框架，如图3所示，可以概括为线下资源与传输平台、基础存储云平台、信息整合与共享平台、经营管理与信息分析平台、知识决策平台、运维保障平台6个组成部分（图3）。

1. 智慧展览线下资源与传输平台

智慧展览线下资源与传输平台主要包括线下采集展览信息和网络传输设备。线下采集展览信息区别于线上信息采集，是展览经营主体企业在展览业务开展前、中、后，不断收集的与展览业务相关的基础信息资源，如观众基本信息、参展企业基本信息、展览企业基本信息、展览项目信息、展馆基本信息、展览服务基本信息和供求信息等。网络传输设备是指位于与展览相关的城市信息化体系前端的信息采集和传输设施与技术，如遥感技术、射频识别技术（RFID）、GNSS终端、传感器、摄像头视频采集终端等信息采集技术与设备，以及有线、无线网络传输设施，包括通信光纤网络、3G/4G无线通信网络、重点区域的WLAN网络、微型传感网等，还包括相关的服务器、网络终端设备等，简而言之就是构建泛在的展览物联网。

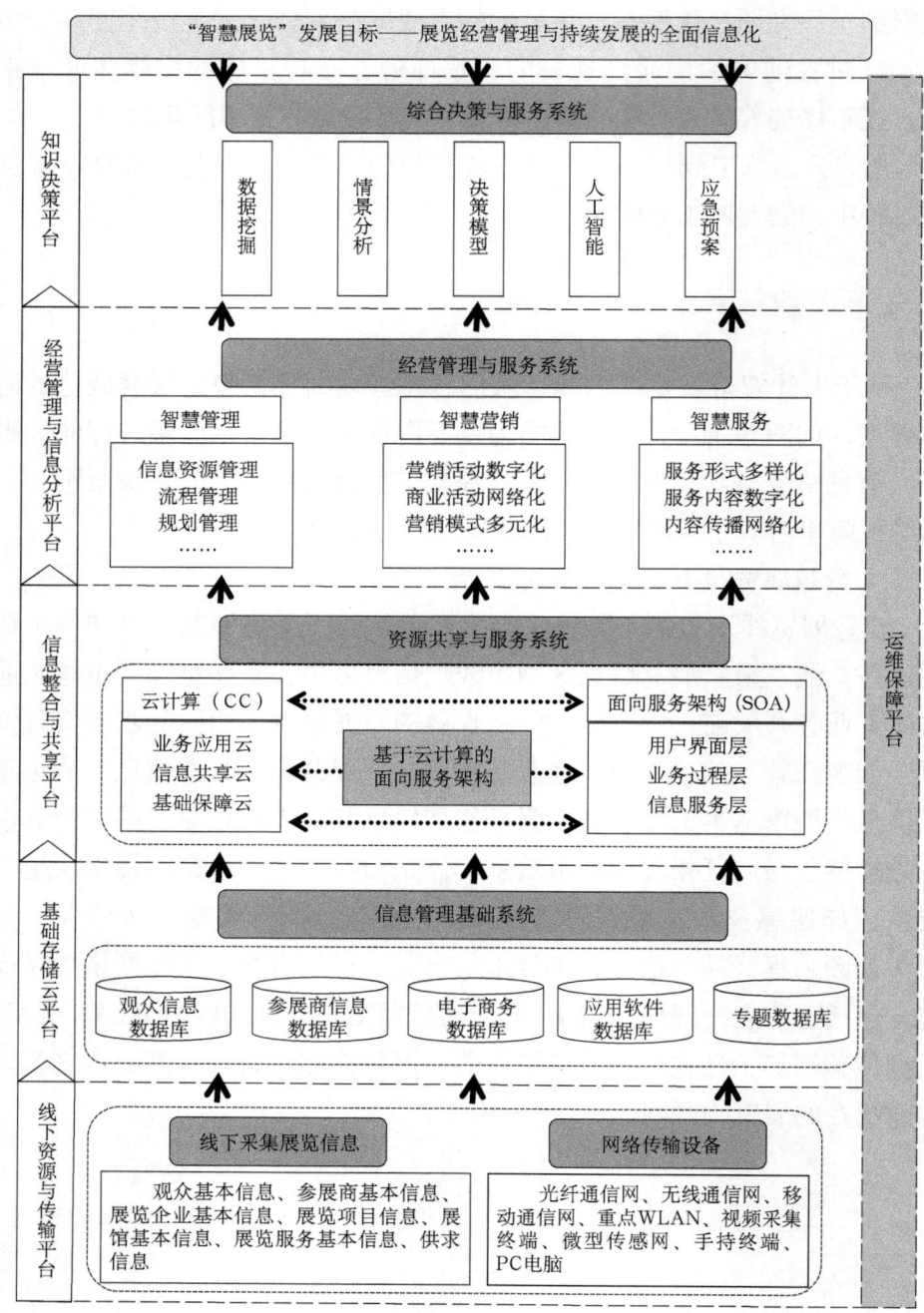

图3 智慧展览建设总体框架

2. 智慧展览基础存储云平台

基础存储云平台主要包括数据存储管理与信息计算服务两个方面。数据存储管理主要是借助于数据仓库技术，分类管理组成智慧展览的数据库系统，涉及线上、线下的参展企业和观众的基础数据库、电子商务配对数据库、应用APP数据库、展览项目数据库、重点城市数据库、重点行业领域数据库、相关区域政策与标准相关数据等。在数据管理的基础上，借助云计算技术，通过信息整合与共享平台，为经营管理与信息分析平台、知识决策平台提供数据信息与计算服务，为智慧展览积极响应、精准定位和便捷服务提供坚实的数据基础。

3. 智慧展览信息整合与共享平台

智慧展览的信息整合与共享平台是基于面向服务架构（SOA）和云计算的共享服务中心。SOA是构建信息系统的一种新的软件架构，与传统的软件结构方式相比，最大的不同之处是把关注点从技术角度转移到业务流程服务层面。SOA软件系统由不同的功能单元（称为服务）组装而成，服务之间依靠定义良好的接口和协议联系起来，使得构建在这样的系统中的各种服务以统一和通用的方式进行交互。SOA应用包含服务提供者（服务器端）和服务使用者（客户端），它更强调的是软件组件之间的松散耦合和使用分散的标准接口。展览经营主体通过搭建开放式的云平台和云计算服务，为面向智慧展览过程中的展览经营主体、参展企业和观众之间的信息交互提供分析技术、软件服务、平台服务、设施服务等资源服务，允许各种集成遥感技术（RS）、地理信息系统（GIS）、全球导航卫星系统（GPS）、虚拟现实技术（VR）等科技平台接入，可以实现整个展览的信息整合及信息共享。这为后续资源管理、流程管理、应用请求响应、应用服务等任务提供了有效信息数据。该平台作为开放的共享云平台，允许不同的展览经营主体企业、参展企业和观众编写的第三方程序入驻，进行数据输入、输出。

4. 智慧展览经营管理与信息分析平台

智慧展览经营管理与信息分析平台包括智慧管理、智慧营销和智慧服务 3 个方面。

（1）智慧管理

智慧管理是信息化管理的进一步发展，是展览业智慧化发展的重要环节，主要涵盖信息资源管理、流程管理、规划管理、展览经营等各种职能。信息资源管理的目标是通过增强处理动态和静态条件下内外信息需求的能力来提高管理的效益，以期达到"高效（Efficient）、实效（Effective）和经济（Economical）"的最佳效果，也称 3E 原则，三者关系密切，互相制约。流程管理是树立以参展企业和观众为中心，持续提高组织业务绩效，优化与参展企业和观众有关的业务流程。规划管理是展览规划，依据大数据分析，规划展览性质、规模和发展方向，通过调节展览的空间要素和资源要素，合理利用展览资源，达到展览的可持续、协调发展。展览经营主要包括展览服务（含展位出售、广告、展位特装、行程服务等）、管理咨询、商业信息查询、技术交流、网络服务、社会团体组织，以及协助政府部门制定行业规范等方面，为业务发展提供决策支持。

（2）智慧营销

智慧营销是电子商务的智能化发展，主要实现展览经营主体、参展企业、观众之间的营销活动数字化、商业活动网络化、营销模式多元化。智慧营销以数字化整合营销为核心，借助于互联网、通信技术和数字交互式媒体来实现营销目标，帮助展览经营主体、参展企业、观众成功实现网络整合营销的创新和发展。商业活动网络化是基于线上展览平台上的商业贸易活动，在互联网开放的网络环境下，买卖双方不谋面地进行各种商贸活动，实现参展企业的网上展位预定，合作方、参与方之间的网上交易和在线电子支付，以及各种商务活动、交易活动、金融活动和相关的综合服务活动的一种商业运营模式。商业活动网络化对网络商务信息收集的要求是：及时、准确、适度和经济。作为服务业的一个分支，展览业在国际上已经有了上百年的发展历史。这种廉价、便捷、直接的沟通方式被广泛应用于推销商品，并取得了巨大而持久的成功。

智慧展览在大数据分析的基础上，利用线上、线下展览平台，能为参展企业和观众提供多元化的商贸服务。

（3）智慧服务

智慧服务是数字服务的进一步深化，实现信息服务形式多样化、服务内容数字化、内容传播网络化，涉及展览活动的信息化、参展过程的智能化，以及信息交互的网络化和多样化。智慧服务体现在展览经营主体为参展企业和观众在展前、展中和展后，提供全面、系统的主动呼叫和全面、精准、便捷的被动反馈信息服务。在互联网快速发展的今天，智慧服务更多地表现在多种网络渠道的开拓和网络工具的使用方面。例如，展览经营主体、参展企业和观众将各种信息服务利用网站、APP、视频直播、呼叫中心、微信订阅号、微信群、朋友圈等传媒工具作为承载平台进行信息交互。

5．智慧展览知识决策平台

无论是政府还是企业，都存在综合决策的问题，需要科学的决策支持服务。智慧展览知识决策平台主要是在上述3个展览经营管理与信息分析平台的基础上，结合专家知识、数据挖掘、知识发现、情景分析、决策模型、人工智能和应急预案等，对展览经营管理中的重大事件进行综合决策，为综合决策提供技术和信息支撑，满足智慧展览的智能化经营管理需求，实现展览项目可持续发展。

6．智慧展览运维保障平台

智慧展览的规划建设是一项涉及展览主体企业经营管理的各个方面的系统工程，是展览信息化发展中的长期任务，不可能一蹴而就。为确保智慧展览规划建设的有序开展，应当在相关政策、运行机制、资金投入、技术支撑、人才建设、安全防范6个方面予以保障，建立与健全智慧展览规划建设的运维与保障体系，为展览管理与服务的信息化保驾护航。

（六）智慧展览实现的内容

简单来讲，智慧展览就是需要用信息技术和网络技术的手段，为用户

（终端使用对象，即参展企业和观众）提供一些解决问题的方法和工具。

1．展览活动信息服务

主要包括展览基本信息和用户需求信息。用户可以通过终端随时随地获取展览活动整体信息介绍（如展览简介、现场活动、主承办／支持机构资料、展览公告、展览指南、展位图及现场动态分析等）和周边配套设施（如场馆位置、酒店情况、交通情况、停车场情况、周边景点及动态供求信息等）等。

2．提供个性化信息服务

1）通过对观众在其关注的展区停留时间和展品浏览记录等数据的分析，系统得出观众的兴趣点，并将相关信息发送到用户终端。

2）可在用户智能终端查看展馆布局、周边设施、实时车位，以及场馆观众热点分布图等信息，同时可以根据用户参观的兴趣和时间，推荐最具效率的个性化参观线路。参展企业可参考展馆观众热点分布图、观众评价图，规划参展内容、展区位置、展品摆放，展览经营主体企业可利用LBS系统（基于位置的服务，是指通过电信移动运营商的无线电通信网络或外部定位方式，获取移动终端用户的位置信息）对观众、车辆、展品进行监控调度，对工作人员进行管理，为用户提供导航服务。

3．互动营销服务

利用移动互联技术，通过智能展览平台系统中关联的APP软件，如现场抢红包、"微信摇一摇""扫描送礼"、互动游戏等系列互动营销活动产品，在招展期、展览现场和展览后期，通过线上线下互动分享，实现展览活动或者展示内容的宣传互动。用户可以将营销APP与智慧展览平台实现绑定，在平台上进行即时分享，通过微信等社交网络平台，增加非现场用户的参与度。

4．电子商务服务

随着我国移动通信技术的不断发展、网络的普及和电子商务的飞速发展，这些都为电子商务的发展打下了坚实而又良好的基础。智慧展览的电子商务功能包含票务、支付、预定、商务匹配与交易等内容。平台结合展览特点和需求,包括门票购买、展览现场促销和团购、现场订单、现场支付、酒店餐馆预定、机票查询预订等。平台结合参展企业和观众的需求,实现商务匹配、互动交流和买卖交易。

5. 数据分析服务

通过对线下观众的基本信息、参观需求、参观轨迹、展位停留时间等数据分析,可以得出线下观众对于本次展览的兴趣和目的分析报告;通过线上观众的行为分析,如浏览记录、收藏记录、订单信息、成交记录等,可分析得出线上观众的兴趣,这些可观的数据分析服务可以帮助经营主体企业和参展企业精准地判断潜在客户,制定营销方案。

6. 精准营销服务

展览经营主体可通过对参展企业的参展情况和观众的兴趣点,以及双方成交商品类别,得出参展企业的受欢迎度和展览活动的受欢迎度等信息,从而给出下届展览的主题、组织方式等决策信息支持,并根据相应的数据分析为下届展览的招商、组展、现场服务等多个阶段的业务开展提供精准营销的依据。

总之,智慧展览的内容体现一方面为用户提供个性化需求的及时响应;另一方面为用户提供全面、精准、高效的预判服务,以及为用户决策提供支撑信息等多个阶段的智慧化技术支持,最终通过用户及商务信息的沉积,构建新的产业结构,形成展览经济的二次发酵,带动产业经济的持续发展。

三、智慧展览的产生和发展

(一)智慧展览是时代发展的"倒逼"效应

新时代带来新技术,新技术孕育新格局。一直以来,展览业紧跟时代步伐,积极推广运用现代科技成果,提升行业竞争力,逐步实现行业管理的现代化、展览设备的智能化和活动组织的网络化,推动展览业的品牌化、专业化、现代化和可持续性发展。可以说，时代的发展"倒逼"展览业的智能化发展。

互联网时代的到来，给展览业带来了新的契机。互联网媒体所具有的传播特性，如信息传播的时效性、信息传播范围的广泛性和信息传播的多媒体化，以及信息传播的迅捷与易检索、可存储性等，为网上展览带来了传统展览所不具备的独特优势，即参展企业和观众可以及时获得所需信息。展览行业与互联网的融合发展推动了数字化整合营销。以互联网为载体的网站、论坛、贴吧、博客、e-mail、微信、微博、H5、"病毒"传播等营销渠道，成为展览经营主体企业集客和招商的扩展渠道。但是，网上展览仍然不具备传统展览的基本形式和特点：实物展示+面对面的沟通交流。

我国互联网产业的发展虽然起步稍晚，但发展非常迅速，已形成了一个设施优势、用户优势和应用优势三大优势凸显的新兴行业，基于互联网的新业态、新模式层出不穷。网上展览由于具有受众面广、费用低、容量大、覆盖面广等特点而受到热捧。在互联网上建立虚拟展馆、网上展览可以节省大量时间和金钱，大大提高展览的效益，为参展企业和观众提供极大的便利。在发展初期，我国展览业借助互联网赢得后发优势，一些规模小但信誉较好、富有管理经验的展览馆或展馆公司，凭借网上展览开拓发展空间，聚集新的竞争力，形成永不落幕的网上展览会。

起初，网上展览展商将自己的网络资源和参展企业自身的资源结合起来，在互联网上按照传统展览的布展方式利用虚拟展馆办展，借助网络全天候、无地域限制的展厅将各个行业展览、特色展览等完整地呈现在国际性的网络平台上，让各行各业的企业、机构及个人随时可以通过网上展览展商的网站进行展览，并有更多的机会获得观众的关注。例如，Directindustry是全球最专业、最大的工业产品在线采购平台之一，Eventseye是一个非常全面的展览资料库，基本上世界各国的国际展览都能找到，BusinessGlobal.com是一家专业的互动式网上展览公司。

这种便捷的展览方式为参展企业解决了在传统展览中无法逾越的各种问题，如传统展览时间短暂、人力财力消耗巨大、展览场地有限不可扩展、展期固定不可延续、展览时间安排无法重复等。由于网上展览具有诸多超越实地展览的独特优势，使得网上展览的参展者趋之若鹜，赢得众多客户的青睐。

互联网对诸如媒体、游戏、电子、金融等一些行业带来的影响，可以说是革命性的，但是互联网不能代替一切，尤其是在配对的精准度高和风险系数低的方面还不可能颠覆传统产业的核心价值、根本价值。对于展览行业来说，实物展示＋面对面交流＋包括以互联网为载体的多种营销手段的组合，其本质或价值在于参加展览，特别是贸易展览仍是最有效的市场营销和对外联系、交流的途径和方法。尽管网上展览可以实现最具活力的宣传媒体的功能，即使在互联网相对完善的今天，网上展览和交易还不能完全取代传统展览和交易，二者只是更好的相互补充和优化配置，因为二者各自有着互相不可替代的特点和作用。目前，上海的一些大型展览线上线下互补发展较为成熟，正在通过互联网开展网上展示和洽谈活动。

随着互联网＋展览的深度融合，线上线下展览新业态开始涌现，智慧展览进入了人们的视野。为了进一步提升展览的智慧化程度，目前，网上同步展览在实地展览的基础上不完全脱离传统展览的运作方式，将实地展览信息利用先进的网络技术在互联网上进行展示，为参加实地展览的公司、企业提供展示产品和服务的机会，使实地展览更具时效性、针对性，最大程度地提高实地展览的效果，从而达到扩大宣传力度、创造更多商机的目的。网上同步展览充分利用网络优势，在实地展览的不同时期提供不同内容的服务。按实地展览的时间，网上同步展览可以分为3个阶段：展前招商、展中直播、展后反馈。将传统的商务流程电子化、数字化与展览项目相结合，一方面，以电子流代替了物流，大大减少了人力、物力，降低了成本，提高了效率；另一方面，展览经营主体、参展企业和观众通过网络系统联系起来，各主体间的沟通呈现及时、互动的特点，并摆脱了时间和空间的限制，为展览经济带来更大的发展空间。另外，展览电子商务在传统展览的物流交易基础上，进一步完善了展览网络物流配送体系。在传统的物流和配送管理中，由于信息交流的限制，完成一个配送过程的时间比较长，但在电子商务环境下持续时间会大大缩短。较以往展览最大的变化在于，网络的应用可以实现对整个人流、物流过程的实时监控和实时决策。当系统的任何一个环节收到一个需求信息时，该系统都可以在极短的时间内做出反应，并可以拟定详细的配送计划，通知相关的各环节开始工作。

（二）智慧展览是产业转型升级的需要

伴随中国经济呈现出新常态，展览经济也进入了新常态，即增长方式由规模速度型粗放增长向质量效益型集约增长转变，"转型升级、提质增效"成为展览业现在和未来一段时间的发展战略。而大数据、云计算、移动互联网、物联网等信息技术的发展则为这一战略的实施提供了重要技术保障，通过信息技术实现展览业的智能应用和智慧管理，打破展览活动时空的限制，将展览服务质量和运作水平提升到一个新高度。

在信息技术的影响下，我国很多城市的传统展览形式正在逐渐改变，许多类型的展览项目和展览经营主体已经开始借助互联网助力展览建设的发展，大型展览都采用信息化、智能化的手段，打造了较为成功的展览新业态。展馆作为智慧展览承载的主体，在展馆智慧化建设过程中，利用物理网络技术、虚拟现实技术、物联网传感技术、移动应用技术等手段实现展览场馆管理智能化，围绕展览场馆打造集多种形式的网络覆盖、展馆室内定位导航、展馆数据采集与管理、外部展馆系统对接等方面的智能展馆综合管理平台，为我国发展建设智慧展览创造有利的基础保障。

展览经营主体企业结合当前信息技术建立智慧展览大数据中心，通过采集展览周期内人流、物流、信息流、技术流、资金流及相关联产业的数据信息形成大数据库。运用大数据分析处理技术，对展览数据进行运用与展示，以多种可视化手段呈现其数据分析结果，帮助展览行业在规划布展、应用、营销、服务、管理等方面的智能化建设，有利于展览行业整体水平的提升，并能够提供更加科学的展览效果评估，帮助展览管理者进行有效的决策支持，从而促进智慧展览行业的未来向前发展。

（三）智慧展览在建设智慧城市的战略下得到强化

经过5年多的建设探索，智慧城市已经成为中国城市发展的标配，从特大城市到特色小镇，基本上都能看到"智慧"的身影。通过梳理各地政府工作报告和"十三五"规划可以看到，截至2016年6月，中国95%的副省级城市、76%的地级城市，总计超过500个城市，均在其政府工作报告或者"十三五"规划中明确提出或者正在建设智慧城市。[①]目前，智能展览被纳入智慧城市整体框架同步建设。智慧展览可以作为智慧城市整体框架的重要部分进行建设，利用智慧城市在商务、交通、文广、公安等政府职能部门的协作关系，可以实现智慧展览信息的共享与利用，既可与智慧城市的建设相互补充来促进城市商贸体系的发展，又可实现展览自身的智慧化建设。例如，结合交通部门建立智慧展览交通状况管控，与公安部门建立智慧展览安保管控，与文广部门建立针对展览的定向新媒体宣传等。智慧展览将借助智慧城市建设的有利时机，进一步提升智慧展览未来发展的服务能力与管理能力。

（四）智慧展览在"一带一路"倡议下全面发展

2017年5月，中国国家主席习近平在"一带一路"国际合作高峰论坛圆桌峰会上发表重要演讲。习近平指出，"我们要将'一带一路'建成创新之路。创新是推动发展的重要力量。'一带一路'建设本身就是一个创举，搞好'一带一路'建设也要向创新要动力。我们要坚持创新

---

① 尹丽波.世界智慧城市发展报告（2016—2017）[M].北京：社会科学文献出版社，2017：3.

驱动发展，加强在数字经济、人工智能、纳米技术、量子计算机等前沿领域合作，推动大数据、云计算、智慧城市建设，连接成21世纪的数字丝绸之路。我们要促进科技同产业、科技同金融深度融合，优化创新环境，集聚创新资源。我们要为互联网时代的各国青年打造创业空间、创业工场，成就未来一代的青春梦想。我们要践行绿色发展的新理念，倡导绿色、低碳、循环、可持续的生产生活方式，加强生态环保合作，建设生态文明，共同实现2030年可持续发展目标。"[1]

在此背景下，"一带一路"沿线各地政府将进一步加大智能展览基础设施的建设，除了传统的道路、桥梁、港口之外，互联网、移动通信网络也被认为是新型基础设施。在智慧展览建设中，首先需要建设大量的智能化基础设施，便于智慧展览广泛地采用物联网、云计算、人工智能、数据挖掘、知识管理等信息技术，提高展览的规划、管理和服务的智能化水平，使智慧展览运行得更为绿色、高效、精准。[2] 毕竟，利用智慧展览强大的带动作用，能够带动本地区的建筑业、餐饮服务业、金融投资业、旅游文化业等其他产业共同发展，并加速本区域中心服务的建设速度。此外，在"一带一路"倡议的指导下，沿线各地也加快了对智慧展览人才的培养，今后几年我国展览教育在开展国际交流方面也将迎来一个大发展时期。这都为智慧展览的长远发展提供了人才基础保障。

综上所述，当前的智慧展览建设仍处于初级阶段，尽管在展览经营主体企业的努力下，智慧展览在信息服务、信息发布、提升参展效率等环节上取得了一定程度的突破。然而，受限于公共信息数据化程度低、展览ICT企业实力有限、政府与企业联动少等因素，智慧展览还存在服务质量低、服务功能不齐全、需求响应不积极等问题。"智慧展览"的核心是依托信息技术手段以一种更智慧的方法，提供一个实时的、信息

---

[1] 习近平对推动"一带一路"建设提出五点意见 [EB/OL]. （2017-05-14）[2017-10-15]. http://news.xinhuanet.com/world/2017-05/14/c_129604239.htm.

[2] 陈小国. 杭州市信息经济与智慧城市融合发展路径研究 [M]// 沈翔，戚建国. 杭州都市圈发展报告（2016）. 北京：社会科学文献出版社，2016，5.

和资源匹配的开放生态链接平台，改变传统形式上的参展企业和采购企业及观众相互交流的方式，高效利用和匹配资源，节约成本和时间，改进展览服务，提高商务洽谈的明确性、效率、灵活性和响应速度，完善决策机制。

四、传统展览与智慧展览的比较

（一）传统展览

1. 传统展览的特点

传统展览主要由企业根据收集和掌握的信息，对展览项目进行立项策划实施。传统展览依靠对参展企业和观众进行针对性的宣传，其主要手段是文件、传真、电话等，并辅以电子邮件和互联网。传统展览展示的是真实的产品，产品以实物的方式参加展览，参展企业和观众在现场进行商洽、谈判、达成协议。同时，在展览期间参展企业可以直观地进行市场调查。展览经营主体对展览进行营销和推广，同时储备各种资源和人力对展览进行管理和提供展览服务。传统展览在时间和空间上具有一定的局限性。

2. 传统展览的优势

传统展览通过参展企业和观众直观的宣传，产品以实物的方式参加展览，直接与客户见面；并且，参展企业能够为展品开展集中性的宣传，同时进行市场调查，以调整其生产和营销的不足之处。观众可以亲自在展出场地按照产品分类、展馆和摊位编号等查找目标参展企业，进行面对面的交流和谈判，寻求合作，直接达成协议，并且提高交易的安全性。传统实物展览除了解产品和信息的功能之外，还有人际交流、实物触摸、面对面的优势。实物展以现场看样洽谈成交为主，这种展购方式可以直观地了解被展示的商品，便于展购双方交流商品信息，了解市场趋势。同时，也为他们联络感情、增强互信提供了机会，符合现代商业社会日益人性化的发展方向。大量个性化强、附加智能高的商品，如轻工类、纺织服装类等，强调的是独特的外观设计、整体的视觉效果或特有的手感。因此，实物展览中的体验式互动无可替代，这也正是传统展览的优势所在。

3. 传统展览的劣势

传统展览能通过展览进行直观性和集中性的宣传，但同时也存在一些劣势。第一，时间、空间限制大。传统展览需要占用场地并具有固定的期限，且参展企业和观众需要在固定时间参加展览活动。第二，传统展览营销方式相对较为单一，展览传播手段大同小异，主要通过传统媒体进行宣传推广，与受众者互动性不强。第三，传统展览服务和信息的共享、资源的有效利用及管理没有做到精细化和高效化，只是简单地做到了信息的接收和处理，没有达到资源的最大化合理利用。①

（二）智慧展览

1. 智慧展览的特点

智慧展览主要以互联网作为"基础设施"，运用目前及未来的信息和通信技术手段，收集、分析、整合展览行业及其相关产业链的各类信息，对展览项目立项实施，通过新媒体、网络、移动平台等交互平台对展览进行营销和推广，对参展企业和观众需求进行快捷服务、及时反馈和精准匹配，如展览前期的宣传从线下的宣传单、海报等变成了线上的扫二维码、微博、微信、微信公众号、H5、APP等，进行展览的宣传；而参展费用的支付也发生了改变，如支付宝支付、微信钱包支付等。甚至，订单系统等一系列工具可以为企业的微信公众号提供嵌入式的服务。这种嵌入式的服务，可以安全地为企业现场的客户或者用户提供导入服务。

2. 智慧展览的优势

---

① 任宁，陈思宇.我国智慧会展的发展现状与对策研究[J].现代经济信息，2015（18）：333-335.

智慧展览引入了先进的物联网信息技术、移动互联网技术，以及大数据的分析和服务对展览进行智慧管理、智慧营销和智慧服务，围绕参展企业和观众的行为，分析设定整体环境后，进行智慧化改造，包括策展、组展、场馆管理、展览运营、展览服务的全过程。例如，用于决策的资源分析、选择类和会展效果反馈评估类的智慧化；与策展、组展、场馆相关联的应用平台的广泛使用；用于展览展示效果的技术应用集成化；展览经济所带动周边功能的集成化，从而达到智慧管理、智慧运营、智慧服务的效果。① 智慧展览的关键在于信息的共享、资源的有效利用及管理的精细化，使展览的信息传达更加便捷迅速，决策更加精准，服务更加快捷。

3. 智慧展览的劣势

智慧展览依赖于网络信息技术，因为计算机网络信息具有全球开放性和共享性的特点，所以在存储、处理、使用和传输上易受病毒感染，数据容易被干扰、遗漏或丢失，甚至被窃取、篡改、滥用、破坏、冒充和泄露。尽管采用了防火墙等安全措施来防范，但是安全性问题还是困扰着智慧展览系统。

总之，在信息化、科技化的时代背景下，服务业正在告别传统的操作模式，进入一个以物联网、移动互联网技术为核心的智慧时代。展览业的发展也告别了传统的"粗放型"发展，向"智慧型"发展迈进。与传统展览相比，智慧展览不仅集聚了传统展览直观的宣传推广方式，为参展企业和观众搭建了一个面对面交流的平台，还结合了信息科学技术，将技术应用于展前、展中、展后，线上及线下，让展览的信息资源共享更加及时快捷，操作运行向质量效益型集约增长转变。近几年来，国内对智慧展览也在不断地进行尝试和探索，智慧展览也在不同展览实践中慢慢得到认可。智慧展览的新型展览模式初步形成，将会成为展览业创新发展的重要驱动力。

---

① 李益."互联网+会展"的终极目标[N].中国贸易报，2015-08-10.

五、智慧展览对我国展览产业发展的影响

（一）促进展览经济转变

随着新时代来临，新矛盾转变，展览转型升级不断提速，展览经济也进入了新常态，智慧展览成为展览业现在和未来一段时间的发展战略。智慧展览经济提供的不仅是传统展会所具备的服务与线上资源的相加，还提供多渠道、多领域、多方面的增值服务，以及通过共享模式实现促进经济发展。智慧展览凝聚了商品流、信息流、技术流和资金流，最大限度地集成线上和线下优势，不但可以低成本地比较不同产品和服务，还可以通过对产品和服务的评价来了解和掌握产品和服务的质量，降低了信息不对称性。智慧展览利用网络系统，推进展览活动流程的程式化、智能化、规范化和自动化管理，集成经济有效、自由方便、快速准确、具有极强互动性的网络平台，对展览活动进行展前、展中、展后的全过程管理，促使不同规模的企业、机构和各类消费者形成更多个性化的供给和需求。

智慧展览面向展览业及相关领域来聚合资源和再造信息，促进资源的有效共享、集成和发展，提升资源的利用效果和运行效果，推动形成了适应互联网经济发展要求的资源共享、能力协同、线上线下互动、合作各方互利共赢的产业形态，如实现与交通、公安、工商、卫生、质监等相关职能部门的信息共享和业务协同，实现与互联网企业的信息资源共享与展览资源共享。在互联网技术不断进步的推动下，智慧展览生态的日益成熟将赋予共享经济崛起的机遇。智慧展览催生的共享经济归根到底是资源的优化配置，是让商品、服务、数据及智慧拥有共享渠道的商业经济模式。在智慧展览时代，以移动互联网为载体的信息实现高效流通，信息不对称性被减弱，信息使用成本更为廉价，也更为方便快捷。共享的对象可以包括展览项目、办展团队、闲置设备、数据存储空间等固定资产，也可以包括数据信息等。

（二）推进展览展馆智能化建设

智慧展览离不开展馆的信息化建设。场馆信息化包括场馆信息资源库、基本设施管理系统、展期安排系统、销售系统等，一个展馆的信息化服务程度已经成为展览经营主体选择场馆的重要因素。智慧展览对展馆硬件设备的科技要求也不断提高，不再是单一的基础建筑设备，更要求展馆信息化、科技化。例如，美国路易斯安那州立大学的展馆系统实现了展览智能注册、信息推送、观展追踪、展品评估、展讯服务等功能。苏州文化博览中心启动"智慧文博"整体信息化建设规划，以建设"智慧商务平台""智慧演艺服务平台""智慧管理平台"三大平台为核心，推动展览管理与服务的转型升级。武汉市民之家智慧展馆建设实现了全馆智能控制系统和管理的智能性。除了支持传统的集中控制，还增加了无线终端控制方式，管理员可以对展馆进行一键式控制，大大简化了日常工作量和失误率；除了进行人工控制，还通过各种传感器，实现了展馆的自我调控功能。这种例子不胜枚举。展览展馆的优化建设，不仅能提升展览展馆的信息承载能力，更能方便观众和展商的互动，促进贸易平台发展，实现数字智能化服务。

（三）促进展览信息大数据建设

智慧展览的兴起对信息技术的要求逐渐增高，推进了展览业物联网信息技术、移动互联网技术，以及大数据分析技术的建设发展。2015年9月5日，国务院印发《促进大数据发展行动纲要》，赋予大数据"推动经济转型发展""重塑国家竞争优势""提升政府治理能力"的战略功能，并将大数据界定为"国家基础性战略资源"。从应用角度看，大数据并非一个全新的产业，而是一个与已有产业的融合，对已有模式的改造、升级和替代。[①] 大数据建设围绕展览经营主体来搭建展览专属的数

---

① 陈军君. 中国大数据应用发展报告（2017）[M]. 北京：社会科学文献出版社，2017，8.

据平台，核心理念是实现展览的数据化运营，关键是打通展览经营主体企业、参展企业和观众之间的信息障碍。通过大数据中心的建设，能够便利地对展览行业整体数据进行收集、管理和分析，完成对展览业整体发展水平的科学化评估与决策，提高智慧管理、智慧运营水平和智慧服务质量。

例如，成都市博览局就致力于建设成都智慧展览大数据中心。该中心的建设目标以成都展览业的实际发展为需求，以大数据库为基础，建立切实可行的数据采集机制。该中心综合运用互联网、云计算、大数据和可视化等先进技术，完成展览数据的筛选、运用与展示。在重庆的国际博览中心，投入了超过2亿元建设的"智慧国博"系统。除了实现管区精准导航等功能外，也实现对展览大数据的收集与分析，提高展览营销的精准性。

（四）优化升级展览服务

截至2015年12月，国内手机网民规模达6.2亿人，手机网民已经占到整体网民的90.1%。互联网与移动通信的融合带来了信息传播的革命，集展场服务（预约、洽谈、交流、交易等）、展览旅游（吃、住、行、游、购、娱）、会务服务于一体的移动应用服务平台越来越成为智能应用不可或缺的重要载体。规划开发的应用平台使展览参与者可以通过随身携带的移动终端（智能手机、平板电脑等）随时随地不断获取信息和服务。

智慧展览改变了传统展览的服务，能够提供全面的展览服务。智慧展览服务平台能够实现停车导航、展览数据收集、在线预订、路径导航等一系列便捷服务；可以实现观众随时随地预订餐饮、酒店、旅游、飞机票、火车票、物流等服务。此外，还能实现定位导航，包括Wi-Fi室内自动定位，室内Wi-Fi、室外GPS无缝连接，兴趣目标位置的查询搜索，导航与路径指引；泊车服务及反向寻车，包括车位查询、反向寻车导航；好友位置查询和移动社交，非现场用户的"APP看展"等服务。①据了解，2014年第十六届杭州人居展，有一半的参展企业策划了微信活动来提升展位人气。杭州举办的展览活动积极与支付宝合作，开发诸如电子门票销售、展位预定、产品销售等智慧支付功能，深度打造智慧展览。2015年的永康门博会，主办方自主开发设计了"智慧展览"APP手机软件。通过扫描"永康国际展览中心"的微信公众号进入软件系统，即可精确查询展位位置、展示产品及参展企业信息等，方便观众了解展览信息，并且节约了时间。

（五）打通线上线下展览通道

智慧展览不断打通线上线下展览的互补通道。虽然国内网络展览已经呈现较好的发展势头，但是作为一个新概念，网络展览要得到社会各界的认可和支持还需要很长时间，传统的实物展览目前仍是国内展览业的主流。观念的错位也阻碍了网络展览的快速发展。

互联网+展览的网络展览作为企业营销平台的巨大作用和潜力是不容忽视的，目前大多数的国内展览企业重视网站建设。网络展览对实物会展具有积极影响，如在展前可以通过互联网留意业界的变化，时刻与客户保持联系；在展览项目的宣传、展出项目的选择、参展企业与展览经营主体企业之间的多种契约和业务往来、发运人与承运人之间的联系和约定、参展企业与海关的联络中，互联网承担了大量数据和信息的传播功能；在展中，运用互联网可以搜集观众和客户资料，对来访客户和观众进行统计和分析。同时，展览电子商务提高了展览信息交流速度、拓宽了展览信息交流广度、降低了展览企业的成本、提高了展览活动的工作效率、增强了展览活动的经济效益、加强了展览业的协调管理、促进了展览业的全球化发展等。此外，政府对网络展览给予了大力支持，在税收、资金等方面有相应的优惠政策。不少地方政府机构和行业组织

---

① 李阳，邓雪婧. 会展业迎考"互联网+"智慧化场馆现雏形[N]. 重庆商报,2015-04-09.

选择网上招商、网络展览和会议作为展览工作的重要手段，大大促进了网络展览的快速发展。

（六）推进展览行业标准完善

2017年3月27日，上海市质量和标准化研究院归口管理的《展览会信息管理系统建设规范》和《展览展示工程服务基本要求》两项会展业国家标准在国标委新闻发布会上正式发布。据了解，这两项会展业标准于2017年9月1日起正式实行。这是继2010年《经济贸易展览会术语》、2014年《会议分类和术语》《经济贸易展览会数据统计》《展览会数据审核规则》之后，展览业在展览信息管理系统建设和展览展示工程服务上迈出的又一步。

据全国会展业标准化技术委员会主任、上海市会展行业协会会长、国际展览业协会名誉主席陈先进介绍，这两项标准为推荐性国家标准，其实施动力一方面来自于展览行业发展的内生需求，也就是主、承办单位及场馆运营单位等相关方对展览展示工程服务和展览会信息管理服务的要求；另一方面则来自标准本身的科学性和适用性，以及标准对于促进质量和效率提升的作用。陈先进表示，展览信息管理和展览展示服务作为展览活动重要的配套支撑服务，其质量和效率对展览行业的健康有序发展具有重要的促进作用。他认为，这两项展览业标准将推动信息技术在展览业的普及应用，引导"互联网＋展览"向纵深发展。同时，也将进一步推动展览展示工程企业提高管理水平、专业素质、服务能力，提升展览展示工程服务能级，满足我国展览活动快速发展的需求。

科技的不断进步着实为展览的发展创造了新的机遇，智慧展览在我国的不断实践和应用，促进传统展览优化升级，改变了传统展览模式，采用新技术准确地对市场进行搜集，提高了展览立项策划的优质性，改进了展览的基础硬件设施，促进信息传播的质量和数量，推动展览信息服务水平和展览科技水平的提升，带动展览周边相关产业共同发展，并向专业化、国际化迈进。同时，"一带一路"倡议为我国发展智慧展览

提供了一些有利条件,为智慧展览的快速发展做好铺垫。

六、智慧展览在我国的发展现状

(一)展览宏观环境不断优化

2015年4月19日,国务院印发《关于进一步促进展览业改革发展的若干意见》(以下简称《意见》),这是国务院首次全面系统地提出展览业发展的战略目标和主要任务,并对进一步促进展览业改革发展做出全面部署。《意见》指出:近年来,我国展览业快速发展,已经成为构建现代市场体系和开放型经济体系的重要平台,在我国经济社会发展中的作用日益凸显。同时,也存在着结构不合理、政策不完善、国际竞争力不强等问题,亟须深化改革,开拓创新,进一步提高展览业发展水平。《意见》强调:促进展览业改革发展,关键要坚持专业化、国际化、品牌化、信息化方向,培育壮大市场主体,加快展览业转型升级,努力推动我国从展览业大国向展览业强国发展,更好地服务于国民经济和社会发展全局。到2020年,基本建成结构优化、功能完善、基础扎实、布局合理、发展均衡的展览业体系。①

2017年3月27日,上海市质量和标准化研究院归口管理的《展览会信息管理系统建设规范》和《展览展示工程服务基本要求》正式发布。此次国标委批准发布两项会展业国家标准,是为了落实《国务院关于进一步促进展览业改革发展的若干意见》中"引导企业运用现代信息技术,开展服务创新、管理创新、市场创新和商业模式创新,发展新兴展览业态"的要求,以及"健全展览产业链,增强上下游企业协同能力,带动各类展览服务企业发展壮大"的要求。其中,《展览会信息管理系统建设规范》以"互联网会展业"为导向,旨在加强移动互联、大数据等信息技术与展览活动的融合,推动信息采集、互通、共享技术在展览

---

① 国务院印发《关于进一步促进展览业改革发展的若干意见》[EB/OL].(2015-04-19)[2017-10-15].http://www.xinhuanet.com/politics/2015-04-19/c_1115015854.htm.

业的应用，提升展览运营效率，为智慧展览发展提供了发展指导和标准保障。

2017年6月9日，商务部办公厅印发《关于下达2017年流通行业标准项目计划的通知》（商办流通函〔2017〕232号），确定了2017年流通行业标准项目计划，批准了《展览企业信用评价规范》《展览会项目信用评价规范》两项行业标准立项。两项标准是推动展览业诚信体系建设，开展展览企业、展览会项目信用评价的重要技术依据，也是规范信用评价工作的有效管理手段。商务部批准立项展览业诚信体系建设相关标准，标志着展览业诚信体系建设工作进入实质阶段。

（二）展览服务信息化程度不断提高

提升展览服务是智慧展览的重点发展内容之一。近年来，随着展览业信息化水平不断提升，展览服务创新技术不断应用，展览服务提供方提供了整个展览产业链各个环节的系列信息管理产品，包括展览经营主体企业综合数据管理系统，展览经营主体企业展商销售管理系统，展览参展企业、观众网上服务平台（包括展览官方网站），观众移动互联网登录平台，展览互联网移动应用，展览微信服务及微网站，展览呼叫中心系统，展览馆管理信息系统等产品。随着展览服务水平的不断提高，有的企业拥有独有的智慧展览信息系统架构，包括网络基础设施（软硬件和安全管理）、数据资源管理（数据挖掘和云技术）、应用支撑平台（基于SOAP服务总线）、互联网和移动互联网应用、信息表现和发布等多个层次的基于先进信息技术的智慧展览服务系统。

（三）线上展览蓬勃发展

在网络信息化的发展下，我国网民数量上升迅速，互联网技术实现了视频、语音、数据远程实时互动通信，并支持异地同时召开会议，多媒体视讯系统综合远程、多点、实时、互动等功能，使越来越多的企业进行网上参展实践，越来越多的网民进行网上看展。现在，有许多实体展览在网上构建自己的展览平台，采用线上网络展览与线下实体展览相结合的方式，进行资源的互补，增强整体实力和互动性。目前，在互联网 3D 技术的迅速发展和广泛应用的时代背景下，信息化、数字化的浪潮正席卷世界的每一个角落，展览行业正面临着前所未有的机遇和挑战。网上 3D 虚拟展览是将 3D 虚拟现实技术和 2D 网上信息系统融合在一起，采用嵌入 IE 页面的方式运行，无须下载客户端，普通家庭的带宽即可流畅运行。虚拟展览将现实中的展览以 3D 模型的方式展现于网络，构造出栩栩如生的 3D 网上展览环境；并利用互联网信息技术实现参展企业和观众的数据匹配，依靠云计算技术有针对性地提供服务，方便参展企业和观众实时掌握展览动态信息。

调查显示，2014 年，中国超过 90% 的展览会都拥有了线上平台，并通过互联网技术实现了线上线下的有机融合。[1] 线上网络平台的发展已经成为一个潮流热点，而智慧展览的发展需要采用线上展览的信息技术，达到线上和线下相结合，提高展览的便捷性和信息化发展。然而，线上展览首先面临和大部分网络业务相同的挑战，也就是真实性问题，网络解决了信息流动性，但信息真实性仍需要展览运营方另行解决或展览浏览者自行判断。其次，进入线上展览行业的准备门槛较低，当前市场上存在大量良莠不齐的网络展览企业。

（四）智慧城市推动智慧展览

智慧城市的规划和建设为智慧展览的发展提供契机。2016 年，随着全球社会与经济数字化水平日益提升，信息通信技术与计算技术的进步在国内外智慧城市建设范畴内创造了更大的影响力。在智慧基础设施方面，全球 5G 信息通信技术发展推进速度加快；在城市服务应用方面，以先进计算技术为核心的新型计算机、新型算法及新型应用不断充实到

---

[1] 温玲 . 我国网络会展传播分析 [J]. 新闻爱好者，2011（18）：44–45.

智慧城市建设的各个领域，基于先进计算技术的智慧城市范畴内的商业服务问世，认知服务、城市计算等新类型的智慧城市应用服务在北京等大型城市落地。开放数据与统一接口平台的成熟运用，使城市数据的潜力释放，城市大数据催生多种多样的智能应用。物联网、虚拟现实等新兴技术进入消费级元年，应用形态从展示逐渐扩展到娱乐、消费等与城市生活相关的领域。智慧城市产生的数据量日益增加，企业已经开始利用高性能计算技术与云计算技术的结合，衍生出新的技术方案和智慧城市解决方案。

智慧城市无线宽带及云技术和物联网的发展正是智慧展览所需要的核心技术。同时，移动互联网的发展为智慧展览的移动电子商务发展做好了提前准备。国务院不断在扩大智慧城市试点范围，结合智慧城市建设能够进一步提升智慧展览的硬件设备设施和技术支持，通过智慧城市的发展，能够促进智慧展览的发展。

（五）智慧展览项目日渐增多

从 2014 年开始，以"智慧经济""智慧类展会"为特色的展览项目如雨后春笋，逐渐成为展览的又一个热点。2014 年，杭州市围绕智慧经济"六大中心"建设举办了数十个"智慧类"展览项目，推进了杭州市实体经济发展和"智慧经济"建设，提高了国际经济化水平。2015 年，永康门博会的转型升级让门博会真正全面地拥抱互联网，让永康门业重新站稳脚跟，发挥优势，向国际化迈进。2015 年，北京、上海等地纷纷举办智慧城市博览会，引领全国智慧城市的发展。智慧展览为展览业发展丰富了题材，逐渐成为展览项目的新标杆。2016（第十四届）北京国际汽车展览会在北京中国国际展览中心新馆和中国国际展览中心老馆同时开幕，科技应用方面的最大亮点即采用信威 4G 无线政企行业专网（首都信威网）为展馆提供通信服务，真正打造以高科技和信息化为引领的"智慧车展"。2017 年，iCar 2017 智慧车展（2017 第四届中国上海智能

网联汽车展览会）引入时尚元素，更注重观众的观展体验，强化互动，积极打造更多体验、更多接触、更加精彩的汽车科技嘉年华。2017沈阳国际汽车博览会暨新世界智惠车展上，VR、AR等一系列智能互动体验在不同展区与观众们互动，吸引了很多家长带着孩子前往感受浓浓的汽车文化与科技。

（六）信息化和高科技优势渐显

如今，智慧展览项目的不断增多让大量中小企业主和网商报投无路，眼花缭乱之后一筹莫展。然而，一些电子商务巨头纷纷涉足线下智慧展览，利用自身在行业、企业、资源的整合力优势，为展览业带去急需的人脉和企业资源，帮助传统企业拓展新的发展空间。其中，阿里云数据逐渐成熟推进了全国的云数据和大数据产业的发展，为智慧展览信息连接，数据的收集、管理、分析、筛选和运用提供了基础。移动互联网信息技术和电子商务的发展，为智慧展览发展提供了技术和发展空间，实现了展览移动便捷式、一站式服务。展览展馆的高科技化，也孕育着智慧展览。现代展馆发展继"数字展馆""智能展馆"后，迎来了又一次重要升级。智慧展馆不仅包含智能化展馆的数字化、自动化、节能化等特点，更重要的是"展示内容"与"人"建立更紧密的关系，无论是对展馆本身的掌控上，还是与人之间的互动、交流、分享上，都能呈现一个"完整个体"的特性。

（七）新媒体为智慧展览大数据充当前锋

传统媒体的报纸消亡论争执不休，广播电视业开始进行媒介融合，借力新媒体来实现自己的发展。新媒体时代，典型的有门户网站、自媒体、IPTV等，媒体的革新带来丰富海量的数据。虽然全球大数据目前还处在发展概念阶段，但很多企业已经意识到了大数据的重要性及其带来的效益。展览行业的大数据是指和具体的展览本身或所在行业相关的大数据，分为内部数据与外部数据。展览内部大数据是指展览经营主体多年来所收集的历次展览观众记录，如联系方式、不同行业和类型的产品采购需求等。外部大数据是指与展览相关的其他数据，如按照国家和行业划分的全球采购统计数据。对于那些在数据管理方面先行一步，或者做好准备迎接大数据的展览经营主体企业，有很多可以利用的工具和服务能帮助它们更好地理解和处理数据，其中不乏"可视化"新媒体工具。这些新媒体工具能够有效抓取数据，并使用图形、图标和其他直观方式加以分析表示，帮助展览经营主体企业更好地理解自己的数据，更加积极地响应用户的需求。当新媒体的传播在线上实现时，前期的集客和后期的分享成本在社交网络的推波助澜下几乎趋近于零。

总之，经济的发展推动了城市的建设，带动了相关产业的优化升级，同时也为展览业的转型升级提供了机会，智慧展览已经在我国得到了初步的实践，同时也在我国各个城市不断成为热门。展览业向智慧化迈进必须紧跟时代步伐，利用好现有的优势和有利条件，积极推广运用现代科技成果，提升行业科技水平和竞争力，促进展览业的优质发展。智慧展览的初步实践虽然得到了许多有利条件，但是由于技术上的缺乏和观念上认知的不足，智慧展览在我国的发展也存在许多不足之处。

七、智慧展览在我国发展的不足之处

（一）网络环境不够规范安全，资源整合不足

近年来，智慧展览运用的信息技术，在给参展企业和观众提供众多便利的同时，也出现了一些问题。首先，个人信息的泄露途径变得多样化，2015年国内手机信息安全事件的发生呈两极化趋势，且信息安全事件数量显著增长。一方面，不会对用户构成直接经济损失的骚扰类安全事件的用户覆盖率很高；另一方面，通过手机病毒、恶意软件窃取用户信息的手段则越来越隐蔽。不容忽视的是，手机病毒和恶意软件在2015

年影响群体的规模显著增长,但很少有用户对此有所察觉。[①]其次,智慧展览是电子商务发展的平台之一。随着网络技术在展览行业的大量使用,信息安全技术应用和安全管理策略也在不断受到挑战。电子商务的安全运行,仅从技术角度防范是远远不够的,还需要健全的法制环境,建立规范电子商务的法律体系。最后,展览规模过小、展览活动布局分散、重复类型展览数量多,都反映出展览资源整合不足,不能够将各种展览资源整合到一个完整平台之上,也不能够最大化挖掘各个展览的资源。上述问题成为展览行业智慧化发展的问题所在。

(二)展馆建设缺少智能方面的规划

当前阶段,智慧展览发展迅速,普通展馆的现状已无法适应展览客户的智慧化需求,市场需求的变化使展览展馆必然向更加智能化方向建设。据不完全统计,2016年全国共举办2590个经贸类展览会,涉及展览场所189个。很多省会和二三线会展城市的多数展馆室内展能面积偏小,专业化程度不足,甚至片面追求审美外观,以至脱离了市场化运作的实际需要,从而导致了我国目前展馆展能虽然总规模庞大,但是实用性不强,大多并不适宜承接专业化、规模化、国际化的展览项目,同时缺乏规模效益,常常形成大面积空置和经营困窘的尴尬局面。面对我国展馆的建设现状,新建、扩建、改造展馆不断推进,但依旧缺乏对这些展馆智能化方面的规划及智能设备的引进投入,也缺乏对展馆的智能化管理手段。当前,国内展馆在一些展览现场,手机信号4G的稳定性和场馆Wi-Fi环境的稳定性,让展览经营主体企业、参展企业和观众们难以接受。

---

① 引自《2015年中国手机网民网络安全状况报告》。

（三）物联网技术在展览行业缺乏应用

由于我国目前的物联网技术水平还在发展阶段，而且物联网相关的产业链比较长，其技术水平与发达国家存在一些距离，特别是缺少规模化、工业化的基础物联网研发产业的应用，从而带来智慧展览在实施方面较高的成本。利用物联网技术可以实现展览的信息传输与通信的处理，利用云技术、移动互联网等智能技术对数据进行分析处理，从而提供更加智能化的应用服务体验。尤其是定位服务，以及以此为服务基础的参展导游、定位导览、在线导购等功能，被广泛应用在展览的定位导览方面，解决展览场地较大带来的参观导向问题，也进一步快速搭建起用户与展览之间的沟通桥梁。然而，物联网的核心技术产品多为外国公司垄断，一套系统售价动辄上百万元，价格十分昂贵；且由于业界尚无统一的标准展览经营主体，展馆企业都不敢大规模部署某一标准的产品体系，只要与标准不符就会造成二次投资，这让展览经营主体企业和展馆企业难以选择。①

（四）智慧展览技术人才相对缺乏

现代展览行业是一个专业化程度高、涉及面广、技术性强的产业，对复合型人才的需求量较大。目前，国内各大院校开设展览相关专业的学校相对较少，就目前开设展览专业的院校看，一流学科建设与展览无缘。很多从事展览行业的人才是毕业于其他专业，后来投入到展览工作中的。这些从业人员虽有一定的实践经验，但展览专业知识较少或不成体系，对智慧展览的运作模式也不够了解。因此，在智慧展览行业中既懂得展览行业知识又熟悉智慧技术中物联网、大数据分析处理等方面知识的智慧展览技术专业人才和复合型人才的匮乏，成为制约展览行业向智慧化方向快速迈进的主要原因之一。

---

① 樊蓉.物联网催生智慧会展新模式[J].新西部：理论版，2013（17）：60-61.

（五）新技术快速普及难度大

随着智能设备、物联网技术、智能传感器、应用软件及企业展览管理信息系统等技术、产品的持续深入应用，综合利用各种感知、互联、分析及决策技术，并开展数据挖掘分析，亟须智慧展览大数据平台和相关技术的支撑。由于新技术手段的应用会在短期内提高项目经营成本，所以，展览经营主体企业、参展企业顾虑重重，更愿意维持现状，不愿意投入较高的组展、参展成本尝试数字化、信息化技术的创新应用。而对于专业观众而言，通过移动互联应用浏览展览信息，进行评价和社交，并没有当面沟通那样及时、真实，还涉及网络费用及安全方面的顾虑。此外，网络的安全性和稳定性，在很大程度上影响人们对信息技术的应用和接受。这都成为制约智慧展览推广的问题。

八、智慧展览在我国发展的 SWOT 分析

智慧展览是一种新型价值观、生态观的具体呈现，是落实党的十九大报告的重要举措，对发展生态展览、绿色展览，建设生态文明中国具有重要的现实意义。尤其是"一带一路"辐射到的区域，智慧展览业一定会迎来更大的发展机遇。

SWOT 分析法通过对研究对象的优势（S）、劣势（W）、机会（O）、威胁（T）加以分析得出有效信息，即通过分析研究对象所处的环境，并结合对象自身优势及劣势，从而制定出调整方针和发展战略。本节以 SWOT 分析法为基础，从智慧展览的优势、劣势、机会、威胁 4 个方面对其进行分析，并提出智慧展览发展的相关对策建议，为展览业发展决策制定提供参考依据。

1. **优势**（S）

1）市场潜力和发展空间大。

2）展览经营主体企业了解客户的现状和本土文化，有着固定的网络

和渠道，熟悉政策环境。

3）物联网、移动互联网、大数据、云计算等技术不断融入展览。

4）电子商务平台发展迅速。

5）发布了最新的、与行业发展贴切的标准。

6）展览经营主体企业开始培养新业态，提升核心竞争力。

2．劣势（W）

1）基础设施建设有待加强。

2）新技术尚未充分融合。

3）人才短缺。

4）服务水平低。

5）信息安全和隐私保护不足。

6）公众参与度不高，全民参与观念有待加强。

3．机遇（O）

1）党的十九大报告的指引。

2）智慧城市建设和"一带一路"倡议的指引。

3）信息化发展助力智慧展览。

4）新媒体技术应用的迅速发展。

5）智能移动终端应用普遍。

4．威胁（T）

1）大批互联网企业进入展览行业。

2）智慧展览平台技术开发缓慢。

3）相关标准尚未完善。

4）网络安全面临多方威胁。

5）大型品牌参展企业参展欲望降低。

九、智慧展览在我国发展对策及趋势

在智慧城市建设的进程中，在"一带一路"倡议的发展机遇下，智慧展览应拓宽发展领域，加强展览业与其他产业的合作，延伸智慧展览产业链的广度。跟随信息革命的步伐加强建设力度，充分利用互联网发展成果，加强建设云计算、大数据等新一代信息技术应用项目，加大对技术创新型智慧展览项目的鼓励扶持力度，全面建设以大数据、云计算、移动互联、物联网应用为主的基础设施项目，为展览业信息化发展打下坚实基础。

（一）紧抓"一带一路"倡议快速布局

2017年是"一带一路"倡议发出后的第3个年头。"一带一路"沿线国家和区域是展览业发展的重要区域。习近平总书记在党的十九大报告中指出，要紧紧围绕国家开放型经济发展和外经贸工作大局，以"一带一路"建设为重点，培养贸易新业态、新模式，推进贸易强国建设。中国展览经济研究会会长袁再青表示，2017年是展览业迎来新一轮发展的重要一年，尤其是国家"一带一路"建设的推进为展览业的发展带来了机遇。"一带一路"倡议将给智慧展览提供空前的国际化发展商机，同时，中国智慧展览的发展也将有力地推动"一带一路"倡议的贯彻实施。智慧展览不仅要有平台的管理，更要重视数据。加快中国展览经营主体企业与"一带一路"沿线国家交流合作，从具体项目上抓紧推进。中国展览企业在融入"一带一路"建设中，除了关注电子商务、网络安全、数字内容等方面外，还要注重向"一带一路"沿线国家推介"一带一路"倡议，充分利用互联网"即时传播效应"，贯彻"亲、诚、惠、容"的周边外交理念，推出多种语言版本的"一带一路"主题网站及以微信和QQ为代表的各种社交工具等，打造国际化的思想文化交流平台，增进相互理解信任、便捷全方位交流，使"一带一路"沿线国家对我们更认同、更亲近、更支持，推动与"一带一路"沿线国家在理念、决策和合作机制上的共识、共商，强化"一带一路"沿线国家之间的相互信任、共谋发展。

"智慧展览"是当今展览业发展的主流方向，也是未来展览信息资源开发利用的必然选择。"智慧展览"在"一带一路"倡议指引下进行体系性整合，运用大数据技术，实现各个产业资源共享、展览活动协同，挖掘新需求、创造新价值，达到以智慧展览带动区域发展的目的。在"一带一路"的正式规划中，重点圈定了18个省（区、市），包括新疆、陕西、甘肃、宁夏、青海、内蒙古西北6省（区），黑龙江、吉林、辽宁东北3省，广西、云南、西藏西南3省（区），上海、福建、广东、浙江、海南5省（市），内陆地区则是重庆。规划中的省（区、市）有的展览业发展稳中有升，待转型升级；有的展览业发展态势平稳；也有的由于受到经济基础等因素的影响，展览业发展滞后，仅处于刚刚起步阶段。因此，各沿线地区应积极借助"一带一路"倡议，大力发展智慧展览，让智慧展览带动本地区的经济发展，形成独特的会展发展模式和发展方向。①

（二）完善智慧展览业发展政策环境

加强指引，统筹推进智慧展览业健康发展。新一代信息技术革命对展览业将会产生颠覆式创新和深刻变革，但在发展过程中也存在诸多不确定性，单纯依靠市场力量，难以形成具有可持续竞争力的智慧展览业新生态。因此，政府要加大对智慧展览业发展的引导和政策支持，避免出现"碎片化"发展。国家层面，政府要尽快出台全国性的智慧展览业总体规划，对互联网与服务业融合发展进行战略性部署和顶层设计，对事关经济发展全局、创新变革潜力巨大的领域进行前瞻性布局，并推动制定重点领域的专项规划。地方层面，各级政府要依托"互联网+"、大数据、现代服务业等国家现有政策，结合地方实际情况，率先制定推动智慧展览业发展的相关规划，明晰本地智慧展览业的发展重点和特色，积极争取在某些重点领域开拓新空间，形成行业典范，抢占智慧展览业发展先机。

---

① 引自《"一带一路"战略下会展业发展趋势报告》。

（三）强化顶层设计与规划

实现智慧展览建设和发展，需要展览经营主体企业进行顶层设计与规划。智慧展览建设是一个系统工程，建设内容广泛，而不同展览项目的举办基础、经济实力、建设目标等具有差异性，立足自身实际的长远规划必不可少。

智慧展览顶层设计需要充分考虑参展企业、观众的意愿，充分了解其发展需求、规律，科学制定发展目标和方案，最终通过"智慧化"的资源分配和安排来提高参展企业、观众的满意度。促进智慧展览发展，还需要跳出信息化建设的框架，重新思考展览经营主体、参展企业、观众的关系，以需求为导向，在建设中与国家或区域宏观发展方向和政策相结合，在战略制定和计划实施中要充分发挥展览经营主体的主导和协调作用，把智慧管理、智慧运营和智慧服务置于统一领导、统一规划与统一行动下，从而避免部门之间各自为政与重复建设，提高展览资源利用效率。

（四）建立开放的大数据平台

实施智慧展览数据开放策略，建设信息共享平台，能够有效地激发智慧展览创新，也是促进信息"共建、共享"的重要动力。展览大数据平台的建设能够便利地对展览行业整体数据进行收集、管理和分析，完成对展览业整体发展水平的科学化评估与决策，有效推进对公众的宣传、推广及成果展示，进一步增强未来在智慧化应用方面的扩展，做到展览信息的共享与互联互通，从而提高智慧展览办公水平和服务质量。[①]对于采集展览周期内相关联产业的数据信息形成的大数据库，可以运用大数据分析处理技术，对展览数据进行运用与展示，以多种可视化手段

---

① 母涛. 以智慧会展推进产业转型升级[EB/OL].（2015-01-21）[2017-10-15].http://news.xinhuanet.com/expo/2015-01/21/c_127406146.htm.

呈现其数据分析结果，帮助智慧展览在布展、应用、营销、服务、管理等方面的智能化建设，有利于展览行业整体水平的提升，并能够提供更加科学的展览效果评估，帮助展览管理者进行有效的决策支持，从而促进智慧展览行业的未来向前发展。以大数据库为基础，确立切实可行的数据采集机制，综合运用互联网、云计算、大数据和可视化等先进技术，开展智慧展览数据的筛选、运用与展示，完成数据共享机制，把各种智慧展览的资源有序整合到一个完整的商务平台中，发挥每个智慧展览的贸易促成功能和资源深入利用的优势。

1. 加强数据采集

未来的展览也可称之为"数据展览"，数据是未来展览发展的基础，在智慧展览建设之初，就要充分认识到数据在智慧展览建设中的重要性，对在智慧展览过程中产生的大量数据信息进行采集，形成展览经营主体特有的数据资源优势。展览经营主体企业应争取吸收展览行业协会、高校、企业尤其是龙头企业等优质团体、企业成为智慧展览应用服务平台用户。① 同时消除企业顾虑，推动智慧展览平台向更有利于数据"共建、共享"的方向发展，构建成熟的智慧展览服务体系。

2. 统一技术标准

大数据构建和使用的基础建立在技术标准的统一上，如果标准不统一，则无法纳入统一管理，也难以使得各个平台数据实现共享，对产业规范化发展也形成了极大的制约。在缺乏统一标准的情况下，部门之间的平台建设会造成浪费和重复建设，这将严重影响这些机构使用新技术的积极性，从而影响产业发展。

加强信息化技术标准、法律规范、制度规则的创新和应用示范工作，提高智慧展览建设的技术标准、法律规范、制度规则的创新能力和保障能力，形成由技术通用标准、监管制度和法规制度等组成的支撑保障体系。引进培育一批相关领域的标准化研究机构，开展技术标准、法

---

① 黎菲.智慧会展移动应用服务研究[J].特区经济，2013（4）：202-204.

律规范、制度规则的研究制定和试点示范工作。

3. 做好数据挖掘与分析

充分利用大数据，增加数据应用。数据挖掘就是从大量繁杂的数据中获取隐含其中的信息，如展品分类、聚类，观众信息推送，潜在顾客识别等。现在，政府部门、企业对数据挖掘的需求领域十分广泛，如数据统计分析、预测预警模型、数据信息阐释、数据采集评估、数据加工仓库、品类数据分析、销售数据分析、网络数据分析、流量数据分析、交易数据分析、媒体数据分析、情报数据分析、运营数据分析、商业机遇挖掘、风险数据分析、缺陷信息挖掘、决策数据支持、运营优化与成本控制、质量控制与预测预警、用户行为分析、产品销售预测等，强化数据分析和挖掘将有力推动这些需求的产业化。

4. 加强信息安全建设

在智慧展览发展过程中，一个关键问题是信息安全管理。信息安全问题是开发大数据平台必须面对的重大问题。国际上，当前智慧产业的很多技术标准也尚未统一或仍缺失，而技术标准对智慧应用及产业化形成了一种制约。展览经营主体要加强知识专利保护，健全内部技术标准，在国家智慧产业的标准制定中积极参与，争取话语权；并鼓励企业和专家参与国际标准制定，从而赢得产业发展主动权。

（五）升级智慧展览服务

智慧展览改变了传统展览的服务，以创新的服务、科学的管理为客户提供了周全、精准的展览服务；利用先进的信息通信技术，提高用户需求响应速度和精度，提供展览信息、展览咨询、展览施工、展览评估、展览设计装潢等服务。在展览活动中，通过信息技术提升可使展览客户在展览信息获取、展览计划决策、展览产品预订支付、享受展览活动和回顾评价展览活动的整个过程中，都能感受到智慧服务带来的全新服务体验；推动展览传统的消费方式向电子商务的消费方式转变，引导展览客户产生新的消费习惯，创造新的消费文化；基于物联网、无线技术、定位和监控技术，实现信息的传递和实时交换，让展览客户在展览活动中的沟通更顺畅，提升展览客户的舒适度和满意度；通过科学的信息组织和呈现形式让展览客户方便快捷地获取展览信息，以便更好地做好展览计划和决策。

（六）打造智慧生态商贸服务平台

智慧展览的良好商贸服务平台是参展企业和观众获得良好体验感的基础，所以，智慧展览亟须打造展览智慧服务，实时了解参展企业产品与观众的匹配度，为观众提供智能、便捷、环保的观展体验。另外，打造展览智慧服务，可以使展览经营主体企业、参展企业、观众之间实现零距离，全面提升展览的体验感。

展览经营主体企业构建可持续运营的智慧展览生态平台，需要建立整体运作思维。展前，展览经营主体企业需要布局好移动化现场服务；展中，多终端进行立体撒网；展后，展览经营主体企业需要整合媒体资源进行全方位的报道。

展览经营主体企业利用自身的客户管理系统，让观众和参展企业在这个系统中实现互动。例如，在展前搭建的"网上展览""移动展览""微展览"平台。针对参展企业，可利用移动互联平台，利用微信公众号的优势，插入参展企业个性化微官网，建立其产品目录，产品可在微网页中进行展示，并拥有其自身的数据统计管理后台。观众在观展过程中，为了提高效率，需要最快找到所需信息。所以，在观众服务方面，展览经营主体企业可以在 APP 或者微信公众号中增加营销产品互动，建立观众自定义主页，订阅观众感兴趣的内容。由此可大大增强参展企业营销推广的效率，同时，观众可实现一站式观展，使洽谈交易更加便捷。

（七）鼓励智慧展览人才建设

"一带一路"倡议在促进智慧展览发展的同时，必将掀起新一轮展览人才结构的变化。高素质、国际化的展览人才必须熟悉国际展览市场运作的规律，对智慧展览有高度的敏感性，通晓多国语言和文化，具有全球化眼光和协调、解决问题的能力。政府应加大对智慧展览人才方面的培养，通过政策鼓励高校与展览经营主体企业、行业协会等建立联合培养机制，多渠道吸引与促进培养符合智慧展览发展需要的复合型人才。严格、系统的人才培训为智慧展览的健康发展奠定了坚实的基础，必将使我国的展览业在不断激烈的国际竞争中立于不败之地。[1]

（八）纳入智慧城市整体框架同步建设

智慧展览可以作为智慧城市整体框架的重要部分进行建设，推进一批先行试点，在城市内划定地区建立"智慧展览区域"，探索智慧化展馆与城市发展中多个领域智慧化建设，形成模式后向城市其他地区扩展。出台鼓励政策，积极培育新型智慧展览共享平台的建设，在全社会逐渐普及智慧化建设，并加快先进信息化成果向展览领域转化，促进新型展览业信息共享平台的形成与服务水平的提高。智慧展览将借助智慧城市建设的有利时机，进一步提升智慧展览未来发展的服务能力与管理能力。

（九）鼓励场馆信息化建设

展览展馆作为智慧展览承载的主体，应提高展馆设施在智能化方面的建设，采用创新技术并结合场馆自身的资源应用，建设更加智能化的展馆设施，体现更多的人性化设计与应用。展馆信息化建设的目标就是建立数字化形态的展览馆。数字化形态展览馆是利用当代科技中引人注

---

[1] 引自《"一带一路"战略下会展业发展趋势报告》。

目的数字化技术、现代通信技术、网络技术、VR/AR技术、人工智能（AI）技术和大数据技术，软硬结合，将传统展览馆所具备的职能以数字化的形式表现出来或进行数字化的升级，用数字化技术在互联网和展览馆网络之间实现信息的采集、管理、开发与利用。展览馆的信息化更加侧重于软环境的建设，需要利用物联网技术，将整个展馆在安全领域实现信息中心"中枢"化安全建设。

十、小结

智慧展览作为一项前瞻性的产业，不仅在服务现代化与经济全球化的进程中起到了推动作用，也为国家生态建设与民生服务贡献了不可替代的一分力量。

21世纪是知识经济时代，展览业也发生了根本性的变化：用户需求瞬息万变、技术创新不断加速、产品生命周期不断缩短、市场竞争日趋激烈，这一切都影响着智慧展览经营主体企业生存与发展。智慧展览需要站在参展企业和观众的立场，积极响应他们所希望的时间、地点及方式，提供精准的服务。从展览经营主体企业来看，智慧展览是传统展览的升级与发展，对展览各项业务的系统化、信息化、智慧化提出了挑战。能否为参展企业、观众提供快、准、全的系统服务，成为展览业竞争的关键核心。

当今世界经济快速发展，经济全球化对一个国家的影响日益突出，各个国家之间的经济交流愈加频繁。展览活动不仅仅是一种展示，在一定程度上也是国家之间文化交流的一种独特方式，是促进各国经济发展、贸易友好往来的一种途径，已经受到各个国家的高度重视。"一带一路"倡议是中国和平发展理念的新体现，是推动沿线各国共同发展合作的新构想，同样也是我国智慧展览发展的新起点和新视角。

近10年来，中国展览业迅猛发展，已经成为名副其实的展览业大国。尤其是在国家"一带一路"建设的稳步推进下，我国智慧展览技术将逐渐渗透到未来展览产业的各个方面。对于展览经营主体企业而言,智慧展览的技术应用能对展览进行智慧管理、智慧运营和智慧服务。采用智慧技术应用,可以实现展览经营管理与持续发展的全面信息化,大幅减少人力物力成本,提高展览决策的准确性。对于参展企业而言,智慧展览可以有更多展现渠道,通过地图导航等功能,从而获取更多的观众流量;可以进行展位介绍推广,让观众通过地图导航找到相应准确的展位;可以实现互动营销。对于观众而言,智慧展览方便了观众获得展览资讯,节约时间,促成贸易。

科技的不断进步着实为智慧展览的发展创造了新的机遇。智慧展览在我国的不断实践和应用,促进我国传统展览优化升级,改变了传统展览模式,采用新科技准确地对市场进行搜集,提高了展览立项策划的优质性,改进了展览的基础硬件设施,促进信息传播的质量和数量,推动展览信息服务水平和展览科技水平的提升,带动展览周边相关产业共同发展,并向专业化、国际化迈进。因此,展览业应牢牢抓住这次新的机遇,充分领会到"一带一路"倡议的实质内涵,全方位打造有利于智慧展览发展的条件,大力促进我国展览业的快速发展。

行业篇

契合新时代要求,我国智慧展览发展方向探讨

在中国共产党第十九次全国代表大会上,习近平总书记代表十八届中央委员会向大会做报告。他指出,经过长期努力,中国特色社会主义进入新时代,我国社会主要矛盾已经转化为人民日益增长的美好生活需要和不平衡不充分的发展之间的矛盾。

当前,我国展览业在发展过程中面临着同样的矛盾:即展览经营主体企业提供的展览服务不能充分满足参展企业和观众日益增长的展览和参观多元化需求。作为现代服务业的重要组成部分,我国展览业经过数十年的发展,对扩大消费、调整产业结构、拉动经济增长具有立体、综合、跨界性的带动作用,带动了包括住宿、餐饮、运输、通信、旅游、商业、广告等相关行业的发展。在"一带一路"倡议的大背景下,沿线各个省市也积极配合,以上海为中心的长三角地区、以广州为中心的珠三角地区、以大连为中心的东北区域,以及以重庆为中心的西南地区纷纷出台优惠政策,大力支持当地展览业的发展。

近年来,随着展览业对商品流、信息流、技术流和资金流的汇聚能力的提高,展览业已发展成具有新产品推广、新技术传播和促进产销结合功能的新兴产业。2015年,国务院总理李克强首次在《政府工作报告》中提出"互联网+"行动计划。"互联网+"是以互联网为基础的信息通

信技术（包括大数据、云计算、物联网、移动互联网等）与传统产业深度的产业融合。"互联网+"将发挥互联网在生产要素分配中的优化和集成作用，将互联网的创新成果深度运用于经济社会各领域中，并促进整个社会的创新，让互联网成为经济增长的新动力。在新一轮的技术革命和产业改革中，经济社会各个领域与互联网的融合有着广阔的发展前景和无限的潜力，"互联网+"已成为时代发展的必然趋势，正对国民经济和社会发展产生战略性和全局性的影响。

随着互联网向传统产业的渗透，互联网技术的不断应用极大地提高了参展企业和观众日益增长的展览和参观多元化需求，展览经营主体企业也不断应用先进技术，来积极响应并逐步实现了精准、快捷的服务。大数据、云计算、物联网、移动互联等技术推动着传统展览在日益激烈的竞争中转型升级。展览经营主体企业利用互联网技术应用带来的效益不断显现，开始有意识地培育展览新业态，打造数据信息生态链，提升关键核心竞争力，逐渐在传统的发展模式中引入技术变革，重视平台建设策略，围绕建设以互联网为核心的智慧时代，投入了大量的人力、物力和财力。在这种发展形势下，国家在战略层面又添了一把火。在"一带一路"倡议下，沿线各地政府纷纷开始大力推动智慧展览的落地，加速了展览业迈进智慧展览新时代的步伐。

一、"一带一路"沿线省市展览业蓬勃发展

2016年，世界经济依然低迷，但中国的经济在供给侧改革、"一带一路"倡议等措施的保障下稳步前行。中国的展览业延续着近些年的良好势头，呈现蓬勃发展的大好形势。在"一带一路"的正式规划中，重点圈定了18个省（区、市），包括新疆维吾尔自治区、陕西省、甘肃省、宁夏回族自治区、青海省、内蒙古自治区西北6省（区），黑龙江省、吉林省、辽宁省东北3省，广西壮族自治区、云南省、西藏自治区西南3省（区），上海市、福建省、广东省、浙江省、海南省5省（市），内

陆地区则是重庆市。

参照中国会展研究中心关于规模以上展览的统计方法，即采取向各地展览管理部门、展览场地、展览主办单位进行调查，来了解各地3万平方米以上展览名单，再结合展览官方网站和电话调研，确定其对外公布的面积数字。对于获得展馆或者当地展览管理部门推荐的展览项目，在推荐信息与展览经营主体提供的展览面积不符时，我们基本采用了展览项目自身公布的面积，并严格执行了3万平方米这一标准，确保入选展览的规模符合统计要求。

本次调查所涉及的展览主要指经济、技术、贸易方面定期举办的短期展览，我们希望通过对规模以上展览的研究，来判断行业发展的情况。所以，对于一年两届的展览，按照2个展览计入总数；因场馆面积而分期举办的展览，按照1个展览计算，面积为各期面积累计总和；对于常年在市场内举办的展览，展览面积难以界定，未做统计。

经过调查，最终确定符合标准的2016年在大陆地区城市举办的3万平方米以上展览共计780个，展出总面积58 759 452平方米[①]。按照行业内常规算法（展出总面积＝展位数×20，展览展位销售收入总额＝展位数×11 020，2016年展位平均价格为11 020元），2016年全国展览展位销售收入总额为323.76亿元。其中，"一带一路"沿线省市展览总计458个，占总展览数的58.72%；展出总面积39 409 562平方米，占总展出面积的67.07%；展览展位销售收入总额为217.15亿元，占总销售额的67.07%。

在458个规模以上的展览中，按照数量统计，上海市135个，广东省114个，浙江省55个，重庆市24个，云南省23个，辽宁省21个，福建省20个，陕西省18个，黑龙江省9个，吉林省、内蒙古自治区和新疆维吾尔自治区各7个，广西壮族自治区5个，甘肃省和海南省各4个，青海省3个，宁夏回族自治区2个（图1）。

---

① 引自《中国规模以上展览机构调研分析报告（第十版）》。

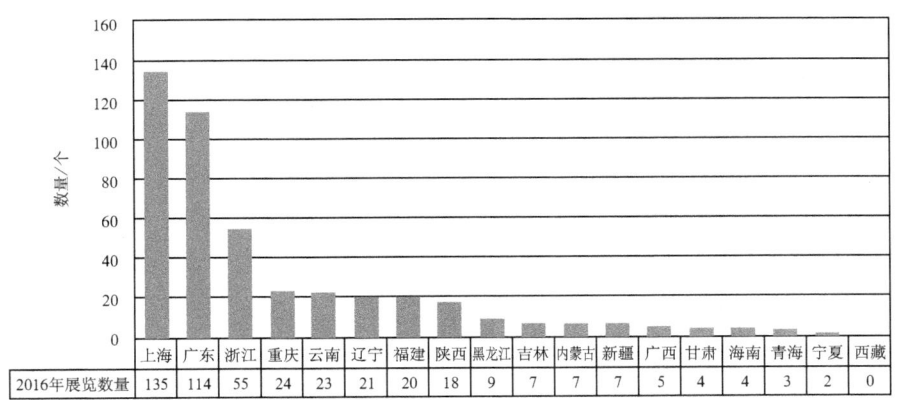

图1 "一带一路"沿线省市展览数量情况

按照展出面积统计，上海市展出面积为 12 952 034 平方米，广东省展出面积为 12 690 298 平方米，浙江省展出面积为 3 085 396 平方米，重庆市展出面积为 1 710 874 平方米，云南省展出面积为 1 361 560 平方米，辽宁省展出面积为 1 849 400 平方米，福建省展出面积为 1 653 000 平方米，陕西省展出面积为 1 172 000 平方米，黑龙江省展出面积为 589 000 平方米，吉林省展出面积为 483 000 平方米，内蒙古自治区展出面积为 356 000 平方米，新疆维吾尔自治区展出面积为 405 000 平方米，广西壮族自治区展出面积为 395 000 平方米，甘肃省展出面积为 220 000 平方米，海南省展出面积为 272 000 平方米，青海省展出面积为 95 000 平方米，宁夏回族自治区展出面积为 120 000 平方米（图2）。

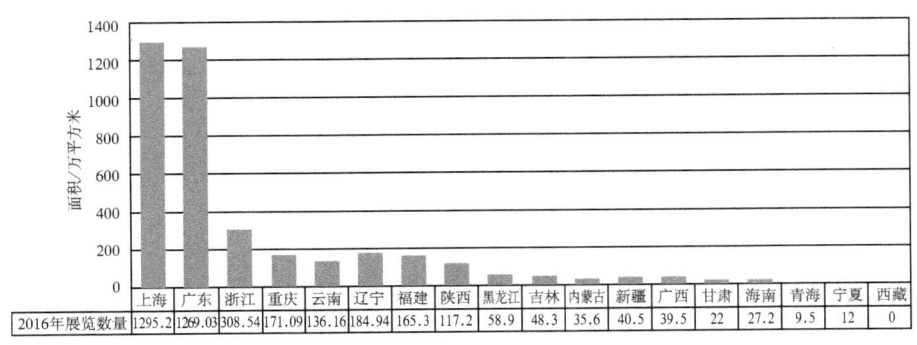

图2 "一带一路"沿线省市展览展出面积情况

（一）以上海市为中心的长三角地区

长三角地区以上海市为龙头，包括浙江的宁波市、温州市、义乌市、杭州市等展览城市。上海市是国内展览行业起步较早的城市之一，经过20多年的自我完善，目前已经形成了比较完善的行业发展链条和适合自身发展的机制。上海市凭借其吸引外资力度大、进出口贸易额高、金融商业发达和正逐步成为国际贸易中心等有利条件，成为展览龙头城市。据上海市会展行业协会统计，2016年上海市共举办展览816个，总展出面积1604.8万平方米，数量和规模比去年分别增长8.95%和6.05%。其中，举办国际展307个，展出面积1211.2万平方米，分别增长18.53%和13.24%；举办国内展509个，展出面积393.6万平方米，数量增长了3.88%，规模减少了11.27%。[①] 按照规模以上展览统计，2016年长三角地区共举办规模以上展览190个，展出面积1603.7万平方米；上海市共举办规模以上展览135个，展出面积1295.2万平方米。

（二）以广州市为中心的珠三角地区

珠三角地区以广州市为中心，包括广东省的深圳市、东莞市、珠海市等展览城市。广州市拥有着仅次于上海的展馆展览面积，手握先天的优势。2016年广州市共举办规模以上展览69个，展览总面积达917.7万平方米；珠三角地区共举办规模以上展览114个，展出面积1269.03万平方米。珠三角地区是全国展览业起步最早的地区，随着长三角地区、环渤海地区展览的迅速发展，以中国（广州）进出口商品交易会为王牌的珠三角地区逐渐失去优势。2009年1月，国务院颁布了《珠江三角洲地区改革发展规划纲要（2008—2020年）》，要求重点发展珠三角经济区的国际化专业品牌展览会。其中，包括中国（广州）进出口商品交易会、中国（深圳）国际高新技术成果交易会、中国（珠海）国际航

---

① 引自http://www.sh.xinhuanet.com/2017-02/17/c_136063028.htm。

空航天博览会、中国（广州）中小企业博览会、中国（深圳）国际文化产业博览交易会，扩大它们的国际影响力，打造世界一流的展览品牌。

（三）以重庆市为中心的西南地区

西南地区包括重庆市、四川省、贵州省、云南省、西藏自治区，其中重庆市、云南省、西藏自治区属于"一带一路"沿线地区。在西南地区中，重庆市的展览业发展最快最好，展览面积和数量在全国名列前茅，近年来凭借固有的优势和发展潜力，展览业发展势头迅猛。2016年，重庆市共举办规模以上展览24个，展览总面积171.09万平方米。重庆市展览业的发展，拉动了西南地区展览业的发展，西南地区也成为我国展览业发展新的重要地区。2016年，西南地区"一带一路"沿线地区共举办规模以上展览47个，展出面积307.25万平方米。随着展览业的迅猛发展，西南地区逐渐形成了一批在国内颇具影响力的展览，如2016中国重庆国际汽车工业展、2016中国西南（昆明）国际汽车博览会等。但由于西南地区的展览发展相对东部沿海地区起步较晚，虽然增长速度快，取得了一定成果，但仍然存在国际品牌参展企业数量少的问题。

（四）以大连市为中心的东北地区

东北地区包括辽宁省、吉林省、黑龙江省。与国内其他区域相比，东北地区与东北亚地区开展区域合作具有地理位置上的绝对比较优势。"一带一路"倡议的实施，加上正式印发实施的《中共中央 国务院关于全面振兴东北地区等老工业基地的若干意见》，从政策上为东北地区经济转型发展、发展外向型经济提供了新机遇。大连市得天独厚的区位条件和经济基础，是东北地区经济发展的契机。2016年，大连市共举办规模以上展览8个，展览总面积48万平方米。2016年，东北地区共举办规模以上展览37个，展出面积292.14万平方米。大连市作为中心城市，还应成为东北经济增长的"发动机"，努力寻求融入"一带一路"

倡议发展的有效路径，切实带领东北全面振兴。

二、互联网+展览推动展览业智慧化进展

2015年3月，李克强总理在《政府工作报告》中首次正式提出了"互联网+"行动计划，这在各行各业都引发了一场变革，在此背景下，互联网+展览的讨论持续升温。2017年8月4日，中国互联网络信息中心（CNNIC）在京发布第40次《中国互联网络发展状况统计报告》（以下简称《报告》）。《报告》显示，截至2017年6月，中国网民规模达到7.51亿，占全球网民总数的1/5。互联网普及率为54.3%，超过全球平均水平4.6个百分点。中国网民规模达7.51亿，数字技术助推经济社会转型。[1]

当前，信息化已经成为促进全球经济转型发展的重要驱动，世界各国都认识到了信息化建设对提升国家竞争力和创新能力的重要作用，不断加强顶层设计和规划引导。日本发布了《面向2020年的ICT综合战略》，美国发布了《创新战略：确保我们的经济增长与繁荣》，俄罗斯发布了《2018年前信息技术产业发展规划》和《2014—2020年信息技术产业发展战略和2025年前景展望》。[2]

近年来，展览业信息化建设已经成为展览业发展的重要推动力。互联网、云计算、大数据、物联网、移动互联网等信息通信技术及其带动的智慧展览应用模式快速发展，并通过大量可靠的数据和事实让我们看到了其在为参展企业和观众提供便捷和精准服务方面的积极贡献。

信息化应用不断推陈出新。在展览领域，近年来电子商务建设方面建立了跨部门、跨组织、跨地域的一体化电子政务服务体系。展览业各个环节开始注重运用新一代信息技术创新服务方式，加快数字化、网络

---

[1] 中国互联网络信息中心．第40次《中国互联网络发展状况统计报告》[EB/OL]．（2017–08–03）[2017–10–20].http://www.cnnic.net.cn/hlwfzyj/hlwxzbg/hlwtjbg/201708/t20170803_69444.htm.

[2] 中国国际经济交流中心．中国经济分析与展望（2016—2017）[M]．北京：社会科学文献出版社，2017．

化转型。新一代信息技术的创新应用和移动终端的快速普及，催生出远程展示、移动展馆、网上展览等服务新模式。信息共享和互联互通正逐步成为各展览经营主体企业提升展览服务水平、完善资源大数据建设的重要保证。

截至 2016 年年底，几乎所有展览会都设立了自己的网站，10 万平方米以上的超大型展览几乎全部实现了线上展览与线下展览的结合。时至今日，大型展览几乎全部实现了线上和线下展览的结合，网上成交和电子商务已经成为实体展览不可分割的一部分。

2016 年 12 月出台的《电子商务"十三五"发展规划》明确指出，要推动与"一带一路"沿线国家和地区积极开展电子商务合作。这为展览电商的发展提供了有力的政策保障。电子商务发展方兴未艾，当很多人还未透彻理解 O2O、B2B、B2C 这些"高大上"概念时，更复杂的 O2O2O 商业模式已经来了。所谓的 O2O2O 是 O2O 的闭环。

继阿里巴巴与博闻（UBM）成立合资公司提供 O2O2O 的解决方案之后，励展华百展览（北京）有限公司与京东集团达成战略合作，开始 O2O2O 模式的重要实践。在第 111 届百货会期间，励展华百与京东在上海正式签署全面战略合作协议，其核心部分是励展华百主办的"百货会"与京东在日用百货行业生产企业资源方面的互相开放。今后，京东将大力促进线上厂家通过百货会等平台进行线下参与推广，而励展华百也将推动百货展览商由京东平台通路实现线上发展。

O2O2O 商业模式打造线上、线下交易闭环。百货会线下大数据与京东电商平台线上大数据完美融合，是在 O2O2O 框架下建立起的全新合作业态：通过在网络媒体、平面媒体、微信和今日头条的扩散传播及现场直播等多种形式的在线推广，向参展企业和买家传递商品信息，聚集更多关注，然后吸引买家到百货会现场体验和感受商品，同时提供参展企业与买家（观众）面对面沟通的平台，最后进入线上交易环节，打造"线上—线下—线上"的完整交易闭环。

对于参展企业而言，早日切入 O2O2O 模式将有助于拓展更多销售渠道，线上线下合体能迎来更多商机。一方面，可通过数据形式展示自己的实力，如卖掉了哪些产品、卖到哪些公司、交易量是多少，这些数据将有助于买卖双方快速建立信任关系；另一方面，由于线上的参展企业是直接面向消费者，在展览现场就可以提前了解应该推广哪些产品、哪些产品更受欢迎，感受到这个产品在行业的影响力。

对于买家（观众）而言，O2O2O模式同样集结了线上线下的各种优势，可以增强与参展企业的互动与体验。例如，买家（观众）在线上收集产品信息，进行初步筛选后，来到线下展览，有针对性地选择目标产品并与参展企业进行面对面沟通，这样有利于提升采购效率。同时，在交易的各个环节中，买家（观众）可以在线上全面快速地查询、对比商家口碑和商品信息；在线下现场体验心仪商品，在全面了解后做出判断，这样可降低过去因盲目网上下单订货后不满意再退货的发生概率，也避免遇到假冒伪劣产品和欺诈消费等情况。

之所以出现O2O2O模式，是因为互联网企业和展览经营主体企业对市场的快速反应和完善的协作共享机制，各自围绕自身的出发点推进。一个需要探索线下展览的价值，另一个则有拥抱互联网的刚需。

还以励展华百展览（北京）有限公司与京东集团的合作为例。拿京东来说，作为国内自营电商龙头仍在积极探索更大的发展空间，如平台货源的品质保证、买家的店面感触、产品的可视体验、与前沿百货潮流的接洽等，与百货会的战略合作正是对业务模式探索的践行。事实上，百货会是行业人群在一起探索行业动态、方向，感受行业变化的最佳平台，几万名从业人员在一起，所看、所听、所说和所展览形成了巨大的化学反应。所以，京东线上参展企业参加线下展览，通过了解不同产品的受欢迎程度，可以感受行业的喜好、变化，获得线下大数据，及时调整产品设计、宣传，为更好回到线上销售做好准备。

有着"中国内贸第一展"美誉的百货会，虽然已拥有超过100届的丰富办展经验，并在参展企业、买家（观众）、展品方面积累了雄厚的数据，但在引领日用百货展览行业向互联网、信息化发展时仍有更多、更大的发展空间。在这种背景下，百货会与京东的联袂可谓一拍即合，利用展览的专业买家大数据与京东大数据，并不仅仅是把参展企业和买家放在同一场景中，而是将交易从线下再迁移至线上，沉淀数据的同时利用数据反哺客户，满足客户需求。

这种O2O2O模式，将打通线上线下通道最后一个环节，带动了互联网电商企业和展览经营主体企业联动发展，从而实现传统行业的快速发展，顺应"互联网+展览"的行业趋势。这种将数字化、信息化的服务作为展览的营销手段，为传统展览向智慧展览升级提供了有效参考。

如果说励展华百展览（北京）有限公司与京东集团是互联网电商与传统展览的协同，那么网盛与森博会的合作，则是互联网企业全面入驻展览业。网盛给出的"互联网+展览"解决方案，包括前期招商、买家邀请、办证系统、入场系统、参展企业和观众互动系统、360°全景、现场观众大数据分析系统等，建立与参展企业、采购企业的互动和沟通，增加微信粉丝黏度，活跃微信粉丝氛围，提升品牌和影响力。

这种互联网企业办展的特点表现在：一是紧扣低碳、环保的展览主题，直接微信扫码进场，更加便利和快捷；二是开通森博会微官网，能够进行个性化需求的服务；三是全方位、多角度对参展企业进行推广；四是打造微场景，设计展览个性化邀请函，满足用户交互体验；五是开通免费Wi-Fi，实景导航；六是提升展览服务，微客服实时在线解答观众疑问；七是设计微信嘉年华系列活动。

对此，"网盛会展"运营总监董峰表示，"网盛会展"作为国内专业的O2O展览服务商，目前推出的"互联网+"解决方案给传统展览行业提供的服务包括展前、现场、展后的全方位服务。其运营方式主要是基于生意宝"小门户+联盟"的独特商业模式基础架构，利用生意宝网站旗下众多专业网站联盟的独特优势，为国内外展览经营主体企业、展览项目开发出包括网络广告、展览上网区、展览综合解决方案、"全球参展"业务等多项服务项目，以及展览配套论坛活动组织，是我国展览行业企业利用电子商务整合参展企业、采购企业、国际买家的网络平台。①

展览是平台，是桥梁，是形式。发展展览业更为重要的是展览所承载的内容要适应新时代的要求，不断进行变革。目前，在"互联网+"的思维下，运营模式价值化将极大促进展览业的转型升级。展览业需要彻底打破传统业态模式，拥抱互联网，以客户为中心，通过大数据、云计算等现代科技手段，充分挖掘参展企业和观众的基本需求与行为特征，以大数据实现对展览流程的改造，促进展览业态的创新。

三、案例：上海市展览互联网技术应用情况

近年来，智能手机 APP 在展览中的应用已经成为时尚标志，O2O2O 方式也被展览业界普遍接受。我国展览业办展主体呈现多元化发展，目前已形成政府、行业商会协会、国有企业、民营企业和外资企业等几大办展主体。随着我国展览业的市场化步伐和开放度逐步加快，企业、行业商会协会正在成为展览市场主体。以上海市为例，上海展览经营主体企业所举办的各类展览会项目，目前基本上都摆脱了依赖政府、依靠政府财政补贴的局面，非公企业已成为上海展览业的主力军，实行了自主经营市场化运作，市场机制灵活性和市场敏感性的优势得到发挥，办展质量与服务质量有了较大提高。

展览行业是实体经济的风向标。随着参展企业和观众的目标群体日益年轻化，目标群体的参展参观需求习惯正在发生深刻的变化。新一代"80后""90后"，尤其是"90后"对于了解信息往往是线上参与的习惯远远大于线下亲临现场的意愿。据《2017—2018 互联网及新媒体发展趋势研究报告》统计，"90后"在互联网平台上的行为突出表现为"视听""互动""依赖"等特征。"视听"即短视频成为更易被接受的传播形式，"互

---

① 生意宝创新"互联网+会展"O2O 模式助力森博会[EB/OL].（2015-11-03）[2017-10-15]. http://www.netsun.com/news_detail/id/748.html.

动"即社交属性增强,"依赖"即"微信成瘾""手机依赖"。传统展览、传统方式如果无法改变,未来的展览将很难成为目标群体愿意选择的交易平台、宣传场地和商务沟通渠道。目前,各个展览或多或少对信息技术的需求已经有了一定程度的提升。不管是"互联网+",还是之前的"互联网思维",通过互联网改造业务模式,加速创新业务发展,其内核仍然是专注于服务好客户:专注客户资源,专注服务产品。

以上海市的三大场馆,即国家会展中心、新国际博览中心和世博展览馆在2015年举办的展览为例,可以看到互联网技术在展览中的应用情况(图3)。据《信息应用技术与上海会展业发展研究报告》显示,2015年展览项目总数173个。其中,10万平方米以上的38个,5万～10万平方米的23个,5万平方米以下的112个;60个外资展览,47个国有展览,66个民营展览。

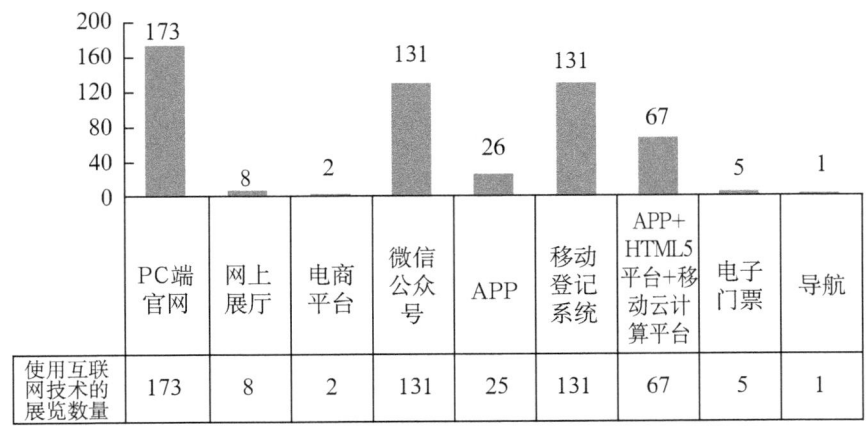

图3 2015年上海市三大场馆举办的展览使用互联网技术情况

1)随着全球化进程的推进,企业越来越多地要和外界进行行业内外的信息沟通。在互联网上,展览信息的沟通非常方便,非常廉价,甚至比传统方式(如电话、传真)还要丰富。作为一个行业活动,建立展览项目网站,最显而易见的作用就是可以让更多人了解展览信息。在这173个展览项目中,基本都有自己的官网,并提供展览基本信息、观众预登记、参展企业基本信息列表，少数还有展品信息列表。

2）由于网络展览还处在发展阶段，存在参展企业参与度低、不适用于品尝和触摸等不足之处，并且受到很多条件的限制。2015年上海市三大场馆举办的展览中，有8个展览拥有网上展厅，占总数的5%。这些网上展厅支持查找参展企业展品，但参展企业展品信息尚不齐全。

3）近年来，原本"扎根"网上的电子商务服务企业纷纷开始涉水线下展览，借助"线上为主+线下为辅"的模式帮助传统企业拓展新的发展空间。但是，线下的展览经营主体企业开拓电商平台的积极性并不高。2015年上海市三大场馆举办的展览中，有2个展览拥有电商平台，占总数的1%。

4）随着微信用户规模的不断扩大，微信营销逐渐发力，占据营销市场的一席之地。微信营销是网络经济时代企业对营销模式的创新，是伴随着微信的火热产生的一种网络营销方式。微信不存在距离的限制，用户注册微信后，可与周围同样注册的"朋友"形成一种联系，用户订阅自己所需的信息，商家通过提供用户需要的信息，推广自己的产品，形成点对点的营销方式。2015年上海市三大场馆举办的展览中，有131个展览拥有微信公众平台，占总数的76%。但是，大多数微信预登记仅链接到官网上，与纸质填写内容无异，还需凭登记信息再去现场换取纸质胸牌。一个明显的现象是展览相关企业运营的微信公众号出现了瓶颈：内容匮乏，功能不全，执行乏力。

5）随着手机移动网络技术的进步，移动应用的发展更加方便了实时交流与沟通。各种移动应用终端为展览业的发展带来新的机遇，为企业参展、交流、洽谈提供了实时的沟通工具。2015年上海市三大场馆举办的展览中，有26个展览有自己的APP，占总数的15%。但由于数据加载比较慢，基本以展示为主，交互功能几乎没有，参展企业信息仅为列表形式，展品信息基本不全，互动功能较少，仅有1家有一个展馆内的导航测试版。在移动登记系统方面，173个展览中有131个展览拥有手机端预登记，占总数的76%。但是，这些预登记基本上只是注册信息记录，真正实现电子门票进场的仅有 5 个。

此外，使用统一 APP+HTML5 平台 + 移动云计算平台的有 67 个展览，占总数 39%，这一数字呈上升趋势。市场上还有招展 PC 端平台，如 E 展网、中国会展网；基于全馆导航为参展企业和观众提供需求匹配的全系统化应用平台，如找展会 APP；布展与搭建信息应用平台，如展酷网 APP 等。

借助网络信息的优势，可以为参展企业和观众双方带来极大的方便和效益。但是，上海市现有的展览规模、设施、管理体制等方面，与国际展览业相比还存在差距。从上海市展览业的硬件设施来看，上海市三大场馆尚未做到真正的无线网络全覆盖，无法满足展览这一特殊的高流量、高密集的用户使用特点。有的场馆架设了无线网络，却基本上处于无法使用状态，即使能用，用户体验也不佳。甚至，三大场馆还出现高峰期语音通信网络瘫痪的状况。高并发用户场景下无法做到基本的通信保障，即使有临时移动信号车，在一些用户数量集中的时段也屡屡发生通信瘫痪的状况。这是参展企业、观众集中投诉的几大弊病之一。[①]

2017 年 6 月，上海市人民政府印发关于《上海市推进智慧城市建设"十三五"规划》的通知。《上海市推进智慧城市建设"十三五"规划》指出，围绕智慧城市应用深化的需求，上海市加快信息化相关技术和服务能力提升，着力建设高速、移动、安全的信息基础设施，推动数据资源的广泛共享、开放和利用，提升信息基础设施能级和服务水平，推进面向行业的平台服务和应用，不断增强信息基础设施的资源汇集、网络服务能力，优化用户体验。其中，用户感知提升工程、新型服务平台构筑工程、骨干物联专网建设工程等方面都形成了具体的指导方案。2017 年 10 月，上海积极推进"一带一路"倡议实施方案已初步形成，在经贸投资领域，将借助上海在"一带一路"沿线国家举办经贸展览的平台，与展览举办城市建立经贸合作伙伴关系，拓展投资贸易网络，巩固传统

---

① 陈先进. 上海会展业发展报告（2016）[M]. 北京：社会科学文献出版社，2016.

市场优势，大力拓展新兴市场，提升上海国际展览平台服务"一带一路"建设功能。

由此可见，上海作为全国改革开放排头兵和创新发展先行者，展览业将借助智慧城市建设和"一带一路"发展契机，补齐短板，破解瓶颈，推动信息化与展览发展深度创新融合，促进传统展览产业转型升级，在践行智慧展览新发展理念上率先迈出重要意义的一步。

四、智慧展览的竞争策略

智慧展览是在以人为本的原则基础上，展览经营主体通过使用大数据、云计算、物联网、移动互联网等新一代信息技术，并结合现代信息传媒手段，站在整体运营思维视角为参展企业和观众提供系统化的信息服务。也就是说，展览经营主体通过线上线下（O2O）形式，感知用户（参展企业、观众）需求，在大数据的基础上，通过云计算分析参展企业和观众的行为，为参展企业和观众提供快捷、精准的服务。

目前，展览行业理想情况下的大数据是基于线上线下（O2O）对用户（参展企业、观众）偏好信息的"捕捉"和归纳，对线下展览进行持续完善。

（一）展览步入智慧展览新阶段

上海市的展览是全国展览的一个缩影。从2015年上海市三大场馆举办的展览使用互联网技术情况来看，互联网技术已经成为展览经营主体企业展览项目信息传播、感知参展企业和观众需求、提供便捷服务信息、实现精准配对的一种重要技术手段，上海市的展览已经步入了智慧展览新阶段。

1. 智慧展览注重感知用户需求

展览经营主体企业通过线上、线下多种传播渠道对外发布展览信息，让尽可能多的"假用户"接收到信息，以此获取真正的用户（参展企业、观众）信息，并对用户信息进行归纳分析，能够真正地理解用户的需求（图4）。近年来，除了传统的传真、纸媒广告、电话推广以外，网站、微博、微信公众号、微信群、微信朋友圈、e-mail、APP、H5等新媒体平台越来越多地被用于展览前期推广。其中，线上服务方式提供的服务不仅包括通过技术手段实现的功能，还包括功能所负责显示和处理的内容，有时后者提供的价值要远远高于前者。因此，线上的用户越多，产生的内容越多，进而就会吸引更多的用户，形成良性循环。线上服务能够从用户身上获取更多的价值，积累的用户越多，由此转化的展览优势往往也越大。所以，PC端网站建设、移动端微信公众号和移动登记系统作为展览信息发送和接收工具，受到展览经营主体企业的高度重视，使用率很高。

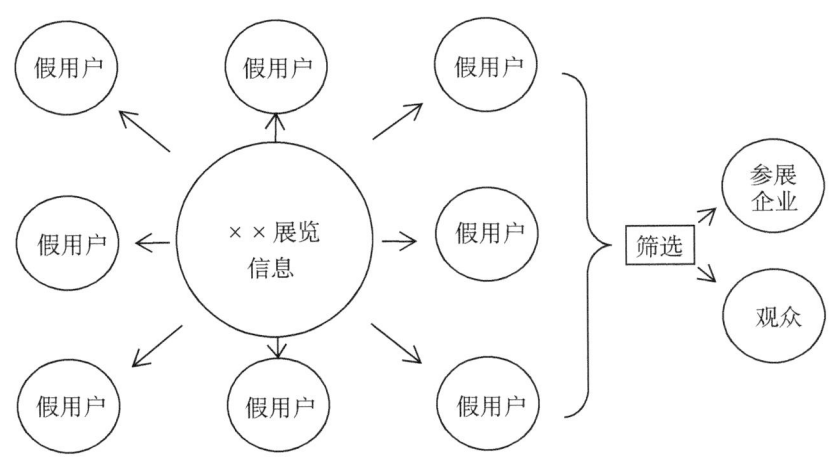

图4　展览项目对潜在用户的筛选过程

2. 智慧展览为用户提供便捷服务

移动的云计算借助于移动的互联网，充分发挥了后台计算的价值，对终端设备进行快速的试配，可以实现一个小巧、轻便的终端，也能够运行更加复杂的应用。通过云技术运用到展览信息资源的管理中，不仅能大大减少传统展览的成本，简化了展览的设置和管理，而且使得广大互联网用户能够随时随地通过计算机、智能手机、掌上电脑等设备轻松地享受到云技术提供的全国范围内的展览信息资源。随着移动云计算的不断深入，移动应用技术在展览业中也不断有新的尝试。APP作为展览推广、现场互动的介质极为适合，不仅能够带动参展多方的互动，而且能够全面满足参展企业和观众在展览活动中的需求。例如，展前的展览查询、参展报名、配对预约、出行交通、食宿预订等；展中的展品查询、路线规划、现场动态、现场互动、展览直播等；展后的展览评估、展览报道、电子商务、合作交流等。因此，国内的展览APP成为一个新的热门发展趋势。在2015年上海市三大场馆举办的展览中，在APP的使用方面，外资企业经营的展览项目中14个有APP，占外资项目总数的23%；国有企业经营的展览项目中7个有APP，占国有项目总数的15%；民营企业经营的展览项目中5个有APP，占民营项目总数的7.6%。APP基于手机随时随身性、互动性的特点，信息容易被分享和传播，实现裂变式增长。APP作为线上线下的纽带，将使展览业产生新的展览模式，以参展企业和观众为主的服务理念，能够满足参展企业和观众的需求。

3. 智慧展览为用户提供精准服务

作为信息行业的主旋律，大数据和云计算给人们的生活带来意想不到的改变，越来越深入地服务于各群体，甚至改变整个社会的消费形态。大数据在展览行业的应用可追溯到传统展览发展过程中，现在随着互联网技术，尤其是移动互联技术的使用，大数据信息进一步完善，利用云计算分析技术对参展企业和观众的所有信息数据、行为数据等内容进行收集和分析，通过大数据分析软件进行深度挖掘，致力于推动参展企业的展示和观众的参观从线下"盲目"搜索逐步向线上线下"精准"配对转变，从而实现更加精准的展览。展览良好的商贸服务平台是参展企业和观众获得良好体验感的基础，所以通过搭建电子商务平台，实时了解参展企业产品与观众的匹配度，为观众提供智能、便捷、环保的观展体验。展览经营主体企业打造的电子商务平台服务，使展览经营主体企业、参展企业、观众间实现零距离,全面提升展览的体验感。从电子商务平台的使用来看,2015年上海市三大场馆举办的展览中,有2个展览拥有电商平台,占总数的1%。但是,从展览业自身的特点来看,电子商务是通过举办展览及其配套活动,实现贸易合作的重要商务平台。这也是最近展览经营主体企业频频与互联网电商合作共赢的主要原因。

从早期的展览网站、CRM等展览管理软件、线上注册系统、电子通信、微博的应用,到网上展览与线下展览结合的O2O模式的流行,以及云计算、大数据、微信、APP、H5等现代信息技术在展览业的普遍应用,信息技术无时无刻在推动展览业的快速发展与进步。在大数据背景下,展览行业的发展需要与数据系统相结合,才能更加客观地评价展览的效果。然而,实际情况是线上线下还在"各自为战",协同与融合尚不足,展览经营主体、参展企业和观众各自搭建信息平台,"信息孤岛"林立,难以真正实现数据共享。

(二)智慧展览是通过生态链建设形成的新业态

智慧展览是构建展览生态链,在采取线上线下相结合的发展过程中,需要建立一个可跟踪衡量的流程,形成跟踪闭环;并利用跟踪闭环系统搜集参展企业和观众的数据,建立个性化数据库。以智慧广交会为例。智慧广交会推出智慧服务平台,参展企业和观众在平台上通过唯一的账号登录广交会官网、微信、移动客户端APP和广交会客户联络中心,在线办理展览业务,形成一站式服务模式。智慧服务将实现广交会各项服务在时间和空间上的延伸,为参展企业和观众提供便利,有助于提升客户满意度。该智慧服务平台包括采购商电子服务平台(BEST)、参展易捷通平台、微信服务号、信息驿站、智能呼叫中心。

1)采购商电子服务平台(BEST)是广交会专为境外采购商提供的无纸化多功能免费网上服务平台。登录BEST可实现以下服务:申请邀请函、预申请采购商证、邀请朋友与会、参展企业展品查询、翻译预订服务、商旅服务。

2）参展易捷通平台可以为参展企业提供在线申请展位、登记企业和展品资料、预展、申请证件、报送展位图纸、租赁展具设备、预订搬运、预约会议、查询业务办理进度并在线支付、查阅电子地图及采购信息、投诉报障、报送成交数据、在线评价等服务。

3）微信服务号为参展企业提供信息推送、服务营销、业务办理服务，实现展具租赁、展具搭装、设备租用、宽带接入并通过移动支付的一站式微服务。

4）信息驿站整合原广交会现场免费上网区、官网现场服务区、参展企业展品查询等信息服务点，在展馆珠江散步道和展馆主入口设置"信息驿站"，为客户提供自助上网、参展企业展品查询、移动客户端（APP）下载、获取资讯、在线调研等一站式服务。所有服务点统一形象、统一品牌、统一搭装。

5）智能呼叫中心以原客户联络中心业务系统为基础，建设智能呼叫中心。智能呼叫中心整合采购商综合业务平台和展务通平台相关功能，采集客户行为数据，并与广交会核心业务系统数据互通共享。智能呼叫中心提供全天候服务，除提供常规咨询外，将自动识别客户身份，帮助客服人员根据客户画像主动推介服务产品，实现精准营销。

此外，在第120届广交会上，推出了采购商APP，只需轻触屏幕，供需双方马上就能对接。在拓展"一带一路"市场上，"智慧广交会"同样具有独特作用，不断通过社交媒体、搜索引擎等多渠道扩大在沿线国家的影响力，在俄罗斯、塔吉克斯坦等5个国家举办了视频招商活动，沿线国家采购商的邀请数占总邀请数的比例已达49%。

（三）智慧展览需要大数据建设来驱动

智慧展览作为现代服务业的重要组成部分，大数据的共建、共享是发展的方向。展览产业产业链比较长,是由组展、场馆经营、施工搭建、展览物流和配套服务5个方面构成的"闭环",在新业态下,每一个环节都面临着新的发展机遇与挑战。而组展在展览产业链中处于龙头地位,在智慧展览的新时代下,出现了新的变化趋势:组展方往往是展览经营主体企业。由于展览业产业链较长,涉及的相关匹配行业较多,要实现智慧展览全面发展,就必须在万亿级的展览垂直细分领域中构建展览数据库,打造开放共享的信息平台,实现展览大数据共建、共享,从而更为主动地感知参展企业和观众的需求,提前对展览项目、参展企业和观众的行为进行预判,为参展企业和观众提供更加便利的决策指导信息,实现线上线下更为精准的展览和商贸匹配。以中国机械国际合作股份有限公司(简称"中机国际")为例。中机国际是大型中央企业集团、世界500强企业——中国机械工业集团有限公司的控股子公司,是中国会展界规模最大、实力最强的中央企业,拥有超过60年办展经验的专业化办展团队,已形成境内外自主办展、代理出国展览、展览工程服务等完整的展览业务体系。每年在国内30多个大中城市举办40多场高质量展览,总规模近300万平方米。特别是参与主承办的"北京国际汽车展览会"和"上海国际汽车零配件、维修检测诊断设备及服务用品展览会"双双跻身2017年世界商展100强排行榜前40名。同时,中机国际是中国最大的海外组展机构,每年在境外100多个国家组织160多场代理展和自办展。组织专业买家50万人次,拥有广泛的优质客户资源数据库。中机国际开发的软件工业化开发平台在资源管理、Css生成器、Js生成器和Htm发生器的应用中具备数据源注册、使用权限设置、网页注册、角色注册、网页元素设置、基础表注册、表字段设置等基本功能。2017年以来,中机国际的软件工业化开发平台实现了通过接口就可以自动连接数据库、让静态网页动态化的自动交互功能;实现了自动编程功能,即只要按照功能进行排版和接口配置,就能自动生成网页(也可以生成手机版网页);实现了自动复用功能,即能够将特定的功能或应用进行封装,变成图表对象,通过接口配置就可以自动复用图表功能。

中机国际开发的软件工业化开发平台是一个开放、共享的智慧展览平台，在平台上能够实现智慧管理的公司内部业务协同和平台与第三方软件的协同，形成信息资源管理、流程管理、规划管理、展览经营等各种职能；能够实现智慧营销中电子商务的智能化发展，形成展览项目自身业务的电子商务和由展览形成的精准配对的电子商务；能够通过整合自身和第三方的服务类APP形成一站式智慧服务。

综上所述，对智慧展览的研究和应用，目前在我国展览业所做的只是九牛一毛，远谈不上完善。无论是理论还是实践，方向上的争吵的声音远远大于实践探索的研究。比较好的是，近年来我国不断推进"智慧城市"的战略建设，为展览业的智慧化发展带来了指引；而"一带一路"倡议进一步推动"一带一路"沿线省市对基础设施的投入和对智慧展览的支持力度。展览业在错过互联网和移动互联网的浪潮之后，总算是搭上了大数据的头班车。智慧展览将实现数字信息的互联互通，城市的职能部门能够调动基础设施、公共管理等有效资源，提供统筹、指导、协调等政务服务，提升展览城市公共服务能力和服务质量，进而提高智慧城市竞争力，达成智慧展览和智慧城市互动发展的双赢格局。但目前，智慧展览中大多数的"大数据"还停留在数据采集、存储和展示等初级阶段，应用也仅限于参展、观展和场馆现场管理等方面，这与参展企业和观众日益增长的对展览的美好需要还存在一定的差距。因此，智慧展览经营主体亟须从线下资源与传输平台，基础存储云平台、信息整合与共享平台、经营管理与信息分析平台、知识决策平台，以及运维保障平台等方面综合考量，建立大数据模型，让大数据成为指引展览业发展的"道标"，发挥加速器和创新引擎作用。

大数据构建智慧展览数字生态圈

党的十九大报告提出,"推动互联网、大数据、人工智能和实体经济深度融合",培育新增长点、形成新动能;加快科技创新,建设网络强国、数字中国、智慧社会。随着我国进入中国特色社会主义建设的新时代,发展数字经济,助推传统展览数字化转型成为展览业肩负的新使命与面临的新机遇。

展览业是最重视数据的行业之一,但仍处在大数据的探索阶段。近年来,国内展览业市场的竞争日益白热化与同质化,能否办好一个展览的标准依然停留在展览的规模、参展企业的品质和数量、观众的数量,而表现最为直接的就是如何将展览所获取的各类参展企业和观众数据充分利用,以此提升展览的水平和形象,更好地服务参展企业和观众。当前,国内展览业呈现较为严重的展览同质化、竞争白热化的局面,大部分的展览平均每年都有高达25%的客户流失,有的甚至更高。展览市场的竞争越来越激烈,很多展览企业发展举步维艰。[1] 现阶段,参展企业和观众数据相互独立、不易统计分析的特点,往往导致数据使用率低、连贯性差,每年重复做同样工作,浪费成本。展览结束后,展览参展企业和观众数据的统计分析对于以后的展览决策具有重要价值。

"十三五"时期,实施国家大数据战略,就是把大数据作为基础性战略资源,全面实施促进大数据发展行动,加快推动数据资源共享开放和开发应用,助力展览产业转型升级。大数据的主要用途之一在于预测,即基于参展企业和观众多维数据的分析和推断。因此,理想情况下展览的开发、运营和服务应该基于大数据对参展企业和观众多维数据的"捕

---

[1] 彭雨. 会展企业客户流失原因与解决对策研究[J]. 商场现代化, 2016 (17):79-80.

捉"和归纳。

一、大数据、展览大数据和大数据思维

数据库技术向人类生活的各个领域全面推进与渗透，一切皆可用数据连接与呈现，一切皆可用数据重新定义。这种展览业数字化发展趋势将彻底改变信息不对称，使碎片化的数据形成真正有价值的大数据，从离线计算到云计算，供需双方数据化实现快速精准连接、快速精准匹配。

（一）大数据概述

早在1966年，彼得·诺尔（Peter Naur）就提出用Datalogy（数据分析论）来代替计算机科学。20世纪70年代，数据科学开始兴起，彼得·诺尔将数据科学定义为："处理数据的科学，一旦数据与其代表事物的关系被建立起来，那么将为其他领域与科学提供借鉴"。21世纪初，数据科学以势不可当的力量席卷而来，数据科学利用计算机的数据处理能力挖掘数据世界中的规律，形成知识体系，为科学界、政府和社会公众进一步认识大数据奠定了理论基础。[①]

"大数据"一词始于2008年9月《科学》（Science）杂志发表的一篇名为《Big Data: Science in the Petabyte Era》的文章。在维基百科中，大数据被定义为"是指利用常用软件工具捕获、管理和处理数据所耗时间超过可容忍时间的数据集"。也就是说，大数据是一个体量大到无法量化的数据集合，并且这样的数据可通过互联网实现聚合与共享。大数据与互联网密不可分的关系决定了大数据具有开放基因，也决定了数据共建与共享的特性。各国纷纷建立政府开放数据平台。2009年，美国率先开放国家数据平台网站data.gov。随后，英国、加拿大、澳大利亚、新西兰、新加坡等国家也纷纷宣布政府数据开放计划，建设政府开放数

---

① 引自《中国大数据发展报告》，第11页。

据平台，开放政府数据迅速成为全球共识。2015年，国务院印发的《促进大数据发展行动纲要》中明确我国数据开放的思路，并提出在2018年年底前建成国家统一的数据开放平台。

（二）展览大数据概述

展览大数据并不是一个全新的产业，而是大数据与展览业融合，对已有模式的改造、升级和替代。展览大数据是指具体的展览本身和所在行业相关的大数据，分为基础大数据与行为大数据。展览基础大数据是指展览经营主体企业多年来所收集的行业信息、政策法规、展览所在地人文地理信息、参展企业信息和观众信息等可用于描述的信息记录；展览行为大数据是指参展企业和观众在线上线下展览过程中发生的所有行为，如线下的参观路线、停留时间、贸易往来等，线上的搜索、浏览、点评、加入购物筐、取出购物筐、退货等，甚至包括在第三方网站和APP上的相关行为。

其中，电子商务可以收集到参展企业和观众在线上交易过程中的行为信息，这也是线上展览行为大数据产生的重要环节。场馆感知设备可以根据现场跟踪情况收集到线下行为信息。由于电子标签里的编码是唯一性的，大大降低了电子设备的识别难度。然后，感知设备将个人信息传递到数据库中心。感知过程往往是采用将物联网技术与数据库相结合的系统，对参展企业的个人信息及行为信息进行跟踪与记录：利用书签、胸针、门票等形式携带RFID标签，即电子标签，记录参展企业参加展览和进行洽谈的行为信息；也可以收集到观众在每个展馆及展台前逗留的时间等信息。通过智能化的处理可以分析出参展企业和用户的个性化行为信息。在展览活动结束之后，展览经营主体企业可以通过对基础大数据与行为大数据的分析开展展览活动决策及展览营销延伸。

展览大数据中的数据包括数字、文字、图像、声音等形式。与传统数据相比，大数据具有四大显著特征——"4V"，即量（Volume）、类

（Variety）、速（Velocity）、值（Value）。"量"是指数据容量足够大；"类"是指数据种类呈现多源多态特性；"速"是指处置速度快；"值"是指商业价值高。

展览大数据主要有画像、匹配和预测三大核心功能。画像就是通过对同一个用户（参展企业、观众）不同数据源的追踪、识别、匹配，形成更立体的刻画和更全面的认识。对观众画像，可以精准推送广告和产品；对参展企业画像，可以准确判断其信用及面临的风险；对展览画像，可以完善项目体系，提升服务质量。匹配就是在海量信息中利用相关性、接近性等进行筛选对比，更加高效地实现供需匹配，大数据匹配功能是互联网智慧展览作为共享经济模式的基础。预测就是在画像和匹配的基础上，对展览未来趋势及重复出现的可能性进行预测，当某些指标出现预期变化或者超预期变化时给予提示、预警。对于观众而言，按照距离最短和成本最低等原则，通过各种算法对路径和资源进行优化配置；对于参展企业而言，按照观众的数据轨迹可以有效选择展览区域、展览形式、展出产品和服务模式。

（三）大数据思维方式

在大数据时代，我们能够得益于一种新的思维方法——从大量的数据中直接找到答案，即使不知道原因。这一方面给了我们一个找捷径的方法，同时我们不会因为缺乏运气而被问题难倒；另一方面，这种找不到原因的答案我们是否敢接受呢？如果我们愿意接受，那么我们的思维方式已经具有大数据思维了。[①] 目前，智慧展览的定义在不断地汇总完善下逐渐明晰。智慧展览是在以人为本的原则基础上，展览经营主体通过使用物联网、云计算、移动互联网等新一代信息技术，并结合现代信息传媒手段，站在整体运营思维视角为参展企业和观众提供系统化的信息服务。也就是说，展览经营主体通过线上线下（O2O）形式，感知用

---

① 吴军.智能时代：大数据与智能革命重新定义未来[M].北京：中信出版集团，2016.

户（参展企业、观众）需求，在大数据的基础上，通过云计算分析参展企业和观众的行为，为参展企业和观众提供快捷、精准的服务。

由此可见，建设智慧展览的终极目标就是满足参展企业和观众的需求。向着这个目标发展的道路上，我们首先需要清楚参展企业和观众的需求。从目前展览业所积累的数据信息来看，大多数展览经营主体企业都拥有自身庞大的参展企业和观众数据库，并且经过多年的运营，"用户画像"也做得比较全面。但是，这些数据仅仅是将展览业的基础数据进行粗略的匹配，并不能从中为参展企业和观众提供具有决策功能的信息服务。这样一来，参展企业和用户的行为数据显得尤为重要。这种"只可意会不可言传"的行为数据很难通过"因果关系"去精准分析。大多数的时候，这种不确定性的行为数据往往可以通过统计学的方法去计算；但是由于数据量不够，即使使用了大量的数据，依然不足以消除不确定性，最后结果也难以精准。在大数据时代，展览业在智慧化发展的过程中，数据可以累积得足够多。当参展企业和用户的数据积累足够多时，我们就可以从大量的数据中直接找到相关的答案，即使我们不知道因为什么发生。

展览大数据技术的思维方式是：在共建共享的基础上，采集到与展览相关的庞大的数据，如文字、图像、音频、视频等数据，从单一维度转向多维度统筹融合，开发知识处理的新方法，从更深刻的视角，以更高的时效发掘多源异构数据，从而发现有价值的信息，并在展览中应用的方法学。即在大数据中捕获参展企业和观众的需求，并以需求为导向不断提升智慧展览的智慧程度。

二、我国大数据产业概况

（一）我国大数据产业现状

近年来，大数据迅速成为我国社会各领域关注的热点。我国政府高度重视大数据产业作为一种前瞻领域的战略意义，并加快推行相关政策的制定实施工作，启动未来促进大数据发展的数据强国计划。

据不完全统计，从2014年到2016年，我国出台的与大数据相关的政策文件有63份。2016年，中央政府持续发力，推动大数据产业加快发展。发展改革委印发了《关于组织实施促进大数据发展重大工程的通知》《促进大数据发展三年工作方案（2016—2018年）》等大数据发展配套政策；工业和信息化部发布了《软件和信息技术服务业发展规划（2016—2020年）》《大数据产业发展规划（2016—2020年）》等专项规划，均明确提出了促进大数据产业发展的主要任务、重大工程和保障措施；交通运输部、农业部、国土资源部、环保部等部门相继印发了《关于推进交通运输行业数据资源开放共享的实施意见》《农业农村大数据试点方案》《关于印发促进国土资源大数据应用发展的实施意见》《生态环境大数据建设总体方案》等一系列与大数据应用相关的政策方案。

从2017年1月发布的《大数据产业发展规划（2016—2020年）》（以下简称《规划》）中所使用的大数据产业范围的广义范畴来看，其定义首先包含了围绕数据采集、存储、加工等而产生的一系列经济现象，同时还涉及数据资源本身和相关硬件的产销环节；其次，还包括信息技术服务。《规划》确定了未来5年大数据产业发展规模的目标：到2020年，大数据相关产品和服务业务收入突破1万亿元，年均复合增长率保持30%左右。

大数据产业以大数据为核心资源，整个大数据产业包括大数据采集、存储和应用所涉及的产业。通常认为，大数据产业核心业态主要是指围绕大数据采集、存储和应用环节所形成的产业链条。该产业链条为全社会大数据应用提供数据资源、产品工具和应用服务，支撑各个领域的大数据应用，是大数据在各个领域应用的基石。来自在线调查公司Statista的数据显示，在经历了快速增长期后，全球范围内的大数据服务进入了平稳增长的阶段。2015年，全球大数据产业规模将近1500亿元，中国大数据产业规模为160亿元，仅占全球总规模的10.7%。预计2015—2018年全球大数据产业的复合增长率为21.8%。由于中国大数据

行业目前仍处于快速发展期，36氪研究院认为，2018年中国大数据产业规模将超过500亿元，2015—2018年的复合增长率将达到47.0%，是全球复合增长率的2.2倍。中国信通院数据显示，未来2年内大数据核心产业还有40%左右的高增长空间。

近年来，贵阳、北京、武汉、上海等地纷纷启动了大数据交易平台建设。在2015年及之前，北京市、贵阳市成立了大数据交易所，湖北省成立了长江、东湖两家交易所，加上河北的承德市与陕西的西咸新区，共有6家大数据交易所投入运营。2016年，江苏、浙江、上海及哈尔滨等地也纷纷参与交易中心的筹建，据不完全统计，2016年年底已达到16家。贵阳大数据交易所发布的《2016年中国大数据交易产业白皮书》显示，我国的大数据交易市场2015年的规模为33.85亿元，预计到2020年将提升至545亿元。目前，大数据产业已超出了信息产业的范畴，其广义范围涵盖到关联层与衍生层各大领域的应用。

我国大数据产业具备良好的基础，面临难得的发展机遇，但仍然存在一些困难和问题。一是数据资源开放共享程度低。数据质量不高，数据资源流通不畅，管理能力弱，数据价值难以被有效挖掘利用。二是技术创新与支撑能力不强。我国在新型计算平台、分布式计算架构、大数据处理、分析和呈现方面与国外仍存在较大差距，对开源技术和相关生态系统影响力弱。三是大数据应用水平不高。我国发展大数据具有强劲的应用市场优势，但是目前还存在应用领域不广泛、应用程度不深、认识不到位等问题。四是大数据产业支撑体系尚不完善。数据所有权、隐私权等相关法律法规和信息安全、开放共享等标准规范不健全，尚未建立起兼顾安全与发展的数据开放、管理和信息安全保障体系。五是人才队伍建设亟须加强。大数据基础研究、产品研发和业务应用等各类人才短缺，难以满足发展需要。①

---

① 工业和信息化部.大数据产业发展规划（2016—2020年）[EB/OL].（2017-01-17）[2017-10-20]. http://www.miit.gov.cn/n1146290/n4388791/c5465401/content.html.

（二）"一带一路"沿线省（区、市）大数据发展规划情况

截至 2017 年 1 月底，我国有 37 个省（区、市）专门出台大数据的发展规划、行动计划和指导意见等文件。其中，有 20 个"一带一路"沿线省（区、市）专门出台大数据的发展规划、行动计划和指导意见等文件，占比为 54%，包括上海、重庆、内蒙古、浙江、广东、广西、海南、青海、新疆共 9 个省（自治区、直辖市），广州、深圳、沈阳、哈尔滨、南宁、兰州、呼和浩特、宁波、台州、东莞、中山共 11 个城市。

1. 珠三角地区

以广东为代表的珠三角地区依托广州、深圳等地区的电子信息产业优势，发挥广州和深圳两个国家超级计算中心的集聚作用，在腾讯、华为、中兴等一批骨干企业的带动下，逐渐形成了大数据集聚发展的趋势。广东凭借强大的经济、科技与人力资源实力，在关键技术、先进产品、产业生态体系构建方面制定了明确的发展目标。广东提出"打造全国数据应用先导区和大数据创业创新集聚区，抢占数据产业发展高地，建成具有国际竞争力的国家大数据综合试验区"。广东确定的 2020 年大数据产业规模目标将达到 6000 亿元。

2. 长三角地区

长三角地区以上海为引领，将大数据与当地智慧城市、云计算发展紧密结合，吸引了大批大数据企业，促进了产业发展。上海发布《上海推进大数据研究与发展三年行动计划》，推动大数据在城市管理和民生服务领域的应用。上海确定的 2020 年大数据产业规模目标将达到 1000 亿元。

3. 中西部地区

中西部地区已成为大数据产业发展新增长极。重庆、内蒙古、陕西、广西等地积极引进大数据企业、互联网龙头、软件服务商，大力建设数据中心、网络基础设施和相关产业园区，以资源和价格优势开展强有力的招商引资，提出了重点工程并进行了详细的任务部署，将大数据

培育成本地的支柱产业,并利用大数据技术推动传统产业转型升级。广西不断强化大数据工作落实力度,从国内外大数据发展背景、本地现状与基础、发展路径与策略、基础设施建设、行业应用、产业创新、产业生态打造等方面,提出了详细深入的发展规划。南宁市政府对大数据产业的发展模式、商业模式及相关重大工程给出了详细说明,全面体现实现"规划与计划相结合,继承与创新相结合"的工作思路。

4. 东北部地区

东北部地区依托大数据助力东北经济振兴。加速打造以沈阳为中心,集合其他城市优质资源,进而覆盖整个东北地区的大数据产业中心和大数据衍生品交易中心。哈尔滨、大连、鞍山等城市依托其良好的软件和信息技术服务业基础,聚集了一批大数据企业和人才队伍,形成了技术和项目储备,大数据产业相关基地发展迅猛,在大数据的采集、挖掘、衍生品交易等方面已开始先行先试,并取得了一定的成果。

(三)大数据基础设施和技术创新情况

1. 基础设施是大数据发展的基石

2016年,全国新建光缆线路554万千米,光缆线路总长度3041万千米,同比增长22.3%,整体保持较快增长态势。2016年,3家基础电信企业固定互联网宽带接入用户净增3774万户,总数达到2.97亿户。2016年,基础电信企业加快了移动网络建设,新增移动通信基站92.6万个,总数达559万个。其中,4G基站新增86.1万个,总数达到263万个,移动网络覆盖范围和服务能力继续提升。[①] 全国各地不断提高宽带网络发展整体水平,全面提升支撑大数据持续发展的能力,"光进铜退"趋势明显。在"一带一路"沿线省(区、市)中,尤其是内蒙古、西安等西部地区均将基础设施建设作为重点任务,对大型数据中心建设、互

---

① 工业和信息化部.2016年通信运营业统计公报[EB/OL].(2017-01-22)[2017-10-20].http://www.miit.gov.cn/n1146285/n1146352/n3054355/n3057511/n3057518/c5471292/content.html.

联网宽带能力提升、4G基站部署、互联网骨干直联点建设均做出了详细部署。此外，值得一提的是，2017年5月3日，科技界迎来了一则重磅消息：世界上第一台超越早期经典计算机的光量子计算机诞生。中国科学院2017年5月3日在上海举行新闻发布会，对外发布了这一消息，这个"世界首台"是货真价实的"中国造"，属中国科学技术大学潘建伟教授及其同事陆朝阳、朱晓波等，联合浙江大学王浩华教授研究组攻关突破的成果。实验测试表明，该原型机的取样速度不仅比国际同行类似的实验加快至少24 000倍，同时，通过和经典算法比较，也比人类历史上第一台电子管计算机（ENIAC）和第一台晶体管计算机（TRADIC）运行速度快10～100倍。

2. 互联网数据中心是大数据产业的信息中枢

"互联网+"推动了互联网行业的快速发展。受到云计算服务模式的影响，互联网数据中心的服务理念也随之发生变化，采用高性能的基础架构，按照客户的需求来提供基础业务和增值业务，提高数据资源的使用效率。随着越来越多的人将个人数据存储在云端，个人云存储规模的增长同样需要全球互联网数据中心基础设施的支撑。我国互联网数据中心市场发展活跃，从业企业数量快速增加。截至2016年12月31日，已批准1112张IDC、ISP跨地区业务经营许可证，其中包括352张跨地区互联网数据中心业务经营许可证和760张跨地区ISP业务经营许可证。省内互联网数据中心业务经营许可证已发出874张，省内ISP业务经营许可证已发出2168张。同时，大型互联网数据中心具有业务承接能力强、能源节约效应突出等特点，是各地区及互联网数据中心运营企业重要的战略信息资产，建设大型、绿色的数据中心成为各省市政府大数据发展的重要抓手。在国内，阿里云、腾讯云、UCloud、金山云等公有云服务商也在加紧海外布局，在数据中心建设方面，几大公有云厂商都在做资金与技术方面的投入，通过自建与共建的方式，拓展自身互联网数据中心版图。预计到2019年，我国云计算产业规模将达到4300亿元，云计算服务能力达到国际先进水平。

3. 大数据技术创新取得明显突破

Hadoop、Spark 等开源技术得到更广泛的认可和应用，大数据技术生态圈形成。其中，Hadoop 是目前最为流行的大数据处理平台。Hadoop 是由 Apache 公司为实现 Google 的 MapReduce 编程模型开发的一个云计算开源平台，是可伸缩的、高效的，能够处理 PB 级数据。Hadoop 平台包括最底部的文件系统（HDFS）、数据库（HBase、Csaaandra）、数据处理（MapReduce）、数据仓库（Hive）、大数据分析语言接口（Pig）等功能模块，是完整的生态系统（Ecosystem）。某种程度上，可以说 Hadoop 已经成为大数据处理工具领域默认的使用标准。[1]Apache Spark 是一个为速度和通用目标设计的集群计算平台。Spark 是 UC Berkeley AMP Lab（加州大学伯克利分校的 AMP 实验室）所开源的类 Hadoop MapReduce 的通用并行框架，Spark 拥有 Hadoop MapReduce 所具有的优点。但不同于 MapReduce 的是，Job 中间输出结果可以保存在内存中，从而不再需要读写 HDFS，因此，Spark 能更好地适用于数据挖掘与机器学习等需要迭代的 MapReduce 的算法。[2]

国内骨干软硬件企业陆续推出自主研发的大数据基础平台产品，一批信息服务企业面向特定领域研发数据分析工具，提供创新型数据服务。互联网龙头企业服务器单集群规模最大可达到上万台，具备建设和运维超大规模大数据平台的技术实力。科技创新型企业积极布局深度学习等人工智能前沿技术，在语音与图像识别、文本挖掘等方面积极占领技术制高点。预计到 2020 年，技术先进、应用繁荣、保障有力的大数据产业体系基本形成，大数据相关产品和服务业务收入将突破 1 万亿元。[3]

---

[1] 孟小峰，慈祥. 大数据管理：概念、技术与挑战 [J]. 计算机研究与发展，2013，50（1）：146-169.

[2] 海航云知道之天生为速度而生的 Spark[EB/OL].（2017-09-11）[2017-10-20].http://www.sohu.com/a/191239261_824406.

[3] 工业和信息化部. 大数据产业发展规划（2016—2020 年）[EB/OL].（2017-01-17）[2017-10-20]. http://www.miit.gov.cn/n1146290/n4388791/c5465401/content.html.

三、大数据对展览的影响

倘若将工业发展划分成3个阶段,那么手工则是人类社会最初的生产方式,手工时代生产效率严重低下,劳动者们的手艺技能被提出了尤为严苛的要求。伴随科学技术的发展,人类社会迈进机械化大生产时代,人们得以高效地生产出日常生活所需要的一系列产品。如今,相关学者工业进入4.0时代,产品逐步实现智能化生产。在此背景下,工匠精神再次成为人们关注的热点,其很大原因在于人们开始形成新的认识,大数据可依托连接一系列数据平台,进一步生产出切实满足人们个性化需求的产品。[①]

大数据时代下,大数据蕴藏着巨大的商业价值,对于展览业而言,同样如此。展览经营主体企业需要注重参展企业个性化产品的展示,注重观众个性化需求的满足。展览经营主体企业在总结经验的基础上,厘清大数据与展览业的融合发展,结合自身发展实际情况,推进"智慧管理""智慧营销""智慧服务"等,积极促进智慧展览的有序健康发展。

(一)大数据促进智慧管理的深化

大数据下的展览管理更加智慧。在信息管理中,数据作为资源,需要像物质资源那样分配及流通。大数据的应用必须结合具体的目标问题,将采集到的低价值的大数据加工成高价值的思想或知识,这样的大数据才有生命力。若没有应用企业的深度参与,若不能按照商品的规律运行,大数据就难以真正取得收效。在这个过程中,数据共享的落实需要体现在各个环节,把加工后的数据信息反哺回共享数据,这样的大数据平台也不会是纸上谈兵。

在规划管理中,通过线上线下的数据采集,展览经营主体企业可以

---

① 陈欢,杨文娟.大数据时代背景下会展服务的发展方向[J].中国高新技术企业,2014(14):11-12.

采集到参展企业和观众的基础信息数据和行为信息数据，这些数据可以使展览经营主体企业组织策划的展览项目和项目内容更贴近市场需求，以期达到"高效（Efficient）、实效（Effective）和经济（Economical）"的最佳效果。例如，在 2017 中国（佛山）国际汽车春季博览会期间，使用了以大数据采集为基础的智能门禁闸机。通过数据采集和分析，精确了解展览的观众构成、需求及现场参观情况等，为提升展览专业化服务提供依据。在流程管理中，通过对历年历届展览项目中的大数据进行分析，展览经营主体企业能够筛选出参展企业和观众的新需求热点和"鸡肋"，因地制宜完善展览项目流程，满足参展企业和观众的需求。例如，通过实时自动扫描，跟踪观众展期行为轨迹，形成人流走向、客流总数、驻留时间、高峰时段、客流对比，以及历年历届新老客户对比、客流量分析、展馆热力图等分析内容，为展期整体情况提供科学数据评估和决策依据。

以参展企业和观众的大数据研究为中心，能够持续地提高展览业务绩效，优化展览经营主体企业及与参展企业和观众有关的业务流程，调节展览的空间要素和资源要素，合理利用展览资源，达到展览的可持续、协调发展。

（二）大数据促进智慧营销提升

以往的展览业主要是开展人与人的交流、资源及电子资料等的相互传递。在展览经营主体企业与参展企业开展交流服务期间，展览位置设立、展览实际开展方式等往往要历经反复的协调。展览营销利用大数据，对展览项目、参展企业、观众的信息进行收集与处理，并通过对这些数据进行有效的分析与充分的挖掘，为展览的策划、招商工作及未来的发展经营提供参考数据。对相关数据进行优化并充分利用，从而提升服务质量和服务水平。[①] 随着大数据时代的发展，利用大数据的可视化

---

① 焦卫东，张安京. 大数据在展览营销中的应用探究 [J]. 企业技术开发月刊，2015（6）：108–109.

技术可通过历年历届观众的基础数据和行为数据为参展企业提供客观的展示建议及价位说明,以及设计参展形式和展品摆放位置等,极大提高了展览营销服务的质量和效率。

近年来,随着移动互联网的普及,在观众邀约中朋友圈广告发布成为继APP、微信公众号之后又一个手机移动端传媒的广告推广形式。这里讲的朋友圈广告并不是在社交圈中发布的内容,而是广告发布机构根据时间节点及广告需求,以文字+图片+有奖鼓励的方式在展前去吸引参观人群、展中发布展览盛况的一种面向公众的投放模式。与APP和微信公众号这种订阅类的传播模式不同的是,朋友圈广告是基于对大众大数据的分析并以兴趣将圈地人群进行划分,通过打点地标可以精确到商圈或路标进行投放。在大数据分析结果的指导下,朋友圈广告根据曝光高峰调整集中曝光时间,暂停或开放广告投放内容,进行集中投放。通过分析总曝光数和转化率,展览经营主体企业可以直观地看到在观众邀约方面的营销效果。

智慧展览在大数据分析的基础上,利用线上、线下展览平台能为参展企业和观众提供多元化商贸服务。电子商务将是未来智慧展览重要的营销活动之一。电子商务以采购和需求订单大数据和买方购买痕迹(查询、放入购物车、取消购买、热点商品关注、点评等)大数据的数字化整合为核心,帮助参展企业、观众成功实现精准配对,进一步推动网络整合营销的创新和发展。在展览经营主体企业搭建的线上智慧营销平台上,买卖双方不谋面地进行各种商贸活动,实现消费者的网上购物、商户之间的网上交易和在线电子支付,以及各种商务活动、交易活动、金融活动和相关的综合服务活动。这种廉价、便捷、直接的沟通方式被广泛应用于推销商品,并取得了巨大而持久的成功。

(三)大数据促进智慧服务升级

智慧服务体现在展览经营主体为参展商和观众在展前、展中和展后提供全面、系统的主动呼叫和精准、便捷的被动反馈信息服务。理想状态的智慧服务是线上一站式服务与线下物联网服务相结合的服务模式。参展企业和观众在平台上在线办理展览业务，同时在线下体验服务。智慧服务是大数据时代展览业发展的一大趋势。信息内容涉及面十分广泛，包括展览向导、展览新闻、参展人数、交易情况等。在交互内容方面，有了大数据对展览提供的有力依据，智慧服务水平可很大程度上得到提高。对于参展企业而言，参展企业结合虚拟现实技术在进行商品展示的同时，给观众提供一定程度的设计功能，使观众可以根据自己的要求对现有商品进行修改。对于观众而言，观众在参加展览期间可对应形成动态需求，展览经营主体企业可依托信息技术对一系列信息资源开展优化整合，基于此部分数据，对资源开展采集分析，进而建立涵盖不同行业领域学科的智能数据库，进一步针对观众在参展期间提出的相关服务需求予以实时动态的智能回应。其中，展览经营主体企业所属呼叫中心在不断更新和完善观众或参展企业数据库的基础上，完成观众和参展企业"画像"；并保证更多、更高质量的观众到场参观，协助项目组执行大型活动的贵宾邀请工作，完成主动匹配服务与被动服务响应工作。

随着智能移动终端的迅猛发展，互联网应用呈现多元化的趋势（图1）。智能终端具有便携的特点，同时，其传感器具有的独特操作模式使得其在人机交互上具有普通计算机无法比拟的优势。就移动互联网本身而言，智能手机在发展历程中加速了计算和互联的扩展，而仍在不断兴起的可穿戴、无人机、虚拟/增强现实等更广泛意义上的智能硬件则极大地拓展了终端的感知和交互能力，为互联网应用虚拟化图景注入了更为丰富的元素，加速了多样传感器的普及式应用，由此实现了可用数据样本的极大丰富，移动的终端大数据进一步促进智慧服务的发展。尤其是，移动终端的大数据推动了展览服务虚拟化，展览形式逐步由虚拟形式替代部分实物形式，这样的转变进一步促进了展览活动与传媒的融合，在展览活动中体现出多元化的信息传播服务。例如，展览经营主体企业、参展企业和观众不同程度地应用微信公众平台、微信群、朋友圈等社交平台实现信息共享和品牌传播，有些APP应用也实现了通过智能移动终端开展线上互动。传统的呼叫中心成为支持多媒体接入的呼叫中心，实现了移动客户端CRM应用，集成了呼叫中心丰富的应用。同时，增加了呼叫中心的延伸服务，使呼叫中心的座席部署更加广泛和灵活；为参展企业和观众提供统一客户服务平台，允许他们通过电话、传真、短信、e-mail、VoIPWeb站点等任意一种方式都能从呼叫中心得到满意的服务。

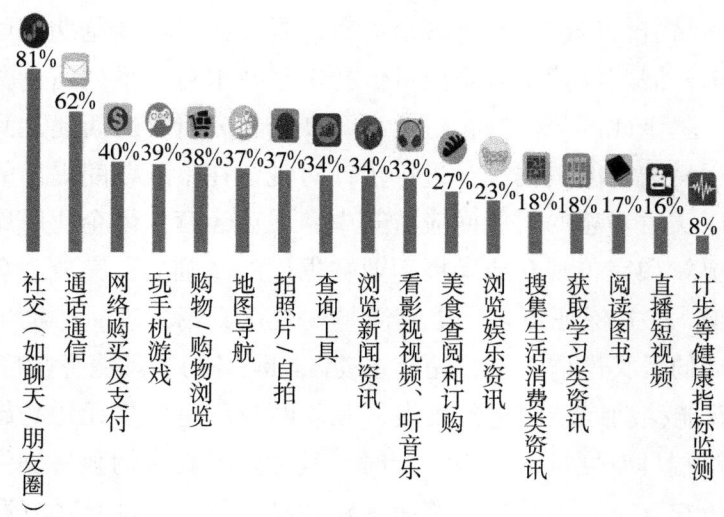

图1 智能手机在做什么

（四）大数据与展览融合的"生态圈"

生态圈是所有生物链的一个统称。在《促进大数据发展行动纲要》等系列政策的刺激下，更多的公共数据实现了开放，从实际上推动了企业利用数据提升效率并进行商业模式变革。同时创造出更加丰富的应用场景，又进一步丰富了中国的数据资源，一个良性互动、蓬勃发展的大数据生态圈正在形成。

展览经营主体企业构建的开放的大数据平台，可以帮助越来越多的产业链相关企业将数据开放出来，与政府数据、行业数据、展览项目数据、参展企业数据、观众数据结合起来产生更多的商业应用，也能创造出很多新的商业模式。在信息技术日新月异的今天，展览作为传播渠道和传播载体的特性愈加明显。尤其是新媒体在展览信息传播中的不断使用，新的信息传播渠道、新的信息载体、新的传播手段、新的展现形式使传统展览成为具备信息化、移动化、数据化能力的"信息载体"，成为展览大数据汇集的平台，开创了智慧展览新时代。

大数据在展览行业中的应用，能够为展览产业链各环节提供新的信息服务模式，创造新的价值。大数据能够为展览行业的政策制定、商业运营、市场推广、公关营销、信息服务、设计搭建、项目管理等横向产业链提供决策依据和数据支持。"大数据＋展览"模式下，展览行业的产业链各环节不仅是大数据的使用者和受益者，也是大数据展览创新生态的组成部分。进而实现在大数据引擎的推动下，促进新商业模式产生，使整个展览业转型升级，而不仅仅是大数据提供服务所带来的市场规模增值。近年来，越来越多的电商企业利用其强大的买卖交易大数据做互联网＋展览的创业项目，正在从2C端的消费领域越来越多地渗透到O2O展览业领域，开始在纵向打造包括互联网企业、展览经营主体企业、参展企业和观众的展贸生态圈。这种O2O展览模式在原有的电商和展览经营主体企业的大数据基础上最大限度地采集了展览相关基础数据和行为数据，这些大数据帮助"互联网＋展览"巧妙地实现了线上、线下展览的有机结合。O2O展览模式下，展览项目的精准匹配和高效服务，缩小了参展企业盲目参展的风险，避免观众产生参观展览的消极被动问题。通过挖掘数据背后的关系和价值，使数据的相互关系更加丰富和完善。这样，数据收集及应用效果就会像滚雪球一样越来越大。

展览业要实现对大数据的科学应用，需要从数据积累起步。展览经营主体企业需要充分认识构建大数据平台的重要性，建立观众信息数据库、参展商信息数据库、电子商务数据库、应用软件数据库、专题数据库等，是发展的重要一环，并且对展览营销推广可起到尤为关键的作用。大数据时代，展览经营主体企业应当紧随时代发展脚步，积极投身大数据采集、分析处理及应用工作中，在数据共享机制下为智慧展览提供生态圈建设保障。

四、展览大数据中心建设案例介绍

近年来，我国鼓励现代信息服务业发展的一系列重大政策接连出台，推动产业发展提档增速。特别是在大数据领域，国务院发布了《促进大数据发展行动纲要》，明确提出了大数据发展的重点方向和路径。此外，在重点行业应用领域，《关于积极推进"互联网+"行动的指导意见》和《中国制造 2025》相继出台，为加快新一代信息技术与传统制造、能源、服务、农业等领域融合创新营造了良好环境。

2016 年 2 月，中国传媒大学新媒体研究院联手北京逸格盛视大数据科技有限公司，成立了会展大数据研究中心。会展大数据研究中心致力于整合相关展览大数据资源，嫁接展览业大数据平台，在相关指导单位和落地城市的推动下，努力促进中国展览业大数据发展，进一步加快融入"一带一路"建设，着力与欧美国家展览行业开展交流合作，丰富展览内涵，扩大展览外延，推动中国展览业国际化、专业化和信息化、智慧化水平。

（一）"会展大数据研究中心"成立方情况

1. 中国传媒大学

中国传媒大学是教育部直属的国家"211 工程"重点建设大学，已正式进入国家"985 优势学科创新平台"项目重点建设高校行列，前身是创建于 1954 年的中央广播事业局技术人员训练班。1959 年 4 月，经国务院批准，学校升格为北京广播学院。2004 年 8 月，北京广播学院更名为中国传媒大学。学校位于中国北京城东古运河畔，校园占地面积

46.37万平方米，总建筑面积63.88万平方米。

中国传媒大学坚持"结构合理、层次分明，重点突出、特色鲜明，优势互补、相互支撑"的学科建设思路，充分发挥传媒领域学科特色和综合优势，形成了以新闻传播学、戏剧与影视学、信息与通信工程为龙头，文学、工学、艺术学、管理学、经济学、法学、理学等多学科协调发展，相互交叉渗透的学科体系。①

中国传媒大学新媒体研究院是专注于数字化、信息化和全球化背景下的新媒体综合发展研究的专业性教学、科研机构。新媒体研究院致力于新媒体产业研究、新媒体内容研究、新媒体技术研究。中国传媒大学新媒体研究院设有6个中心——移动媒体中心、数字电视中心、国际互联网传播研究中心、媒体融合研究中心、新媒体人才培养研究中心、新媒体与社会研究中心，以"移动媒体""数字电视""国际互联网传播""媒体融合""新媒体人才培养""新媒体与社会"为核心，持续开展深入的新媒体理论研究、行业应用研究和产品创新研发工作。②

2. 北京逸格盛视大数据科技有限公司

北京逸格盛视大数据科技有限公司是国内第一家会展大数据应用服务公司，致力于实现大数据与会展行业的结合，打造专业权威的会展大数据分析平台，为会展行业提供决策支持及效果评估等全方位的大数据分析服务。同时，可实现大数据超大规模和可视化的视觉体验。③

（二）会展大数据研究中心概况

会展大数据研究中心正式聘请中国会展经济研究会会长袁再青，中国会展经济研究会常务副会长储祥银，北辰会展集团副总经理、国家会议中心总经理刘海莹和北辰会展研究院副院长许锋为该中心首批会展行

---

① 中国传媒大学学校简介 [EB/OL].[2017-10-20].http://www.cuc.edu.cn/xxjj.
② 引自中国传媒大学网站。
③ 引自北京逸格盛视大数据科技有限公司官方网站。

业专家；聘请北京大学新媒体研究院院长谢新洲教授、清华大学新闻与传播学院金兼斌教授为该中心学术专家。

会展大数据研究中心开展的理论研究、技术研究和展览大数据应用产品的研发，依托于中国传媒大学新媒体研究院的国际大数据平台能力。目前，国际大数据平台已经积累了 80 多个行业 PB 级的数据存储容量，建立了国际大数据 +3600 场景应用模型，可以提供从发现市场、倾听客户、了解产品到监控渠道、跟踪品牌、管理客户的全面服务，始终贯穿客户主要业务场景，形成多维度、全方位的数据分析报告。

会展大数据研究中心隶属于中国传媒大学新媒体研究院国际大数据实验室（以下简称实验室）。实验室目前已同麻省理工学院、牛津大学等国外高校大数据领域的科学家开展联合研究，对接国外先进大数据技术、应用产品、算法模型和前沿知识。实验室致力于以大数据技术应用为核心构建"新会展"体系；致力于大数据技术服务的"引进来"和大数据展览信息服务的"走出去"，为中国展览走向世界、服务国际发挥知识引擎、创新引擎和孵化引擎的价值和作用。

实验室在大数据技术及行业应用方面开展持续、深入的理论研究、技术研究及产品研发，致力于推进大数据在展览、影视、教育、文化等服务贸易领域，以及在国际传播、海外营销、舆情管理等场景中的应用。实验室已自主研发出"观象台"和"启明星"等具有多维数据集成、可视化数据呈现及深层数据挖掘能力的国际大数据系统平台，可以通过自动采集海外社交媒体、新闻媒体、垂直论坛、电商平台数据源，洞悉海量数据的多维关联，进行全球多语种语义分析。会展大数据研究中心专门针对展览行业的大数据应用开展研究，探索适合中国展览行业的大数据技术平台与应用产品，推进展览大数据发展进程。

其中，展览大数据应用产品能够在应用层面改善现有展览行业在商业运营、市场经营、业务管理等环节的决策模式，提高准确性、科学性和运转效率。例如，展览大数据应用产品可以通过分析潜在参展商、观众的群体特征、信息渠道、偏好类型等维度数据，进行大数据市场调研，拓宽展览企业的意向客户数据库；通过关联分析、因果分析实现精准营销和精细化运营，改善企业的运营管理，让参展企业和观众有更好的展览体验，增进双方更高效率的贸易合作。展览大数据应用还可以实现展览舆情监测管理、展览传播效果评估，能够让参展商及时感知观众、社会、政府的信息反馈，准确判断认知、态度和情感，进而调整市场战略策略，改善企业自身的产品和服务，实现有效传播和精准营销。

（三）会展大数据研究中心核心技术亮相

在第四届中国（北京）国际服务贸易交易会（以下简称京交会）期间，逸格盛视参加了展览板块的"会展亦移动"论坛，携"启明星"平台和"观象台"产品，现场展示了应用于展览行业的个性化全球互联网大数据分析服务。并在京交会后，发布了基于"启明星"的数据采集和数据分析能力的《2016年第四届"京交会"全球互联网传播效果数据报告》，以全球互联网平台上关于"京交会"信息的发布时间、发布数量、发布地区、关键词词频为评估指标，并从全球互联网平台和互联网网民两个维度进行分析，报告内容以京交会在全球主流互联网平台的传播效果与网民关注度分析两方面呈现。

其中，"启明星"平台在全球互联网平台上抓取、处理、可视化海量国际大数据的能力，可以帮助展览经营主体企业和参展企业及时感知观众、社会、政府的信息反馈，准确判断认知、态度和情感，进而调整市场战略、策略，改善产品和服务，以便基于展览拓展更多贸易合作，提升自身品牌价值。"观象台"平台则采用横向延伸、垂直排名的策略，将多要素信息平行展开，进行深度分析，为展览产业链各环节的参与者提供传播效果佐证和影响力评估。

据了解，对于展览经营主体企业而言，"观象台"可以提供同类展览影响力排行榜、展馆受欢迎度排行榜等数据，有助于展览项目的战略管理与市场定位，实时掌握竞争展览的规模、具体参展商、展览效果等信息，及时发现展览营销中的问题，从而改进展览营销活动，更好地满足参展企业的需求，提高主办方的服务水平与服务质量。

对参展企业而言，"观象台"可以提供展览城市竞争力排行榜、各行业展览影响力排行榜、展览经营主体企业传播力排行榜等数据，帮助参展企业进行展览背景调研，了解不同行业、不同城市、不同主办方、不同展馆之间的市场格局，从而为参展提供选择与决策依据。

对观众而言，"观象台"可以提供参展企业传播力排行榜、参展产品市场影响力排行榜等数据，有助于参观者全面了解参展企业及产品的信息资料，了解展览导向、参展产品的市场热度等信息，提高参观者的展览体验度与满意度。

（四）展览大数据中心相关事件介绍

1. "成都智慧会展"大数据中心

2015年11月15日，"成都智慧会展"大数据中心正式上线运行。据了解，该数据中心是一款集数据采集、存储、管理、分析、运用和展示等功能于一体的综合应用平台。该平台的上线运行，标志着成都成为全国各展览城市中率先开通智慧展览大数据应用系统的城市。公众可以登录成都市博览局网站（www.cbe.gov.cn），点击相关图标后进入该数据平台。同时，公众也可以通过"360手机助手"搜索"成都智慧会展"，或登录博览局网站扫描二维码下载该手机APP软件，就能便捷获取成都会展的各类信息。

在"成都智慧会展"平台上设立了"近期会展""新闻资讯""会展服务""展馆设施""会展报告""年度展会计划"等功能栏目。当打开"近期会展"功能时，即将举办的各大展览信息便一目了然。点击展览名称进入后，展览信息、时间地点、组织机构、参展指南、出行指南等信息将直观显现。而点击"会展报告"功能，则可以查询到"会展业年度主

要指标""展会评估报告"等数据。①

2."中国会展业大数据中心"

备受中国展览业关注的中国会展业大数据中心 2017 年 6 月 10 日在贵阳正式成立。中国会展业大数据中心落户贵阳，是 2017 中国国际大数据产业博览会后大数据产业与展览业融合发展的一项成果。

中国互联网协会应用与创新工作委员会秘书长、工业和信息化部中国信息产业网总编辑彭超认为，展览业在大数据的应用过程中，跨行业和产业部门，影响深远。中国会展业大数据中心落户贵阳，是把中国展览业的各方面资源与中国国际大数据产业博览会的相关资源结合起来，也与贵阳作为中国大数据中心城市建设与国家大数据中心综合试验区建设相契合。贵阳市投资促进局局长、贵阳市会展办主任黄成虹着重介绍了贵阳打造中国大数据产业的政策、举措、定位及发展蓝图，并就贵阳展览业打造智慧展览城市做了详细介绍。她表示，中国展览业大数据中心落户贵阳，是中国展览业对接大数据中心城市和大数据产业建设的实际有力的行动，是中国贵阳数博会后大数据产业与展览业融合发展的成果与效应。主要发起单位中国会展产业交易会秘书长朱立文指出，中国会展业大数据中心落户贵阳，是践行国家大数据发展行动计划，推动展览业发展的战略举措。此次会议发表了《中国智慧会展（贵阳）宣言》，创建中国智慧展览大数据云平台。中国会展业大数据中心在今后的发展中，将以《中国智慧会展（贵阳）宣言》为总纲，每年发布行业大数据白皮书，整合每次相关展览大数据资源，嫁接展览业大数据平台，在相关指导单位和落地城市的推动下，努力促进中国展览业大数据发展，提高智慧化水平，将进一步加快融入"一带一路"建设，着力于欧美国家展览业交流合作，丰富展览内涵，扩大展览外延，凝练展览文化，推动

---

① "成都智慧会展"大数据中心已上线运行[EB/OL].（2015-11-16）[2017-10-20]. http://www.sc.gov.cn/10462/10464/10465/10595/2015/11/16/10358846.shtml.

中国展览业国际化、专业化和信息化、智慧化水平。①

五、智慧展览大数据面临的挑战

智慧展览大数据作为传统数据库的发展与创新，是一个新兴领域，还面临着很多问题与挑战。

1. 数据采集与存储

智慧展览大数据有3个主要来源：一是从传统数据库中获取的数据；二是从移动设备内嵌的传感器获取的数据，包括位置、加速度等；三是从互联网应用中获取的用户生成数据，如网站、微信、其他基于位置的服务等。智慧展览需要尽可能地收集异源及异构的数据，利用数据的相交集从不同侧面对参展企业和观众进行画像，从而对展览发展进行感知和预测。大数据的一个重要特点就是数据源多样化，包括数据库、文本、图片、视频、网页等各类结构化、非结构化及半结构化数据。由于数据量较大，如何优化从终端到服务器的数据传输是值得考虑的问题。因此，大数据处理的第一步是从数据源采集数据并进行预处理和集成操作，为后继流程提供统一的高质量数据集。

数据存储与大数据应用密切相关，大数据给存储系统带来了挑战。要达到低成本、高可靠性目标，通常要用到冗余配置和云计算技术。大数据存储与管理需要对上层应用提供高效的数据访问接口，存取PB甚至EB量级的数据，并且对数据处理的实时性、有效性提出更高要求，传统常规技术手段根本无法应付。

2. 大数据加工

由于线上线下展览环境下数据呈现多样化、动态异构，以及比小样本数据更有价值等特点，需要通过大数据加工来提高数据质量和可信

---

① 中国会展业大数据中心在贵阳成立[EB/OL].（2017-07-06）[2017-10-20].http://www.gyinvest.gov.cn/c8636/20170706/i1235972.html.

度，帮助理解数据的语义，提供智能的查询功能。智慧展览大数据涉及个人偏好、企业发展、政策规划、交通运输、自然环境、企业事件、行业关系、配套动态信息等，面临着很多新的挑战。例如，如何最大程度提升架构化数据，如何对非结构化数据进行加工，如何分析异构数据源间的关联性和互补性，如何对事件进行交叉验证和全方位描述，如何实现对展览项目和用户（参展企业和观众）行为的合理预测，并为决策提供支持。

3. 大数据隐私保护

在大数据背景下，数据的传输、共享更加便利，而数据隐私问题则越来越严重，如"棱镜门"事件，电商平台监视着我们的购物习惯，搜索引擎监视着我们的网页浏览习惯，移动平台可以把握我们的日常活动、社会关系和移动轨迹。目前，中国并没有专门的法律法规来界定用户隐私，处理相关问题时多采用其他相关法规条例来解释。可见，大数据的隐私保护与安全是智慧展览大数据分析和处理的一个重要挑战。例如，如何在大数据环境下确保信息共享的安全性，如何做到为用户提供更为精准服务与数据共享安全控制的平衡。

4. 大数据能耗问题

近年来，加快绿色数据中心建设已成为落实绿色发展理念的重要体现和必然要求。随着大数据规模的不断扩张，而能源价格持续上涨，同时数据中心存储规模不断扩大，高能耗已逐渐成为制约大数据快速发展的一个主要瓶颈[1]。随着数据中心规模的剧增带来了运营成本的大幅提高，其中电力成本是最主要的运营成本，目前包括Google、Facebook、微软、"BAT"在内，都在积极引入各种绿色节能技术以降低PUE。除了水冷、自然冷却、冷热封闭通道、取消UPS、高温运行等通用做法，如何提升电源利用效率成为智慧展览大数据中心的一大课题。

---

[1] 冯登国，张敏，李昊. 大数据安全与隐私保护[J]. 计算机学报，2014, 37（1）: 246-258.

5．数据可视化

大数据时代，数据的数量和复杂度呈指数增加的趋势。智慧展览的大数据的采集、存储和加工，以及结果的展示都面临很大挑战。然而，用户往往更关心结果的展示。在利用各种技术得到数据分析结果后，如何将各种数据分析结果以形象直观的方式进行展示，是一个很重要的需求。由于智慧展览大数据的多源性、异构性和复杂关联性，有时需要结合不同的可视化方式（包括静态和动态）来实现对数据的呈现。

六、智慧展览大数据的发展趋势与展望

目前，企业界和学术界对大数据的发展趋势进行了大量的理论和实践研究。智慧展览大数据作为集展示与贸易于一体的商业服务大数据，可以借鉴较为成熟的商业贸易大数据的趋势。

从商业价值来看，智慧展览大数据究竟能在哪些方面挖掘出巨大的商业价值呢？根据IDC和麦肯锡的大数据研究结果的总结，大数据主要能在以下4个方面挖掘出巨大的商业价值：对顾客群体细分，然后对每个群体量体裁衣般地采取独特的行动；运用大数据模拟实境，发掘新的需求和提高投入的回报率；提高大数据成果在各相关部门的分享程度，提高整个管理链条和产业链条的投入回报率；进行商业模式、产品和服务的创新。[1] 那么，展览大数据该如何发掘其价值呢？展览大数据的应用，可以促进跨行业大数据融合创新，能够推动大数据与各相关行业领域的融合发展，推进数据资源的采集、整合、共享和利用，充分释放大数据在展览发展中的变革作用，加速传统展览经营管理方式变革、服务模式和商业模式创新及产业价值链体系重构。

1）从智慧展览大数据发展来看，整体来说当前还处于初级阶段。

---

[1] 方巍.大数据：概念、技术及应用研究综述[EB/OL].[2017-10-20].http://www.wendangku.net/doc/b613ab5d0912a216147929df.html.

针对智慧展览大数据这一信息富矿，还需要更广泛采集参展企业和观众的数据，深入挖掘他们的需求，探索合理的商业模式，不断发展新的业务。例如，当观众去参展时，线下行为数据会结合参展记录和社交媒体数据来为观众提供优惠和个性化服务。通过监控观众的展内走动情况及与参展企业的互动，展览经营主体企业将这些数据与交易记录相结合展开分析，从而在展出哪些产品、如何设计展示及营销方面为参展企业提出意见。

2）智慧展览大数据的鲜明特点是"以人为中心"。数据来源于用户，并最终服务于用户，形成符合新时代的数字生态圈。随着大量异构传感设备的使用，用户画像将日渐完善，智慧展览需要不断深化"以人为中心"的展览理念，对用户行为进行深入理解，推动服务的个性化和智能化。此外，在实践中，智慧展览还需要推广防泄露、防窃取、匿名化等大数据保护技术，采用大数据安全保护产品和解决方案。

3）智慧展览是基于智慧城市的建设而出现的创新产业。在智慧城市建设中，大数据的应用需要政务云的管理，云计算为政务大数据提供云的环境。智慧展览大数据可以从产业发展和城市建设的角度为智慧城市发展提供大数据保证，把展览产业纳入"智慧城市"建设，加快建设展览业信息化平台。在大数据产业特色优势明显的地区建设一批大数据产业集聚区，创建大数据新型展览业示范基地，发挥产业集聚和协同作用，以点带面，引领行业大数据发展。

4）通过集中整合展馆、展览、参展企业、合作贸易、观众等大数据信息，逐步实现展览业发展的数据化产业链。产业链依托线下实体展览，完善"线上展览"平台，发展新兴展览业态，延伸实体展览的展示和贸易；依托线下品牌展览和大数据决策分析，推广线下展览向连锁化模式发展，深耕二三线城市展览业态；加强信息渠道拓展，打通展览产业链数据共享，实现展览活动虚拟化发展。

5）智慧展览大数据不只是用于服务，也用于监管。智慧展览通过建立统一的数据结构强化统一监管。运用大数据技术采集电子商务、社交数据、媒体信息、网络行为、互动评价、社会信用评价等信息，建立有效的监管机制，以强有力的措施，推进展览业监管，净化市场环境，促进展览业规范有序，引导经营者和参与者诚实守信，促进社会和谐发展。

6）**智慧展览是充分利用新媒体技术完善服务体系的创新服务模式。**随着新媒体技术的不断升级，展览与新媒体的融合成为两种业态结合的未来发展新趋势。新技术的发展让新媒体领域的内容呈现方式更加多样化。智慧展览大数据正逐渐利用互联网、新媒体来支持推动智慧展览向移动化、社交化、智能化与个性化的趋向发展。

中国展览业与新媒体技术的融合发展概述

2015年3月,李克强总理在《政府工作报告》中首次正式提出了"互联网+"行动计划,这在各行各业引发了一场变革。在此背景下,智慧展览的讨论持续升温。从展览信息化管理的视角理解,智慧展览是在以人为本的原则基础上,展览经营主体通过使用物联网、云计算、移动互联网等新一代信息技术,并结合现代信息传媒手段,站在整体运营思维视角为参展企业和观众提供系统化的信息服务。

目前,以互联网为代表的数字技术正在加速与经济社会各领域深度融合,成为促进我国消费升级、经济社会转型、构建国家竞争新优势的重要推动力。中国展览产业经过一段时期的发展,在互联网产业兴起的同时,新媒体技术的应用逐渐占据了展览产业的重要位置。以新媒体技术为基础的现代信息传媒行业的快速发展为传统展览业的完善和发展做了技术上的保障。随着新一代信息技术的创新应用和移动终端的快速普及,越来越多的新媒体技术将成为展览业完善和人性化发展的技术支持。

一、2016年中国新媒体技术发展概述

21世纪以来,中国传统媒体行业为进一步解放和提高生产力,一直在探索新兴的生产方式。4G、5G等新兴技术的发展为三网融合、宽带战略发展目标的实现提供了技术支持,为互联网+传统媒体走向蓝海铺平了技术路径。无线通信技术、互联网络技术相互融合,催生了数字出版等新媒体行业的蓝海。然而,信息技术的快速发展,让传统媒体还没有回过神来,就已经受到全方位、深层次、颠覆性的冲击。[1]

---

① 有关负责人就《关于推动传统出版和新兴出版融合发展的指导意见》答问[EB/OL].(2015-04-09)[2017-12-01].http://news.xinhuanet.com/2015-04/09/c_1114918249.htm.

（一）传统媒体与新媒体的融合

1. 中央精神和国家政策指导发展

中央全面深化改革领导小组第四次会议审议通过了《关于推动传统媒体和新兴媒体融合发展的指导意见》（以下简称《意见》）。《意见》对新形势下如何推动媒体融合发展提出了明确要求，做出了具体部署。

《意见》提出，推动媒体融合发展，要遵循新闻传播规律和新兴媒体发展规律，强化互联网思维，坚持正确方向和舆论导向、坚持统筹协调、坚持创新发展、坚持一体化发展、坚持先进技术为支撑；并强调：推动媒体融合发展，要将技术建设和内容建设摆在同等重要的位置。要顺应互联网传播移动化、社交化、视频化的趋势，积极运用大数据、云计算等新技术，发展移动客户端、手机网站等新应用新业态，不断提高技术研发水平，以新技术引领媒体融合发展，驱动媒体转型升级。同时，要适应新兴媒体传播特点，加强内容建设，创新采编流程，优化信息服务，以内容优势赢得发展优势。《意见》指出，推动媒体融合发展，要按照积极推进、科学发展、规范管理、确保导向的要求，推动传统媒体和新兴媒体在内容、渠道、平台、经营、管理等方面深度融合，着力打造一批形态多样、手段先进、具有竞争力的新型主流媒体，建成几家拥有强大实力和传播力公信力影响力的新型媒体集团，形成立体多样、融合发展的现代传播体系。要一手抓融合，一手抓管理，确保融合发展始终沿着正确的方向推进。[①]

2016年以来，国家出台了相应的"十三五"规划及配套政策，传媒业的政策利好不断。2017年7月13日，国家新闻出版广电总局印发《关于进一步加快广播电视媒体与新兴媒体融合发展的意见》（以下简称《意见》）。《意见》提出总体目标："力争两年内，广播电视媒体与新兴媒体融合发展在局部区域取得突破性进展，形成几种基本模式。在

---

① 《关于推动传统媒体和新兴媒体融合发展的指导意见》出炉 [EB/OL].（2014-08-21）[2017-12-01].http://www.wenming.cn/syjj/sp_syjj/201408/t20140821_2133098.shtml.

"十三五"后期,融合发展取得全局性进展,建成多个形态多样、手段先进、具有竞争力的新型主流媒体,打造出数家拥有较强实力的新型媒体集团,基本形成布局合理、竞争有序、特色鲜明、形态多样并具有可持续发展能力的中国广播电视媒体融合新格局。"

2．移动互联网催生新媒体创新活力

在当前融合转型的大背景下,不少媒体抓住机会,充分发挥自身特色及优势,为新老用户提供一如既往的优质内容,在新的平台空间上逐渐站稳脚跟。随着移动互联网的发展,公共信息传播的平台也在进行着迁移,除了从PC端向移动端转移外,社交平台在公共信息传播中的地位也进一步上升,目前已经成为主流平台。今天的用户已经形成了以移动终端为首选终端、以社交平台为新闻获取主流渠道的新习惯,用户对这两者的路径依赖基本形成。

2017年8月4日,中国互联网络信息中心(CNNIC)在京发布第40次《中国互联网络发展状况统计报告》(以下简称《报告》)。《报告》显示,截至2017年6月,中国网民规模达到7.51亿,半年共计新增网民1992万人,半年增长率为2.7%。互联网普及率为54.3%,较2016年年底提升1.1个百分点;我国手机网民规模达7.24亿,较2016年年底增加2830万人。网民中使用手机上网的比例由2016年年底的95.1%提升至96.3%;我国IPv4地址数量达到3.38亿个、IPv6地址数量达到21 283块/32地址,二者总量均居世界第二。[①]

进入2017年,新媒体依旧保持着迅猛发展的势头,随着新媒体技术的不断演进,以移动互联网为载体的各种新媒体形式持续丰富,业务形态不断创新,我国的新媒体行业已经开启了创新发展的征程。随着"宽带中国"战略的不断推进,我国网络基础设施建设正在提速;爆发式发展的移动互联网,正在重塑新媒体产业格局;云计算促使各行业应用呈现众多机遇;大数据应用持续深入挖掘;新媒体技术也在不断为新媒体

---

① 中国互联网络信息中心．第40次《中国互联网络发展状况统计报告》[EB/OL]．(2017-08-03) [2017-12-01].http://www.cnnic.net.cn/hlwfzyj/hlwxzbg/hlwtjbg/201708/t20170803_69444.htm.

创新发展补充活力，新媒体正在加速向社会各领域逐渐渗透。

3. 人工智能助力新媒体智慧化发展

新媒体是传统媒体演化、增值产生的新形态。新媒体在新的技术支撑体系下出现的媒体形态有数字杂志、数字报纸、数字广播、手机短信、移动电视、网络、桌面视窗、数字电视、数字电影、触摸媒体等，由此形成的海量信息席卷人们的生活。以移动APP微信为例，自2011年微信出现以来，新媒体内容分布又萌生了新载体——微信公众号。腾讯发布的《2017年微信数据报告》显示，公众号月活跃账号数量为350万个，较去年增长了14%，月活跃粉丝数7.97亿人，相比于2016年增长了19%。各垂直行业微信公众号不断增多，网民逐渐将公众号内容作为了解信息的主要途径之一。

在信息呈现快速膨胀的背景下，用户已不再满足于单一的信息传播方式，大数据技术支持终端、平台信息得以推广。在智能媒体阶段，主要是进行价值智能匹配。新媒体通过大数据的分析、挖掘，为人们提供有效、即时和个性化的服务，通过精准的发送消息，将受众信息转化为价值，为用户带来更加丰富的信息。以搜索引擎百度为例。百度可以通过用户的"搜索行为""浏览互动""地理位置""在线交易"等数据全面掌握用户行为，进行深度及个性化应用，并由此构建出了32个大行业127个子行业的需求图谱，精准洞察消费者在衣、食、住、行、健康、游戏、教育等各维度的需求，形成了以知识图谱、意图识别和用户画像技术为核心的用户理解能力。目前，百度的人脸识别技术、AR/VR技术已经在诸多领域和品牌营销上实现了应用，催生出如肯德基智慧点餐、百度记忆眼镜等集人情味、趣味性与互动性于一体的创新形式。

（二）新媒体常用技术介绍

1. 云计算

（1）技术介绍

云计算（Cloud Computing）是分布式计算技术的一种，其最基本的概念是透过网络将庞大的计算处理程序自动拆分成无数个较小的子程序，再交由多部服务器所组成的庞大系统经搜寻、计算分析之后将处理结果回传给用户。透过这项技术，网络服务提供者可以在数秒之内达成处理数以千万计甚至亿计的信息，达到和"超级计算机"同样强大效能的网络服务。最简单的云计算技术在网络服务中已经随处可见，如搜寻引擎、网络信箱等，使用者只要输入简单指令即能得到大量信息[1]。云计算利用高速的互联网传输能力，将待处理的数据送到互联网上的超级计算机集群中进行计算和处理，带来了空前的计算能力，并可以实现按需使用、按量付费，自从被提出便引起了业内广泛关注。在移动互联网发展日益成熟的今天，手机、GPS 等行动装置都可以透过云计算技术，发展出更多的应用服务。

（2）应用案例

《纽约时报》仅花费 3000 美元租用亚马逊云计算服务，历时 4 个小时就将 1100 万份文章扫描文件从 TIFF 格式转换为 PDF 格式，媒体的内容生产成本一下子被降低许多。在河南电视台节目制作中心，记者们使用高清编辑云桌面完成《武林风》《梨园春》等综艺节目的后期编辑，而制片主任在自己的办公室就能完成对节目内容的审片工作，整个团队的工作效率得到了极大提升[2]。

2. NFC 和 GPS

（1）技术介绍

近场通信（Near Field Communication，NFC）是一种短距离高频无线通信技术，允许电子设备在 10 cm 内进行非接触式点对点数据传输和交换。NFC 技术由非接触式射频识别（RFID）演变而来。NFC 的工作频率为 13.56 MHz，符合 ISO/IEC18092 NFCIP-1 和 ISO/IEC21481 NFCIP-2

---

[1] 云计算的概念和原理 [EB/OL].（2009-01-23）[2017-12-01].http://www.chinacloud.cn/show.aspx?id=206&cid=17.

[2] 看云计算如何成就未来媒体 [EB/OL].（2016-03-24）[2017-12-01]. http://cloud.chinabyte.com/115/13730115.shtml.

两个国际标准所规定的信息交换和接口协议，支持 NFC 设备实现主动或被动两种通信模式。在被动模式下，发起设备提供通信过程中的射频场，目标设备通过感应电磁场进行数据传输，传输速度有 106 Kb/s、212 Kb/s 和 424 Kb/s 三种。在主动模式下，发起设备和目标设备均发射电磁波，传输速度有 848 Kb/s 和 1695 Kb/s 两种。在通信过程中，NFC 设备可以在发起设备和目标设备之间切换自己的角色。由于 NFC 通信距离在 10 cm 以内，能够有效避免信息遭受远程监控和篡改，还可以进行物理安全设置，具有很高的安全性。NFC 的应用按类型可分为 3 种：智能卡模拟、阅读器模拟和点对点数据传输。智能卡模拟是指 NFC 设备可以模拟成一张普通的非接触卡，主要用于支付、电子票证、门禁和考勤等场合。①

GPS 即全球定位系统（Global Positioning System），简单地说，这是一个由覆盖全球的 24 颗卫星组成的卫星系统。这个系统可以保证在任意时刻，地球上任意一点都可以同时观测到 4 颗卫星，以保证卫星可以采集到该观测点的经纬度和高度，以便实现导航、定位、授时等功能。这项技术可以用来引导飞机、船舶、车辆及个人，安全、准确地沿着选定的路线准时到达目的地。②AGPS 是一种辅助 GPS 的定位方式，充分利用现有网络，可以极大地缩短手机等 GPS 终端设备定位的时间。

（2）应用案例

美国新墨西哥州阿尔伯克基城在热气球节推出 NFC 图书，图书集成了 8 个 NFC 芯片，通过 NFC 设备读取可以浏览多媒体，互动性、信息娱乐、个性化、社交媒体等都可以添加，以此可以带来不一样的阅读体验。特别是在视频、游戏、社交功能的添加之后，纸质图书也变得缤纷多彩。

---

① 范炳龙. 近场通信 NFC[M]// 洪京一. 世界信息技术产业发展报告（2014—2015）. 北京：社会科学文献出版社，2015.
② GPS 概述 [EB/OL]. （2011-08-09）[2017-12-01]. https://wenku.baidu.com/view/98622ed86f1aff00bed51e76.html?from=search.

3. Html5 (H5)

(1) 技术介绍

Html（Hyper Text Mark-up Language，超文本标记语言）是网页的语言，它通过标记符号告诉浏览器要显示的内容，网页的本质就是超文本标记语言。H5 是超文本标记语言的最新修订版本，2014 年 10 月 29 日，万维网联盟（W3C，World Wide Web Consortium）宣布 H5 标准规范制定完成并公开发布。[①]

作为 Html 的最新版本，H5 能为 PC 桌面和移动平台带来无缝衔接的体验和内容，能带给用户更流畅的音视频体验和更人性化的互动，并能够跨平台使用。从技术要求上，H5 将成为开放 Web 平台的基石，以计算机网页版操作系统的面貌出现在用户面前。H5 将是 Web 端、PC 端和手机端的重要应用，为使用者提供便捷稳定的使用体验。

H5 设计之初是为了在移动设备上支持多媒体，其开放性和跨平台性将给移动互联网带来革命性的变化。首先，促进 Web 应用的发展。基于 H5 技术体系的 Web 应用具有免安装、易上手、体验好的特点，在与 Apple、Google、Microsoft 等公司主导的产业链竞争中具有先天的优势，更有助于 Web 应用的发展。其次，助推 webos 的发展。H5 能够使浏览器摆脱操作系统设定的运行环境，独立支持各种 Web 应用，浏览器充当了操作系统的功能，H5 能有效推动 webos 的演进。最后，让移动互联网更加开放。基于 H5 的 Web 应用将极大丰富，有助于打破 Apple App Store 和 Google Play Store 在原生应用上的垄断，推动移动互联网向更加开放、多元的方向进化。[②]

(2) 应用案例

2017 年"两会"期间，人民日报中央厨房推出了 8 款融媒产品，其中一款 H5 产品"全国两会喊你加入群聊"上线 24 小时即获得超过 600 万次的点击量。网友点击 H5 可以进入群聊界面，还可将"总理给我发

---

① 喻国明，焦建，张鑫."平台型媒体"的缘起、理论与操作关键[J].中国人民大学学报，2015(6).
② 梅宁华，支庭荣.中国媒体融合发展报告（2016）[M].北京：社会科学文献出版社，2017.

红包""总理成了我的微信好友"等截图分享到朋友圈。

4.VR 和 AR

（1）技术介绍

虚拟现实（Virtual Reality，VR）由 VPL Research 公司奠基人杰伦·拉尼尔（Jaron Lanier）于 20 世纪 80 年代末首次提出，指采用以计算机技术为核心的现代高科技生成逼真的视觉、听觉、触觉等一体化的虚拟环境，用户借助必要的设备以自然的方式与虚拟环境中的物体进行交互，相互影响，从而产生身临其境的感受和体验。[1]

虚拟现实技术是一种可以创建和体验虚拟世界的计算机仿真系统。利用计算机生成包含视觉、听觉、触觉、力觉、运动等感知，甚至还包括嗅觉和味觉等的仿真模拟环境，使用户沉浸到该虚拟环境中。该技术综合了计算机图形学、图像处理与模式识别、传感技术、语音处理技术、网络技术等。

增强现实技术（Augmented Reality，AR）是一种实时计算拍摄影像的位置及角度并融入相应图像、视频、3D 模型的技术，这种技术的目标是在屏幕上把虚拟世界嵌入现实世界并进行互动。增强现实把原本在现实特定时空中难以体验到的实体信息（如触觉、味觉、嗅觉和听觉）通过计算机技术模拟仿真后再予以叠加，将虚拟的信息投放到真实世界，被使用者所感知，从而产生超越现实的感官体验。增强现实是一种将虚拟的影像套加在真实物体上的新技术，通过该技术，现实世界与虚拟影像无缝集成，实时呈现在同一个画面或空间。虚拟现实和增强现实都可以作为新的屏幕显示方案，替代传统的 2D 屏幕。所不同的是前者重在将使用者与现实空间完全隔离，后者则强调虚拟影像与现实物体水乳交融，在一段时期内，两种技术将各擅胜场，共同为使用者创建一个更流畅、更自然的界面和环境。[2]

Azuma 在 1997 年就论述了虚拟现实与增强现实之间的关系，指出增

---

[1] 胡小强. 虚拟现实技术与应用[M]. 北京：高等教育出版社，2004：3.
[2] 王涌天，等. 增强现实技术导论[M]. 北京：科学出版社，2015：4-6.

强现实技术的本质就是"虚实结合",并且预测了虚拟、现实两者变化的大体趋势。Milgram 提出,虚拟与现实是一个封闭的集合,并且划分出现实环境与虚拟环境的跨度。两者之间的区域称作增强现实或混合现实,而接近虚拟世界的区域则称作增强虚拟。

(2)应用案例

2016 年"两会"期间,新华社将 VR 产品带到人民大会堂,用 VR 设备记录总理、外长发言等"两会"实况。

淘宝 AR 直播通过 3D 空间重建、物体跟踪与检测等技术,打造现实虚拟叠空间,将真实的物理世界变成万物皆商品的世界。该功能的初体验在 2017 年 7 月 8 日淘宝造物节期间上线。

5. 移动智能穿戴设备

(1)技术介绍

通俗来讲,移动智能穿戴设备是可以穿戴在人身上或整合进衣物配饰中的智能设备,这些设备融合了无线通信、全球定位、微传感、柔性屏幕、多媒体、虚拟现实、生物识别等前沿技术,通过软件支持、数据服务和云端交互等技术实现多种功能,为使用者提供便捷的使用体验。[①]

目前,移动智能穿戴设备多以可通过低功耗蓝牙、Wi-Fi、NFC 等短距离通信技术连接智能手机等终端的便携式配件形式存在,主流的产品形态包括以手腕为支撑的智能手表、腕带、手环等产品,以头部为支撑的智能眼镜、头盔、头带等产品,还包括智能服装、配饰等各类非主流产品形态。移动智能穿戴设备可承担数据的采集和结果反馈。移动智能穿戴设备改变了传统的人机交互方式,能自然地收集使用者的生理、心理、偏好、习惯等数据,是更懂使用者的智能助理。

移动智能穿戴设备不仅要求芯片、操作系统需满足小巧和低功耗要求,以满足设备可穿戴性和低功耗;还需支持更多样的传感器技术和新型人机交互技术,来感知周边环境和实现多种操作模式。在移动智能穿

---

① 徐旺. 可穿戴设备:移动的智能化生活 [M]. 北京:清华大学出版社,2016:1-6.

戴设备芯片小型化、低功率化、多样化的发展趋势下，有时为了减少设备的体积及实现的难度，可穿戴设备个体的数据电路变得十分简洁，大多只负责单一功能。

（2）应用案例

谷歌公司发布的一款"拓展现实"眼镜，可以在用户眼前展现实时信息，只要眨眨眼就能进行拍照上传、收发短信、查询天气路况等操作。用户无须动手便可上网冲浪或者处理文字信息和电子邮件，同时，戴上这款"拓展现实"眼镜，用户可以用自己的声音控制拍照、视频通话和辨明方向。

移动营销公司 TapSense 在 Apple Watch 还未发布的时候，就已经针对苹果 Apple Watch 推出了广告投放系统，凭借 iPhone 的 GPS 功能，与之连接的 Apple Watch 可以根据所处的位置显示广告。①

6．二维码

（1）技术介绍

二维码又称 QR Code，QR 的全称是 Quick Response，是近几年来移动设备上较为流行的一种编码方式，比传统的 Bar Code 条形码能存储更多的信息，也能表示更多的数据类型。虽然二维码并不算是新技术，但是它可以将人、移动设备、地理位置信息、线上线下天然地结合到一起，被认为是移动互联网的主要入口之一，因此在众多识别软件纷纷推出后，二维码被广泛应用。目前，移动互联网技术受到传统行业的重视，并被用来开展宣传、营销、互动和电子商务等活动，二维码因此成为突破口，企业通过代理商来搭建和做大二维码的商务平台，也成为大势所趋。不仅如此，在一些视频网站中，二维码已经成为多屏互动的入口，用户只需扫描二维码，即可实现视频多终端同步、用户登录等

---

① 陈根．方寸间的亿万金矿：当广告遇上可穿戴设备 [EB/OL]．（2015-07-15）[2017-12-01]．http://www.sohu.com/a/22781158_124207．

功能。①

（2）应用案例

深圳广电集团《市民周报》每一期的报纸封面上都印着一个二维码，其内容是《市民周报》的宣传视频，或是与报纸封面人物相对应的视频，以及更多由于版面限制而无法登上报纸封面的图片和文字。《市民周报》内页的文章和广告上也会配上二维码，通过二维码让报纸的文章从无声到有声，让平面广告内容从静态到动态，为读者带来新的阅读体验，也为广告客户提供了多元化的服务。

深视传媒的"云端深圳"生成的二维码不仅具有内容展示功能，还具有互动功能。以电视互动为例，观众在看深圳卫视的新闻时，节目主持人会对电视屏幕上的二维码进行说明，引导观众进行扫码参与新闻节目互动。二维码将电视屏幕与手机屏幕相连通，观众通过手机即可反馈对电视新闻的态度，完成民意调查或者提供新闻线索等，让观众从被动的内容接受者变成主动的内容分享者和参与者，为电视观众提供互动体验，打通观众与电视、线上与线下的交互。

二、展览与新媒体技术的融合情况

2015年，国务院印发《关于进一步促进展览业改革发展的若干意见》，强调促进展览业改革发展，要坚持专业化、国际化、品牌化、信息化方向，加快信息化进程等。随着网络的普及和信息技术的发展，展览业的信息化程度不断提高，在欧美发达国家，信息技术被广泛地应用于展览业，极大地提高了展览的管理效率和服务质量。相比而言，我国展览业的信息化程度还比较低，信息技术在展览业中的应用较为落后，大多数展览经营主体企业仅仅将展览信息化看作是简单的网站建设。

---

① 曹三省，张斌，盖鹏. 中国新媒体技术发展概况[M]// 胡正荣. 新媒体前沿（2013）. 北京：社会科学文献出版社，2013.

智慧展览是时代发展的"倒逼"效应。互联网时代的到来，给展览业带来了新的契机。互联网媒体所具有的传播特性，即信息传播的时效性、信息传播范围的广泛性、信息传播的多媒体化，以及信息传播的迅捷与易检索、可存储性等，为传统展览发展提供了技术支撑。为了保持市场竞争力，给参展企业和观众提供高效服务，避免客户流失，展览经营主体企业充分挖掘展览的媒体属性，利用新媒体技术获得传统展览所不具备的独特优势。随着新媒体技术参与到展览领域，使得展览行业发生了根本性的改变，O2O展览模式逐步成型。智慧展览通过线上线下不断优化的经营模式使多年的矛盾，即展览经营主体企业提供的展览服务不能充分满足参展企业和观众日益增长的展览和参观多元化需求的矛盾，得到缓解。

（一）线上展览技术日渐成熟

1. 展览也要"云"[①]

随着云计算技术迅速发展，展览行业也不再满足于观众到现场进行参观的传统模式，大量的展览需要在网络上建立虚拟的展览现场，让更多的观众能参与到展览中来，从而延伸展览经济的产业链。

中国国际贸易促进委员会（以下简称中国贸促会）在多年主办实体展览经验的基础上，建立了包括平面动漫、三维立体和流媒体3种虚拟展览表现形式的演示网站。由于大量的图形、3D画面和流媒体的使用，导致传统的系统架构无法满足用户访问时的负荷。因此，云计算技术很自然地成为解决这一问题的钥匙。中国贸促会基于云计算技术建立了自己的演示网站，成为"先吃螃蟹"的机构。他们率先将虚拟化展览通过云计算技术搬到了网络上，使实体展览的影响力通过互联网得到了无限的延伸。云计算技术的采用大大加速了用户访问虚拟展览的体验，人们进入网络提供的虚拟环境同样可以实现和参观实体展览同步的体验。云

---

① 王鹏. 云计算的关键技术与应用实例[M]. 北京：人民邮电出版社，2010,1.

计算技术从计算力和存储力上保障了这一体验的顺畅实现。图1是中国贸促会览网云虚拟展览测试系统。

当展览实现虚拟化，参展企业和访问观众可以借助云计算技术实现与实景相似的交流，在交流过程中，双方可以进行如同真人之间购物、逛街和聊天等互动行为的全新体验，从而使实现电子商务的需求成为自然和乐趣。通过云计算技术的整合，现在互联网的产业链和赢利模式将会在云计算系统中逐一实现。

图1　中国贸促会览网云虚拟展览测试系统

2.展览直播和小视频成为展览业新亮点

互联网技术实现了视频、语音、数据远程实时互动通信，并支持异地同时召开会议，多媒体视讯系统综合远程、多点、实时、互动等功能，使越来越多的企业进行网上参展实践，越来越多的网民进行网上看展。2016年被称为我国的互联网直播元年，发展到目前，我国已经有200家左右的直播公司，网络直播的市场规模约为90亿元，用户数量已经达到2亿人，同时在线400万人，在所有的直播当中，资讯直播正在成为媒体融合的重要方向和新热点。互联网直播的在场感、互动性、实时性强，能够提供更好的用户体验。2016年4月25日，第十四届北京国际车展（以下简称北京车展）在北京隆重开幕。在世界级规模的汽车展览盛会上，创意直播实现了跨屏互动。用跨屏直播，主播在直播的时候并不只是对着手机直播,更是可以通过展厅的大屏与展览观众进行交流活动,除此之外,主播直播时还能连接到线上观看直播的人群,让他们看到参展企业的参展情况和了解产品信息。另外,参展企业还可以结合"摇一摇"领取红包、有奖游戏互动等形式,为展览吸引更多观众的关注。

随着5G技术的发展,移动端网速将大幅提升,使用费用不断下降,这将极大地推动短视频的发展。国内短视频的发展已经构成生产传播完整链条,既有专门做内容的机构,也有专门做平台的机构,还有既做内容又做平台的机构。"一带一路"国际合作高峰论坛期间(2017年5月12日—5月15日),中央电视台推出了《习近平:传承丝绸之路》《"一带一路",北京再出发》《领航"一带一路"》等短视频;《人民日报》推出《"一带一路"之歌》和微纪录片《我们的"一带一路"》等;新华社推出《大道之行》《你好,"一带一路"》系列微视频、《世界怎么了,我们怎么办》《"一带一路"世界合奏(Let's Go Belt and Road)》等MV,受到网络热播和好评。

目前在展览行业,短视频的发展主要体现在3个方面:一是展览经营主体企业对展览项目的宣传短视频。展览短视频主要通过影像画面、声音音效、3D动画等的配合,对展览项目开展宣传;二是参展企业对企业品牌宣传的短视频。企业展览宣传短视频的类型多种多样,不少企业都比较喜欢选择企业形象宣传片,以企业的整体形象、产品介绍、工厂展示来宣传企业。也有不少高科技产品和技术类型产品都会制作专门的产品演示片,来教会人们产品的使用方法。随着互联网企业的不断发展,越来越多的企业视频也不再像传统视频那样直接宣传企业产品和企业形象,而是以吸引注意力为首要目的,将企业理念植入其中,更好地增加受众印象。三是观众根据个性化需求用移动终端拍摄的短视频。作为社交网络的重要表现元素,移动短视频被认为是继文字、图片之后的第三种语言。现在,微信作为我国"国民级"的即时通信应用,在新版本中加入10秒短视频功能,虽然它只是类似于动态图(GIF),没有滤镜特效，但是，在微信用户群的强劲拉动下，观众小视频往往代表了个人的兴趣爱好，传播效果也非常好。

3. 虚拟场景受到热捧

数字化一直是近年来展览业的一个重要发展方向。伴随着VR的兴起，在一些科学馆、博物馆中实现的互动演示是VR技术早期发展的一个成果，如在2010年上海世博会上被大规模应用。VR全景拍摄技术是通过对环境、场景或具体的静物进行360°的实地或实物拍摄，再运用图片拼接软件，将图片拼接为360°的全景图。然后利用虚拟漫游软件，将场景或物体各个角度的二维图片模拟成具有一定交互功能及三维效果的展示空间。访客可通过360°观看模式，对现场环境，尤其是走廊、楼梯、停车场等公共位置有更直观的认知，有促进场地租赁、提高展装效率、强化参展服务效果等优点。

2016年可以说是VR产业元年。VR技术的运用极大提升了展览效果的呈现，并对展览业产生深远的影响。由于其技术的优越性与可扩展性，可以融入一些互动多媒体技术，从而增加空间的展示效果，使观者真正获得强力、震撼的视觉感受，达到身临其境的感觉。在第十五届中国国际农产品交易会上，观众可以在虚拟现实农场体验真实的农场生活。通过VR技术，观众瞬间来到农业生产第一线，跟着农夫一起去种植、采摘、包装、运输等。VR虚拟农场把农产品影像生成一种多源信息融合、交互式的三维动态视景。在虚拟的世界中，体验者还可以看到农场的各种业态。在西班牙马德里国际旅游展上，利用最新高清2K屏VR一体机眼镜，通过中控系统，让参与观众可以同步身临其境地体验"大美青海""仙境鲁朗"等VR宣传片，瞬间飞越到传说中的东方古国，欣赏美丽中国的悠久历史和大美风光。在第六届中国国防信息化装备与技术展览会上，观众只需带上3D眼镜，手握交互手柄，就能了解航空发动机的结构并进行拆装，能体验到军事演练、军队实战模拟。在第72届中国教育装备展示会上，黑晶科技有限公司在国内首发"VR超级教室"2.0版本。手势捕捉技术可追踪全部10只手指，实现了高精度、低延迟的手部骨骼追踪。通过捕捉学生双手、识别手势、抓取并移动物体，使得化学、物理类实验及创客类的课程更易开展。多人同场景互动技术实现了多人同场景操作，在虚拟课程中，体验者能够看到其他体验者，并与其互动。而教师端中控系统能够控制一体机电量、联网等，实时进行画面监控，收集学生数据，实现课堂教学的模范化管理。在2017第十六届中国沈阳国际汽车工业博览会上，秦皇岛视听机械研究所光学事业部数字显示VR项目组在展览期间提供了VR汽车驾驶、头戴式沉浸体验、体感互动等VR体验服务，为辽沈乃至东北地区的观众提供了一场视觉与科技的饕餮盛宴。

4．网上展馆还在探索

近年来，世界上一些展览业发达的国家如德国的实物展总数有所下降，特别是IT行业的参展商锐减，这是因为他们更多地利用网络技术在网上进行展示产品、交流信息、洽谈业务，网上会展正蓬勃发展。

未来很长一段时间内，展览业格局中传统的实物展览会仍占主导地位，但以计算机软件、图书等为主题的网上博览会将取得长足发展，并与实物展览会平分秋色。越来越多的展览公司开始意识到，实物展览会需要网上交易的补充和支持，即使不直接进行网上交易，利用网络来开展营销活动的做法也会得到迅速推广。传统展览与网络展览两种形式各有其无法完全相互替代的优势。传统展览具有独特的真实性，它可以将买方、卖方和产品聚集起来，这是虚拟的网络推广手段所无法取代的；网络展览的广泛应用又能够为企业提供信息查询的便利，有利于企业间建立初步的了解。以往的展览组织在进行传统展览与网络展览结合的过程中，基本都使用从传统实体到网络形式或者是从网络形式到传统实体的链状结构，这样阻断了信息的流通，降低了通过网络传播信息的效能。应该形成从实体展览到网络展览再到实体展览的环形结构，在传统展览上进行商品洽谈和交易的同时，收集参展企业及产品的信息，然后，通过网络进行持续性的商品展示和信息发布，使没有参展机会的小型企业能够及时获得商品资讯。同时，可利用网络统计点击量，分析企业的偏好，进行品牌建设，实现客户数据科学管理、有针对性地发送商品广告及信息等目标。网络展览上的信息提供能够帮助企业在参加下一届实体展览前做好充分的商品销售准备。因此，在信息构架方面，应该从由传统会展和网络会展组成的链条结构向环形结构发展。

（二）线下传统展览技术更新换代

1. 展览应用RFID提升服务品质

（1）RFID技术在门票系统中的应用

对于展览物联网发展来讲，RFID是众多数据采集手段中最重要的技术之一。基于RFID技术的展览门票系统是结合国际最新自动识别技术——射频识别技术（RFID）、现代计算机技术、数据库技术、无线通信技术、自动控制技术等于一体的高科技应用系统，它将展览事务全部纳入计算机来管理，极大地提高了工作效率，最大限度地杜绝伪票、换人入馆等现象出现，减少了门票收入损失。同时，对于主办方来说，更可以在形成管理决策、提高顾客满意度、改善顾客体验等方面得到革命性的突破，提升了展览形象，具有显著的经济效益和社会效益。

基于RFID技术的展览门票系统实现的目标有：建立完整的电子标签票务计算机管理系统，实现计算机制票/售票、检票/查票、票务管理、数据采集及结算、数据汇总统计、信息分析、查询、报表等整个流程的业务管理；使展览的业务工作全部纳入计算机统一管理，提高工作效率，堵住财务和票务发行的漏洞；解决票证防伪问题，避免可能的巨额经济损失；数据采集更加准确、及时，为顾客（包括参展企业和观众）提供丰富、到位的信息增值服务（客流量、人员构成、身份、兴趣、活动等），为展览经营主体企业和参展企业的市场决策提供信息支持；通过对展览顾客信息的深度挖掘，进一步提高展览的服务水平，提高顾客满意度。

在上海世博会上，中国移动与上海世博局共同推出了世博手机门票，通过RFID等技术的应用，让游客挥手之间即可进入世博园区。据介绍，世博手机门票是全球首次把 RFID 技术与移动 SIM 卡相结合，用户不换手机也不用换号码，只需更换一张具有非接触通信功能的（U）SIM 卡片，就能在世博期间享受"一机在手，购票无忧，园区畅游"的服务。上海移动承诺，用户只要购买世博手机门票，就能免费更换可承载世博手机门票的 RFID-SIM 卡。世博会开幕后，用户只需携带存有世博手机门票的手机，进入世博局在世博园区安检通道前设置的预检通道，安检人员将持预检终端查验用户手机，预检终端显示手机内存有有效世博手机门票后，用户就可通过预检通道。据介绍，如果各环节顺畅，购买世博手机门票的用户只需 2 秒钟即可完成验票入闸，大大节约了时间。RFID 技术在展览中主要应用于观众报到、出入口辨识方面。

（2）RFID 技术成为企业营销主角

在展览活动中，除了展览经营主体企业在使用展览门票系统，参展企业也开始不断尝试采用 RFID 技术开展营销活动。在 2011 年的阿姆斯特丹车展上，现代汽车利用近几年和二维码一样被广泛应用的 RFID 射频技术，使线上和线下营销联系在一起。在现代展台，每一辆参展车型旁边都有一个"Like"接收装置，观众可以将装有特别芯片的卡片在这些接收装置上轻轻一刷，就在自己的 Facebook 上给这辆车做出"Like"的评价了，不只如此，还可以发布更多的信息。现代在这届车展上一共收获了 1 万多个"Like"，成功让现代各车型入驻了观众的 Facebook 主页。无独有偶，雷诺汽车在荷兰的某个车展上也曾经举办过类似的营销活动，同样也收获了不错的效果。

（3）智慧展览利用 RFID 技术改进展览服务

智慧展览的物联网包括专用的物理对象、嵌入式技术、感知技术及物理设备的内部和外部环境。物联网技术创造了一个将数据沟通、程序应用和数据分析囊括到一起的生态系统，以便提高展览配对的明确性、灵活性、效率和响应速度。在智慧展览的实施领域，物联网的应用从简单到复杂都有所涉及，如从简单的门禁系统到集成信息采集、导航、信息交互、电子商务、信息分析等众多系统的智慧平台。通过 RFID 技术可将任何物品与互联网相连接，进行信息交换和通信，以实现智能化识别、定位、追踪、监控和管理。随着智慧展览发展的需要，以电子标签（RFID）技术为基础，结合已有的网络技术、数据库技术、中间件技术等，构筑一个由大量联网的阅读器和无数移动的标签组成的、规模庞大的物联网，已成为RFID的发展趋势。在网络中，系统可以实时、自动地对物体进行识别、定位、追踪和监控。例如，智能导览系统根据RFID在自主识别方面的优势及当前互联网与3G网络的快速发展，设计了一种基于RFID和互联网的智能导游系统。在系统使用过程中，无论观众按什么路线参观，系统都能够对观众进行智能定位，并对观众轨迹进行分析，形成个性化行为数据，在很大程度上改善了过去耗费人力及时间的统计工作，大幅提升了展览业的服务品质，进而提升了整个展览场效率，可为整个经济市场带来显著的经济效益。

（4）展览中RFID腕带技术的应用

随着RFID的发展，RFID腕带也逐渐进入了我们的生活，应用也越来越广泛。RFID腕带开始逐步取代以往烦琐的门票、工作证件，节约时间，更加方便快捷。目前，展览用腕带主要有两大类：观众腕带和工作人员证件。而工作人员证件又包括参展企业、场馆工作人员、组委会人员、临时进馆证等。目前，绝大多数会展采用人工验腕带的方式。腕带采用先进的RFID技术结合数据库技术、LED技术、通信和信息技术等，不但有效地解决了展览人数统计问题和定向传播信息、管理信息问题，而且在系统、全面提供信息采集和可利用的增值服务等方面得到了革命性的突破。

2. 二维码成为打通线上线下展览的入口

（1）二维码技术与电子票务技术融合

随着二维码技术的发展与智能手机的普及，"扫码检票"成了大型展览票务检验的新技能。在2017中国（佛山）国际汽车春季博览会（简称佛山汽车春博会）期间，就采用了智能闸机"扫码检票"，为参展观众提供便利的观展服务。此次车展特别引进二维码票务系统，结合智能门禁闸机，为观众提供高效率的自助购票、扫码检票服务。在检票口，观众只需在智能闸机的扫描窗口刷一刷纸质门票二维码或手机订票的电子二维码，验证成功即可通过闸机。据了解，本届展览门禁新闸机采用智能闸机，均内嵌二维码扫描器，融合条码自动识别与电子票务技术，以实现观众自助"扫码检票"。

使用流程如下：订票时，参展观众通过手机或计算机在网上购买活动门票，订票成功后系统将发送活动二维码电子票到参展手机上；检票时，现场智观众只要把门票放在智能闸机的二维码扫描器上，验证成功即可过闸，节省排队买票、检票的时间。

佛山汽车春博会充分利用电子票务技术与二维码技术的结合，为观众提供线上订票、现场智能闸机二维码扫描器"扫码入场"服务的同时，告别了传统的纸质门票，将展览活动与电子票务完美结合，是展览活动售验票环节的一个新突破。

（2）二维码营销成展览营销常态

随着智能手机的普及和移动互联网的飞速崛起，二维码作为一种新颖的营销手段，也越来越受到商家们的追捧。"团购扫一扫，看电影扫一扫，吃饭扫一扫"，往往都有意想不到的惊喜。

对于参展企业而言，二维码营销是一种成本相对低廉、推广有效的传播方式。它可以轻松实现线上与线下的有机结合，引导信息从线上到线下，这种有效而廉价的入口方式，对应用范围没有任何限制，无论企业的规模是什么样，都在一个起跑线上。二维码营销借助于智能手机设备、手机通信的个性化特征，为精准营销提供了广阔空间。借助手机、二维码可以精确地跟踪每一个访问者的记录，为企业选择最优媒体、最优广告位、最优投放时段做出精确参考；通过设置编码区别，通过对浏览记录的分析，还可以轻松统计出营销效果。近年来，在各大展览活动中，参展企业瞄上了二维码营销这把利器，广告、产品、名片……二维码的足迹无处不在（图2）。二维码营销已经成为展览营销不可或缺的部分，甚至有愈演愈烈之势，各式新颖的二维码营销层出不穷。

图2　观众在展览现场扫二维码

展览作为产品的展示平台，随着时代发展及信息网络的发展，二维码让展览借助现有信息化平台，达到更好的展示效果，既充分进行了线下展示，又直接在线上进行交易，形成了展览与互联网完美对接。展览作为主体，通过二维码的中介让参展企业和观众更便捷地互动，将成为展览的新看点。

3. H5成为展览采集数据的主力军

伴随着移动互联网的用户、终端、网络基础设施规模持续稳定增长，H5页面日益成为展览广告的一个重要传播形式。H5页面呈现的图片展示、翻页交互、灵活新颖的方式更容易得到用户的青睐，其具有的轻量级、机动灵活的特点，也可以很轻巧地做到及时更新，能够为用户带来每时每刻不一样的视觉感受。目前，展览业H5的应用大多是为了推广活动，主要形式为邀请函、通知等。与以往简单的静态广告图片传播不同，如今的H5活动运营页面需要有更强的互动，更高质量、更具话题性的设计来促进用户分享传播。

但是，H5页面在生存和传播形态上也有着明显的弱点：一方面，H5页面由于包含了较多的媒体形式，必然存在打开较为缓慢、消耗流量较大的问题；另一方面，由于本身依靠社交媒体传播，使得H5页面具有极大的易逝性，除了极少数核心用户会通过PC端、新闻客户端等方式去追寻某个H5页面的所在，绝大多数用户并不关心这个页面的来源，看过或者分享过后也很少进行二次传播。为了克服这个问题，设计者为了留住用户，尽量将每一屏画面设计得各具特色，从色彩、构图、文字上吸引用户继续翻屏。例如，长安福特在2016年重庆车展上用H5制作的邀请函采用手绘风格，左右移动手机即可观看重庆地标风光，点击每个地标还能看到该地标的介绍，将重庆车展的主题与重庆特色深度融合。最后，在背景图最左边找到福特金牛座，点击后进入金牛座车内，中控台上显示邀请函（图3）。

图3　长安福特重庆车展邀请函

（三）展览行业与新媒体平台进一步融合

1. 搜索引擎优化提升展览网站影响力

随着互联网的覆盖范围迅速扩大，网络应用迅速普及，新的应用层出不穷。目前，展览经营主体企业依然把官方网站作为重要的新媒体信息手段之一，把建立网站作为启动信息化工程的第一步。相当一部分展览经营主体企业在网上"安家"，创建了自己的企业宣传网站（表1）。

表1 "一带一路"沿线地区展览业官方网站建设发展情况统计（除西藏自治区外）①

序号	省（区、市）	地区	展会总量	拥有官方网站者	占比	拥有独立官方网站者
1	云南	西南地区	48	32	66.67%	31
2	重庆		91	73	80.22%	68
3	甘肃	西北地区	19	16	84.21%	16
4	宁夏		13	8	61.54%	8
5	青海		3	1	33.33%	1
6	陕西		83	67	80.72%	63
7	新疆		29	13	44.83%	13
8	内蒙古		39	18	46.15%	15
9	广东	华南地区	558	430	77.06%	395
10	广西		34	19	55.88%	19
11	海南		15	10	66.67%	10
12	福建	华东地区	61	56	91.80%	53
13	上海		665	452	67.97%	432
14	浙江		182	131	71.98%	117
15	黑龙江	东北地区	58	39	67.24%	28
16	吉林		50	35	70.00%	31
17	辽西		133	80	60.15%	74

---

① 中国国际贸易促进委员会.中国展览经济发展报告（2017）[R/OL].（2018-01-16）[2017-12-01]. http://www.ce.cn/culture/gd/201801/16/t20180116_27748211.shtml.

对于网站运营而言，展览经营主体企业可根据自身的需求进行个性化设计并做好 SEO 优化。这样，那些真正有意向参展的企业或观众就可以非常容易地找到网站，并能够找到所需要的信息。大多数展览网站的设计都会考虑目标客户的使用习惯，在首页最显眼的地方设置相关栏目，并根据这些栏目编辑有针对性的信息，使目标客户更容易地获取期望得到的相关信息。以上海国际汽车零配件、维修检测诊断设备及服务用品展览会官方网站为例，网站将展览简介（展览资料及统计、板块指南、支持媒体、合作伙伴及支持单位）、参展企业及产品种类（展商搜索、在线展览预览、参展领军品牌、海外展团）、同期活动、观众所需资料、展馆资料、旅游中心（公共交通、酒店住宿、签证申请、国泰航空及国泰港龙航空机票优惠、出行指南）、最新消息（最新展讯、社交媒体、下载展览手机程序、展览图片集、展览视频）等信息都设置在首页显眼的地方。

官方网站相对于 APP、H5、微信等流行的社交平台来说，拥有更灵活的信息传播方式，并且可作为应用程序的后台内容载体。官方网站在权威性和准确性方面有更强的优势。官方网站目前最大的劣势是，由于互联网的信息量爆炸，以及缺少与受众之间的有效连接，会导致信息很难被受众发现，需要结合其他的社交媒体来保持与受众之间的连接。

搜索引擎优化（SEO）是利用搜索引擎的搜索规则，来提高展览网站在搜索引擎上自然排名的方式。国内展览主要针对百度做 SEO，一方面，从搜索引擎中获得更多的免费流量，网站流量越高，相对应的现场参观人流量也将更高；另一方面，展览经营主体企业投入 SEO 的成本，比竞价广告、硬广的投入要低，低价高效的投入产出比，使 SEO 成为越来越多展览经营主体企业首选的营销手段。

以上海国际汽车零配件、维修检测诊断设备及服务用品展览会（简称上海法兰克福汽配展）为例。在 2017 年 11 月通过对网站进行 SEO 优化，在百度搜索中输入上海法兰克福汽配展，可得到相关结果约 823 000 个，官网排名第二，排名第一的是展览项目广告条；在百度搜索中输入：上海法兰克福汽配展，可得到相关结果约 161 000 个，官网排名第一，不显示广告条；在百度搜索中输入 intitle:上海法兰克福汽配展，可得到相关结果约 4010 个，官网排名第一，不显示广告条；在百度搜索中输入上海国际汽车零配件、维修检测诊断设备及服务用品展览会，可得到相关结果约 639 000 个，官网排名第六，不显示广告条。

2. 微信平台营销提高精准服务水平

展览微信营销是展览业中流行的一种新媒体营销手法，是随着手机用户的增多而产生的新型营销模式。微信营销可以使企业与用户直接沟通，减少了营销的中间环节。展览使用微信营销可以通过手机直接为用户提供服务，扩大展览知名度与影响力，实现对手机用户的精准营销。

微信营销形式灵活多样：有"漂流瓶"与用户互动的随机营销形式；有商家"位置签名"，能够让手机微信用户在展览附近自动接收到展览推送的信息；手机用户可以通过扫描二维码加入展览微信号、关注展览内容，而展览可以通过发布营销活动信息来吸引手机用户；有微信群可以建立特定的信息互动平台；通过微信提供的开放平台，展览可以直接把第三方应用或者展览网站信息分享进微信，手机用户能够通过微信极为方便地调用展览的应用程序，接受各种服务。此外，还可以通过手机微信展览公众号访问展览网站、浏览展览信息、观看展览动态等。[①] 微信是目前国内用户群体最广泛、用户活跃度最高的移动应用和社交媒介。微信公众号作为企业和组织向微信用户传播信息、提供服务的渠道，被展览经营主体企业广泛应用。其中，微信公众号中的订阅号主要用于向订阅用户定期推送信息，而服务号主要用于向订阅用户提供类似网站的服务。对于展览的宣传推广来说，订阅号应用比较普遍。通过订阅号，展览经营主体企业可以定期向用户推送最新的展览信息，同时，可以通过超链接的形式提供在线注册、购票服务、信息查询等服务，达到更好的宣传效果。

---

① 周爽. 浅析微信公共平台营销技巧 [J]. 现代商业，2015（22）.

3. 官方微博、博客

（1）微博

目前，微博已经逐渐演化成一个个人自媒体和官方媒体混合的混合型媒体平台。通过微博进行展览宣传，可以让信息更有效地传递到最终的受众。同时，利用微博自带的评论功能，可以使宣传工作有更多的互动性。由于微博广泛的群众基础和极高的用户活跃度，如何运营好官方微博及利用好微博进行展览宣传，也是展览经营主体企业需要学习的必要内容。

（2）博客

博客是微博的前身，目前已经逐渐被其他社交媒体取代。与微博的短小简洁不同，博客在内容长度、内容丰富性方面更加突出，适合发布一些内容较长较多的信息。鉴于目前博客依然是新媒体中重要的一部分，在进行展览宣传推广等工作的时候，也需要对博客有一定的重视。

4. 展览APP

展览APP是为了促进人际间的交互和信息的传递，通过新媒体技术创新，研发出运用于展览的APP。在展览中使用的APP能够实现人机互动，使与会者能更清楚地了解参展展品，更加方便地掌握展品的信息，而不会因为在场馆中来回穿梭而引起各种不便。APP对于展览活动的精准营销有很大的帮助。通过后台的推送功能，可以把展览最新的消息最快地推送到参加展览的参展企业人员和观众的手机上。不仅有效地促进参展企业和观众的互动，还提高了展览经营主体企业与客户之间的黏性。在展览活动中，从预登记，到现场登记，再到轻松交换名片都可以用APP应用来解决，让烦琐的程序变得简单。另外，展览方面的相关信息，如展位图、展位搭建、参展商名录、交通路线图、酒店推荐等都可以显示在APP中。例如，2017中国国际农业机械展览会首次开发并成功运用了基于手机平台的"现场服务管理系统"，这是主场管理行业的首创，更是规范主场运营、实现无纸化办公管理的开始。这套系统开发了信息查询、监督检查、违规拍照、交通管理、现场报馆和短信群发等近 10 种实用功能，极大提高了现场办公的效率。这套系统不但解决了客户多年来数据化管理的问题，并且真正让主场搭建商互相监督成为可能。在互联网发展的新时代，智慧展览除了需要收集参展企业和观众的基本信息外，也非常关注他们的行为信息，如评论功能在 APP 中被普遍使用。

三、展媒融合为智慧展览带来发展机遇

（一）展媒融合为增强智慧展览感知能力带来机遇

2008 年，IBM 提出了"智慧地球"（Smarter Plant）的概念。IBM 认为，智慧地球让可感应、可度量的信息源无处不在，让一切变得更加智能。可以看出，信息的感知和度量是智慧地球发展所具备的首要条件。什么是感知功能？所谓感知功能就是对客观事物的认识能力。人类有两种截然不同的感知方式：一种是感觉型的感知方式，通过五官来直接感知事物；另一种是直觉型的感知方式，通过想法和联想对世界进行感知。例如，同样是读一本书，感觉型的人会将注意力集中在书本所写的内容上，而直觉型的人则会在字里行间寻找相关可能性。在信息技术及互联网技术高速发展的今天，人类对事物的认识方式发生了很大的变化，凭借先进的信息技术和互联网技术，人类可以获得自己所想到的和了解到的信息。

近年来，风靡全球的智慧城市基本都将架构体系建立在对信息的感知和度量的基础上。作为智慧城市发展中的细分产业，智慧展览的发展也同样如此。在新媒体技术的支撑下，相较于传统展览的信息获取，智慧展览的感知功能有了非常大的提升空间。新媒体技术的广泛应用为智慧展览满足参展企业和观众的多样需求提供了可能。在展前，智慧展览通过官网、微博、博客、APP、H5 等新媒体技术平台，实现信息登记，系统自动记录参展企业和观众的基本信息实现感知，并自动生成二

维码。参展企业和观众可将二维码存入智能手机或自行打印。在展中，智慧展览将射频识别（RFID）技术、二维码识读技术等新媒体技术应用在末端设施和设备上，通过官网、微博、博客、APP、H5、电子商务等互联网平台获取到参展企业和观众的行为数据，实现对参展企业和观众参展线上线下行为数据的感知。与线下展览同步的网络展览可利用网络统计点击量、点评行为、社交行为和交易行为，感知参展企业和观众的偏好。在展后，智慧展览可以从所获得的信息中挖掘事物之间的内在联系，从而获得新的感知。

（二）展媒融合为扩展智慧展览服务功能带来机遇

智慧展览的核心是以一种更智慧的方法，改善传统形式上参展企业和观众相互交流的方式，为展览服务的改进带来发展机遇。智慧展览的服务模式是依托线上线下展览平台，汇聚行业完整产业链资源，实现线上线下展览的深度融合，架起企业品牌宣传推广、快速整合产业资源、发展销售网络的最佳舞台。展媒融合为参展企业和观众提供多样化的服务。

1）对于参展企业而言，随着3D全息投影、VR虚拟现实、AR增强现实、多样化的APP技术及电子商务技术的日渐成熟，智慧展览立足现场营销环境，通过互联网延伸展示场景，丰富展示内涵。尤其是电子商务技术让参展企业突破传统展馆展示的时空限制，电子商务平台增加了商贸配对的机会。在平台上，参展企业可以导入品牌产品信息，接受业务咨询，也可对买家发布的订单进行竞标，最终延伸展览商贸功能。除了展览服务内容的增加，智慧展览还为参展企业的决策提供了大数据支撑。通过对观众进行身份识别、位置定位、兴趣关联、需求判断等大数据采集，经过专业的智能云端客流统计分析系统，可为参展企业的展前规划、精准广告投放、商贸匹配提供极具参考价值的数据。

2）对于观众而言，智慧展览从了解大众需求，变成了解每个个体的需求。精准、实时地把握观众需求，要求的不再是规模化的批量信息采集，而是更加注重对信息的实时采集、自动采集、按需采集，以及对某些专项数据的重点采集。简单来说，就是以数据驱动为导向，实现对公众需求的预测分析及决策管理。主要有以下3个方面：①为观众提供展前指导服务，如展览时间、行车路线、展览简介、重点展品、知识关联、用户评论、与展览有关的出版物、文化产品、国内外同类展览等。②为公众提供全方位、交互式的观展体验。移动终端技术、增强现实技术、虚拟现实技术的发展，让观众在参展的同时，全面感知企业环境、产品制作过程，实现全方位的交互与体验。③交易与共享。移动导览技术和电子商务技术不仅实现现场导览，还可以提供实时交易服务，观众可设置感兴趣的行业及展品关键词，由系统根据供需双方的信息自动匹配推送展品信息，促进贸易配对。此外，智慧展览最重要的是共享功能，各种互动平台让观众一边感受学习、交流的喜悦，一边体验分享、传播的快乐。

3）对于展览经营主体企业而言，展媒融合下智慧展览综合应用平台创新迎来了快速发展机遇期。展览综合应用类APP是展览服务创新应用的重要平台。综合应用平台创新解决了展前组织，展中互动、参会互动体验、展后数据分析等展览难题，能够体现"互联网+"概念的综合服务及管理应用，打造集场馆智能化管理、周边服务、公众服务于一体的信息发布工具和管理平台，实现线上到线下、线下到线上的O2O全方位互动功能，营造一个安全、有序、智慧的参展环境，整体提升展览、旅游、商务综合核心竞争力。例如，由上海市浦东新区商务委员会、上海新国际博览中心、上海宙智信息技术有限公司和中国移动通信集团上海有限公司四方共同推进的"会生活"APP，迅鸥在线旗下核心产品"会点"APP，都将微信互动、H5场景应用、iBeacon技术引入到展览服务场景当中，成功将会务与票务、微信与终端、数据与CRM、营销与推广等融为一体。

四、展媒融合为智慧展览发展带来的挑战

（一）网络安全将是智慧展览发展的重要课题

伴随着"一带一路"倡议的推进及国家"十三五"规划中创新、协调、绿色、开放、共享发展理念的提出，我国智慧展览建设正在加快推进步伐。但不可小觑的是，网络攻击的数量也在显著增加，其原因并不只是因为病毒软件的层出不穷。据《2016年我国互联网网络安全态势综述》显示：2016年，我国移动互联网恶意程序数量持续高速上涨且具有明显趋利性；来自境外的针对我国境内的网站攻击事件频繁发生；联网智能设备被恶意控制，并用于发起大流量分布式拒绝服务攻击的现象更加严重；网站数据和个人信息泄露带来的危害不断扩大；欺诈勒索软件在互联网上肆虐；具有国家背景的黑客组织发动的高级持续性威胁（APT）攻击事件直接威胁到了国家安全和稳定。2016年，CNCERT通过自主捕获和厂商交换获得移动互联网恶意程序数量205万余个，较2015年增长39.0%，近7年来持续保持高速增长趋势。

这一串数字的背后，是智慧展览发展过程中存在着的巨大网络安全隐患。因此，如何保证数据的安全可靠，是我国智慧展览发展过程中不可回避的一个问题。2016年，在推进依法治国的大背景下，国家在数据安全方面出台了一系列重大举措，涵盖法律、规划纲要、战略、部门规章、产业促进方案等各个层面，为大数据安全事业建设打下了制度基础。国家层面，2016年11月，《中华人民共和国网络安全法》由全国人大常委会审议通过并于2017年6月正式施行，《中华人民共和国网络安全法》的出台在国家层面为网络安全和技术利用提供了保障，并有力地促进了公共数据资源的开放，对技术创新及社会经济发展起着积极作用；发展改革委、工业和信息化部则在信息基础设施建设、大数据产业领域发力，分别牵头出台了《信息基础设施重大工程建设三年行动方案》

《大数据产业发展规划（2016—2020年）》。展望未来，我国大数据相关立法与标准的推进速度将不断加快，使数据开放与权属问题随着法律法规的实施与完善得到解决，同时让行业规范与评测服务在大数据交易流通中发挥更大效用。[①]

从智慧展览的发展来看，当前智慧展览的很多行业规范和评测服务标准也尚未统一或仍缺失，而标准的缺失对智慧展览形成了一种制约。在基础通用国家标准、行业标准和团体标准的制定方面，为了加强国家标准、行业标准和团体标准等各类标准之间的衔接配套，展览经营主体之间需要内部完善、统一标准，积极参与标准制定，在国家智慧产业的标准制定中争取话语权，并鼓励相应的企业和专家参与国际标准制定，从而赢得产业发展主动权。

（二）信息安全将是智慧展览发展的又一重要课题

智慧展览是新传媒技术与展览行业建设的深度融合，信息传播应用将成为核心内容。但是，我国现有的法律和制度体系仍不够完善，立法进度与智慧展览建设速度也难以同步，这将造成信息传播应用领域存在着大量法律空白地带，信息应用安全也将难以得到有效保障。具体而言，智慧展览信息传播应用安全风险主要表现为：RFID感应器的随意布控使得个人信息被任意感知；数据存储和安全保护服务提供商私自利用用户信息；展览经营主体超越权限肆意访问和使用公共信息和个人信息；当权利主体信息受到侵犯时无法获得有效的安全请求和法律救济。以个人隐私权为例，在我国现行法律体系中，隐私权保护主要体现在《宪法》《民法》《刑法》等法律法规中有关于隐私权保护的零散条款，仍存在立法结构不合理、法规过于笼统等问题，在《个人信息保护法》未能进入立法程序的情况下，智慧展览建设将可能"导致对个人信息的非法采集和对隐私权的肆意践踏"。

---

① 连玉明.中国大数据发展报告No.1[M].北京：社会科学文献出版社，2017.

(三)虚假信息严重影响智慧展览发展

近年来,展览数据呈几何式增长、信息过载现象的出现,以及社交媒体逐渐成为获取信息的主要方式,为虚假数据、假新闻的泛滥提供了潜在机会。人工智能的发展既能够催生出自动抓取内容的算法,为机器新闻的出现提供了可能,但也为"僵尸号"和假新闻带来了可乘之机。大数据作为智慧展览发展必备的一套分析理论及工具,本来无可厚非,但"匹夫无罪,怀璧其罪",出现了大量虚假数据和假新闻之后,如果缺乏有效的管控和甄别,则大数据反而会产生极大的社会危害性,垃圾短信成堆、诈骗信息不断。2016年3月,Facebook正式宣布放弃Atlas DSP项目,原因之一是因为他们发现这个平台上75%以上的流量居然是假的,是由劣质广告和虚假机器人流量组成的。可以预见,未来智慧展览大数据营销的发展必须要基于行业的自律、制度的规范而良性发展,千万不能饮鸩止渴。

五、小结

随着"一带一路"倡议的提出,智慧展览建设在共建与共享的原则下,展览的市场化和产业化加速发展,在激烈竞争中加速分化,如展览场馆分化、展览主题分化、主办机构分化、展览形式分化,进一步推动了展览业创新发展的趋势。通过与新媒体技术的融合,智慧展览具备了全面感知、海量数据、泛在互联、精确运算的特性。而在智慧展览的平台下,数据收集和分析能力大大提高,根据大数据的分析,实现了展前的定制化服务沟通及展后的精准化服务跟踪,拉长了展览服务的时间和空间。在"互联网+"的新时代,展览业将会迎来洗牌。在由传统媒体向新媒体智慧营销转型的时代,展览经营主体企业应与时俱进,积极采用新的营销理念,充分利用网络资源,在深入研究网络营销方案的基础上,根据展览经营主体企业的营销需要,通过合理配置与优化整合各种

新媒体智慧营销方式，达到营销效果最大化，实现精准营销。

广交会网上运营平台就是一个典型的例子。广交会被誉为"中国第一展"，经过数十年的探索和发展，已经形成庞大的规模，在国内具备强大的影响力和品牌感召力。广交会依据几十年的客商数据，建立了内容丰富、信息量庞大且准确的数据库，并借助新媒体在宣传和交流方面的优势，建立了网上运营平台，并最终形成了实地交易与网络交易、实地展示与网络展示有机融合的交易及展示形式。据统计，广交会的网上运营平台拥有来自 200 多个国家和地区的客商，买家会员的数量高达 10 万人以上，中国本地的供应商会员数量 4 万有余。广交会期间，每天平均访客数量突破 700 万人次，休会期间也能达到 60 万人次。由此可见，借助新媒体传播，展览活动可以延伸出丰富的展示手段和交易形式，进而为商家乃至整个社会带来巨大的经济效益。①

随着信息不对称现象的逐渐减少，参展企业和观众需求不断升级，展览活动衍生出各种个性化服务产业，如展台设计、展台布置、顾客接待、形象展示、文案设计、交通规划、食宿安排、旅游安排、公关事宜、新闻传播等。智慧展览通过大数据采集与分析，根据参展企业和观众的需求提供决策参考，在很大程度上提升客户的满意度。这对于展览经营主体企业自身竞争能力及品牌效应的提升，乃至整个区域经济的发展，都有很好的推动作用。此外，智慧展览结合新媒体技术打破了传统展览活动单一静态产品展示的模式，全面依托电子技术、数字技术、影像技术等，将 3D 图像、激光、电影、声音等全面结合起来，促进了实体贸易与虚拟网络平台贸易的有机融合，在很大程度上促进了展览经济的结构优化，推进展览业多样化及个性化发展，最终实现展览业的转型升级。

---

① 王杏丹. 会展活动中新媒体传播方式与优势分析 [J]. 采写编，2016（4）：135-136.

技术篇

智慧展览技术发展与展望

2016年，随着全球社会与经济数字化水平日益提升，信息通信技术与计算技术的进步在国内外智慧展览建设范畴产生了极大的影响力。在智慧基础设施方面，全球5G信息通信技术发展推进速度加快，美国堪萨斯城、西雅图、旧金山等已经开始使用千兆宽带服务；国内以中国电信、中国移动为引领的千兆宽带建设也如火如荼。

我国移动互联网发展几乎与全球同期起步，现阶段在智能手机、移动通信网络和移动应用服务等领域均已取得可比肩全球前列的发展态势。移动互联网已成为我国在全球信息技术领域优势最为明显的领域之一。目前，我国已成为全球最大的移动互联网市场，用户数、智能终端出货量和普及程度等数项基础指标都远远超过全球平均水平。2016年，我国手机网民数达到6.95亿人，智能手机累计出货5.22亿部。依托国内移动互联网产业的快速发展，物联网、虚拟现实等新兴技术进入消费级元年，在与展览业的融合中，应用形态向着多样化、个性化方向发展。智慧展览产生的数据量日益增加，展览经营主体企业已经开始利用高性能计算技术与云计算技术的结合，衍生出新的技术方案和智慧展览解决方案。预计在未来的几年之内，网络随手可及的时代即将到来，并且是以移动互联网、宽带网、物联网等各类网络技术融合发展为基础的。同时，随着智慧展览建设的持续推进，在智慧展示、智慧展馆等方面，智能技术将率先迎来突破发展期。

一、智慧展览技术发展态势与特点

（一）网络技术成为基础技术，无线关键技术研发提速

1. 宽带技术向千兆布局

同目前主流宽带技术相比，千兆宽带基于高效快速的千兆光网，能满足各种展览智能设备、智能监控设备等的数据采集要求，如3D全息视频、人脸识别、从虚拟现实（VR）到智能传感器等。同时，也能实现远程视频展览、远程视频商贸、远程紧急救援等。近年来，越来越多的城市管理者意识到，要提升展览服务质量，实现理想中的智慧展览，在城市区域范围内实现宽带基础设施的普遍性服务已经成为一种必需项目，同时，宽带速度应普遍保持在 100～1000 Mb/s。

2. 无线关键技术研发应用双提速

2015年，3GPP（the 3rd Generation Partnership Project）已经启动了若干面向5G的研究工作，包括面向5G的业务需求、新一代系统架构、RAN需求、信道模型等研究项目。同时，在大规模天线阵列、超密集组网、新型多址、全频谱接入、新型多载波、先进调制编码、灵活双工、全双工、D2D、频谱共享等5G的无线关键技术方面，国内外已经达成了共识，5G应该有一个统一的技术框架，能够整合所有的技术模块，并通过灵活的配置来满足各种场景业务需求。目前，这个概念已经被业界很多公司所接受。

我国5G国家试验是全球最大的区域性5G试验测试项目，整个项目分为关键技术验证、技术方案验证、系统方案验证3个阶段。目前，5G进入第二阶段试验，工业和信息化部计划重点开展面向移动互联网、低时延高可靠和低功耗大连接这三大5G典型场景的无线空口和网络技术

方案的研发与试验,并将引入国内外芯片和仪表厂商,共同推动5G产业链成熟。

国内三大运营商也积极布局5G产业。中国移动近日进行外场测试,预计到2020年将正式进入商用阶段。中国联通在2017—2018年,将重点进行5G系统样机验证,验证5G预商用机整体系统能力。2018—2019年,中国联通将开展5G规模外场验证,验证5G商用能力及组网方案。2019—2020年是5G试商用时间。中国电信将率先完成网络和关键技术的验证,开展关键技术的室内、外场试验,并将于2019年建成若干规模预商用网,2020年实现5G商用目标。

在无线网络(Wi-Fi)技术方面,从标准到技术在2016年都有所突破。在标准方面,2016年年初,Wi-Fi联盟公布了新的802.11ah Wi-Fi标准——HaLow。与物联网时代的发展需求相契合,HaLow具备了低功耗、长距离的特点。同时,该技术采用低于当前Wi-Fi的2.4GHz和5GHz频段的900MHz频段,所以功耗很低,且具备很强的穿墙能力,对于传感器和智能手表等设备来说很重要。从应用场景来看,HaLow适用于电池供电的小尺寸可穿戴设备,以及展馆基础设施的部署,同时也适用于介于两者之间的应用。

(二)云计算成为新的建设基础

1. 云计算技术全链条突破

"十二五"末期,我国云计算产业规模已达1500亿元,产业发展势头迅猛、创新能力显著增强、服务能力大幅提升、应用范畴不断拓展,已成为提升信息化发展水平、打造数字经济新动能的重要支撑。

智慧展览建设一直致力于满足参展企业和观众日益增长的需求,随着感知技术和移动互联技术的成熟,各种大数据在展览期间悄然而生,通过对多种异构数据的整合、分析和挖掘,提取知识和智能,构建多种展览应用。过去几年,智慧展览建设围绕观众大数据的构建和使用,产生了海量的数据。

移动互联网庞大的用户群体、高效的信息交换能力及与展览行业快速融合的特性显著。展览经营主体企业利用日趋成熟的大数据技术框架，挖掘观众数据在细分行业领域的使用价值，使大数据技术在智慧服务、"虚拟—现实"关系映射方面获得较大进展。放眼当下，云计算时代已经近在眼前，以认知、感知计算为代表的云计算算法成为未来应用焦点。IBM 在 2015 年 3 月收购 AlchemyAPI，协助其在"认知计算"领域的战略研究，利用深度学习人工智能技术，以搜集企业、网站、广告主发行的图片、文字等各类信息为基础，支撑相应的文本和数据分析。

2. 云计算技术在展览中的应用

如今的智慧展览建设已经离不开互联网和大数据，随着云计算、大数据、移动社交和信息安全等一系列技术的更迭，许多智慧展览新概念不断推出。计算领域的突破，为智慧展览带来了颠覆性的变化。目前，"智慧地球"概念的提出者 IBM 公司已经展示了若干个与未来计算在城市中应用相关行业的技术创新，认知计算、大数据分析、物联网、异构计算、神经元芯片 Synapse、认知型机器系统等一批新兴前沿技术应用正逐步走进新能源利用、污染防治、城市管理、生态改善，以及医疗、交通、食品安全追溯、社区服务等领域，IBM 为其大数据与分析平台赋予了一个新的名字——Watson Foundations，"沃森"（Watson）所代表的"认知计算"将成为 IBM 的大数据战略方向。

（三）开放数据与接口平台结合，催生多种智能应用

腾讯研究院对行业进行了初步的统计。目前，国内已经有 100 家开放平台，其中 BAT 三巨头上线开放平台总计 38 个，占全部总量的 38%，3 家公司在 7 个交叉领域内有 5 个共同布局；而中小型开放平台上线共计 62 个，占全部开放平台的 62%。从最开始的开放 API 接口以使第三方开发者得以扩展平台功能，到今天包括共享数据、共享协议和共享资源的多方位开放，这一概念还在随着互联网的发展而不断地

延伸。

2016年，英国开放式数据研究所（The Open Data Institute，ODI）发布的《利用开放数据和自发地理信息建设智慧展览》文章认为，智慧展览建设应把握好数据开放这个切入点。不同领域的数据资源通过充分整合和利用，能够很好地支撑智慧展览的建设与发展，数据的开放与共享也将极大地推动智慧展览的建设进程。开放数据技术在智慧展览建设领域的有效应用，在满足参展企业和观众需求、提高展览服务质量、提升展览智能化水平等方面都有很大的作用。智能手机和移动便携设备的普及化发展，对 API 的发展提出了更高要求。以共享单车为例：共享单车的每辆自行车都不会固定出现在城市的某个位置，当用户寻找可用单车时，可以打开 APP 查看整个区域的共享单车分布，在每辆单车内置物联网 SIM 卡和 GPS 定位系统运作支撑下，地图上会显示距离已注册用户最近的单车，通过扫描二维码开锁就可以骑走。用户只要找到路边可以免费停放自行车的白线，手动关上车锁，其他用户就能够在地图上看到这辆车，扫码骑走这辆单车。在城市公共自行车的案例中，被开放的信息即为地理信息，这种信息常被称为"自发地理信息"（Volunteered Geographic Information，VGI），编程者可以通过在线操作手持 GPS 终端的方式，参考已经开放获取的高分辨率遥感影像等，创建、编辑、管理、维护地理信息，创建一系列基于地理信息的应用。

开放的 API 不仅为应用开发者和数据创造了一种新的链接方式，其对于参展企业和观众也起到了很好的激励作用，使他们能够利用更多应用开发平台开展营销活动。

（四）物联网技术应用加速，形成整体性解决方案

智慧展览的物联网包括专用的物理对象、嵌入式技术、感知技术及物理设备的内部和外部环境。物联网技术创造了一个将数据沟通、程序应用和数据分析囊括到一起的生态系统。在智慧展览的实施领域，物联

网的应用从简单到复杂都有所涉及，如简单的门禁系统和 FRID 追踪识别系统等。2016 年，物联网技术成本的下降、供应商数量的增加及实施经验的增加，对物联网技术应用起到了很好的促进作用；相反地，物联网的安全问题及不确定的经济问题对物联网技术应用的增长则有一定的放缓作用。

（五）虚拟现实与可穿戴设备结合，开启新的展览模式

目前，通过结合虚拟现实、可穿戴设备和云计算技术已经催生多种应用。智慧展览大数据概念，因为与可穿戴设备相联系，有了新的需求。可穿戴设备需要后台大数据及服务的强力支撑。伴随着近两年 AR/VR 技术、RFID 技术结合数据库技术、LED 技术、通信和信息技术、云计算技术、AI 人工智能技术的发展，虚拟展览成为现实展览在互联网上的再现，目前国内已经出现在线虚拟展览的例子，通过 AR/VR 技术，结合拍摄技术和数据建模，在线还原线下展会。

2016 年，虚拟现实技术及虚拟现实和可穿戴设备的结合，引领了智慧展览新变革。VR 已经越来越多地应用于艺术展览之中，让大家足不出户就可以一览全球知名美术馆中的珍品佳作。事实上，VR 技术呈现的数字美术馆天生就有很好的兼容性，对于这类展览，观众可以跳脱出空间的局限，出现"时空"的叠加，或许"展览"这个词本身已经不再贴切。例如，故宫博物院开启了 VR 项目"V 故宫"。故宫里人气最旺、故事最多的养心殿于 2015 年暂时关闭，进行为期 5 年的保护修缮。为弥补观众暂时无法参观养心殿的遗憾，故宫博物院推出了"V 故宫"项目。只要打开相关的网站，按提示操作，就可以通过虚拟现实眼镜静静欣赏属于自己的养心殿。即使没有 VR 眼镜，"V 故宫"设计团队还贴心地设计了裸眼模式，让观众自由遨游在养心殿。

2017 年 8 月 16—18 日，在上海世博展馆举办的首届国际科创园区（上海）博览会上，上海理财周刊与掌上世博合作打造了本届展会的"双

线会展"创新模式。利用 VR+ 技术及物联网技术,让所有能行使独立功能的普通物体实现互联互通的网络,在线"真实"还原了线下当时的展会情况,并实现了 97.5 万人次的在线访问量。

二、智慧展览技术发展趋势

(一)网络随手可及的时代即将到来

近年来,展览对于网络的需求量越来越大。同时,5G 的研发正如火如荼地进行。同 4G 相比,5G 的用户体验数据率将提高 10 倍,频谱效率提高 3 倍,移动性提高 1 倍,无线接口连续节省 90%,连接密度提高 10 倍,能效提高 100 倍,流量密度提高 100 倍,峰值速率提高 30 倍,已经表现出了巨大的潜力。随着无线传感器网络技术的发展及成熟应用,将来会更加适用于低功耗的行为监测、可穿戴设备联网及智慧展览建设的其他领域的应用。

(二)移动互联网和物联网技术的融合步伐加快

在智慧展览建设的推动下,进入 5G 时代之后,在线展览逐步兴起,品牌展览连锁化也不再是梦。2016 年年初,Wi-Fi 联盟发布了主打低功耗特性的 802.11ah Wi-Fi 标准,这一标准能够在低功率设备上使用全新的 Wi-Fi 技术,让 Wi-Fi 信号传播得更远,具有超强的穿墙性能,因此在可穿戴追踪器、展示感应器、安保摄像头或其他设备中应用前景广泛。除此之外,HaLow 技术还能直接与路由器相连,也就是说,能够直接与互联网相连。5G 及新的 Wi-Fi 技术将能够处理海量连接到物联网的设备,推动物联网和移动互联网的融合。

（三）AR 将加速在展览展示中的应用

IDC 的数据显示，2016 年 AR 设备的总营收为 2.09 亿美元，在 2021 年有望突破 487 亿美元；VR 设备在 2016 年的总营收为 21 亿美元，在 2021 年会增长到 186 亿美元。IDC 认为，未来 AR 和 VR 市场都会继续增长，而要求更高的增强现实（AR）市场的潜力要比虚拟现实（VR）更大。

AR 技术与展览的融合将使展览实现服务的无缝链接。从展览经营主体企业来看，展览的内容丰富，涉及众多行业企业，每一个展区背后都有复杂的背景和前瞻的导向，对于观众来说，仅仅几行说明文字远不能满足。使用 AR 技术创建的虚拟讲解员，可以将展区介绍植入到 AR 应用中，恰好能够填补这一空白。从参展企业来看，有些产品因体积太大无法提供实物给参观者欣赏或者搬运成本高企暂时不对观众开放，这种情况下就可以借助 AR 技术展示给参观者。从观众来看，利用 AR 技术，在观众的脚下显示虚拟路径，让他们知道自己现在的位置，给他们指引方向，这对于大型展览来说是很便利的。此外，利用增强现实可以建立基于手机和定位的在线交流，参观者可以在展馆中留下对展品的评价，互相进行交流，把自己的感想传播给更多的人群。

（四）大多数技术仍需 5～10 年进入主流应用时期

目前，H5 技术的报名邀约、基于一些推广平台（如 DSP、DMP、CPC 等）推广宣传、电子凭证的广泛应用、签到形式的数字化、现场各种与手机结合的互动形式、移动端在线支付、现场位置导航、AR/VR 技术、在线直播等，没有任何一个展览能将这些技术应用全部整合。在 5～10 年内，传统展览业在网络化延伸、电子商务的跨界融合，以及通过移动客户端和专业化展览服务 SaaS 平台相结合的方式实现线上线下融合的例子会越来越多，结合度会越来越深入，展览管理与服务都会呈现更加信息化、人性化的特征，有针对性地提供服务，方便参展企业和观众实时掌握动态化展览信息，实现参展企业对布展、展览进行中的展位动向全过程监控，实时提供参观者数据，科学监测展区参观人数、交通、安保状况，利用科学技术打造现场演示、触摸体验、信息交流、网上预约等多个链接交换平台，制定特色化参展、观展方案，打造真正的智慧会展形态。

三、展览移动大数据面临的技术挑战

移动大数据技术的发展经过 2014—2015 年两年的探索，逐渐形成了一套成熟的处理框架。一般处理流程可简单概括为"数据采集—存储—加工"。展览的移动大数据作为一个新兴领域，还面临着很多技术问题与挑战。

（一）数据采集与存储

伴随着移动互联网技术的飞速发展和智能手机的快速普及，参展企业和观众通常会利用智能手机 APP 方便快捷地进行展览信息查询、网络预订与支付、展览导航及活动评价等活动。这些 APP 在极大地改善与丰富了参展企业和观众的参展体验的同时，也产生了海量的展览数据，这些多种类型的数据有望成为未来展览大数据的重要来源。移动大数据需要尽可能地收集异源及异构的数据，利用数据的互补性从不同侧面对事件进行感知和预测。由于数据量较大，如何优化从终端到服务器的数据传输也是值得考虑的问题。例如，对于终端传感数据，如果直接把原始数据上传到服务端，会带来很多额外的网络开销。更好的方法是在终端进行一定处理后，把语义信息传输到后台。

在获取数据后，如何对大规模异构数据进行有效存储，成为另一个问题。要达到低成本、高可靠性目标，通常要用到冗余配置和云计算技术。移动互联网在大数据的数据存储技术方面，主要采用 3 种方式：RDBMS（关系型数据库）、NOSQL（非关系型数据库）与分布式文件系统（Distributed File System），或3种方式结合使用。RDBMS（关系型数据库）已经使用多年，现在市场上使用比较广泛的是IBMDB2通用数据库、Oracle、MySQL及SQL Server等。

（二）大数据加工

展览业是最重视数据的行业之一，从展览观众的预登记管理、参展企业问卷调查环节、买家资源整理收集、CRM等多方面都能体现出展览业对数据的重视程度。但从一般数据向大数据的过渡却并非易事。大数据的核心是预测。展览业对于数据的加工运用仍处在探索的初级阶段，大数据除了在展览立项、营销、管理和运营等方面将产生积极作用之外，围绕人员流动密集、物流集中的展览活动应该还有其他层面的应用，还有很多可发挥的领域，因此，展览业与大数据融合还存在巨大的空间等待挖掘和利用。

需要注意的是，大数据的核心不在于掌握庞大的数据信息，而在于对这些含有意义的数据进行专业化加工。换言之，如果把大数据比作一种产业，那么这种产业实现盈利的关键在于提高对数据的"加工能力"，通过"加工"实现数据的"增值"。实现展览经营主体企业与参展企业、参展企业与观众的精准高效对接，通过大数据技术及云计算手段全天候监控数据动向，以便及时调整营销策略，最终实现商业目标。

（三）数据可信度和隐私保护

在移动互联网上收集的用户数据很多是不准确的，甚至是虚假的。从移动设备中得到的数据在质量上也有很大差别。大数据价值不再单纯基于它的基本用途，而更多源于其二次使用。有些时候收集到的数据并没有马上体现价值，而是成为很多创新用途（如行为、偏好预测）的众多因素之一。换句话说，大数据颠覆了当下以个人为中心的思想，即数据收集者必须告知个人收集了哪些数据、有什么用途，因为很多信息的用途无法提前预知。随着数据量和数据种类的增多，大数据促进了数据内容的交叉验证，即反匿名化工作。因此，在大数据时代，对原有的制度规范进行修补已经满足不了需要，需要全新的制度规范。一方面，需注意个人隐私保护，包括从个人许可到让数据使用者承担责任；另一方面，需增强用户控制功能，使其能够对数据进行授权管理。

（四）数据可视化

在利用各种技术得到数据分析结果后，如何将各种数据分析结果以形象直观的方式进行展示，是一个很重要的需求。例如，用户需要更好地理解自己的数据，展览经营主体企业需要快速发现数据中蕴含的规律特征以做出合理决策。具体实现方式包括标签图、热力图、直方图、雷达图、辐射图、趋势图等各种可视化方式，可以将数据分析结果以最佳的方式进行展现。由于移动大数据的异构性和复杂关联性，有时需要结合不同的可视化方式（包括静态和动态）来实现对数据的呈现。

四、展览移动大数据的发展趋势与展望

目前，企业界和学术界大量概念的提出和相关技术的发展，较为清晰地刻画出了未来展览移动大数据的一系列趋势。概括来讲，展览移动大数据技术及应用需要在以下3个方面进行深入研究。

（1）分布式系统的部署、监控及资源调度方面

分布式系统由于集群化的特点，对系统的监控管理要求很高，如何做到管理便捷、监控实时、处理简单，将是分布式系统监控管理程序需要继续优化的地方；分布式系统的部署问题向图形化、拖拽式方向发展，以降低对部署人员的专业性要求。

（2）分布式文件存储方面

分布式文件系统需研究如何在事务处理的模式上更加安全高效；还

需研究数据备份模式在数据冗余、一致性、安全性上如何达到更好的平衡。

（3）大数据分析计算算法方面

将传统的挖掘分析算法向分布式计算环境转化，丰富大数据分析算法种类；大企业和机构开发的机器学习算法向开源发展，使更多的人参与到算法研究中；随着硬件设备迭代更新、性能提高、成本下降，存储和计算将更多地向内存、SSD 等设备转移，以提高处理效率；在计算方式的使用频率上，流式计算的使用会增多。

总而言之，展览移动大数据技术将向使用便捷、应用范围加大、处理效率提高、安全性增强、技术开源等方面不断发展。

展览服务平台加密方法

数据加密是一门历史悠久的技术，指通过加密算法和加密密钥将明文转变为密文，而解密则是通过解密算法和解密密钥将密文恢复为明文，其核心是密码学。数据加密的基本过程就是对原来为明文的文件或数据按某种算法进行处理，使其成为不可读的一段代码，通常称为"密文"，使其只能在输入相应的密钥之后才能显示出本来的内容，通过这样的途径来达到保护数据不被非法人窃取、阅读的目的。该过程的逆过程为解密，即将该编码信息转化为其原来数据的过程。

加密技术是电子商务领域采取的主要安全保密措施，是最常用的安全保密手段，利用技术手段把重要的数据变为乱码（加密）传送，到达目的地后再用相同或不同的手段还原（解密）。目前，加密方法还基本上由技术人员掌控，通常是对文件进行"防御性"的整体加密，或权限控制，使用人的自主性不够。

一、现有加密技术介绍

按加密途径来看，对电子文档的加密可分为两类：一类是 Windows 系统自带的文件加密功能，另一类是采用加密算法实现的商业化加密软件。

商业化的加密软件又分为驱动级加密和插件级加密。如果按加密算法又可分为3类：对称 IDEA 算法、非对称 RSA 算法、不可逆 AES 算法。

对称式加密就是加密和解密使用同一个密钥，通常称为"Session Key"。这种加密技术现在被广泛采用，如美国政府所采用的 DES（Data Encryption Standard）加密标准就是一种典型的对称式加密法。

非对称式加密就是加密和解密所使用的不是同一个密钥，通常有两个密钥，称为"公钥"和"私钥"，必需配对使用，否则不能打开加密文件。这里的"公钥"是指可以对外公布的，"私钥"则不能，只能由持有人一个人知道。它的优越性就在于此，因为对称式的加密方法如果是在网络上传输加密文件就很难把密钥告诉对方，不管用什么方法都有可能被窃听到。而非对称式的加密方法有两个密钥，且其中的"公钥"是可以公开的，也就不怕别人知道，收件人解密时只要用自己的私钥即可，这样就很好地避免了密钥的传输安全性问题。

1. IDEA 算法

IDEA 是 International Data Encryption Algorithm 的缩写，是 1990 年由瑞士联邦技术学院来学嘉（X. J. Lai）和 Massey 提出的建议标准算法，称作 PES（Proposed Encryption Standard）。Lai 和 Massey 在 1992 年进行了改进，强化了抗差分分析的能力，并将此算法改称为 IDEA。它是对 64bit 大小的数据块加密的分组加密算法，密钥长度为 128 位。基于"相异代数群上的混合运算"设计思想，该算法用硬件和软件实现都很容易，且比 DES 在实现上快得多。IDEA 自问世以来，已经经历了大量的详细审查，对密码分析具有很强的抵抗能力，在多种商业产品中被使用。

这种算法是在 DES 算法的基础上发展出来的，类似于三重 DES。发展 IDEA 也是因为感到 DES 存在密钥太短等缺点，已经过时。IDEA 的密钥为 128 位，这么长的密钥在今后若干年内应该是安全的。类似于 DES，IDEA 算法也是一种数据块加密算法，它设计了一系列加密轮次，每轮加密都使用从完整的加密密钥中生成的一个子密钥。与 DES 的不同之处在于，它采用软件实现和采用硬件实现同样快速。由于 IDEA 是在美国之外提出并发展起来的，避开了美国法律上对加密技术的诸多限制，因此，有关 IDEA 算法和实现技术的书籍都可以自由出版和交流，可极大地促进 IDEA 的发展和完善。

2. RSA 算法

Rivest、Shamir 和 Adleman 提出了基于数论非对称性（公开钥）的加密算法——RSA。大整数的素因子难分解是RSA算法的基础。

RSA在国外早已进入实用阶段，已研制出多种高速的RSA专用芯片。尽管RSA的许多特性并不十分理想，但迫于信息安全的实际需要，许多重要的信息ES系统还是采用RSA作为基础加密机制。从RSA提出不久，我国有关部门就一直对它进行研究。从应用的角度看，软件实现的RSA已经开始用于计算机网络加密，用来完成密钥分配、数字签名等功能。

除了RSA之外，还有DES（数据加密标准）。尽管DES公开了其加密算法，并曾被美国列为"标准"，但很快被废弃。加密技术又回归到"算法保密"的传统上。

3. AES算法

AES算法是高级加密标准算法的简称，其英文名称为Advanced Encryption Standard。该加密标准的出现是因为随着对称密码的发展，以前使用的DES算法由于密钥长度较小（56位），已经不适应当今数据加密安全性的要求，因此，后来由Joan Daeman和Vincent Rijmen提交的Rijndael算法被提议为AES的最终算法。AES算法所能支持的密钥长度可以为128位、192位、256位（也即16个、24个、32个字节）。加之本身复杂的加密过程，使得该算法成为数据加密领域的主流。

二、展览服务平台加密方法介绍

（一）展览服务平台加密方法工作原理

在展览服务平台中，用户有时会碰到一些重要文件需要对部分内容加密的问题：大部分内容是公开的，小部分内容只对小部分人开放，如果对整篇文档加密反而会造成使用不便。展览服务平台加密方法是一款简单的文档（如Word、网页源文件等）编辑软件，功能与Windows写字板类似，可以创建一个新文档，也可以将文档（如Word、网页源文件等）内容直接读到写字板，或复制粘贴到写字板。选好"密钥"，用鼠标（请确认加密标记笔）对要加密的内容分别进行标记，点"加密"键，有加密标记的内容就转化成"数字密文"，加密后可以"存盘"为文本文件（如后缀 txt、doc、html 等文件格式）。解密的过程也很简单，将加密文件读到写字板，输入加密时的"密钥"，点"解密"键，就可还原加密前的内容。

（1）加密过程

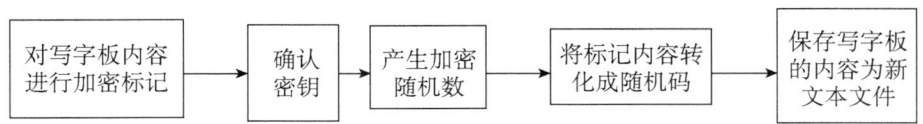

（2）解密过程

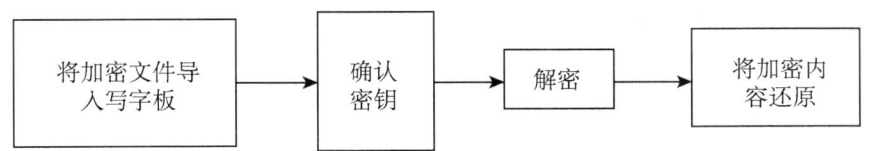

（二）展览服务平台加密方法构成

（1）文件管理器功能

查找电脑文件，将文本文件读入写字板。

（2）写字板编辑功能

写字板创建和编辑文本。

（3）创建文本文件功能

可以"存盘"写字板内容为文本文件（如后缀 txt、doc、html 等文件格式）。

（4）网页源文件导入功能

在网址输入网页地址和网页文件名，可显示网页，并将源文件写入写字板。

(5) Web 浏览功能

可以将写字板的内容以网页浏览。

(6) 选择内容加密功能

用鼠标(请确认加密标记笔)对要加密的内容分别进行标记,点"加密"键,有加密标记的内容就转化成"数字密文"。

(7) 解密功能

将加密文件读到写字板,输入加密时的"密钥",点"解密"键,就可还原加密前的内容(图1)。

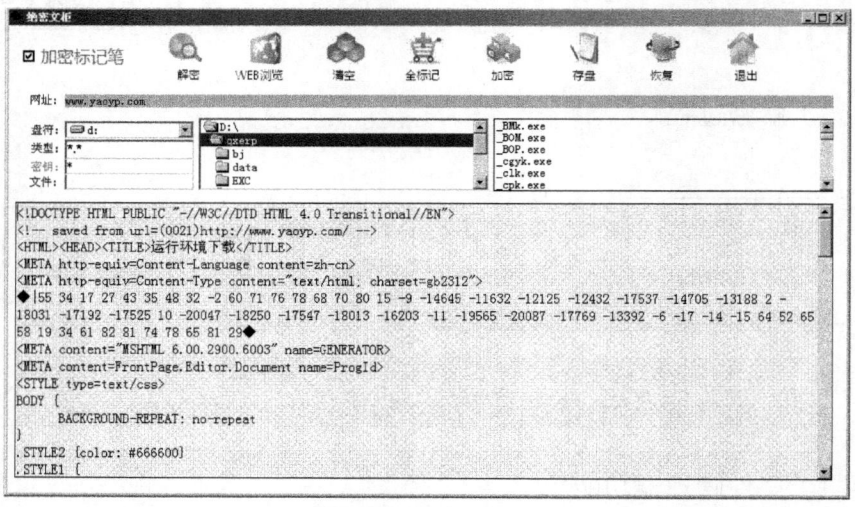

图1 解密功能示意

(三) 展览服务平台加密方法使用

《展览服务平台加密方法》用"特定的方法"产生一组数字(密码)重新表示写字板中一段文字符号,以文件的形式保存或传递;同时,其"特定的方法"也附加其中。

当需要读取原文时,首先将密文读到写字板中,《展览服务平台加密方法》根据读取的"特定的方法"密码指令译成原文。"特定的方法"并不神秘，就是根据指定的"密钥"产生一个"随机数"，这个"随机数"连同要编码的写字板内容进行整体数字编排；如果隐藏或篡改了"密钥"，将无法解密。所以，"特定的方法"是随机的，数字编排方法是不可预知的，"密钥"决定解密权。

（1）加密步骤

1）将加密对象读到写字板中

在计算机中创建一个新文档，将待加密的文档内容直接复制粘贴到新文档中，也可以将待加密的文档内容直接读到写字板中。

2）选定密钥

加密对象读到写字板后，选定密钥。

3）用加密标记笔对要加密的文字进行标注（■|...■）

4）将写字板内容生成密文（◆|....◆）

5）保存写字板内容，指定密文文件名和存放位置

在上述步骤中，将写字板内容生成密文的一定的方法为：根据指定的密钥，产生一个随机数，随机数连同要编码的写字板内容进行整体数字编排，生成密文。

（2）解密步骤

1）将密文读到写字板（带有标记：◆|....◆）；

2）选定密钥；

3）单击"解密"。

三、加密技术发展趋势

1）鉴于私钥和公钥两种密码体制加密的特点，在实际应用中可以采用折中方案，即结合使用 DES/IDEA 和 RSA，以 DES 为"内核"，RSA 为"外壳"，对于网络中传输的数据可用 DES 或 IDEA 加密，而加密用的密钥则用 RSA 加密传送。此种方法既保证了数据安全，又提高了加密

和解密的速度，这也是目前加密技术发展的新方向之一。

2）寻求新算法：跳出常见的以迭代为基础的构造思路，脱离基于某些数学问题复杂性的构造方法。

3）加密技术最终将被集成到系统和网络中，如IPv6协议就已有了内置加密的支持。在硬件方面，Intel公司正在研制一种加密协处理器，它可以集成到计算机的主机上。

4）多种加密算法的结合，开创加密技术新境界。随着技术的发展，单纯的对称加密和非对称加密已经满足不了企业和个人用户日益复杂的数据加密防护需求。为了适应现代多种存在形式、多种安全环境的数据加密需求，结合对称算法和非对称算法的高适应性加密技术越来越受到企业和个人用户的青睐。其中，国际先进的多模加密技术就是一个典型代表。

5）自定义加密算法工具。固定的加密技术和方法时间久了都有泄密的风险，为了满足特殊人群对加密的绝对要求，自定义加密算法工具可提供个性化、自由定义的加密算法。这样，算法是随机的，密钥是自定义的，加密的内容是可选的。

呼叫中心技术发展浅析

在信息通信飞速发展的今天，越来越多的展览经营主体企业意识到呼叫中心能够与用户建立良好的连接渠道，为用户提供优质的服务，同时为企业降低运营成本。

呼叫中心是指以电话接入为主的呼叫响应中心，它为用户提供各种电话响应服务。20世纪90年代，随着电信技术和计算机技术的迅猛发展，以计算机电话综合应用（CTI）技术为核心的、将计算机网络和通信网络紧密结合起来的呼叫中心解决方案逐渐取代传统的以PC板卡为核心的解决方案，形成了所谓的第三代呼叫中心，它是一个集语音技术、呼叫处理、计算机网络和数据库技术于一体的系统。

呼叫中心作为一种能充分利用现有通信手段和计算机技术的全新服务方式，已引起越来越多的关注。随着全球范围内商业竞争日趋激烈，企业更是将呼叫中心视为在竞争中出奇制胜的法宝。近年来，呼叫中心在世界各地都呈现高速发展的局面，全球每年由呼叫中心促成的销售额高达6500亿美元。

然而，随着业务量的不断扩大，原有的呼叫中心越来越难以满足要求，企业迫切需要一种能与技术发展保持同步的呼叫中心，希望将传统的呼叫中心进一步发展成为可以提供一流的服务以吸引顾客并增强现有顾客忠诚度，最终为企业带来丰厚利润的"客户关照中心"或"万能联络中心"。在欧美，许多电话业务量较大的企业和团体都建立了呼叫中心，以对电话业务进行科学的管理。一些生产企业和服务性行业则利用呼叫中心来管理和沟通客户和商业伙伴的通信联系，以捕捉商业信息，提供更完善的服务，树立良好的企业形象。目前的朗讯呼叫中心解决方案，就可以满足企业的不同需求，协助它们达到商业目标。

一、呼叫中心的组成

一个完整的呼叫中心通常由用户电话交换机（或称自动呼叫分配交换机）、CTI服务器、交互式语音应答（IVR）设备、应用数据库服务器、人工座席客户机和电话终端等硬件设备和应用软件组成。自动呼叫分配系统、交互式语音应答系统和计算机电话综合应用系统是呼叫中心的核心组成部分，同时也是现代呼叫中心有别于传统呼叫中心的标志。将这些部分有机地结合在一起可以使呼叫中心提高服务质量，吸引并留住顾客，最终为企业带来利润。

（一）自动呼叫分配交换机

自动呼叫分配交换机为呼叫中心提供内外通道，对外作为与市话局中继线的接口，对内作为与座席代表话机和自动应答设备的接口。呼叫中心的PBX与传统的PBX不同，其中继线数大于内线数。多出来的中继线如何使用取决于自动呼叫分配器。

自动呼叫分配系统性能的优劣直接影响到呼叫中心的效率和顾客的满意度。在一个呼叫中心系统中，自动呼叫分配器成批地处理来话呼叫，并将这些来话按规定路由传送给具有类似职责或技能的各组业务代表。各组业务代表被组成"连选组"，来话则按"先进先出"的次序分配给"最空闲的业务代表"。随着技术的进步，自动呼叫分配系统（ACD系统）会提供更多的特色服务，如呼叫溢出等，并与其他解决方法更好地结合起来。

在自动呼叫分配交换机上有CTI接口，用来连接外部的CTI服务器，是连接计算机的功能模块。

（二）交互式语音应答系统

交互式语音应答系统实际上是一个"自动的业务代表"，该技术的应用给呼叫中心带来强大的生命力。通过 IVR 系统，顾客可以利用音频按键电话或语音输入信息，获得预先录制的数字或合成语音信息，先进的 IVR 系统甚至已具备了语音信箱、传真收发、互联网和语音识别的能力。应用 IVR 技术，80%～90% 的呼叫不需要座席代表的干预就能完成，自动为客户提供语音、传真服务。

（三）计算机电话综合应用系统

计算机电话综合应用系统可以充分利用现代化的通信手段和计算机技术带来的便利。CTI 技术可使电话与计算机系统实现信息共享，并允许根据呼叫者、呼叫原因、呼叫所处的时间段和呼叫中心的通话状况等来选择呼叫路由、启动功能和更新主机数据库。CTI 技术在呼叫中心的典型应用包括屏幕弹出功能、协调的语音和数据传送功能、个性化的呼叫路由功能、预览功能、预拨功能等。

（四）人工座席

人工座席代表的工作设备包括话机（数字或专用模拟话机）、耳机、话筒及运行 CTI 应用程序的 PC 机或计算机终端，对于电话接听、挂断、转移和外拨等工作，座席代表只需通过鼠标和键盘就可完成。人工座席一般是 PC 机，具有摘机和软电话功能。

二、呼叫中心在展览中的应用

现在，许多企业都已经认识到，优质服务不仅仅是向客户道一声"您好"、给一个微笑，而是一个大服务的观念，包括服务范围、服务品种、服务方式和服务手段等。2016 年，中国机械国际合作股份有限公司（简称中机国际）成立了呼叫中心系统。凭借先进的呼叫中心系统的应用，该公司的客户服务能力获得极大提升，为进一步开发公司新业务奠定了坚实的基础。与以往的呼叫中心不同，中机国际引进的呼叫中心系统不仅在平台上集成了国内外CTI领域的优秀技术，而且在呼叫中心业务工作管理系统的辅助下实现了高效的管理。

针对中机国际业务流程复杂及客服通话量大等问题，中机国际呼叫中心平台智能任务分配系统能够准确地将几万条客户资料信息瞬间分配给各个座席人员。利用呼叫中心的自动外呼功能，座席人员的工作效率得到了大幅提升。展览客户可通过细致的语音导航选择办理、咨询及投诉等相关事宜，亦可对中机国际所经营的展览项目做出评分，来帮助公司不断改善服务质量。公司以此来提高客户满意度，并逐渐构筑完善的服务体系。

呼叫中心管理系统能够良好地完成对中机国际客户服务的支持，实现客户服务请求，完成从客服到企业内部职能部门的自动流转。能够依照实际需求量身定做各种复杂的流程逻辑，方便业务进行灵活的调整和参数修改，实现企业流程再造，并与中机国际管理系统无缝集成，从而真正实现了权限集中的控制和管理。

在内部管理功能上，呼叫中心通过知识库管理系统对公司全国范围的业务、信息、资料、政策等内容进行采集、审核、归档、发布等功能。实现包括咨询、投诉、业务申请、预约、外拨、指示等在内的信息流转，从而在客户业务处理、主动式服务、内部管理和整合服务渠道等多个方面得到全面优化。毫不夸张地说，呼叫中心就相当于中机国际的先锋队和大后方。

值得一提的是，呼叫中心系统能将采集到的海量信息进行分类处理，对相关联的信息进行智能化分析，最终生成自动报表，为中机国际决策提供依据。这个过程不仅有效地节省了人力物力，也保证了报表的客观性和准确性。下一步，呼叫中心将进一步延伸，作为中机国际与参展企业、买家之间的桥梁，根据客户所需，定期为客户推送相关的行业资讯，实现增值服务。同时，中机国际将加强呼叫中心的专业队伍建设及服务标准化建设，提升整体服务水平及客户满意度，以期能在所举办的展览及其他活动中发挥所能，更好地服务展览和市场需要。

三、呼叫中心的发展趋势

目前，呼叫中心商业模式倒挂，亟须减员增效进行服务转型。以纯粹商业模式变革的 Saas 云客服没有解决根本问题，高额人员成本制约产业的发展，需要技术+商业模式同步创新。2017 年 3 月 29 日，Avaya 联手容联云通讯在北京召开"云呼百赢"发布会，发布了"小 A 云"云呼叫中心系统。

在当下的 P2P 时代，人服务于人，以人为主，应用为辅。"小 A 云"将使用 A2P 技术，让应用服务于人，应用为主，人工为辅。A2P 技术可以抓取用户的身份标识、服务预测、历史轨迹，通过自然语言处理+高性能云计算+数据关联，从而实现产品重构。推翻传统技术架构和服务模式，进行破坏性创新。

小 A 云从单独做产品转型向为用户提供服务，既提供标准化的平台又能够根据企业的需求进行个性化定制。通过横向扩展平台能力，纵向整合业务，深入添加行业应用。小 A 云的特点是"融产品""汇服务""创能力"。小 A 云拥有依托云计算实现业务精准快速匹配的融算平台；独有的融数引擎可以建立统一的数据运营体系，打破传统质检报表的数据孤岛；而融智系统则通过 AI，用机器学习、NLP 等人工智能技术实现服务场景智能化。

随着互联网企业数量增多，业务量不断加大，传统呼叫中心面临沟通效果不佳、规模受限及运维成本高等问题。与传统呼叫中心相比，云端呼叫中心能够快速低成本搭建，提高呼叫中心运营效率，通过收集客户精准信息，还有助于改进产品及开展营销。因此，将呼叫中心部署到云端将会成为大势所趋。

随着云技术的普及，云端呼叫中心可以帮助客户将现有本地部署的呼叫中心通过私有云或者混合云的方式迁移到云端，为客户提供托管式和多租户方式的服务模式，满足"互联网+"时代客户对于呼叫中心业务快速定制、按需部署的需求。

四、云呼叫中心发展走向

（一）多维度分析数据

客户的营销渠道将越来越复杂，客户数据和接触信息也将更加海量，分析维度更多，分析结果要求的实时性更高。云呼叫中心的数据与客户行为数据的统筹分析将成为企业的迫切需求。

（二）全方位整合资源

未来的云呼叫中心不仅要整合语音资源，还需要整合视频、社交媒体等资源，使客服人员能够顺应时代发展潮流，与客户进行全方位沟通。

（三）一体化集合管理

云呼叫中心将搭建企业运营信息全景，为企业运营决策提供全面客观的数据支撑，简化并降低管理成本，提高效率。实现企业各个联络渠道统一的集成管理，提供 API 接口对接集成 CRM、ERP 等第三方厂商系统，构建开放型企业通信平台，提供异地分支机构的一体化整合管理。

（四）新增座席满意度程序

当今国内云呼叫中心市场和国外云呼叫中心市场的共同点在于提供客户服务，建立客户与企业的沟通桥梁。而不同点则主要在于：国外云呼叫中心不仅在乎客户的满意度，还在意座席的满意度，根据相关市场调研，座席的工作心情可以影响到客户满意度的40%。今后，云呼叫中心将能够时刻关注座席的工作状态，实现座席满意度的提高，从而直接提升客户的满意度。

总而言之，随着云技术的不断发展应用，云呼叫中心将不断进行升级，确保基础设备的稳定性、扩展性，数据在全系统的准确性、及时性、安全性，应用的灵活性、可管理性、随需应变性。同时，还将完善服务的可靠性、流程的合理性、界面的易用性等，真正实现站在"云"端，为用户提供高质量的服务。

案例篇

关于智慧中国家博会发展的思考

作为现代服务业的重要组成部分,展览业在促进经贸合作等方面发挥着重要作用。2016年,国务院接连发布了《关于进一步促进展览业改革发展的若干意见》《关于建立促进展览业改革发展部际联席会议制度的请示》,充分显示出政府越来越重视从国家经济层面引导展览业的升级发展。此外,传统展览也通过推动由内而外的转型改革,响应商业社会"互联网+""创新2.0"的趋势。

随着互联网技术飞速发展,网民数量迅速上升,电子商务正日益成为一种重要的经济运行形式,渗透于人类经济社会生活各个方面,并给世界展览业带来新的机遇和挑战。展览服务业是产业发展的晴雨表,互联网技术在展览业的应用具有更加重要的现实意义。因此,本文基于展览经营主体利益,立足展览服务供给侧,通过研究中国家博会对展览业的智慧转型升级提供有代表性的研究建议。

一、中国家博会简介[①]

中国（广州）国际家具博览会（简称中国家博会）从 2015 年起，每年 3 月与 9 月分别在广州琶洲和上海虹桥举办，有效辐射中国经济最有活力的珠三角地区与长三角地区，掀开了春华秋实、双城魅力的历史新篇章。

20 年来，中国家博会始终坚持从参展企业中来，到观众中去，参展企业和观众对美好事业的追求就是家博会奋斗目标的办展理念，以规模之大、品类之全、品质之高，观众之多，深得业界信任，素来享有"中国家居家具业晴雨表"的美誉。2017 年，中国家博会闻鸡起舞，以"匠心质造、全能对接"为主题扬帆起航，升级打造品质展览，优化参展与观展体验，已成为引领中国家居家具业健康发展、拉动全球家居家具业持续增长的航母旗舰。

3 月的中国家博会是一年中最好的商贸节点与优质展览平台融合的典范，历来为行业、企业所称道。2017 年 3 月，中国广州家博会再创辉煌，与 3992 家全球参展企业共同营造了一场国际家居家具盛宴，吸引了来自全球 200 多个国家和地区有商业价值的 191 950 名观众前来观展，较上年同比增长 13.7%。其中，来自中国市场的观众较上年同期净增长 23 774 人，在国际辐射力不减的同时，大大强化了国内市场影响力。

二、中国家博会现状

（一）中国家具行业的发展现状

2017 年 1—9 月，中国家具行业规模以上企业累计完成主营业务收入 6747.66 亿元，同比增长 11.14%；累计完成利润总额 404.34 亿元，同

[①] 中国（广州）国际家具博览会展会简介 [EB/OL].[2017-12-15].http://www.gz-ciff.com/plus/list.php?tid=2.

比增长 11.19%；累计完成产量 60 516.62 万件，同比增长 3.21%。家具全行业累计出口 374.94 亿美元，同比增长 4.88%；累计进口 22.09 亿美元，同比增长 15.98%。①

2017 年，家具行业呈现环保工作进一步加强、转型升级推动行业调整、产业融合带来跨界发展、标准建设日趋完善、家具展览作用更加突出、产业集群迅速建设、定制家具高速增长、电子商务空前发展、"一带一路"带来发展机遇、国际市场地位提升等特点。

中国家具行业区域经济是在传统的基础上形成的。中国家具生产主要分布在全国的五大产区：广东、华东、华北环渤海圈、东北和川陕。中国家具工业的发展呈现鲜明的区域性，这五大产区占到全国家具生产总量的 90% 左右。广东产量约占全国的 1/3、出口占全国的近 43.81%；华东产量约占全国的 1/3、出口占全国的 43.98%。由于地处传统林业产区及北邻俄罗斯的原因，东北以实木家具为主；广东、浙江、四川等地区板式家具发展很快；在河北、江苏、浙江、福建等地还有几个金属家具生产的集中地。传统家具的生产是在历史演变中形成的，主要有北京、广东、苏州等地。

中国家具生产企业达 5 万家，从业人员超过 500 万人，其中 90% 属于民营企业和中小企业，大型企业为数不多。中国家具业五大产区在加工技术、产品质量方面已经开始出现均质化，低水平竞争加剧；知名品牌企业少，中低档产品多；开发能力差，营销水平低；出口集中度较高。但由于各地资源、劳动力素质和价格等因素，各地区具有相应的竞争优势。

（二）家具展览的特征和困境

家具展览是展览行业中一种重要的细分行业，由于家具行业规模不断扩大、呈现鲜明的区域分布性、行业格局极度分散的影响，家具展览

---

① 2017 年前三季度中国家具行业数据概况 [EB/OL].（2017-11-15）[2017-12-15].http://www.cnfa.com.cn/hangyezixun/xingyezixun/2017/1115/3138.html.

行业也因此具有自身发展的特征与困境，主要表现在以下方面。

1. 家具展览受地域性影响较大

从家具展览的地域性因素来看，其物流不仅是简单的同城配送，而是涵盖了配送、仓储、搬运、安装等多方面。家具产品大多为非标准件，体积和重量大，且容易受潮受损，对仓储条件有一定要求。例如，实木家具要注意空气中的湿度调节，免受硬物划伤；而软体家具比较容易吸尘，且耐磨性差，在仓储中应尽量避免接触灰尘，并且家具之间要尽量避免相互摩擦。由于我国的物流业普遍存在效益低下、信息技术落后、物流制度不完善、体系不够健全等问题，对家具市场拓展和家具展览有着较大影响。

2. 行业准入门槛低，家具展览同质化严重

由于家具行业的高度同质化、效率低下，造成展览的体验性差、可替代性强。大多数消费群体追求个性化产品，但定制家具产品同质化的问题已经被一些细心的消费者所注意。因此，在一些展览中经常看到比拼价格的情况出现。在展览行业，家具展览的同质化现象已经开始引起了企业的重视，有专家表示，"对于一些营销重点区域的展览，我们会有选择性地参加，此外就是全国最具盛名的几大展览，其他的一般都不去参展"。各大展览虽然大都挂着"国字号"大旗，政府搭台企业唱戏，但真正称得上有分量的却并不多。

3. 家具的属性决定了受众的普遍性

家具以其独特的功能贯穿于现代生活的方方面面，如工作、学习、教学、科研、交往、旅游及娱乐、休息等衣食住行的有关活动，而且随着社会的发展和科学技术的进步，以及生活方式的变化，家具也处在发展变化之中。大多数家具展览均免费向全社会开放，客观上造成了普通观众多于专业观众，这不仅直接影响了贸易洽谈环境，制约了参展企业交流洽谈效果，更降低了展览经营主体企业协调工作的效率。进一步提高专业观众的数量和质量，是家具展览打造品牌展览的一项重要工作内容。

（三）中国家博会的智慧技术应用现状

由于信息技术应用于展览短期内会提高项目成本，加上参展企业及观众对新技术缺乏用户习惯，中国家博会信息技术应用效果不明显。这也是现在大部分展览项目的缩影，依然采用着较为传统的组织管理方式。

1. 移动互联网应用较为初步

目前，中国家博会还处在传统展览的转型升级初期，线上线下展览还没有融合在一起，尚不能围绕智慧展览思维去丰富展览场景。中国家博会面向客商只开设了微信订阅号，对移动互联网的应用仅限于信息发布，并没有利用微信订阅号进行二次开发，增加参展观展双方的横向互动，导致微信订阅号的平均阅读量不及客商数量的1%，使用量少。同时，中国家博会近年虽然开发了官方手机客户端，但用户基数及使用频率不多，使用门槛较高，形式大于作用。而在移动互联网的基础保障——无线Wi-Fi方面，在家博会展览现场，只能使用有限有偿的无线宽带，并且由于无线网络资源有限、用户数量较多、存在干扰等情况，可能出现无法接入或网速缓慢等情况。

2. VR展览开始崭露头角

2016年3月18日，在第三十七届中国家博会在广州琶洲国际会展中心盛大开幕之际，联邦家私于3月18日上午举办了未来视界数字化营销战略发布会，发布家居行业首创的VRHome空间体验系统，首创全程VRHome现场体验，全面展示这一将现实和未来720°紧密结合的场景营销创新产品，为消费者实现美好的家居梦。

一直以来，展览会的展品展示方式一般为实物展示及图册展示。展览会对展架及家具展品都有限制规定，尤其对家具展中特装展的双层展台、楼梯、展台顶部向外延伸的结构等限制较严，因此在展位内无法展示较多产品，导致目前家具展出现展品占道的不合理规划情况。参展企业采用VR技术，通过3D云设计、数据化、模块化的操作，让展示空间得到延伸。

3. 电商加盟打通线上线下展览

在第三十九届中国家博会上，展览首次与天猫强强联合。科技创新是天猫在新零售领域大步快走的一则利器，在天猫的全链路营销中，线上与线下的打通是必不可少的。在第三十八届中国家博会上，天猫曾上线搭载 VR 技术的"居家情景间"。这一次则融入了热门的网络直播，实现线下游览、线上观看，再到线上购买的无缝连接。据了解，在第三十九届中国家博会上，天猫在 9 月 11 日当天安排了 12：00—17：30 全程 5 个半小时的直播活动，除了网络直播外，各个品牌参展企业也从专业角度参与到直播中。

本次参与中国家博会生活展的品牌商家共计 30 余个。在直播活动中，除了能看到各个商家的重点新品首发，了解产品性能以外，观众和参展企业还能够直接互动。天猫用直播互动的形式，带领各个商家打通线上线下多个渠道、覆盖全链路营销、探索新零售渠道。同时，直播基于天猫平台本身的大流量，也会为产品的展示带来更大的曝光。此外，天猫对用户消费数据的资料进行二次分析，为各大品牌参展企业提供营销方向，包括购买渠道的增加、消费体验的转变及更多能够让用户参与进来的互动方式等。

三、利用互联网+技术实现线上线下家具展览融合发展

（一）O2O 展览的内涵与优势

O2O 展览也可称为"线上＋线下展览"，它是一种全新的展览组织策划、企业参展和观众观展的方式，不是传统的网上展览信息展示，也区别于虚拟展览和网络展览，而是互联网时代下的新型会展生态圈。O2O 展览是一种互联网技术和思想下的新型会展生态圈和展示方式，其本质是以互联网为基础，将云计算、大数据、移动互联网技术、社交社群、展览产业链中的各个实体融为一体，构建一个数字信息集成化的展示空间，从而形成全方位、立体化的新型展览和服务模式，这也是对实

体会展模式的一种有效延伸。观众既可以到现场去参观，也可以通过网络终端浏览。现场参观方面不多赘述。线上参观方面，观众仅需要点击一个网页链接，便可通过浏览器畅游虚拟环境，观看实时直播，参观展览展台，观看产品演示和介绍，并和参展企业在线交谈。线上展览具有全天候、用户广、费用低、规模伸缩自如等优点，是互联网技术在展览业的应用。

（二）智慧家具展览的系统发展思路

1. 建设稳定的展览数据库中心

经过几十年的发展，中国家博会拥有庞大的数据库资源，随着展览参展企业及观众数量的逐年增长，建设智慧展览数据库中心有助于展览的长远发展，更有助于品牌展览的打造。中国家博会可将往届家博会的参展企业和观众的基础数据按类别存储整合进数据库，对家博会基础数据进行细致收集、管理和分析，完成对家博会数据库管理系统的智慧化升级。

中国家博会通过 RFID 及商用 Wi-Fi 等技术，实时记录和分析观众在参观采购过程中的活动轨迹、客流分布、停留时间及到访频次等数据信息，并与数据库中的基础大数据相结合，形成线下大数据。用户画像大数据平台在不涉及参展者个人信息安全的前提下，通过分析海量行为数据，形成一幅幅鲜明的专业观众个人画像，主要应用于向展商推荐潜在买家，并提供决策支持服务。

智慧展览的必然趋势是建设线上线下展览平台，将云计算和移动互联网技术与线下展览合二为一，把线下参展观众吸引到线上，让他们能够产生持续的关注和互动，也为展览经营主体企业和参展企业进行数据挖掘分析提供基础。传统展览在筹备前期的花费和投入占比很高，展览开始后，同时在一个展览上可能有几万人，传统模式在应对这样的局势时，并没有做好数据的保留和挖掘工作。

信息收集作为提供数据的基础，可以实现决策层信息反补。例如，在家具产品安全问题上，信息的收集可以帮助相关部门实现追溯，更好地解决源头的监控难题。在源头的监管体系中，主要采用条形码及 RFID 技术进行记录、监督，从而实现针对生产、库存、流通和家具产品安全等的管理，以便监控管理软件能够很好地帮助消费者。目前的物联网、大数据等技术已经可以实现多个环节的管理。在整体解决方案中，底层应用主要采用物联网技术，通过对产品的相关信息进行收集，将数据反馈至云平台中，方便决策和后续提供帮助。

大数据可以统筹专项家具产品数据统计分析，可以对专项家具产品产业进行调整统筹，促进产销结构平衡。通过家具产品反馈信息数据，建立质量管理体系咨询服务、企业管理体系咨询服务、企业发展规划咨询服务，以此提高企业质量安全管理意识，提高企业内控管理水平，提高企业战略发展目标及核心竞争力。建立国际国内家具产品市场数据信息系统，可以使家具生产企业通过互联网及时了解相关家具产品的市场信息和营销信息，以便制定生产和销售等计划，避免资源浪费。

2. 建设电子商务交易平台

中国家博会用互联网+思维实施整合、协作、共享，以线下与线上相融合的模式，呈现、宣传和提供多渠道、多功能及展览增值服务的方式，建立起家具展览行业 O2O 垂直电子商务交易平台。

电商平台聚集国内外家具生产企业及其产品，以采购和需求订单大数据和买方购买痕迹（查询、放入购物车、取消购买、热点商品关注、点评等）大数据的数字化整合为核心，帮助参展企业、观众成功实现精准配对，进一步推动网络整合营销的创新和发展。在中国家博会搭建的线上智慧营销平台上，买卖双方不谋面地进行各种商贸活动，实现消费者的网上购物、商户之间的网上交易和在线电子支付，以及各种商务活动、交易活动、金融活动和相关的综合服务活动。

通过电商平台的建设和运营，不仅可以在互联网上实现推广、交易和客服等服务，还能通过对大数据的运用完成市场调查，使家具产品经营企业更好地制定企业的发展目标，使展馆更好地充实展销平台，使与家具产品销售相关的金融、物流等行业得到发展。

3．打造数字化线上展厅

线上展厅将主要服务于展览经营主体企业、展览参展企业、观众，针对不同人群，智能化提供服务信息、服务业务办理、服务推送，使过去的局部业务功能拓展到互联网时代，使各类人员打破时间、空间束缚，方便快捷地利用信息化手段实现各类服务与需求。线上展厅是实体展馆的业务价值补充和扩展延伸，利用信息化手段为展览馆业务进行数字化改造，形成网上一站式服务中心，同时建设线上展厅，实现更加人性化的互动，为参观者提供更加生动的参展体验。

线上展厅的主要优势在于利用了信息化技术手段。3D全息投影家具展示，使观众可以沉浸式地浏览海量真实尺寸家具展品。观众逛展期间，在专设的3D全息投影体验区通过系统自动生成的二维码，即可将所收藏展品数据同步到全息操作台，实时查看1∶1家具展品虚拟现实效果，并可在操作界面进行DIY设计，改变其尺寸、颜色、细节等，个性定制家具展品。展商可有偿使用全息投影展示服务。AR场景虚拟家具设计可营造产品使用场景，以方便观众有效做出采购决策。通过嵌入场景虚拟（VR）3D云设计功能，摆脱传统展示的单调性，更加直观地向观众推介产品，并吸引人流。此外，展览前后观众还可在家里使用移动端体验家具展品的模拟自由摆放，突破展位的时空限制。用户通过定位服务或自行从云端选择模拟户型效果，在此基础上，根据需求及喜好进行家具摆放设计，并可改变其颜色、尺寸等，设计后可渲染生成3D家具摆放效果图，向展商反馈订单需求。

4．开发和推广开放的统一用户认证平台

统一用户认证平台在满足参展企业和观众需求、提高展览服务质量、提升展览智能化水平等众多领域都有很大的作用。中国家博会开发和推广了基于展览产业链的统一用户认证平台，作为第三方平台，为功能性APP提供运营服务和行业解决方案，实现基于O2O的展览服务，

提升服务效率和价值。各种展览 APP 不仅是将 PC 端展厅简单地移植到移动端，更可以利用移动互联网的优势，提升展览效果和价值体现。[①]

通过统一用户认证平台，利用 APP，参展企业和观众可通过二维码、短信验证码等方式进入场馆服务、参与企业营销活动、规划参观行程等。通过统一用户认证平台，可以对参与人员实现高效管理、展览质量分析、参展观众分析、产品销售分析等。

5．利用新媒体平台开展品牌营销

微信作为近年新兴的即时通信平台，受到越来越多的关注，尤其是微信营销的精准性、实时性受到青睐。微信公众账号使粉丝的分类更加多样化，可以通过后台的用户分组和地域控制，实现精准的消息推送。也就是说，可以把不同的粉丝放在不同的分类下面，在家具展览信息发送的时候，可针对用户的特点实现精准的消息推送，可以拉近和用户的距离，使中国家博会营销活动变得更生动、更有趣、更利于营销活动的开展。

微信内容包括展览资讯、展览计划、展览服务、家具产品在线预订。微信公众账号直接链接网上展厅系统数据，搭建微信"微展厅"。所有公众用户可以通过"微展厅"在线浏览、购买展览的家具产品。为建设大数据平台，统一规划用户信息，必须建设统一的用户信息管理和认证平台。统一用户认证平台可对用户信息和用户行为进行分析，从而制定更加切实有效的用户管理方案和展览营销推广方案，如接入 QQ、微博等统一认证系统，形成一个用户数据库，为未来的大数据业务提供基础数据。

此外，营销主要运用到的新媒体还有：微博、移动电视、手机短信、网络、手机媒体等。大量新媒体平台的运用，使网络营销拥有了明显优势。利用多媒体技术，通过声光电、视频、动画等多种形式，充分展现家具所承载的知识和内容；通过网络手段，加快了展览、企业、家

---

① 中国（广州）国际家具博览会展会简介 [EB/OL].[2017-12-15].http://www.gz-ciff.com/plus/list.php?tid=2.

具信息的传播和共享,弥补了地域性限制、交互性差等不利因素。

6. 在线支付、物流配送或线下提货

用户可以在电商平台、网上展厅、微展厅、APP 系统平台进行在线预定、购买所需的家具产品,通过支付宝、微信、银联等第三方支付系统进行在线支付与交易结算。这样方便了整个购物过程,通过登录平台下订单,生成用户配送信息和联系方式,参展企业通过平台收取用户订购信息,利用第三方物流配送到用户指定的地点。相对于其他的配送模式,第三方配送在配送损耗、家具产品质量、管理成本方面都有很大的优势:能灵活运用新技术,实现以信息交换库存,降低成本;能不断地更新信息技术和设备,能以快速、更具成本优势的方式满足这些需求;能提供灵活多样的顾客服务,为顾客创造更多的价值。第三方物流配送利用专业的库存管理、科学的配送流通,为顾客带来更多的附加价值,使顾客的满意度提高。商家还可以通过线上展厅用户在线预购家具产品,然后在线下展览的展位上进行二维码扫描提货的方式进行销售。也可在展位内通过手机扫描二维码就可以完成付款提货。这是一种有别于使用淘宝或者是其他网上商城购物的方式,消费者不再是坐在家里等待快递送货上门,而是在展馆内看到需要的家具产品就直接通过手机支付宝等在线支付方式进行购买。

四、关于促进中国家博会与"互联网+"对接的若干建议

传统展览主要是通过线下展览,以图片或实物的形式,实现展示宣传、交流合作、销售推广等目的。经过几十年的飞速发展,国内外展览行业已经成为推动经济发展、促进合作交流的重要手段。通过分析发现,展览业在飞速发展的同时还存在一些制约发展的因素。

1)营销成本巨大。传统展览需要巨大的资金投入,尤其是展览经营主体企业在技术上需要投入很多资金,为客户提供线上和线下并行的客户管理系统,让观众与观众、参展企业与观众都能在这个系统中实现互

动。

2）时间、空间约束明显。传统展览空间、时间局限性较强，影响范围相对较小；展览的举办有固定期限，要求参会者在固定时间到指定地点参加会展活动，参展企业和观众总量会受场馆规模、周边交通、配套设施等因素的限制。

3）现场监管困难。展览交易现场普遍存在拼展甚至游商的身影，搭建现场意外事故也多因服务方层级转包，压缩成本偷工减料所引发。

4）人才缺口大且结构不合理。当前我国展览人才极度匮乏，展览人才的岗位空缺较大。而我国展览教育与培训又远远落后于展览业的发展速度，造成展览人才供不应求。

5）审批手续过于烦琐。展览项目的审批没有归口主管部门，存在多头审批、办展手续烦琐和审批程序较混乱等问题，增加了办展的资金成本和时间成本。如果出国办展、参展，手续就更加复杂和烦琐，在一定程度上挫伤了组展和参展的积极性。

《国务院关于进一步促进展览业改革发展的若干意见》（国发〔2015〕15号）是当前展览业发展的纲领性文件，为引导展览行业的快速发展指明了方向。但是由于家具产品行业涉及面广，家具展览业乃至整个家具产品流通业尚需政府的支持与鼓励。为了进一步促进中国家博会的发展，合理引导消费，帮助企业增收，特提出以下建议。

1. 不断提升现有专业展览主体

按照国际化、专业化的要求经营运作，不断提升综合竞争力。中国家博会通过收购、兼并、联合、参股、控股等方式，进行跨地区、跨部门的战略重组；通过与电商企业、新媒体企业等开展多种方式的合作，推进家具展览业跨区域、跨平台合作；积极加入国际展览联盟（UFI）、美国国际展览协会（IAEM）、英国展览业联合会（EIF）等知名国际展览专业组织，展开国际营销战略，提升国际竞争力。

2. 线下中国家博会与线上家具展览互为补充，融合发展

家具产品由于其本身具有地域性和时代性的特点，相对于一般的产品，具有一定的特殊性，尤其当下强调"安全家具""绿色家具"等。采购商也好，消费者也罢，更相信眼见为实，更相信亲身体验。

加强产销对接，减少流通环节，降低流通成本，保障家具产品市场供应，中国家博会是一个极其重要的平台和形式。传统场馆的家具展览、展示、展销具有线上展览无法比拟的优势，更应该不断扩大和创新，使其仍然具有强大的生命力。

以互联网为载体，传统营销模式是根基，"互联网+"模式是创新，线上线下相结合的中国家博会为促进家具产品流通、促进企业增收提供了新的创新模式，两者相辅相成、齐头并进，才能实现1+1＞2的效果，促进行业的发展。

建议政府部门积极引导家具展览线上线下融合发展。由于家具产品行业涉及面广，在"互联网+"产业敲定后，业内人士及公众群体更为关注的将是政府是否能出台相关的政策支持，予以引导和扶持行业的发展。

3. 加快简政放权步伐

繁复的手续显然已经严重阻碍了家具展览业蓬勃发展的前行步伐，适时推进简政放权、依法监管势在必行。尽管展览项目已经由审批制改为备案制，但主管部门不明晰依然困扰着行业发展。政府应按照属地化原则，履行法定程序后，从微观管理转变为宏观调控。制定会展业发展规划，进行宏观引导，颁布政策、法规，建立具有权威性的国家级管理机构，运用互联网等现代信息技术，提高行政许可效率和便利化水平。这样，既能为展览市场主体营造公平的竞争发展环境，又使市场和行业规范有序、充满活力。

4. 建立和完善家具产品展览业标准、诚信体系

按照总体规划、分步实施的原则，加快制定和推广展馆管理、经营服务、节能环保、安全运营等标准，逐步形成面向市场、服务产业、主次分明、科学合理的展览业标准化框架体系。加强对展览场馆服务和监管的试点工作，积极借鉴国外成熟做法，转变监管理念，创新监管方

式,提升监管效能。

建议政府加快建立覆盖展览场馆、办展机构和参展企业的展览业诚信体系,推广信用服务和产品的应用,提倡诚信办展、规范服务。建立信息披露、诚信档案、失信联合惩戒机制和黑名单制度,推动部门间监管信息的共享和公开,褒扬诚信,惩戒失信,实现信用分类监管。积极运用大数据、云计算、物联网等信息化手段,探索实行"互联网+监管"新模式,形成政府监管、企业自治、行业自律、社会监督的新格局。

同时,还建议政府部门加快家具产品标准化体系建设,完善质量安全可追溯体系,保障使用安全。针对家具产品种类的高度同质化特征,关注和致力于家具产品质量安全的认证,利用互联网信息技术,加强家具产品质量控制,实行家具产品质量安全追溯,合力规范家具产品展览的市场准入标准。

5. 加强人才体系建设,引导互联网与家具展览的复合型人才培养

建议政府部门统筹规划,鼓励高校及职业院校按照市场需求设置专业课程,深化教育教学改革,培养适应新型展览业发展需要的技能型、应用型和复合型IT人才,切实破解"各自为政"、人才匮乏等难题。创新人才培养机制,鼓励中介机构、行业协会与相关院校和培训机构联合培养、培训展览专门人才。探索形成展览业从业人员分类管理机制,研究促进展览专业人才队伍建设的措施办法,鼓励展览人才发展,全面提升从业人员整体水平。

6. 科学界定展览场馆与展览会的公益性和竞争性

借鉴德国政府对慕尼黑展览业的政策扶持力度,加大对展览场馆的投资兴建,扶持场馆周边基础设施建设,建立发达的公路和轨道交通网,引导场馆采取经营展和自办展相结合的模式。

家具展览与线上平台仍然存在资金投入不足、专业人才匮乏、家具产品品质难以保证等问题,针对家具产品展览尚处于弱势的现状,应推进展馆管理体制改革和运营机制创新,制定公开透明和非歧视的场馆使用规则。

建议政府部门进一步重视公益性家具展览会、交易会在家具产品展示交流、贸易合作、品牌打造、引导生产、促进增收等方面的积极作用，给予相应政策支持。在打造公益性展销平台的基础上，鼓励展馆运营管理实体通过品牌输出、管理输出、资本输出等形式提高运营效益，加大公益性场馆扶持的持续性和力度。

借鉴国外篇

从国外智慧博物馆建设看我国智慧展馆建设发展

智慧展览是在实体展览、数字展览概念基础之上,由于科学技术的进步而演变发展起来的新生事物。传统实体展览因观念、技术、场地、展陈能力限制,以及展览活动同质化,参展企业所能展示、提供的产品信息量严重不足,实体展览在时间、空间与展示形式上的内在局限性制约了展览的营销和传播能力。

数字展览的出现,突破了传统展览的时空限制,丰富了展品展示方式,扩展了展示内容,但仍旧存在局限性。内在机制层面上,由于数字展览为单向信息传递模式,导致数字展览所提供的信息的时效性、真实性、交互性和现场体验感与实体展览存在巨大的差异。

近年来,在国内展览活动中,数字展览被参展企业广泛地应用于展示活动中,为展览活动增色不少,也吸引了不少观众体验。但是,参展企业数字展览各自为政和信息孤岛的形成,对展览管理工作的系统支持有限。数字展馆的建设打通了信息孤岛障碍。数字展馆将实体展馆、展览利用数字全景技术采集制作,为观众提供身临其境的网上浏览体验。数字展馆对展品信息进行全方位和多形式的采集,标准化存储和加工,并通过网络连接和一系列相关规定、协议,实现信息的资源共享、有效利用和科学管理。

目前，国内外智慧展馆还没有一个样本可以借鉴。从数字化形式来看，博物馆的数字化发展对展览馆的发展具有一定的借鉴意义。随着计算机信息技术和网络技术的高速发展，数字化与信息化已日益成为现代博物馆建设发展的主题。但需要注意的是：在博物馆信息化进程中，许多博物馆出现数字化建设等次低、较落后等状况，造成经费投入失误。数字网络资源的整合也处于停滞状态，严重影响博物馆数字化建设进程和推广。这也严重影响了我国智慧博物馆的发展进程。

那么，国外智慧博物馆的发展又是如何呢？

近年来，随着数字化、三维建模、物联网、移动互联、云计算、大数据等各类新技术在博物馆领域的应用，数字博物馆、虚拟博物馆、网络博物馆、智慧博物馆等诸多新概念层出不穷。智慧博物馆的概念来源于现今流行的智慧城市。2008年11月，IBM公司向世界介绍了一个新概念——智慧地球，进而引发了智慧城市建设的热潮。2012年4月，IBM宣布与巴黎罗浮宫博物馆合作，建设欧洲第一个智慧博物馆。此后，智慧博物馆在数字信息技术的基础上，极大提升了管理效率和服务水平。

一、国外智慧博物馆概述

（一）智慧博物馆：罗浮宫

罗浮宫的网站内容丰富，包括了3.5万件馆内公开展示的藏品及13万件库藏绘画。网站上不仅对馆内的特别展览和活动有具体的介绍，还提供了大量的专题系列路线，旨在让人们先对馆内收藏品的范围和丰富性有一个大概的了解。这些路线中选取的作品可能是基于某个典型时期、某场艺术运动，也可能是基于某个特定主题。游客可以联机查看这些路线，并且可以在参观博物馆之前打印出来以备参考。

由于展品众多，而每个游客的时间有限，因此如果是第一次到罗浮宫的话，提前在网站上下载一个音频指南非常必要（当然也可以现场租）。音频指南中提供了超过 35 小时的音频内容，博物馆馆长和讲解员在当中分享他们对罗浮宫及其藏品的专业知识。游客使用这个指南，就可以在博物馆专家的指引下，自己畅游罗浮宫。并且，音频指南中已经事先挑选出了博物馆内的"必看之物"，还在互动地图上进行了突出标注。如果不使用指南内的路线，使用者也可以按自己的方式探索，从超过 700 个对罗浮宫的画廊和艺术品的描述中进行挑选参观，创建自己的定制罗浮宫旅行。

另外，罗浮宫的网站上还提供了法语、英语、西班牙语和日语 4 种版本的 3D 虚拟参观项目。打开罗浮宫官方网页，下载指定的媒体播放器之后，就能在网上完成一次 3D 虚拟参观。在其中，人们可以通过全景介绍参观罗浮宫的展厅和画廊，或者是重温罗浮宫中标志性地点的华美装饰，也可以在罗浮宫的外墙沉思，获得身临其境的感觉。比如，要欣赏蒙娜丽莎，虚拟之旅就会显示其位于德农馆二层 6 号房的蒙娜丽莎厅（salle de la Joconde），随后，会介绍整个展厅的历史。同时，虚拟之旅中会介绍展厅中的展品，而在这间展厅强调的就是达·芬奇的《蒙娜丽莎》和委罗内塞（Veronese）的《加纳的婚礼》。虚拟之旅中还会介绍该厅的其他作品，让使用者可以全方位地参观了解整个展厅。

（二）国外智慧博物馆的特点

1. 以数字化手段促进博物馆管理

罗浮宫作为欧洲参观人数最多的博物馆，每天要面对数量惊人的管理信息，工作量庞大。与 IBM 合作之前，工作人员借助纸质文件开展设施修缮及养护工作，涉及的服务商多达数百家。他们逐渐认识到，要保证大部分展馆每天正常对外开放，就需要采用一种计算机化的维护管理工具，使纠正和预防性维护工作更加简单、高效。为创建完善而实用的信息数据库，博物馆向 IBM 求助。升级后的大型设备维修管理系统软件解决方案的综合数据库能对博物馆各个流程进行可视化操作，包括展室及设施系统（如空调系统、供暖系统、电梯、每个展室或展馆的灯光及2500多扇门的锁闭系统）的初始规划、清洁、维护及废弃处理，大大提升了罗浮宫的管理效率。

在现场管理方面，美国盖蒂美术馆也做了许多有益尝试。盖蒂美术馆的展厅采用了最先进的计算机控制光照调节系统，馆内始终保持着明亮而柔和的自然光照，使绘画作品既有足够的观赏条件，又最大限度地保护作品不受紫外线的损害。当自然光线不足时，人工光照系统会自动进行必要的补充乃至完全使用最接近自然色温的灯光照明。

2. 以娱乐的方式传递文化内涵

将智慧化处理与趣味性并重的尝试，许多国外博物馆也有探索。以美国探索馆为例，从远古生物到人体器官奥秘，从地心探索到宇宙探秘，馆内有几百种可供操作的互动活动展示，探险者的精神表现得淋漓尽致。又如，英国科学博物馆在互动展览方面一直是世界同行中的佼佼者。在这里，孩子们可以抛开枯燥的书本，亲手按动电钮，看机器运转。妙趣横生的视频动画、憨态可掬的动漫人物、饶有趣味的互动游戏都大大增加了普通民众和文化的融合度。

新技术也得到了广泛的应用。例如，德国法兰克福古代雕塑博物馆运用了全自动高速3D扫描仪，不仅可以记录被扫描对象的几何形状、表面特征，还能判断它们的光学材料性质，如反射和吸收特性等，从而使制作出来的3D图像更为逼真，被称为"狂热实验室3D"。许多博物馆可将指定文物的数字信息整合导出，形成一个离线式的子交互系统，并可刻录入数据光盘进行分发、邮寄，使博物馆的知识传播目的性更强，并且更具多样性。

3. 博物馆网站丰富多样

数字博物馆网站的展出活动因主题新颖奇特，具有很强的感召力和娱乐性，同时突出与参与受众的互动性，因此，除了实体馆的数字化建设之外，网络虚拟博物馆建设也是重要的一环。这种虚拟博物馆可以让用户随时随地登录,也可"搬"出去做巡回展出,最大限度地发挥博物馆的知识传播作用,且没有被毁坏、被偷窃的危险。

2004年,罗浮宫把3.5万件馆内公开展示的藏品及13万件库藏绘画放上网站,并提供了法语、英语、西班牙语和日语4种版本的3D虚拟参观项目。打开罗浮宫官方网页,下载指定的媒体播放器之后,就能在网上完成一次3D虚拟参观。这个网站可以事先提供三维互动地图,帮助制定参观路线,在400个迷宫一般的房间迷路的可能性至少降低一半。

4. 博物馆向展览靠拢

国外的博物馆大多意识到临时展览有太多的弊端,通常会用长达两三年的时间来策划一个大型的临时展览。例如,2007年9月13日大英博物馆展出的《秦始皇:中国的兵马俑》展览,从确定选题到展览开幕长达两年。由于宣传策划到位,其50万张门票基本销售一空,大英博物馆称"圣诞节后将把闭馆时间延长至午夜;如有必要,展出结束前博物馆将24小时不关闭"。在策展人的统筹策划下,这个展览的教育推广活动也丰富多彩,除了传统的讲座外,还有电影展播及现场诗朗诵、书法、爵士乐的即兴表演。亲子活动中有考古小作坊、制作小兵马俑、仿造紫禁城等。还专门在中秋节赏月的同时,提供茶艺表演、品茶、学说普通话、习扇子舞等有中国特色的活动。其相应的文化产业也异常发达,小兵马俑的复制品、印有兵马俑图案的饼干、领带、T恤、杯子、书、明信片、视频等销售十分火爆。[①]

国外博物馆之所以能长达两三年举办一个展览,和其文化市场运作机制密不可分,基本都有雄厚的资金支持,如大英博物馆的兵马俑展览得到摩根·士丹利集团的支持。

---

① 周加胜.国内博物馆传统展览业的数字化应用及对策[J].惠州学院学报:社会科学版,2016,36(4):73-78.

二、智慧博物馆的原理

智慧博物馆以多模态感知"数据"替代数字博物馆的集中式静态采集"数字",并以此为基础,建立更加全面、深入和泛在的互联互通,消除信息孤岛,使人与人、人与物、物与物之间形成系统化的协同工作方式,从而形成更为深入的智能化博物馆运作体系。智慧博物馆淡化了实体博物馆之间及实体博物馆与数字博物馆之间的界限,形成了以博物馆业务需求为核心,以不断创新的技术手段为支撑,线上线下相结合的新型博物馆发展模式。智慧博物馆提供"物、人、数据"三者之间的双向多元信息交互通道。博物馆中的人(包括现场观众和线上观众、博物馆工作者,以及相关机构和管理部门)和物(包括藏品、各类设备设施、库房、展厅等)的信息可动态感知,并通过网络汇集,借助物联网和云计算技术,建立"物—人""物—数据""人—数据"之间的信息交互和远程控制,同时结合云计算和大数据技术,从而实现对博物馆服务、保护和管理的智能化自适应控制和优化。以"人"为中心的信息传递模式,使藏品与藏品,藏品与展品,藏品、展品与保护,研究者、管理者与策展者,受众与展品等元素之间的联系真正达到智慧化融合。

三、智慧博物馆技术应用

(一)三维建模技术

在三维藏品数据库的建立中,三维场景及物体可由专业的建模软件来完成,利用这种建模的方法能够方便而真实地显示生活中的场景和物体,同时也能够生成动画和片段,方便进一步的交互及漫游的实现。在追求三维藏品逼真性和还原性的同时,还需要考虑的是它实时运行时的速度与快捷性,所以不仅要从硬件上对其运行做好充分的准备与支持工作,更多的是在建立模型的时候就要考虑到这个因素,做好模型优化工作。

（二）超高精度扫描系统

在模型建立的过程中，同时可以采用三维超高精度扫描系统。3D扫描技术是结合结构光技术、相位测量技术、计算机视觉技术的复合三维非接触式测量技术，所以又称为"三维结构光扫描仪"。3D扫描技术仪可以创建物体几何表面，用以插补成物体表面形状，越密集的点云可以创建更精确的模型。若扫描仪能够取得表面颜色，则可进一步在重建的表面上粘贴，亦即所谓的材质粘贴。

（三）数据库建立与管理

完善的数据库既有对进入藏品数据库的信息进行统计、查询和知识整合，又有将人作用于藏品的保护、研究和管理信息不断积累，形成藏品的"生命档案"。利用三维动画技术可以进行精确的古迹复原，立体、逼真地展现文物、古迹，甚至模拟历史场景，并在此基础上，制作出影视宣传片，介绍历史的变迁及博物馆的情况，形成以藏品信息管理为核心的博物馆综合业务管理软件、数据库管理软件、知识库管理和信息服务平台等。

（四）360°全息幻影成像系统

360°全息幻影成像系统由柜体、分光镜、射灯、视频播放设备组成，基于分光镜成像原理，通过对产品实拍构建三维模型的特殊处理，然后将拍摄的产品影像或产品三维模型影像叠加进场景中，构成动静结合的产品展示系统。不需要人们佩戴任何偏光眼镜，在完全没有束缚的情况下就可以尽情观看3D幻影立体显示特效，给人以视觉上的冲击，具有强烈的纵深感。

360°全息幻影成像系统是一种将三维画面悬浮在柜体实景中的半空中成像系统，也被称为三维全息影像、全息三维成像。它是由透明材料制成的四面锥体,观众的视线能从任何一面穿透它,通过表面镜射和反射,观众能从锥形空间里看到自由飘浮的影像和图形。4个视频发射器将光信号发射到这个锥体中的特殊棱镜上,汇集到一起后形成具有真实维度空间的立体影像。

(五)AR(增强现实)交互体验系统

AR(增强现实)是一种通过摄像头对现实三维空间进行定位,从而在现实影像上叠加虚拟影像的技术。博物馆展品AR交互体验系统首先让观众通过手机或者平板电脑的摄像头影像识别出他正在观看的展品,对展品的三维空间位置进行实时定位,然后在手机或者平板电脑上启动一段关于这个展品的交互体验,如显示展品历史、显示相关展品等。

其中,空间定位技术(SLAM)利用AR空间定位技术能够准确地实时识别出展台在三维空间中的位置,从而让我们能够透过平板电脑屏幕在现实展台上稳定显示出虚拟展品。物品识别技术是通过计算机视觉的方式对3D物品进行实时识别。

(六)VR(虚拟现实)虚拟场景交互系统

博物馆VR交互体验系统包括4个部分,分别是场景漫游模块、场景交互模块、虚拟导游模块及寓教于乐的故事模式。整套系统将能够让用户身临其境地在一个逼真的虚拟场景中扮演一个角色,通过与环境交互和体验一个故事的方式了解一段历史。

(七)智能导览机器人系统

智慧博物馆的智能导览机器人,在自主自动的基础上,要实现人机交互,通过感知系统采集环境信息,进行传感器信息融合,建立环境模型,从而实现识别和躲避障碍物的功能。通过地面色标、激光定位等方法，可以实现沿规划好的路径行走。机器人可在循迹行走过程中，对事先定位好的展品进行讲解。机器人体内具有温度、湿度、红外等环境传感器，可对室内环境进行监测。实现一定范围内的人与机器人自由对话，语音控制机器人的移动、肢体动作及其他表演功能。

此外，还需要实现 5.1 环绕声影院还音系统、3D 影院音响大屏幕显示系统、高清播放系统、网络在线播放电影电视、3D 互动系统、3D 震撼画面和娱乐点播，以及 LED 特效螺纹旋转球泡灯，实现五彩斑斓的梦幻效果和场景控制模式。

四、智慧博物馆的发展分析[①]

从国外智慧博物馆建设来看，物联网、云计算、移动互联和大数据技术是智慧博物馆发展的四大关键技术。

（一）物联网

从数字博物馆向智慧博物馆发展其最明显的特征是物联网的引入。物联网是利用传感技术，按约定的协议，把所有物品与互联网相连接，进行信息交换和通信，以实现对物品的智能化识别、定位、跟踪、监控和管理的一种网络。物联网技术可以对藏品、环境、人员的实时动态进行智能化识别、定位、追踪、监控和管理。在博物馆中，除了应用照相、音视频等传统的数据采集手段，传感技术更多地是指利用射频识别（RFID）、红外感应器、全球定位系统、激光扫描器，以及传统的热、光、气、力、磁、湿、声、色、味敏等传感器件，获取博物馆藏品、设备设施、库房展厅建筑、周边环境与人员位置信息等的技术。

物联网技术的应用彻底改变了数字博物馆以人机信息交互为主的信息互动模式，进入到传感器和智能芯片无处不在、信息多源实时获取

---

① 陈刚. 智慧博物馆——数字博物馆发展新趋势 [J]. 中国博物馆，2013（4）:2-9.

和智能控制的泛在计算阶段，使智能博物馆环境和周边计算得到迅速发展。博物馆物联网中的"物"，就是各种与博物馆收藏保管、研究修复、展示教育活动相关的事物，如藏品、展柜、设备、设施、展厅、库房，以及观众、博物馆工作者等。博物馆物联网中的"联"，即信息交互连接，把上述"事物"产生的相关信息进行交互、传输和共享。博物馆物联网中的"网"，是通过把"物"有机地连成一张"网"，就可感知博物馆服务对象、各种数据的交换和无缝连接，达到对博物馆服务与管理的实时动态监控、连续跟踪管理和精准的博物馆业务决策。物联网的发展从根本上提高了从宏观到微观的博物馆信息采集和整合管理能力，也将促进博物馆宏观与微观的调控能力，促进以人为中心的博物馆藏品及其周边环境的智能化。

（二）云计算

云计算是构成智慧博物馆智慧特性的必要条件。云计算能按需提供存储、计算及网络资源，解决数据量和访问量的快速增长，从而实现智慧技术应用低成本、高效能、可扩展的目标。精准计算要求深入分析采集到的博物馆海量数据，使用各类先进的数据挖掘和分析工具、科学模型和功能强大的运算系统进行复杂的数据分析、汇总和计算，以便及时获取准确信息；精准反馈要求智慧博物馆具有直观生动的图形化、可视化和三维虚拟化等表达方式，并根据用户交互要求进行动态调整。智慧博物馆的上述要求提出了多源海量数据存储、管理，以及分析处理、共享、整合和应用等诸多问题，对计算资源和计算能力提出了巨大的挑战，云计算将为这一挑战提供解决方案。

云计算是一种通过互联网，按用户要求动态提供虚拟化的、可伸缩的计算资源的服务模式。云计算首先是一种创新的计算资源使用和交付服务模式，其基本思路是将计算资源作为一种像水和电一样的公用事业提供给用户，用户只需根据实际使用的水电量付费，水厂和电厂由专门机构承建，用户无须自建。实现云计算技术的核心是计算资源的虚拟化，虚拟化技术是解决计算资源集中条件下的应用逻辑分隔问题的关键。云计算利用服务器虚拟化技术可实现对虚拟机的部署和配置，通过对虚拟机的快速部署和实时迁移能大大提高系统的效能，还可通过对虚拟机资源的调整来实现软件系统的可伸缩性，确保系统能迅速从故障中恢复并继续提供服务，提高了系统的可靠性与稳定性。举例来说，可以将 10 台 4 核 CPU 的物理服务器虚拟化为 40 台双核服务器，供 40 个用户独立使用，每个用户在自己的虚拟机中都具有独立空间，甚至可以各自安装不同的操作系统而互不影响。云计算为博物馆用户提供了计算资源物理集中、应用逻辑分隔的集约化模式。一般来说，博物馆用户不再需要自己去建设云计算中心，由专业的云计算服务提供方通过建立以云计算中心为载体的计算资源池，实现计算资源的集约化和规模化经营，为博物馆用户提供基础设施即服务（IaaS）、平台即服务（PaaS）和软件即服务（SaaS）等不同层次的计算资源应用服务，从而实现智慧博物馆技术应用的低成本、高可靠性、可扩展性的目标。

（三）移动互联

移动互联网技术的应用，使实体博物馆和虚拟博物馆相互融合，各项业务活动开展起来更加便捷、高效。以移动网络和手持终端为主要内容的移动互联技术的兴起，为实现智慧博物馆随时、随地、随需访问提供了基础支撑。网络通信技术从有线网络向无线网络和移动无线网络发展，特别是移动无线网络从 3G 到 4G 的普及，以及 5G 的发展，使无时和无处不在的信息通信能力大大增强，一方面为智慧博物馆必需的物联网和泛在计算提供了网络基础设施；另一方面将智慧博物馆从数字博物馆以桌面交互为中心转移到可以随身携带、随时随地使用的"博物馆"。移动网络的发展促进了智能移动终端（智能手机、平板电脑等）的普及，而智能移动终端的广泛使用又极大地推动了移动网络的发展。智能移动终端一般集成了 GPS、摄像头及其他传感器，使其成为一种常用的信息采集终端，大大增强了移动信息采集能力，进一步推动了社交网络服务 SNS 的发展，改变了智慧博物馆系统内社会公众、专业人士和相关机构的信息互动方式。

移动通信网、广播电视网和互联网三网融合为智慧博物馆提供了巨大的发展机遇。三大网络在向宽带通信网、数字电视网、下一代互联网演进的过程中，技术功能趋于一致，业务范围趋于相同，网络互联互通、资源共享，能为智慧博物馆发展提供语音、数据和广播电视等多种服务。这里的三网合一并不意味着其物理合一，而主要是指类似于智慧博物馆等高层业务应用的融合。以后的手机、电视和计算机都可以连接至智慧博物馆。

（四）大数据

大数据技术针对智慧博物馆所产生的海量、多源、异构、时变的数据，为社会公众提供更好的个性化服务，令博物馆更加充满智慧。以数字资源建设为特色的数字博物馆中存在大量图片、音视频等非结构化数据，尤其是在物联网系统中，各类传感器件周而复始地产生大量监测数据，视频监控摄像头实时摄取大量视频数据等。只有利用数据仓库及时保存智慧博物馆发展过程中产生的大数据，并应用数据挖掘和智能数据分析手段进行加工处理，才能真正实现智慧博物馆决胜于千里之外的策略谋划。物联网发展和互联网应用为智慧博物馆带来了多源海量数据（大数据）的存储、管理、处理、融合、整合和挖掘分析等问题，博物馆中的大数据普遍具有数据粒度偏大（如藏品的高精度图片文件、视频文件等）、访问频次偏低等特点。大数据分析常和云计算联系到一起，因为实时的大型数据集分析需要向进入云计算平台之中的数十、数百或甚至数千台电脑分配工作。通过挖掘智慧博物馆用户的行为习惯和喜好，从凌乱纷繁的数据背后找到更符合智慧博物馆用户兴趣和习惯的产品和服务，并对产品和服务进行针对性的调整和优化，这就是大数据分析在智慧博物馆中的价值所在。智慧博物馆中的大数据特征是由其数据丰富程度来决定的。社交网络兴起，大量的UGC（User Generated Content，用户生成内容）内容、音频、文本信息、视频、图片等非结构化数据开始出现。另外，物联网的数据量更大，加上移动互联网能更准确、更快地收集智慧博物馆用户信息，如位置、展览信息等数据。从数据量来说，智慧博物馆系统已开始进入大数据时代，但设计使用的硬件明显已跟不上大数据发展的脚步。

智慧博物馆系统里提及的"大数据"，通常是指通过采集、整理博物馆及其方方面面的相关数据，并对其进行分析挖掘，进而从中获得有价值的信息，最终衍生出一种新的商业模式。虽然大数据分析应用在国内博物馆领域还处于萌芽阶段，但是商业价值已经显现出来。首先，手中握有数据的博物馆站在"金矿"上，基于数据交流交易即可产生很好的效益；其次，基于数据挖掘会有很多智慧博物馆运营模式诞生，其定位角度不同，有的侧重数据分析。比如，为企业做内部数据挖掘，侧重优化，帮企业更精准地找到用户，降低营销成本，提高企业销售率，增加利润。与大数据分析相关的社会计算是社会行为与计算系统相结合的产物，它是以人或群体（组织）为中心信息互动模式，其应用主要体现为博客、电子邮件（e-mail）、即时通信、社交网络服务、维基百科、社会书签等应用，如Facebook、Twitter，以及国内的新浪博客、微博和腾讯QQ等。这些社会行为计算能够为智慧博物馆带来协同过滤、在线拍卖、预测市场、信誉系统、计算社会选择、分类标签和验证游戏等多种应用，影响智慧博物馆未来在经济与社会系统的行为。

五、对智慧展馆的发展借鉴

作为智慧城市概念的衍生物，智慧博物馆极大地丰富和深化了传统实体博物馆的信息交流和文化传播功能。今天，智慧博物馆已经成为全球博物馆界的一个共同话题。智慧博物馆拥有了日益丰富的感知能力，其与人的相互沟通正在逐步实现。这与智慧展览的发展有着异曲同工之处，尤其是在智慧管理、智慧服务方面有诸多成功的经验值得我们思考和借鉴。

近年来，国内展览市场持续升温，带动展览场馆建设热潮。展览展馆作为智慧展览承载的主体，在展馆智慧化建设过程中，首要任务是建设好物理网络在其数据传输方面的能力，在其基础上不断通过虚拟现实技术、物联网传感技术、移动应用等技术手段，围绕展览场馆打造集多种形式的网络覆盖，来实现展览场馆管理智能化，构建展馆室内定位导航、展馆数据采集与管理、外部展馆系统对接等方面的智能展馆综合管理平台，为我国发展建设智慧化展览创造有利的基础保障。

据统计，2017年我国展览馆的数量与面积均保持增势。据统计，2017年我国展览馆数量达到153个，比2016年的143个增幅约7%。在展馆总量不断提升的背景下，展馆的优化建设迫在眉睫。完善的展馆基础设施更能方便观众和参展企业的互动，促进贸易平台发展，实现数字智能化伴游服务，包括数据中心系统先进性、可靠性、易维护性和可扩展性；覆盖馆区进出口处、中心广场、停车场、展馆、走廊通道、展示区、重要地下空间区域、监控中心区域，以及馆区内各个餐厅、剧场、宿舍、道路等区域的现场视频图像采集、上传、展示和控制系统；利用现代化的自动识别手段和先进的计算机技术实现电子票务。此外，还包括覆盖场馆的Wi-Fi等基础硬件，便于物联网建设的定位导航和数据收集系统，从而实现参展物流和人流的精确定位与导流。利用观众的数据信息，可以极大地方便展览经营主体企业根据观众的数据轨迹行为进行展区精细化布局。

全球各地的智慧展馆建设掀起了一股热潮，各种创新技术和服务被不断探索和应用。我国展馆建设需要引进国内外先进的技术，对传统展览展馆改造升级，配备高新科技设备，实现展馆的智能化。推动展览场馆向信息化、国际化接轨。此外，利用"互联网+"还可以提供许多延伸服务，包括餐饮、住宿、旅游、购物、娱乐等，都可以通过智慧展馆的强大功能来实现。如果场馆方能运用互联网技术将展览经营主体企业的需求落地，那无异于有了制胜法宝，将会在激烈的市场竞争中立于不败之地。

以重庆国际博览中心为例：重庆国际博览中心是一座集展览、会议、餐饮、住宿、演艺、赛事等多功能于一体的现代化智能场馆，位于重庆两江新区的核心——悦来会展城。自2013年3月28日投入运营，重庆国际博览中心已成功承接了众多展览。其一流的硬件、优质的服务和完善的配套赢得了多方好评。正在建设的智慧系统又包含了多个子系统，这些功能实现后，将会助推实现智慧办展。

自助租赁系统：重庆国际博览中心的"智慧"场馆已建成自助租赁系统，能为公众、企业提供丰富的信息资源和查询、统计功能。依托查询机、智能手机、PC等智能终端设备，实现物品的自助租赁及服务申报等系统功能。

动态立体交通系统：重庆国际博览中心在整合动态立体交通体系的基础上，正在开发营运平台，通过对车流、人流动态行为的实时分析，自动调节红绿灯及闸机系统，实现自动引导系统性城市堵点，通过多级诱导及反向寻车、解决停车难、寻车难的痛点。再通过"智慧国博"移动展览平台APP实现地图指引、线路查询、一键导航、室内定位等一系列功能，全方位为到重庆国际博览中心参展观展保驾护航。

展商与观众的交互系统：重庆国际博览中心"智慧系统"布局完成后，可利用物联网技术判定观众的位置和兴趣点，以及利用大数据技术实时分析，实时匹配展商和观众，实现展览"前展后延"联动。为每场展览专项定制，建立专业的参展企业、观众、展品的分类标准，用信息化技术促使观众与展商线上交互，达成更精准的对接和交易。另外，还可以实现好友位置查询和移动社交，非现场用户的"APP看展"等服务。

大数据分析系统："智慧国博"移动会展平台APP目前已进入试运行阶段，将通过对展览相关人员基本信息、活动轨迹、习惯偏好等数据的捕获和分析，开展智能化服务项目的设计、开发与应用。从而加强主办方、展商、观众之间的信息感知，实现精准营销和产品结构及功能的调整，促进高效的贸易合作。

同时，重庆国际博览中心结合移动互联网、物联网、RFID、Wi-Fi、GIS、图像识别等技术，建立展览物资及人员动态管理体系，加强运营管理、优化安防和门禁服务，全面提高场馆安全保障能力，从而进一步提升展馆快捷优质服务水平。

政策标准篇

国务院关于进一步促进展览业改革发展的若干意见[①]

各省、自治区、直辖市人民政府,国务院各部委、各直属机构:

近年来,我国展览业快速发展,已经成为构建现代市场体系和开放型经济体系的重要平台,在我国经济社会发展中的作用日益凸显。同时,我国展览业体制机制改革滞后,市场化程度发展迟缓,存在结构不合理、政策不完善、国际竞争力不强等问题。为进一步促进展览业改革发展,更好发挥其在稳增长、促改革、调结构、惠民生中的作用,现提出以下意见。

一、总体要求

(一)指导思想。全面贯彻党的十八大和十八届二中、三中、四中全会精神,贯彻落实党中央、国务院各项决策部署,深化改革,开拓创新,充分发挥市场在资源配置中的决定性作用,更好发挥政府作用,积极推进展览业市场化进程。坚持专业化、国际化、品牌化、信息化方向,倡导低碳、环保、绿色理念,培育壮大市场主体,加快展览业转型

---

① http://www.gov.cn/zhengce/content/2015-04-19/content_9621.htm。

升级，努力推动我国从展览业大国向展览业强国发展，更好地服务于国民经济和社会发展全局。

（二）基本原则

坚持深化改革。全面深化展览业管理体制改革，明确展览业经济、社会、文化、生态功能定位，加快政府职能转变和简政放权，稳步有序放开展览业市场准入，提升行业管理水平，以体制机制创新激发市场主体活力和创造力。

坚持科学发展。统筹全国展馆展会布局和区域展览业发展，科学界定展览场馆和展览会的公益性和竞争性，充分调动各方面积极性，营造协同互补、互利共赢的发展环境。

坚持市场导向。遵循展览业发展规律，借鉴国际有益经验，建立公开公平、开放透明的市场规则，实现行业持续健康发展。综合运用财税、金融、产业等政策，鼓励和支持展览业市场化发展。

（三）发展目标。到2020年，基本建成结构优化、功能完善、基础扎实、布局合理、发展均衡的展览业体系。

——发展环境日益优化。完善法规政策，理顺管理体制，下放行政审批权限，逐步消除影响市场公平竞争和行业健康发展的体制机制障碍，形成平等参与、竞争有序的市场环境。

——市场化水平显著提升。厘清政府和市场的关系，规范和减少政府办展，鼓励各种所有制企业根据市场需求举办展会，市场化、专业化展会数量显著增长，展馆投资建设及管理运营的市场化程度明显提高。

——国际化程度不断提高。遵循国际通行的展览业市场规则，发挥我国产业基础好、市场需求大等比较优势，逐步提升国际招商招展的规模和水平。加快"走出去"步伐，大幅提升境外组展办展能力。在国际展览业中的话语权和影响力显著提升，培育一批具备国际竞争力的知名品牌展会。

二、改革管理体制

（四）加快简政放权。改革行政审批管理模式，按照属地化原则，履行法定程序后，逐步将能够下放的对外经济技术展览会行政审批权限下放至举办地省级商务主管部门，并适时将审批制调整为备案制。运用互联网等现代信息技术，推行网上备案核准，提高行政许可效率和便利化水平。

（五）理顺管理体制。建立商务主管部门牵头，发展改革、教育、科技、公安、财政、税务、工商、海关、质检、统计、知识产权、贸促等部门和单位共同参与的部际联席会议制度，统筹协调，分工协作。加强展览业发展战略、规划、政策、标准等制定和实施，加强事中事后监管，健全公共服务体系。

（六）推进市场化进程。严格规范各级政府办展行为，减少财政出资和行政参与，逐步加大政府向社会购买服务的力度，建立政府办展退出机制。放宽市场准入条件，着力培育市场主体，加强专业化分工，拓展展览业市场空间。

（七）发挥中介组织作用。按照社会化、市场化、专业化原则，积极发展规范运作、独立公正的专业化行业组织。鼓励行业组织开展展览业发展规律和趋势研究，并充分发挥贸促机构等经贸组织的功能与作用，向企业提供经济信息、市场预测、技术指导、法律咨询、人员培训等服务，提高行业自律水平。

三、推动创新发展

（八）加快信息化进程。引导企业运用现代信息技术，开展服务创新、管理创新、市场创新和商业模式创新，发展新兴展览业态。举办网络虚拟展览会，形成线上线下有机融合的新模式。推动云计算、大数据、物联网、移动互联等在展览业的应用。

（九）提升组织化水平。鼓励多种所有制企业公平参与竞争，引导大型骨干展览企业通过收购、兼并、控股、参股、联合等形式组建国际展览集团。加强政策引导扶持，打造具有先进办展理念、管理经验和专业技能的龙头展览企业，充分发挥示范和带动作用，提升行业核心竞争力。

（十）健全展览产业链。以展览企业为龙头，发展以交通、物流、通信、金融、旅游、餐饮、住宿等为支撑，策划、广告、印刷、设计、安装、租赁、现场服务等为配套的产业集群，形成行业配套、产业联动、运行高效的展览业服务体系，增强产业链上下游企业协同能力，带动各类展览服务企业发展壮大。

（十一）完善展馆管理运营机制。兼顾公益性和市场原则，推进展馆管理体制改革和运营机制创新，制定公开透明和非歧视的场馆使用规则。鼓励展馆运营管理实体通过品牌输出、管理输出、资本输出等形式提高运营效益。加强全国场馆信息管理，推动馆展互动、信息互通，提高场馆设施的使用率。

（十二）深化国际交流合作。推动展览机构与国际知名的展览业组织、行业协会、展览企业等建立合作机制，引进国际知名品牌展会到境内合作办展，提高境内展会的质量和效益。配合实施国家"一带一路"等重大战略及多双边和区域经贸合作，用好世博会等国际展览平台，培育境外展览项目，改善境外办展结构，构建多元化、宽领域、高层次的境外参展办展新格局。

四、优化市场环境

（十三）完善展览业标准体系。按照总体规划、分步实施的原则，加快制修订和推广展馆管理、经营服务、节能环保、安全运营等标准，逐步形成面向市场、服务产业、主次分明、科学合理的展览业标准化框架体系。

（十四）完善行业诚信体系。加快建立覆盖展览场馆、办展机构和参展企业的展览业信用体系，推广信用服务和产品的应用，提倡诚信办展、服务规范。建立信用档案和违法违规单位信息披露制度，推动部门间监管信息的共享和公开，褒扬诚信，惩戒失信，实现信用分类监管。

（十五）加强知识产权保护。加快修订展会知识产权保护办法，强化展会知识产权保护工作。支持和鼓励展览企业通过专利申请、商标注册等方式，开发利用展览会名称、标志、商誉等无形资产，提升对展会知识产权的创造、运用和保护水平。扩大展览会知识产权基础资源共享范围，建立信息平台，服务展览企业。

（十六）打击侵权和假冒伪劣。创新监管手段，把打击侵权和假冒伪劣列入展览会总体方案和应急处置预案。完善重点参展产品追溯制度，推动落实参展企业质量承诺制度，切实履行主体责任。加强展览会维权援助举报投诉和举报处置指挥信息能力建设，完善举报投诉受理处置机制。

五、强化政策引导

（十七）优化展览业布局。按照国民经济结构调整和区域协调发展战略需要，科学规划行业区域布局，推动建设一批具有世界影响力的国际展览城市和展览场馆。定期发布引导支持展览会目录，科学确立重点展会定位，鼓励产业特色鲜明、区域特点显著的重点展会发展，培育一批品牌展会。

（十八）落实财税政策。按照政府引导、市场化运作原则，通过优化公共服务，支持中小企业参加重点展会，鼓励展览机构到境外办展参展。落实小微企业增值税和营业税优惠政策，对属于《国务院关于推进文化创意和设计服务与相关产业融合发展的若干意见》（国发〔2014〕10号）税收政策范围的创意和设计费用，执行税前加计扣除政策，促进展览企业及相关配套服务企业健康发展。

（十九）改善金融保险服务。鼓励商业银行、保险、信托等金融机构在现有业务范围内，按照风险可控、商业可持续原则，创新适合展览业发展特点的金融产品和信贷模式，推动开展展会知识产权质押等多种方式融资，进一步拓宽办展机构、展览服务企业和参展企业的融资渠道。完善融资性担保体系，加大担保机构对展览业企业的融资担保支持力度。

（二十）提高便利化水平。进一步优化展品出入境监管方式方法，提高展品出入境通关效率。引导、培育展览业重点企业成为海关高信用企业，适用海关通关便利措施。简化符合我国出入境检验检疫要求的展品通关手续，依法规范未获得检验检疫准入展品的管理。

（二十一）健全行业统计制度。以国民经济行业分类为基础，建立和完善展览业统计监测分析体系，构建以展览数量、展出面积及展览业经营状况为主要内容的统计指标体系，建设以展馆、办展机构和展览服务企业为主要对象的统计调查渠道，综合运用统计调查和行政记录等多种方式采集数据，完善监测分析制度，建立综合性信息发布平台。

（二十二）加强人才体系建设。鼓励职业院校、本科高校按照市场需求设置专业课程，深化教育教学改革，培养适应展览业发展需要的技能型、应用型和复合型专门人才。创新人才培养机制，鼓励中介机构、行业协会与相关院校和培训机构联合培养、培训展览专门人才。探索形成展览业从业人员分类管理机制，研究促进展览专业人才队伍建设的措施办法，鼓励展览人才发展，全面提升从业人员整体水平。

各地区、各部门要充分认识进一步促进展览业改革发展的重要意义，加强组织领导，健全工作机制，强化协同配合。各地区要根据本意见，结合自身经济社会发展实际研究制定具体实施方案，细化政策措施，确保各项任务落到实处。各有关部门要抓紧研究制定配套政策和具体措施，为展览业发展营造良好环境。商务部要会同相关部门做好指导、督查和总结工作，共同抓好落实，重大事项及时向国务院报告。

关于促进上海市展览业改革发展的实施意见[①]

展览业是引导和促进投资贸易发展的重要载体,是提升国际贸易中心集聚辐射能力和资源配置功能的重要平台。为贯彻落实《国务院关于进一步促进展览业改革发展的若干意见》(国发〔2015〕15号),加快国际会展之都建设,结合实际,现就促进本市展览业改革发展,提出如下实施意见。

一、明确基本原则和工作目标

(一)基本原则

坚持扩大开放。立足于发挥展览业在上海国际贸易中心建设和开放型经济发展中的重要平台作用,学习借鉴国际展览业经营管理、服务保障、人才培养等先进理念,加强与长三角地区及全国会展城市的合作,积极探索具有国际化特征的展览业发展机制。

坚持深化改革。推动展览业管理体制改革,加快政府职能转变和简政放权,提升行业管理水平,着力建立公开公平、开放透明的市场规则。综合运用财税、金融、产业等政策,鼓励和支持展览业市场化发展。依托本市产业、市场、开放等综合优势,积极促进展览业与相关产业联动发展。

坚持创新驱动。重视展览业的管理体制机制创新、行业运营模式创新、企业管理经营创新、科学技术应用创新等。充分发挥各类展览企业的主体作用和行业协会的中介作用,以体制机制创新激发市场主体活力

[①] http://www.shanghai.gov.cn/nw2/nw2314/nw2319/nw2404/nw40629/nw40642/u26aw48258.html.

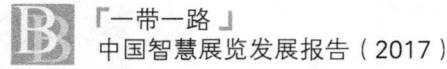

和创造力。

坚持务求实效。正确处理展览数量规模和质量效益的关系，培育一批符合产业发展需要的导向型、自主型、潜力型展会。力求专业化、品牌化展会数量显著增长，展馆运营市场化程度明显提高。大力培育一批实力型专业组展企业，积极培养一批应用型、复合型、国际化、实用型专业人才和从业人员。

（二）工作目标

到2020年，基本建成要素集聚、配置合理、制度健全、服务完善、生态优化的展览业促进体系，把上海打造成市场运行机制比较成熟、会展企业富有活力、具有全球市场重要话语权的国际会展之都。展览规模保持世界领先水平，国际展览占全市展览总面积的比重达到80%，全年举办面积超过10万平方米的展会50个。展览业市场化、专业化程度继续提高，集聚一批国际知名的展览业企业，引进培育一批具有国际领先水平的品牌展会，大力发展会展服务业，形成功能配置合理的空间布局，构建比较完善的地方性法规和市场管理体系，建立比较优良的公共服务体系。

二、建设高水平的公共服务体系

（一）理顺管理体制

建立市商务委牵头，市发展改革委、市经济信息化委、市教委、市科委、市公安局、市财政局、市人力资源社会保障局、市文广影视局、市地税局、市工商局、市质量技监局、市统计局、市新闻出版局、市体育局、市旅游局、市知识产权局、市政府法制办、市金融办、上海海关、上海出入境检验检疫局、浦东新区政府、青浦区政府、市贸促会、市会展行业协会等部门和单位共同参与的市级联席会议制度，全面推动本市展览业改革发展。

（二）推进地方立法

推动出台本市展览业地方性法规，处理好政府与市场的关系，明晰展览各参与方应承担的权利义务，建立与国际接轨的事中事后监管机制、知识产权保护机制、纠纷解决机制等，完善政策促进体系，提升行业管理水平，促进展览业规范有序发展。

（三）促进改革发展

落实国务院有关行政审批改革的要求，进一步简政放权，取消地方对外经济技术展览会的行政审批，提高公共服务效率。严格规范政府办展行为，减少财政出资和行政参与，建立政府办展退出机制。提升各部门协作水平，加强事中事后监管，引导展览业有序竞争。

（四）发挥中介组织作用

鼓励行业协会等中介组织参与或组织各级标准制定，推进行业标准化建设，协助主管部门开展展会评估，发挥好行业自律组织作用。鼓励贸促机构、行业协会等单位构建互动平台，扩大行业内交流合作，提供经济信息、法律咨询、政策研究、人员培训等服务，提升行业自律水平。

三、增强展览业核心竞争力

（一）提升国际化水平

积极吸引国际会展相关组织在沪设立机构，提高本市经国际组织认证的机构和展会数量。吸引国际知名会展企业落户，鼓励其与国内会展企业在本市开展合作经营。配合国家"一带一路"等重大战略实施和多双边及区域经贸合作，积极培育境外展览项目，鼓励组展企业加强人才和资金投入，改善办展结构，提升境外组展办展能力。积极发挥中国（上海）自由贸易试验区优势，提升展会国际化水平。鼓励展览企业学习国际先进办展理念，强化环保意识，举办绿色展会。

（二）扩大展会平台效应

吸引一批行业影响力强、带动效应显著的国际知名品牌展会落户，努力打造一批具有国际影响力的上海展会自主品牌，大力提升在沪举办的国家级展会的能级与水平，积极培育一批有潜力、有特色的中小展会，充分发挥展会的贸易平台和市场风向标作用。鼓励本市企业收购、参股国内外品牌展会，向国内其他省市输出品牌、开展合作，提高本市会展业的辐射力和影响力。促进展会与大型活动、国际会议、专业论坛、节庆赛事的互动融合，加强整体品牌营销策划，形成与城市形象宣传的良性互动。

（三）打造有国际竞争力的展览业集团

引导有实力的骨干企业，通过对目标展会和企业开展收购、兼并、控股、参股等多种方式，提高组织化水平，成为具有国际竞争力的展览业集团。鼓励适合展览业发展特点的金融创新活动和资本运作模式，促进有条件的展览业公司上市融资，做大做强展会和展览业企业。

（四）推进展览业与相关产业联动发展

制定展览、商贸、旅游、科技、工业、文化、体育、创意等产业联动方案，用好各部门现有的合作渠道与合作机制，加快构建"开放共享、联动创新、融合发展"的产业联动格局，搭建资源共享的载体和平台，打造一批联动示范项目。鼓励展览业企业与文化创意策划企业合作，提升展会主题策划和艺术设计水平。

（五）提升信息化水平

规模展会基本实现网上登记注册、信息查询、展商与观众互动等功能。完善公共信息服务平台功能，探索大数据在会展行业的应用。推动智慧展馆建设，整合各类展会服务资源，提高展会技术水平和服务功能。鼓励企业运用互联网技术开展服务与管理创新，形成线上线下展会的有机融合。

四、打造透明、公平、高效的市场环境

（一）完善展馆运营机制

推动本市展馆兼顾公益性和市场化，制定公开透明和非歧视的场馆使用规则。加强展馆品牌管理，不断优化品牌发展措施。鼓励本市展馆通过输出品牌、管理和资本等形式，提高运营效率。鼓励通过制定行业规范等方式，明确场馆管理者、展会主办者、参展商、服务商等各方的责任和权利，共同维护规范有序的市场秩序。完善展馆周边配套设施建设，逐步优化展览环境。加强对大型展会的运营保障，强化在安全保卫、交通组织、综合服务等方面的应急预案和组织实施。

（二）完善标准体系

鼓励本市企事业单位主导、参与展览业国家标准、行业标准的制定和修订，加快制定、实施展馆管理、经营服务等地方标准。鼓励行业协会、商业联合会等社会组织制定严于国家标准、行业标准要求的团体标准。推动本市展览业企业开展企业标准体系建设。充分利用全国会展业技术组织在沪优势，提升标准化服务水平。形成"政府引导、企业主导、行业促进"的展览业标准化工作体系。

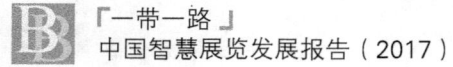

（三）优化展览业布局

积极扶持浦东新区、青浦区等区域推进展馆配套建设和产业集聚，打造本市展览业重点发展区。发挥大型品牌展馆的行业引领作用，鼓励中等规模展馆向专业化发展，引导小型展馆开展特色经营、转型发展。增强产业链上下协作关系，形成以展览业企业为龙头的行业配套体系。

（四）完善市场监管体系

支持和鼓励展览业企业通过专利申请、商标注册等方式，加强对展会知识产权的保护。把制止侵权、假冒、虚假宣传等工作内容列入展会整体方案和应急处置预案。加快建立覆盖展览场馆、办展机构和参展企业的展览业信用体系，加强信用监管，推广信用服务和产品的应用。建立信用档案和违法违规单位信息披露制度，推动部门间监管信息的共享和公开。

五、健全展览业政策扶持体系

（一）完善财税扶持体系

发挥本市服务业发展引导资金等专项资金作用，对本市展览业发展给予支持。对符合条件的展览业企业，积极落实国家各项税收优惠政策。鼓励展览业企业提升展会策划水平，加大对创意与设计类展会的扶持力度。优化公共服务，支持中小企业参加重点展会，鼓励展览业机构到境外办展参展。

（二）优化金融保险服务

鼓励会展产业基金发展，重点扶持创新性强、符合上海产业发展方向的展会。鼓励商业银行、保险、信托等金融机构创新适合展览业发展的金融产品和信贷模式，探索展会知识产权质押融资方式，研究设计服务国内外展会需要的保险险种。完善融资性担保体系，加大担保机构对展览业企业的融资担保支持力度。

（三）提高便利化水平

提高展品通关效率，引导、培育展览业重点企业成为海关、检验检疫高信用企业，简化展品通关手续。用好国际贸易单一窗口等手段，协调各相关部门、整合项目审核、信息报送等渠道，进一步提高行政服务效率。

（四）健全行业统计制度

进一步完善以国民经济行业分类为基础，以展馆、办展机构和展览服务企业为主要对象的统计监测分析体系。构建以展览数量、展出面积及展览业经营状况为主要内容的统计指标体系，综合运用统计调查和行政记录等多种方式采集数据，完善监测分析制度，建立综合性信息发布平台。

（五）加强人才体系建设

鼓励本市院校积极开展国际交流与合作，培养适应展览业发展需要的应用型、复合型、国际化专门人才。促进本市高校、研究院所开展与会展企业的交流，促进学历教育与职业培训的有机结合，鼓励行业协会等中介组织与相关院校联合培训人才。建设校企联合的会展业实训基地，鼓励高端人才培养。大力引进本市展览业所需各类优秀人才。探索会展行业组织开展人才评价，全面提升展览业从业人员整体水平。

浙江省人民政府办公厅关于进一步促进展览业发展的实施意见[①]

各市、县(市、区)人民政府,省政府直属各单位:

展览业是构建现代市场体系和开放型经济体系的重要平台,在我省经济社会发展中的作用日益凸显。为贯彻落实《国务院关于进一步促进展览业改革发展的若干意见》(国发〔2015〕15号)精神,促进我省展览业加快发展,经省政府同意,现提出如下实施意见。

一、明确发展目标。有效发挥政府引导和促进作用,加快展览业管理体制改革,推动展览业市场化进程,优化展览业规划布局,推动形成若干个具有全国影响力的展览城市、展览企业和品牌展览会。到2020年,形成产业结构优化、服务功能完善、市场运作良好的展览业生态圈,推动我省由展览业大省向展览业强省转变。

二、优化产业布局。紧密结合我省各地区位优势、产业特点和发展基础,科学规划全省展览业发展布局。杭州、宁波、义乌等展览业基础较好的地区,要加快完善展览场馆和配套设施建设,打造我省展览业品牌城市。杭州要牢牢把握2016年承办G20峰会机遇,争取建设成为国际重要会展之都。余姚、海宁、柯桥、永康、温岭等产业特色鲜明、发展基础较好的县(市、区),要重点发展区域特色专业展。

三、提升展览业市场化水平。加快政府职能转变,创新管理方式,优化公共服务,推动展览业市场化进程。探索建立政府办展退出机制,严格控制各地政府及其部门对展览会进行冠名等行为,减少展览会财政出资和行政参与,逐步加大政府向社会购买服务的力度。鼓励政府投资

[①] http://www.zj.gov.cn/art/2016/1/7/art_32432_256775.html.

性展览场馆产权和运营权相分离，提高市场化运营水平。推动政府部门下属展览企业脱钩改制，政府购买展览服务要严格按照政府采购相关规定执行，营造公平有序的市场环境。

四、培育龙头展览企业。引导大型骨干展览企业通过收购、兼并、控股、参股、联合等形式组建国际展览集团，努力打造若干个国内知名的龙头展览企业。鼓励展览企业通过资本市场发展壮大，推动大型骨干展览企业通过新三板上市。积极推广运用国际质量标准体系，提升展览企业专业化、标准化、规范化服务水平。加快展示设计、展览工程等展览服务行业的发展，形成以知名展览企业为龙头，带动展览服务业发展壮大的产业链。

五、做强品牌展览项目。推动我省重点展览会与国内外行业组织、中介机构建立长期战略合作关系，加快展览项目国际招商，重点提升中国国际动漫节、中国国际日用消费品博览会、中国义乌国际小商品博览会等展览会国际化水平。发挥我省产业集群优势，加快发展以信息经济、环保、健康、旅游、时尚、金融、高端装备制造七大产业产品为主要展示内容的展览会，提升专业化水平。积极引导国内外知名展览企业和品牌展览项目在我省落户，争取中国—中东欧国家投资贸易博览会永久落户宁波。建立完善重点品牌展会绩效综合评估机制，完善品牌展会扶持政策。

六、深化交流合作。推动我省展览企业加强与国际展览业组织及国际知名展览企业的交流合作，为我省企业进入国际中高端展览市场创造条件。大力支持企业通过参加展览会开拓国内外市场，利用展览会宣传"品质浙货"品牌，提升"浙江制造"在国际市场的知名度和认可度。制定年度境外展览会目录，培育大阪展、吉达展等我省境外自办展览项目。支持我省企业参加"一带一路"沿线国家展览会，重点参加在东盟、中东、中亚等地举办的展览会，进一步拓展国际合作领域和空间。加强我省与长三角地区展览行业的交流合作，与上海展览业实现差异化发展，鼓励企业利用上海展览平台开拓市场。

七、加快创新发展。充分发挥我省电子商务优势，加快发展基于互联网的新型展览业态，推广APP、微信等互联网手段在展览业的应用。鼓励实体展览会举办网上展览，推动大数据等技术应用，发展网上营销推广、客户挖掘、线上配对等服务，实现线上线下融合发展。积极发展绿色展览，推动展馆在主体设计、展具选材、光照系统等方面应用低碳环保技术。

八、规范行业秩序。建立涵盖展览馆、办展机构（企业）、设计搭建和参展企业的诚信体系，推动展览主办（承办）机构诚信办展。加强知识产权保护，强化监督管理、加大执法力度，打击参展参会单位侵权和假冒行为。鼓励展览企业申请ISO9001等服务质量认证，支持展览企业参与国际展览业协会（UFI）、国际大会及会议协会（ICCA）等国际性组织的认证，提升我省展览业服务水平。充分发挥展览行业协会和贸易促进机构等经贸组织的功能与作用，加强行业自律管理，推进制定展览业行业标准和经营准则，推动展览业标准化发展。

九、加大政策扶持。认真落实《国务院关于推进文化创意和设计服务与相关产业融合发展的若干意见》（国发〔2014〕10号）精神，对属于税收政策范围内的创意和设计费用，执行税前加计扣除政策；对符合规定的展览业小微企业，落实小微企业增值税、营业税和所得税优惠政策。积极发挥省转型升级产业基金的引导作用，推动政府、社会和展览企业共同建立展览业发展基金，促进展览业发展壮大。完善展览会展品出入境监管方式，提高展品出入境便利化程度。

十、完善工作机制。建立由省商务行政主管部门牵头，省发展改革、教育、科技（知识产权）、公安、财政、税务、工商、统计、海关、检验检疫等部门共同参与的联席会议制度，统筹推进全省展览业发展的规划编制、政策制定和协调管理等工作。各市应明确展览业管理协调机构。

十一、健全统计制度。建立以国民经济行业分类为基础的展览业统计、监测体系，并建立以此为依据的综合性信息发布平台。加强展览会拓市场监测工作，对以办展机构、展览服务企业、专业参展商等为主要监测对象，以展览数量、展出面积及展览企业经营状况为主要监测内容的展览业经济指标进行科学统计分析，并予以定期发布。

十二、加强人才培育。鼓励中介机构、行业协会、展览企业与相关院校和培训机构联合培养展览业专门人才，提升展览业从业人员的专业素养和技能。深化培养方式改革，鼓励高校会展专业通过加强校企合作、会展大赛等提高专业学生的应用和实战能力。推动省国际会展教育与实践联盟建设，从教育、培训、实践等环节入手，共同推动展览业人才培养。

广东省进一步促进展览业改革发展的实施方案[①]

为贯彻落实《国务院关于进一步促进展览业改革发展的若干意见》（国发〔2015〕15号）精神，加快推进我省展览业向专业化、国际化、品牌化和信息化方向转型发展，更好地服务我省经济社会发展全局，制定本实施方案。

一、总体要求和发展目标

（一）总体要求。全面贯彻落实党的十八大和十八届三中、四中、五中全会精神，按照党中央、国务院决策部署，牢固树立创新、协调、绿色、开放、共享发展理念，主动适应经济发展新常态，大力推进展览业市场化进程。坚持深化改革、科学发展、市场导向的原则，全面深化展览业管理体制改革，稳步有序放开展览业市场准入，建立公开公平、开放透明的市场规则，不断培育壮大市场主体，积极推动展览业与相关产业融合发展。

（二）发展目标。到2020年，基本建成结构优化、功能完善、基础扎实、布局合理、发展均衡的展览业体系。展览产业链资源进一步整合优化，贸易服务功能深度拓展，国际市场竞争能力逐步加强。培育集聚一批市场运作能力强、管理服务水平高的展览龙头企业。做强做大传统优势展会，发展壮大一批国内外知名的专业展览品牌。

二、深化展览业管理体制改革

（一）加快简政放权。根据国务院支持我省先行先试深化行政审批

---

① http://zwgk.gd.gov.cn/006939748/201604/t20160411_651125.html.

制度改革的部署，进一步简化展会审批环节，优化审批程序，取消省级商务主管部门负责的境内对外经济技术展览会办展项目审批，由商务部负责的有关办展项目审批条件和程序不变。完善有关操作细则，确保取消上述展会审批手续后与海关监管操作的衔接。进一步加强展览业事中事后监管，依托商务部"展览业管理信息系统"，完善展会信息采集和统计监测体系。

（二）规范党政机关举办展会活动。制定我省党政机关境内举办展会活动管理实施细则，建立政府办展退出机制。加强对全省各类展会的清理和管理，减少财政出资和行政参与办展。推进市场化进程，加强专业化分工，逐步加大政府向社会购买服务力度，鼓励企业和专业机构根据市场需求办展，有效承接原由党政机关举办的各类展会活动。

三、推动展览业创新发展

（一）推动展览业模式创新。加强云计算、大数据、物联网、移动互联等在展览业的应用，充分利用现代信息技术发展基于互联网的展览业态，探索网上展会等线上线下结合的展览商业新模式，促进虚拟展览与实体展览互动，扩大展览网上交易规模。加快形成与现代展览业相适应的组展组团方式及展位分配、招商宣传等新模式，提升展览业经营管理和服务水平。推进展馆管理体制改革和运营机制创新，兼顾公益性和市场原则，研究制定公开透明的展馆使用规则。

（二）拓展展览内外贸功能。支持各类展会拓展业务范围，推动展会从以货物贸易为主向货物贸易与服务贸易、技术贸易并重转变，以交易为主向展览综合运作转变，以跨境贸易为主向内外贸相结合转变。引导企业加大进口展及专业展中的国际参展商比例，强化展览促进进口功能，实现出口为主向出口进口并重。

（三）健全展览产业链。加强资源整合，以专业市场、商贸城等载体为平台，探索"展会+基地+交易"的模式，拓展展示交易功能。推动展会与我省优势产业和电子商务融合发展,通过"产业+展会+电商"模式,打造一批展览业与实体经济相结合的专业展会品牌。积极发展各类展览服务企业,建立以展览企业为龙头,金融、旅游、餐饮、策划、广告等行业为支撑和配套的产业集群。

(四)提升国际化水平。加强与欧美发达国家展览业界的交流合作,积极引进国际知名展览品牌和配套服务企业,培育一批有国际影响力的本土展览品牌。推动中国进出口商品交易会、中国加工贸易产品博览会、中国国际中小企业博览会、广东21世纪海上丝绸之路国际博览会等重要对外经贸交流合作平台创新发展。支持国有资本与民营资本成立混合所有制的国际展览集团,打造一批在国内外有竞争力的龙头展览企业。积极开拓"一带一路"沿线国家和新兴市场国家展览市场,在相关国家重点城市、重点区域设立招商招展平台,发布展览信息并收集国际展会资讯。大力推动粤港粤澳展览业融合发展。

四、优化展览业市场环境

(一)优化展览业规划布局。根据各地产业基础和资源禀赋,科学确定展览业发展定位,完善发展规划,防止展馆重复建设和盲目投资。完善展馆配套设施建设,推动展馆与周边区域一体化建设,加强与交通、商贸物流设施等规划的衔接。高标准建设一批国际化、现代化多功能会展中心,加强展馆间信息互通,完善馆展互动机制,提高展馆设施综合使用率。促进展览业领域技术创新,积极推动节能环保等新型材料在展览领域的应用。

(二)完善知识产权保护。提升对展会知识产权的创造、运用和保护水平,支持展览企业开发利用展会名称、标志、商誉等无形资产。按照展会主办方负责、政府监管、社会公众参与监督的原则,推动落实参展企业知识产权保护承诺制度,切实履行主体责任。完善重点企业知识产权展前审查和排查。创新监管手段,强化展会举办期间举报投诉和维权援助工作，重点完善展品商标侵权追溯和举报投诉受理处置机制。

（三）提高展品通关便利化水平。提高展品出入境通关效率，对展品进出口提供24小时预约通关服务，按规定加快验放。积极引导培育省内重点展览企业成为海关高信用企业。复制推广自由贸易试验区海关监管创新经验，依托省内海关特殊监管区域和保税物流中心（B型），大力发展保税展示交易。对同一直属海关关区内不同时间、不同地区反复参展的货物，可按规定继续适用保税仓储政策。

（四）创新入境展品查验监管模式。对展览组织机构出具有效证明的展品实施提前申报、集中申报等便利措施，依法规范未获得检验检疫准入展品的管理。举办大型国际展览期间，通过在主要旅检口岸现场设立绿色通道、在展览现场设立检验检疫部门临时办公点等渠道，为参展人员和入境展品提供通关便利。支持在条件成熟的展览场所实施集中检验检疫。

（五）加强行业诚信体系建设。推动建立全省展览机构信用档案，建设覆盖展览场馆、办展机构和参展企业的信用体系。加大对虚假宣传、商业欺诈等违法行为查处力度，建立完善对违法违规企业的信息披露制度，推动部门间监管信息共享，开展企业信用分类监管。

五、加强政策支持和引导

（一）加大财政支持力度。积极发挥财政资金的引导作用，按照政府扶持引导、企业市场化运作的方式，加大对展览企业支持，鼓励中小企业参加重点展会。统筹现有的内外经贸发展与口岸建设专项资金，通过扶持企业参展、加大对重点品牌展会支持力度等多种形式，大力推动我省展览业发展。

（二）落实税收优惠政策。认真落实国家促进展览业发展的税收优惠政策，对展会企业符合条件的创意和设计费用执行税前加计扣除政策。对符合条件的展会企业增值税小规模纳税人执行小微企业增值税优惠政策。

（三）拓宽金融服务渠道。完善融资担保体系，加大对展览企业资金募集支持力度。引导有实力的融资担保公司根据展览业特点设计产品，为办展机构、展览服务和参展企业提供融资服务。支持办展机构、展览服务机构、参展商在区域性股权交易市场注册挂牌，拓宽融资渠道。鼓励保险机构开发符合展览业特点的保险产品，探索展览责任保险、观展人员意外伤害保险、展品保险等新险种。

六、完善公共服务体系

（一）建立健全行业标准。加强展览业标准体系建设，在展览品牌运营、管理服务等领域形成具有广东特色的标准。加快建立与国际接轨的展览业统计、分析和评价指标体系，综合运用多种渠道采集数据，完善检查分析制度，为展馆、办展机构和展览服务企业发展提供基础数据支持。

（二）加强人才培养与引进。健全政府、企业、高校三方人才培养和合作长效机制，培育适应市场需求的展览业复合型人才。完善人才规划和政策体系，积极营造良好的人才发展环境，大力引进具有国内外展会运作经验的高层次人才，建设全省展览组织策划专业人才储备库。

（三）发挥行业组织作用。鼓励展览业行业组织开展规范化独立运作，拓展信息发布、人员培训、法律咨询等业务，探索制定展览组织机构和从业人员诚信准则，开展知识产权保护等行业自律管理。引入第三方中介机构对展览业经营主体及从业人员开展能力评定培训和管理等活动。支持行业组织与贸易促进机构等组织开展合作，依托贸易促进机构联系境外商贸组织的资源优势，为企业提供全方位的信息服务。鼓励展览业行业协会联合高校和科研院所开展展览业发展规律和趋势研究，提升其辅助决策功能。

（四）加强展览安全管理。贯彻《广东省大型群众性活动安全管理办法》，坚持"承办方负责、政府部门监管"原则，推动展览业安全管理社会化、市场化和专业化运作。推动建立展览业安全管理工作统筹协调机制，督促行业协会制定完善相关安全规范和技术标准，积极组织开展展览业安全管理培训。

七、工作保障

（一）加强组织领导。省商务厅要牵头建立促进展览业发展的部门间工作协调机制，进一步明确部门职责分工，强化统筹协调，加强全省展览业发展战略、规划、政策等制定和实施工作，加强事中事后监管，健全公共服务体系。各地要根据实际及时完善促进展览业发展的相关工作机制。

（二）强化督促落实。各地要根据国务院部署和本实施方案要求，结合当地经济社会发展实际制定具体工作方案，并认真做好组织实施工作，省有关部门要抓紧研究细化配套政策和具体措施，确保各项任务落实到位。省商务厅要加强督促检查，及时总结评估展览业改革发展工作情况，重大情况及时报告省政府。

重庆市人民政府关于进一步促进会展业改革发展的实施意见[①]

各区县（自治县）人民政府，市政府有关部门，有关单位：

为健全完善会展业发展市场服务体系，形成企业放手发展、行业自律约束、政府规范服务的良好格局，更好发挥会展业在稳增长、促改革、调结构、惠民生中的作用，按照《国务院关于进一步促进展览业改革发展的若干意见》（国发〔2015〕15号）精神，现就进一步促进会展业改革发展提出以下实施意见。

一、总体要求

（一）指导思想

全面贯彻落实党的十八大和十八届三中、四中全会，以及市委四届四次、五次全会精神，围绕"科学发展，富民兴渝"总任务，深入实施五大功能区域发展战略，坚持社会主义市场经济改革方向，以增强会展经济活力为出发点和落脚点，以市场化、专业化、品牌化、信息化为导向，以企业为主体，以产业服务体系为重点，深化改革，开拓创新，充分发挥市场在资源配置中的决定性作用，加快会展业转型升级，积极推进会展业市场化进程，更好地服务经济社会发展全局。

（二）基本原则

坚持深化改革。全面深化会展业管理体制改革，明确会展业经济、

[①] http://www.wsy.cq.gov.cn/news/readnews/nid/302c51f26148b59f4a66385d9b917505.

社会、文化、生态功能定位，加快政府职能转变和简政放权，稳步有序放开会展业市场准入，提升行业管理水平，以体制机制创新激发市场主体活力和创造力。

坚持科学发展。统筹全市展馆展会布局和区域会展业发展，科学界定会展场馆和会展活动性质，充分调动各方面积极性，营造区域协调发展、互利共赢的发展环境。

坚持市场导向。遵循会展业发展规律，借鉴国内外先进经验，建立公开公平、开放透明的会展市场规则，实现会展业持续健康发展。综合运用财税、金融、产业等政策，鼓励和支持会展业市场化发展。

（三）发展目标

到 2017 年，全市会展总面积达到 700 万平方米，直接收入 100 亿元，拉动消费 800 亿元，培育会展主营业务收入 1 亿元以上的企业 2 家。到 2020 年，会展总面积达到 800 万平方米，直接收入 120 亿元，拉动消费 1000 亿元，培育会展主营业务收入 1 亿元以上的企业 3 家，基本建成结构优化、功能完善、基础扎实、布局合理、发展均衡的长江上游地区会展之都。

——发展环境不断优化。完善法规政策，理顺管理体制，简化审批程序，优化政务服务，强化市场监管，形成平等参与、竞争有序的市场环境。

——专业化水平不断提高。力争到 2017 年，全市会展活动专业化率达到 60% 以上。到 2020 年，全市会展活动专业化率达到 70% 以上。

——国际化水平不断提高。积极开展重庆城市形象和会展活动国际宣传推广，加快"引进来，走出去"步伐，引进境外的先进制度、人才、理念和一批具有国际竞争力的知名品牌展会来渝办展或落户，逐步提升重庆企业参加国际性会展活动的能力和规模。

——品牌化水平不断提高。力争到 2017 年，培育 5 个规模 10 万平方米以上具有国际影响力的展会活动，10个5万平方米以上具有国内影响力的展会活动，20个3万平方米以上具有区域影响力的展会活动，30个具有地方特色的品牌展会活动。到2020年，培育5个规模15万平方米以上具有国际影响力的展会活动，10个10万平方米以上具有国内影响力的展会活动，20个5万平方米以上具有区域影响力的展会活动，30个具有地方特色的品牌展会活动。

——市场化水平不断提高。加快政府职能转变，创新管理方式，完善会展领域市场机制和支持政策，提供优质的公共服务，引导合理布局和行业自律，加快会展业市场化进程。力争到2017年，会展活动市场化率达到90%以上；到2020年，会展活动市场化率达到95%以上。

——信息化水平不断提高。加强会展业信息化建设，提升会展管理信息化、会展物流信息化、会展线上电子商务信息化、会展评估信息化、会展办公自动化、会展租赁信息化管理水平。

二、改革管理体制

（一）加快简政放权。改革行政审批管理模式，按照属地管理原则，履行法定程序后，逐步下放对外经济技术展会行政审批权限，适时调整审批制为备案制。运用互联网等现代信息技术，推行网上备案核准，提高行政效率和便利化水平。

（二）理顺管理体制。市商务主管部门牵头，根据工作需要适时召开专题会议，市发展改革、财政、经济信息、教育、科技、农业、外经贸、公安、文化、卫生计生、税务、工商、质监、食品药品监管、统计、旅游、贸促、海关、检验检疫等部门和单位参加，解决工作推进中的困难和问题。加强会展业发展战略、规划、政策、标准等制定和实施，加强事中事后监管，健全公共服务体系。

（三）明确相关部门职责。市商委负责国内、市内展会活动的牵头组织工作，市外经贸委等相关部门配合；市外经贸委负责国内、市内举办的国际性展会活动及国外参展的组织工作,市商委等相关部门配合;市政府外事侨务办负责香港、澳门的展会对接工作;市台办负责台湾的展会对接工作;其他相关部门负责行业内会展活动的牵头组织工作。

(四)推进市场化进程。认真贯彻《严格控制规范管理节庆展会论坛活动实施细则(试行)》(渝委办发〔2013〕28号),严格规范政府办展行为,严格控制政府及部门对展会冠名,减少财政出资和行政参与,逐步加大政府向社会购买服务的力度,探索建立政府办展退出机制。加快推进政府主导型会展活动改革,简化审批程序,优化政务服务,强化市场监管,形成平等参与、竞争有序的市场环境。

(五)发挥行业协会作用。鼓励会展行业协会开展行业发展规律和趋势研究,向企业提供经济信息、市场预测、技术指导、法律咨询、人才培训等服务。支持会展行业协会制定服务规范,参与相关行业标准的制定,指导开展会展企业资质认证、会展活动等级评定和行业交流,强化行业服务和自律功能,促进会展业健康快速发展。

三、推动创新发展

(一)推动会展专业化发展。鼓励支持B2B办展模式,引导会展项目走专业化发展道路,依托重庆优势产业,支持策划举办与汽摩、现代装备制造业、资源加工业等传统支柱产业和电子、IT、物联网等新型产业相关的专业题材展会,实现"一行业一专业展",利用专业展会对产业的凝聚力和带动力,集聚、优化市场要素,助推产业发展。

(二)推动会展集群化发展。围绕与会展业紧密相关的策划、设计、执行、加工、搭建等要素和吃、住、行、游、购、娱等关联行业,集聚会展业发展要素,打造培育会展业集群。依托重庆国际博览中心,吸引会展策划企业、会展主办企业、会展招商企业、会展搭建企业等入驻,建设以会展业为支撑的新型会展商务区,形成具有国际商务、会议展览、文化创意和休闲游憩功能的悦来两江现代国际商务中心体系,打造国内外大型会展项目最佳承接地和建设长江上游地区会展之都的核心平台。依托重庆国际会展中心和重庆展览中心，完善会展配套服务，形成会展业集聚区。

（三）推动会展品牌升级。鼓励支持渝洽会、渝交会、旅交会、高交会、西部农交会、立嘉机械展、摩托车博览会、国际汽车展等会展项目与国内外的行业组织或中介机构建立长期战略合作关系，逐步实现会展项目的国际招商，提高会展项目的国际参展商和采购商比重，提高展会品牌影响力。支持鼓励会展企业积极参与国际展览协会（UFI）、国际大会与会议协会（ICCA）等国际性组织的认证。建立品牌评价机制，完善品牌扶持政策，开展重点会展品牌绩效综合评估。

（四）加快信息化进程。鼓励支持会展企业利用互联网思维及信息集成技术，开展会展营运互联网化、会展营销互联网化、会展服务互联网化、会展客户互联网化、会展产品互联网化，提升会展综合竞争实力，降低会展活动综合成本，提高会展活动抗风险能力，推动会展业快速融入市场化领域，促进会展业创新发展。

（五）推动市场主体发展。鼓励多种所有制企业公平参与竞争，引导大型骨干会展企业通过收购、兼并、控股、参股、联合等形式组建国际会展集团。鼓励支持本土会展企业积极参加国际性会展行业组织，加强与国外知名会展企业沟通交流与合作，提升办展办会水平。指导会展企业推广运用国际质量标准体系，提升会展企业专业化、标准化、规范化服务水平。积极指导传统与现代会展技术有机结合，推广应用环保节能材料，加快会展业提档升级。

（六）健全会展产业链。充分发挥会展业的带动作用，促进市场要素的合理流动和有效配置，推动一二三产业联动发展。以会展企业为龙头，发展以交通、物流、通信、金融、旅游、餐饮、住宿等为支撑，策划、广告、印刷、设计、安装、租赁、现场服务等为配套的产业集群，形成行业配套、产业联动、运行高效的会展业服务体系，增强产业链上下游企业协同能力，带动各类会展服务企业发展壮大。

（七）深化会展交流合作。推动会展机构与国际知名会展业组织、行业协会、会展企业等建立合作机制，引进国际知名品牌会展企业来渝合作办展，提高我市展会活动的质量和效益。立足国家"一带一路"和多双边区域经贸合作等重大战略，用好"渝洽会"等平台，拓展合作领域，构建多元化、宽领域、高层次的境外参展办展新格局。

四、优化市场环境

（一）完善会展业标准体系。按照总体规划、分步实施的原则，加快制定、修订和推广展馆管理、经营服务、节能环保、安全运营等标准，逐步形成面向市场、服务产业、主次分明、科学合理的会展业标准化框架体系。

（二）完善行业诚信体系。加快建立覆盖会展场馆、办展机构和参展企业的会展业信用体系，推广信用服务和产品的应用，提倡诚信办展、规范服务。建立信用档案和违法违规单位信息披露制度，推动部门间监管信息的共享和公开，褒扬诚信，惩戒失信，实现信用分类监管。

（三）加强知识产权保护。鼓励支持会展企业通过专利申请、商标注册等方式，开发利用展会名称、标志、商誉等无形资产，提升对展会知识产权的创造、运用和保护水平。扩大展会知识产权基础资源共享范围，建立信息平台，服务会展企业。

（四）打击侵权和假冒伪劣。创新监管手段，把打击侵权和假冒伪劣列入会展总体方案和应急处置预案。完善重点参展产品追溯制度，推动落实参展企业质量承诺制度，切实履行主体责任。加强会展维权援助举报投诉和处置能力建设，完善举报投诉受理处置机制。

（五）加强展会现场监管。建立现场调解服务机制，解决组展商、服务商、参展商、专业观众、消费者的纠纷，维护会展主体和消费者的合法权益。按照"谁主办、谁负责"的原则，指导督促办展单位强化会展活动安全措施，制定应急预案，落实安全责任。

（六）加强展会舆论宣传。建立展会宣传推广机制，制订全市会展业整体宣传推广计划，充分利用境外专业媒体、国家级媒体、地方主流媒体、自媒体等多种形式，积极开展重庆城市形象宣传推广和展会品牌推介，不断提升重庆展会影响力。

五、强化政策引导

（一）优化会展业布局。围绕全市经济发展需要，科学规划会展场馆布局，定期发布引导支持会展目录，科学确立重点展会定位，鼓励支持一批产业特色鲜明、区域特点显著的品牌展会。

（二）落实财税政策。按照政府引导、市场化运作原则，通过优化公共服务，支持培育大型展会、成长型展会和新创办展会。鼓励会展机构到市外、境外办展参展。落实小微企业增值税和营业税优惠政策，对《国务院关于推进文化创意和设计服务与相关产业融合发展的若干意见》（国发〔2014〕10号）规定的税收政策范围的创意和设计费用，执行税前加计扣除政策；对符合市工商局、市财政局《微型企业会展补助申报工作暂行办法》标准的，给予一定财政补贴。

（三）改善金融保险服务。按照风险可控、商业可持续原则，鼓励商业银行、保险、信托等金融机构在现有业务范围内，创新适合会展业发展特点的金融产品和信贷模式，推动运用展会知识产权质押等多种融资方式，进一步拓宽办展机构、会展服务企业和参展企业的融资渠道。完善会展融资性担保体系，加大担保机构对会展企业的融资担保支持力度。

（四）提高便利化水平。进一步优化展品出入境监管方式方法，提高展品出入境通关效率。引导、培育会展业重点企业成为海关高信用企业，适用海关通关便利措施。简化符合我国出入境检验检疫要求的展品通关手续，依法规范未获得检验检疫准入展品的管理。

（五）健全行业统计制度。以国民经济行业分类为基础，建立和完善会展业统计监测分析体系，构建以会展数量、展出面积及会展经营状况为主要内容的统计指标体系，建设以展馆、会展机构和会展服务企业为主要对象的统计调查渠道，综合运用统计调查和行政记录等多种方式采集数据，完善监测分析制度，建立综合信息发布平台。

（六）加强人才体系建设。鼓励高等院校联合成立会展业研究机构，开展会展前沿理论研究，强化会展学科建设，深化教育教学改革，培养适应会展业发展需要的技能型、应用型和复合型专门人才。创新人才培养机制，积极引导校企合作，鼓励中介机构、行业协会与相关院校和培训机构联合培养、培训会展专业人才。开展会展人才队伍大培训活动，举办全国会展策划管理师认证培训、会展技能培训，提高从业人员素质。

各区县（自治县）人民政府、市政府有关部门和有关单位要充分认识进一步促进会展业改革发展的重要意义，加强组织领导，健全工作机制，强化协同配合。各区县（自治县）人民政府要根据本意见，结合经济社会发展实际研究制定具体实施方案，细化工作措施，确保各项任务落到实处。市政府有关部门和有关单位要抓紧研究制定配套政策和具体措施，为会展业发展创造良好环境。

辽宁省人民政府关于加快展览业
改革发展的实施意见[①]

各市人民政府，省政府各厅委、各直属机构：

为贯彻落实《国务院关于进一步促进展览业改革发展的若干意见》（国发〔2015〕15号）精神，推进展览业改革和发展，进一步发挥展览业对全省经济社会发展的促进作用，结合我省实际，现提出如下实施意见。

一、总体要求

（一）指导思想。全面贯彻党的十八大和十八届三中、四中、五中、六中全会精神，依托我省地处环渤海、东北亚核心的区位优势，优化产业布局、整合品牌资源、延伸产业链条、构建支撑体系，推动展览业转变发展理念、升级发展模式、改善发展环境，带动经济转型升级，努力把我省建设成为国内和东北亚地区具有影响力的会展经济强省。

（二）基本原则。坚持市场化、国际化、专业化、信息化和品牌化方向，倡导低碳、环保、绿色理念，加快展览业转型升级。统筹全省展览业发展布局，以沈阳、大连为会展中心城市着力打造国际品牌展会集聚地，各地区依托产业、市场和资源优势，错位发展、协同发展。立足我省区位优势，重点扶持和培育一批规模大、知名度高的品牌展会。培养一批办展能力较强、水平较高、影响较大的会展龙头企业和高素质会展专业人才。

---

① http://www.ln.gov.cn/zfxx/zfwj/szfwj/zfwj2011_119230/201702/t20170222_2794721.html.

（三）发展目标。到 2020 年，打造 10 个国家级国际性大型展会，会展主要经济指标逐年稳步增长，逐步形成布局合理、结构优化、功能完善、管理规范、发展均衡、专业化和国际化程度较高的现代展览产业体系。

二、改革管理体制

（一）建立部门联席会议制度。建立由省政府分管领导同志担任召集人，由省商务厅牵头，相关部门和单位共同参与的联席会议制度，加强全省展览业发展规划、政策、标准等制定和实施，强化政策衔接，推动信息共享，加强事中事后监管，健全公共服务体系，及时协调解决全省展览业发展中的重大问题。联席会议办公室设在省商务厅，具体负责展览业的日常工作。

（二）规范党政机关举办展会活动。贯彻落实《中共辽宁省委办公厅 辽宁省人民政府办公厅关于印发〈辽宁省党政机关境内举办展会活动实施细则〉的通知》（辽委办发〔2016〕51 号）要求，建立健全政府办展退出机制。加强对全省各类展会的清理和管理，推进市场化进程，逐步加大政府向社会购买服务力度。鼓励企业和专业机构根据市场需求办展，有效承接原由党政机关举办的各类展会活动。

三、积极培育壮大市场主体

（一）支持大型品牌展会活动。加大对全省已形成一定规模、具有较大影响力展会的支持力度，努力将其打造成为国际化高水平、全国乃至世界知名的品牌展会。

（二）培育中小型和专业展会。充分利用展馆资源，依托制造业发展，打造智能制造、石油化工、汽车及零部件、新能源汽车、节能环保、数控机床和机器人、医疗器械、五金工具、印刷包装技术、现代建筑产业等展会；依托农业渔业产业资源，打造有机绿色食品、种业农资、农产品、林下资源、水产品及加工品等展会，发展休闲农业、水果采摘、冬季捕捞等活动；依托科技、文化、卫生、教育、体育、旅游等资源，培育科技创新成果、文化创意、动漫游戏、工艺精品、物流、婚庆、广告、健康、养老、儿童产业等展会，开发新能源、新材料、新技术、生物医药等新兴产业会展，做大房地产、汽车、家具装修、文化旅游、科学教育、服装纺织品、糖酒、珠宝、瓷器、食品等专业展会。大力培育一批具有比较优势、代表行业发展方向的新兴展会，逐步将这些展会培育成新的国际性或区域性品牌。依托各地区商圈或大型商场，举办与百姓生活密切相关的婚庆、服装、工艺品、进口商品、农产品、老年产品用品、水产品等展会，便利就近消费。

（三）培育展览业龙头企业。在展览企业和相关服务机构中推行ISO 9000 认证，支持有实力的大型企业通过收购、兼并、联合、参股、控股等形式组建展览集团，打造具有先进办展理念、管理经验和专业技能的展览龙头企业，充分发挥示范和带头作用，提升行业核心竞争力。鼓励会展企业通过资本市场上市融资、做大做强。依托优势会展项目引进国内外知名会展企业参股或控股会展企业。逐步形成以大型会展企业为龙头，中、小型会展企业为辅助，相关服务企业为配套的会展市场主体体系。

四、支持展览业创新发展

（一）推动展览模式创新。推动云计算、大数据、物联网、移动互联等技术与展览业相融合，引导企业运用现代信息技术，开展服务创新、管理创新、市场创新和商业模式创新，发展新兴展览业态。鼓励依托实体展会举办网上展会，探索网上展会等线上线下结合的展览商业模式，实现"互联网+展览"升级，完善网上营销推广、线上交易等配套服务，扩大展览网上交易规模。

（二）深化国际交流合作。推动展览机构与国际知名展览业组织、行业协会、展览企业等建立合作机制，引进国际知名品牌展会到我省合作办展。积极争取境内外知名展览公司在我省设立分支机构、代理机构和合作机构，策划、承办各类展会。借助其他省（区、市）优质展会平台，广泛开展对外招展引会工作，争取更多大型会展项目落户我省。借助中国装备制造业博览会、中国国际软件和信息服务交易会等国际展览平台，提高展会的国际参展商比例，强化展览促进进口功能。加快实施"走出去"战略，提升在境外特别是周边国家的办展能力，带动全省对外经贸合作。

（三）拓展延伸展览产业链。积极培育展览业前、后配套产业，形成以大型展览专业企业为核心，以交通、旅游、物流、餐饮、住宿为支撑，以广告、设计、印刷、金融、通信、安装、布展、租赁、现场服务为配套的产业集群，构建配套齐全、协作紧密、运行高效的展览业产业链。鼓励展览业纵向横向融合，支持展览产业链上下游企业之间跨界整合，提高产业协同能力。探索"展览＋旅游""展览＋物流""展览＋科技""展览＋餐饮""展览＋休闲娱乐"等发展模式。结合我省新兴产业、优势产业，鼓励跨界办展，带动相关产业链，形成互动共赢的发展格局。

（四）完善展览场馆管理运营。进一步完善展馆周边地区基础设施建设，优化交通路网体系及公交线路布局，为大型展会活动提供交通保障。支持引入国内先进的展览运营管理模式，鼓励多种所有制企业参与展馆经营，开展多种展览业务，推进展馆管理体制改革和运营机制创新，提高会展资源的优势整合和在全国会展市场中的竞争能力。鼓励展馆运营管理实体通过品牌输出、管理输出、资本输出等多种形式提高运营效益，提高展馆设施利用率，加强展馆信息管理，推动场馆互动、信息互通，提高场馆设施的使用率。

五、优化展览业市场环境

（一）建立展览业标准体系。加快制定和修订展馆管理、经营服务、节能环保、安全运营等行业经营管理标准，逐步形成面向市场、服务产业、主次分明、科学合理的展览业标准化体系，大力推广行业标准服务，规范展览业市场秩序，推动展览业健康、规范发展。推动展览搭建工程企业等级划分和评定标准、专业性展览会等级划分和评定标准、展览企业分类标准、展览项目分类统计标准等地方标准的颁布实施，逐步建立与国际标准接轨的展览服务体系和标准。支持我省举办的国际性展会通过全球展览业协会（UFI）国际大会与会议协会（ICCA）认证。

（二）建立行业信用体系。建立覆盖展览馆、办展机构、设计搭建和参展企业的信用体系，推广信用服务和产品的应用，提倡诚信办展、规范服务。推动展会主办（承办）机构诚信办展，践行诚信服务公约，依托各地区行业协会建立企业的信用档案，制定展会参展商信用监管制度。鼓励对诚信企业进行表彰，建立企业和从业者信用档案和违法违规信息披露制度。利用辽宁省信用数据交换平台和企业信用信息公示系统，健全政府部门信用信息共享和公开，褒扬诚信，惩戒失信，促进展览业健康发展。

（三）加强知识产权保护。支持和鼓励展览企业通过专利申请、商标注册等方式，开发利用展览会名称、标志、商誉等无形资产，提升对展会知识产权的创造、运用和保护水平。扩大展览会知识产权基础资源共享范围，建立信息平台，服务展览企业。展览会主办单位要把打击侵权和假冒伪劣列入展览会总体方案和应急处置预案，制定展会参展商诚信和质量安全监管制度。做好对展商的引导、对展品的预先审查和展会的过程管理。明确展会现场侵权投诉的处置流程，配合执法部门加强对展会的监管，防止参展参会单位侵权、造假行为。完善重点参展产品追溯制度，推动落实参展企业质量承诺制度，切实履行主体责任。支持和鼓励展览企业通过专利申请、商标注册等方式，开发利用展览会名称、标志、商誉等无形资产，提升对展会知识产权的创造、运用和保护水平。

（四）加强展会安全防范。按照大型群众性活动安全管理的有关规定，遵循安全第一、预防为主的方针，防止出现群体性事件和安全事故。按照"谁主办，谁负责"的原则，落实展会安保工作责任制。制定各项应急联动预案，切实做好展会安全管理工作，为展会活动的顺利举行提供可靠保障。有关部门要加强对展会安全保障工作的检查监督，落实好各项安全措施，确保展览会不出安全事故。

六、保障措施

（一）建立展览业服务体系。为展会配套服务的相关单位和企业，要树立良好的服务意识，按照优质、高效的要求为展会提供各项服务，实现会展场馆租赁、广告宣传、展品运输、展位搭建、物业管理等服务专业化、规范化，餐饮、住宿、交通、旅游等配套服务标准化、人性化，逐步形成符合市场经济规律和国际惯例的会展服务运作体系，全面提高为展览业服务的水平。

（二）完善财税政策。对市场化运作初期需要培育的自办展会给予适当扶持，对参加国家部委及各省政府主办的国内大型展览展示活动给予适当支持，引导银行业金融机构对展览基础设施建设和改造给予信贷支持。对纳税确有困难的会展场馆，可按相关规定申请办理减免房产税和城镇土地使用税。全面落实小微企业相关税收优惠政策，促进展览企业及相关配套服务企业健康发展。

（三）创新金融服务。鼓励商业银行、证券期货、保险、信托等金融机构在现有业务范围内，按照风险可控、商业可持续原则，创新适合展览业发展特点的金融产品和服务模式，推动开展展会知识产权质押等多种方式融资，进一步拓宽办展机构、展览服务企业和参展企业的融资渠道。完善融资性担保体系，鼓励融资担保机构为展览企业提供融资担保服务。

（四）实施便利通关。建立展览活动通关协调机制，进一步优化出入境展品的监管方式方法，提高展品出入境通关效率。引导、培育展览业重点企业成为海关高信用企业，适用海关通关便利措施。支持参展单位以 ATA 单证册方式通关，有效解决出入境展品担保问题。简化符合出入境检验检疫要求的展品通关手续。对货运渠道进出展览品，提供预约通关服务。

（五）建立健全部门展览行业统计评估体系。构建以展览数量、展出面积及展览业经营状况为主要内容的统计指标体系，以展馆、办展机构和展览服务企业为主要对象的统计调查渠道，综合运用统计调查和行政记录等多种方式采集数据，完善统计监测分析制度，全面、真实地反映全省展览业发展情况。

（六）充分发挥展览行业协会的作用。积极发展运作规范、独立公正的各类中介机构和协会、学会等专业化行业组织，充分发挥行业组织在制定规范、组织对外交流、行业自律、展会评估、信息发布、行业统计、市场预测、政策研究、沟通协调、咨询服务、刊物发行、行业培训和公信证明等方面的作用，使之成为企业与政府、社会沟通的桥梁和纽带，推动和引导展览业健康有序发展。

（七）加快人才体系建设进程。加快展览业人才引进和培养，按照技能、营销、策划和高层管理等不同层面，实施多层次、多渠道的培养教育。充分发挥我省教育优势，鼓励本科高校和大专院校开设展览业相关专业或展览业技能培训班，合作建立展览人才实习实训基地。鼓励相关中介机构、行业协会与相关院校和培训机构联合培养、培训展览专门人才。积极引进会展策划师、会展设计师、会展高级项目经理等展览高端人才。

各地区要充分认识进一步促进展览业改革发展的重要意义，加强组织领导，健全工作机制，强化协同配合。结合各自经济社会发展实际，研究制定配套政策和具体措施，确保展览业改革发展各项任务落到实处。省有关部门要切实增强责任意识、服务意识和大局意识，把服务工作延伸到展览业的各个层面、各个环节，合力打造我省展览业的良好环境，共同推进全省展览业的改革发展。省商务厅要会同有关部门和单位加强统筹协调、业务指导和督促检查。

吉林省人民政府办公厅关于加快全省展览业改革发展的实施意见[①]

各市（州）人民政府，长白山管委会，各县（市）人民政府，省政府各厅委办、各直属机构：

为贯彻落实《国务院关于进一步促进展览业改革发展的若干意见》（国发〔2015〕15号），加快推进我省展览业发展，经省政府同意，提出以下实施意见。

一、总体要求

（一）指导思想。充分发挥我省的产业、资源和区位优势，坚持市场化改革方向，更好地发挥政府的推动作用，进一步完善发展环境，优化发展布局，壮大市场主体，加快实现我省展览业专业化、国际化、品牌化、信息化进程，更好地服务于全省经济和社会发展大局。

（二）基本原则

坚持以市场化为导向。综合运用财税、金融、产业等政策，建立公开公平、开放透明的市场规则，鼓励和支持展览业市场化发展。

坚持机制体制创新。理顺展览业管理体制，加快政府职能转变和简政放权，充分发挥市场配置资源的决定性作用、展览企业的市场主体作用，逐步形成竞争有序、充满活力的展览业市场体系。

坚持开发开放。提升展览业的国际化水准，加强与国内外相关产业、行业组织、展览机构的交流合作，积极承办和引进国际性、国家级

---

① http://www.jl.gov.cn/xxgk/zc/zffw/szfwj/jzbf/201512/t20151224_2132736.html.

大型、高端展览活动。

坚持多元化发展。延长会展经济产业链，增强展览业带动能力，提高展览业综合效率和经济效益，推动全省产业结构优化升级。

（三）发展重点。围绕汽车、石化、农产品加工三大主导产业，以及装备制造、建材、医药、生化、电子信息、新材料、新能源等传统提升产业和战略性新兴产业，突出经营运作好十大系列的会展项目，在巩固和提高现有展会质量的同时，大力开发新的会展资源，打造我省展览业新优势。

（四）空间布局。适应我省经济与社会发展的总体需要，努力构建"一核、一轴、多点"的展览业发展新格局。"一核"，即以长春市为核心，打造全省展览业的集中展示区，充分发挥其龙头带动和辐射作用；"一轴"，即以长吉图区域为依托，围绕汽车、农产品、石化、冶金建材、生物技术等优势产业，打造系列专业性展会；"多点"，即以省内其他地级城市和经济重镇为结点，举办医药、食品、特产、建材、能源、旅游、消费品等系列展会，力争每个市（州）都能围绕本地优势打造1~2个品牌展会。

（五）发展目标。到2020年，全面理顺展览业管理体制和运营机制，逐步形成平等参与、竞争有序的市场环境，展览业市场化水平显著提高，会展设施进一步完善。力争全省会展总量达到150项以上，其中国际性品牌展会达到15项以上。培育10个以上集项目组织与各项配套服务于一体的展览龙头企业。展览业发展布局趋于合理，长春市跨入全国重点展览名城行列。

二、加快建立适应市场化需求的管理体制

（六）理顺展览业管理体制。省商务厅为全省展览业的行业主管部门，负责全省展览业的管理和指导工作。各地要从实际出发，尽快理顺关系，明确职责，发挥好政府部门的监督、规范、服务职能。建立由商

务、发展改革、教育、科技、公安、财政、税务、金融、工商、海关、出入境检验检疫、质监、统计、知识产权、贸易促进等部门和单位共同参与的工作协作机制，统筹协调展览业发展的重大问题。

（七）推进展览业市场化进程。规范各级政府的办展行为，减少财政对具体项目的出资和行政参与，切实把政府的主要精力放在谋划发展、提供服务、政策引导、打造环境、规范市场行为上来。政府及政府部门主办的展会，要逐步通过招标形式，把工程项目、广告宣传、接待服务等纳入商业化、市场化范围。

（八）加快展览业主体建设。通过合资、合作和改革、改制、改组等多种形式，加快市场主体建设进程。重点打造一批骨干展览企业，提高策划、组展和经营管理能力。鼓励和支持企业向规模化、集团化发展，逐步形成以大型企业为龙头，中、小型企业为辅助，其他服务企业相配套的展览市场主体体系。

（九）完善展览场馆运营管理。兼顾公益性和市场化原则，推进展览场馆管理体制改革和运营机制创新。鼓励有实力的运营管理实体通过品牌输出、管理输出、资本输出等形式，参与省内展览场馆的经营管理，提高运营效益。加强信息管理，推动场馆互动、信息互通，提高场馆设施的使用率。

（十）扩大对外开放水平。配合实施国家"一带一路"等重大战略及多双边和区域经贸合作，积极引入外资、管理、技术和人才。积极争取境内外知名展览公司在我省设立分支机构、代理机构和合作机构，参与展会展览的策划组织、场馆建设及行业经营管理，鼓励我省企业积极参与并承担有影响的全国性、国际性展览活动。加快实施"走出去"战略，提升在境外特别是周边国家的办展能力，带动全省对外经贸合作。

（十一）发挥行业组织的职能作用。积极发展运作规范、独立公正的专业化行业组织，充分发挥行业组织在制定规范、行业自律、展会评估、提供信息、行业统计、市场预测、政策研究、法律咨询、人员培训和公信证明等方面的作用，使之成为企业与政府、社会沟通的桥梁和纽带。

三、着力推动展览业转型升级

（十二）壮大产业规模。切实将展览业纳入国民经济与社会发展的整体规划之中，加大工作力度，落实工作责任，推进繁荣发展。从2016年到2020年，力争全省展会总量和直接产值年均增长速度不低于10%，高于国民经济的发展速度，展览业总量较小、起步较晚的地区要争取更大增幅。

（十三）大力搞好项目开发引进工作。紧紧围绕国家产业政策，坚持把项目开发作为一项经常性的战略任务，常抓不懈。依托我省汽车、石化、农业及农产品加工业等优势产业和"沿边近海"等区位优势，动员企业和社会力量，争取每年创办一批有利于国计民生、有发展前景的展览项目。加强与国内权威机构、境外展览组织合作，重点策划开发或引进一批规模大、拉动作用强的专业性展览项目。

（十四）积极推进各类展会提档进位。树立精品意识，打造展览品牌，突出抓好东北亚博览会、汽博会、农博会等现有品牌项目，提档进位，不断扩大影响力和竞争力。加大对潜在品牌项目的支持力度，大力培育一批具有比较优势、代表行业发展方向的新兴展会，逐步将这些展会培育成新的国际性或区域性品牌。

（十五）延伸展览业发展的产业链。加强产业配套协调，以会展业为基础，带动交通、物流、旅游、餐饮、商贸、住宿、娱乐等相关行业，以及策划、广告、印刷、设计、安装、租赁、现场服务等配套服务行业共同发展，发挥展览业在国民经济和社会发展中的辐射作用，形成覆盖全省的若干配套产业集群，最大限度地放大会展拉动效应。

四、大力推进展览业创新发展

（十六）形成较为完善的行业标准体系。完善展览业标准化体系建设，落实国家展览业有关标准体系，制定、完善和推广展览管理、经营服务、节能环保、安全运营等标准，逐步形成面向市场、服务产业、主次分明、科学合理的展览业标准化框架体系。

（十七）健全与完善行业统计制度。以国民经济行业分类为基础，建立展览业统计监测分析体系，构建以展览数量、展出面积及经营状况等为主要内容的统计指标体系。综合运用统计调查和行政记录等多种方式采集数据，健全和完善全省展览业数据库及监测分析制度，建立综合性信息发布平台。在抓好重点城市、骨干项目试点的基础上，尽快形成涵盖全省的调查统计制度和体系。

（十八）稳步推行评估制度建设。借鉴国内外先进经验，积极构建展览业评估市场，完善评估体系，由行业机构、中介组织等组成第三方评估机构，对比较成熟展会的运营状态、实际效果、发展前景和各方反映等进行调查取证、分析，做出综合评价，并实时对外公布。

（十九）完善展览业服务运作体系。按照"行业管理规范化、部门协作程序化、社会服务标准化"的要求，建立公共服务部门、会展企业和社会有关方面的工作规范、行为守则和服务程式。突出解决好公共服务问题，建立完善大型展会的通关、商检、治安、交通、运输、接待等服务流程，提高便利化水平，构建符合市场经济规律和国际惯例的展览业服务运作体系。

（二十）完善展览业诚信体系。建立展览机构、参展企业信用档案和违法违规信息披露制度，推动部门间监管信息共享和公开，褒扬诚信，惩戒失信，实现信用分类监管。推广信用服务和产品的应用，提倡诚信办展、服务规范。

五、进一步优化展览业发展环境

（二十一）根据实际需求搞好展览业基础设施建设。采取有效政策措施，鼓励社会投资兴建或改造展览场馆及相关配套设施。将大型会展中心周边基础设施建设纳入城市经济发展整体规划。加强引导和政策扶持，积极发展物流、通信、金融、酒店、餐饮、娱乐等配套服务设施。争取利用5年左右时间，在全省初步形成布局合理，能够满足不同层次会展活动需求的展览业基础设施体系。

（二十二）进一步完善政策支撑体系

加大专业化展览扶持力度。培育一批以我省优势产业为依托的专业化展会，提升产业交流和创新能力，发挥专业市场功能，开展各类商品的常态化展览，拓展商贸产业链，促进商贸对接。

落实小微企业增值税和营业税优惠政策。对属于《国务院关于推进文化创意和设计服务与相关产业融合发展的若干意见》（国发〔2014〕10号）税收政策范围的创意和设计费用，执行税前加计扣除政策，促进展览企业及相关配套服务企业健康发展。

改善金融保险服务。鼓励商业银行、保险、信托等金融机构在现有业务范围内，按照风险可控、商业可持续原则，提供适合展览业发展特点的金融产品和信贷模式，推动开展展会知识产权质押等多种方式融资，进一步拓宽办展机构、展览服务企业和参展企业的融资渠道。完善融资性担保体系，加大担保机构对展览企业的融资担保支持力度。

（二十三）加强会展业知识产权保护。支持和鼓励会展企业通过专利申请、商标注册等方式，开发展会名称、标志、商誉等无形资产，提升对会展知识产权的创造、运用和保护水平。扩大知识产权基础资源共享范围，建立信息平台，服务会展企业。依法查处假冒专利产品，伪造他人注册商标、盗用知识产权产品，以及其他各类虚假宣传和侵权违法行为，确保企业合法权益不受侵害。

（二十四）进一步规范展览业发展秩序。继续规范展会登记及备案、信息发布、安全措施、知识产权保护、违法监督处罚及投诉处理等行为，鼓励展览行业有序竞争、规范办展。完善重点参展产品追溯制度，推动落实参展企业质量承诺制度，切实履行主体责任。创新监管手段，提升参展商、采购商维权处置能力，形成公平竞争、规范有序的展览业市场秩序。

（二十五）加快人才体系建设进程。创新人才培养机制，按照技能、营销、策划和高层管理等不同层面，实施多层次、多渠道的培养教育。充分发挥我省教育优势，鼓励高等院校开设会展相关专业。建立展览人才实习实训基地，培养适应展览业发展需要的技能型、应用型和复合型专门人才。建立展览业从业人员培训制度，强化企业岗位培训，鼓励行业协会与相关机构联合培养、培训展览业专门人才，积极引进展览企业急需的特殊人才。

（二十六）形成推动展览业发展的整体合力。要充分认识进一步促进展览业改革发展的重大意义，加强组织领导，健全工作机制，强化协同配合。各地要结合各自经济社会发展实际，研究制定配套政策和具体措施，确保展览业改革发展各项任务落到实处。各相关部门要切实增强责任意识、服务意识和大局意识，把服务工作延伸到展览业的各个层面、各个环节，合力打造我省展览业的良好环境，合力推进全省展览业的改革发展。

黑龙江省人民政府关于促进展览业改革发展的实施意见[①]

各市（地）、县（市）人民政府（行署），省政府各直属单位：

为贯彻落实《国务院关于进一步促进展览业改革发展的若干意见》（国发〔2015〕15号）精神，进一步推动展览业改革发展，做大做强展览经济，更好地发挥其在稳增长、促改革、调结构、惠民生中的作用，带动全省现代服务业快速发展，结合我省实际，现提出如下实施意见。

一、明确目标要求

坚持专业化、国际化、品牌化、信息化方向，倡导低碳、环保、绿色理念，加快展览业转型升级。理顺展览业管理体制，积极推进展览业市场化进程，培育壮大市场主体。统筹全省展览业全局，促进各地展览业依托产业、市场、资金和环境，优势互补、协同发展，实现我省展览业持续健康发展。争取到2020年，我省展会数量和规模年均增长20%以上，展览业收入年均增长25%以上，打造10个具有我省特色的影响力强、市场化程度高的专业性展会。

二、推动创新发展

（一）培育新兴产业展会。积极培育物流、金融、信息、旅游等现

[①] http://www.hlj.gov.cn/wjfg/system/2015/11/20/010749188.shtml.

代服务业展览会。打造文化产业博览会，发展文化产业。争取国家部委支持，引进国际国内知名的电子信息、石油化工、生物医药等展览机构在我省举办展会。发展电子商务展览平台，实现实物展览与网上展览交易的良性互动。

（二）延伸展览产业链。促进展览业与生活性服务业融合发展，加快构建以交通、通信、金融、物流、娱乐、旅游、餐饮、住宿、教育等为支撑，策划、设计、广告、印刷、安装、租赁等为配套的展览关联产业集群，形成行业配套、产业联动、运行高效的展览业服务体系，带动各类展览服务业发展壮大。

（三）完善展览场馆功能。突出展览功能，围绕展览主体，提供展示设计、展位搭建、展品运输、存放展品、起重设备等服务；突出会议功能，围绕学术交流、信息发布、产品推介，提供配套会议厅（室）、同声传译设备；突出服务功能，围绕商务活动，设立信息中心、新闻中心、商务中心，以及快餐厅、咖啡厅、客房、商场、银行等场所，为展会提供配套服务。

（四）提升组织化水平。加强政策引导支持，支持有实力的大型企业通过收购、兼并、控股、参股、联合等形式组建国际展览集团，打造具有先进办展理念、管理经验和专业技能的展览龙头企业，充分发挥示范和带动作用，提升行业核心竞争力。积极引进国内大型知名展览企业到我省承办各类展会，学习先进办展经验，提升展会组织化水平。

（五）深化国际交流合作。推动展览机构与国际知名展览业组织、行业协会、展览企业等建立合作机制，引进国际知名品牌展会到境内合作办展，提高境内展会的质量和效益。配合实施"中蒙俄经济走廊"、黑龙江陆海丝绸之路经济带建设等重大战略及多双边和区域经贸合作，用好中俄博览会等国际展览平台，培育境外展览项目，改善境外办展结构，构建多元化、宽领域、高层次的境外参展办展新格局。

三、改革管理体系

（六）提高行政效率。商务主管部门积极为展览主办单位提供指导服务。对涉外经济技术展览会，按照国家有关规定，协助举办企业和单位做好展会项目报批有关工作，并加强办展管理和监督检查。

（七）理顺管理体制。省商务厅是全省展览业管理部门，负责统筹全省展览业发展的规划编制、政策制定、行业促进、行业规范和行业管理。发展改革、工业和信息化、教育、科技、公安、财政、税务、工商、海关、质监、统计、知识产权等部门和单位要各负其责，在职责范围内提供有效服务，切实做好展会安全工作。

（八）发挥中介组织作用。加快制定展览业行业标准和经营准则，发挥展览业行业协会的作用，开展展览业信息发布、行业培训、沟通协调、咨询服务、刊物发行等工作，为展览业发展提供咨询和法律援助，推动和引导展览业健康有序发展。

四、优化市场环境

（九）打造公共服务平台。按照政府引导、市场化运作原则，优化公共服务，采取政府购买服务的方式，建立为展览活动和办展企业服务的信息发布、展览评估和咨询服务平台。加快展览产业研究机构建设，为重大决策提供政策咨询服务，为国内外组展企业、参展商提供公共资讯等配套服务。

（十）提高展馆利用效率。各地要兼顾公益性和市场原则，推进展馆管理体制改革和运营机制创新，按照市场化原则，允许对政府投资建设的展馆进行有偿转让，解决展馆日常维护、维修改造等问题，提升展馆使用效率。

（十一）完善行业诚信体系。商务主管部门建立展览业从业单位信用档案，鼓励和监督展览业从业单位诚信经营。商务主管部门应当会同工商、公安、住建、卫生、质监、知识产权、版权等部门加强对展览活动的巡查，维护展览秩序，保障展览活动各方合法权益。展览业从业单位在招展办展过程中有违法行为由有关部门依法进行处理，商务主管部门将以上情况记入展览业从业单位信用档案。

（十二）建立展览监督机制。工商、知识产权、食品药品监管等部门要加大对展览会的现场检查力度。举办大型展览会，工商、知识产权、食品药品监管等部门要派员进驻展览场馆提供监督服务，设立投诉处理点，公布投诉举报电话，接受并处理相关投诉。

五、强化政策引导

（十三）优化展览业布局。以哈尔滨市为核心，依托哈尔滨产业优势、区位优势和基础设施有利条件，把哈尔滨市打造成东北亚展览会中心城市。西部以齐齐哈尔市和绥化市为支点，依托重工业和农业优势，重点发展产业促进类和农产品类专业性展览项目。东部以牡丹江市、绥芬河市、东宁县为支点，依托对俄加工贸易和旅游优势，重点发展对俄贸易类及旅游类专业性展览项目，打造对俄展览经济圈。北部以伊春市、佳木斯市为支点，依托独特旅游资源和旅游项目，发展展览旅游。

（十四）落实财税政策。研究和制定扶持展览业发展的政策措施，加大对展览业发展投入。积极落实减免税措施，降低企业负担。鼓励企业参与国家和省组织的大型展会活动。有条件的市（地）可以设立展览业发展专项资金，加大对社会办展的支持力度。

（十五）改善金融保险服务。鼓励商业银行、保险、信托等金融机构在现有业务范围内，创新适合展览业发展特点的金融产品，拓展信贷模式；推动开展展会知识产权质押等多种方式融资，进一步拓宽办展机构、展览服务企业和参展企业的融资渠道；完善融资性担保体系，加大担保机构对展览业企业的融资担保支持力度。

（十六）提高便利化水平。进一步优化展品出入境监管方式方法，提高展品出入境通关效率。引导、培育展览业重点企业成为海关高信用企业，适用海关通关便利措施。简化符合我国出入境检验检疫要求的展品通关手续，依法规范未获得检验检疫准入展品的管理。

（十七）健全行业统计制度。商务主管部门与统计部门共同建立展览统计分析制度，做好专项会展、年度会展的数据统计与分析工作，为展览行业发展评估及政策制定提供科学依据。展览企业通过商贸流通业行业统计信息平台报送展馆使用和展会举办情况。

（十八）加强人才体系建设。鼓励高校、职业院校按照市场需求设置专业课程，采用产教融合、校企合作培育模式，培养适应展览业发展的技能型、应用型、复合型人才。支持行业协会和高校合作，加强在职人员培训。鼓励支持展览从业人员参加中高技能培训，全面提升展览从业人员的整体素质和水平。

各地、各部门要充分认识进一步促进展览业改革发展的重要意义，加强组织领导，健全工作机制，强化协同配合。各地要根据本意见，结合自身经济社会发展实际研究制定具体实施方案，细化政策措施，确保各项任务落到实处。各有关部门要抓紧研究制定配套政策和具体措施，为展览业发展营造良好环境。

福建省《促进展览业改革发展实施方案》[①]

为贯彻落实《国务院关于进一步促进展览业改革发展的若干意见》（国发〔2015〕15号）精神，进一步发挥展览业在构建现代市场体系和开放型经济体系中的平台作用，结合我省实际，制定本方案。

一、明确目标要求

坚持专业化、国际化、品牌化、信息化方向，倡导低碳、环保、绿色理念，加快展览业转型升级。建立和理顺展览业管理体制，稳步有序地放开展览业市场准入，提升行业管理水平，培育壮大市场主体。统筹全省展览业全局，促进各地展览业依托产业、市场和环境，错位发展、协同发展。建立公开、公平、公正、透明的市场规则，综合运用政策，实现展览业持续健康发展。到2020年，我省展览业规模达到全国中等偏上水平，涌现一批专业化、国际化、市场化、规范化水平高、竞争力强的品牌展会和在境内外策展、办展的市场运营主体。

二、理顺管理体制

（一）加快简政放权。除国家规定保留在省级审批的国际性、两岸性和政府主办的展会外，按照国家的统一部署，逐步取消审批，适时将审批制调整为备案制。简化管理程序，推行网上备案，提高行政办事效率和便利化水平。清理废止阻碍行业发展和妨碍公平竞争的政策规定。

[①] http://www.fujian.gov.cn/xw/ztzl/jkjshxxajjq/zcwj/201508/t20150804_1038477.htm.

（二）加强工作协调。省商务厅是全省展览业的主管部门，负责统筹全省展览业发展的规划编制、政策制定、行业管理。由省商务厅牵头，省直有关部门共同参与，组成全省展览业联席会议机制。九市一区应明确本地区展览业管理部门，承担相应工作职责。

（三）优化发展格局。集中力量将福州、厦门、泉州打造成全省展览业中心城市。福州市要发挥海峡国际会展中心坐落于自贸试验区内的政策优势，进一步完善和优化展馆功能和配套设施。厦门市要以建设会展中心——会议中心综合会展集聚区、五缘湾——观音山休闲体验会展集聚区和海西国际商贸展览中心为重点，争创国际会展名城和中国会展典范城市。泉州市要加快建设东海国际会展中心、晋江国际会展中心。其他设区市和平潭综合实验区要因地制宜，走"特色""专精"发展路子，避免低水平重复建设和闲置浪费现象。

（四）推进市场化办展。逐步淡化展会活动的行政色彩，推动政府购买服务。发挥中介组织作用，承担展览统计、评估、行业自律、资质认定和理论研究等工作。以省国际会议展览业协会和各地市会展协会为基础成立福建会展协会联合会或会展协会联席会议。支持福州、厦门、泉州等条件成熟的城市建立城市会展协会。

三、支持创新发展

（一）提升数字化水平。充分利用数字福建资源，整合现有虚拟展会资源，推动各展览会引进移动互联、APP、微博和智能展会应用技术，发展基于互联网的新型展览业态。鼓励依托实体展会举办网上展会，实现"互联网＋展览"升级，完善网上营销推广、线上交易等配套服务，实现线上虚拟展会与线下实体展会互补融合。支持建设展览业公共信息服务平台，加强网上统计、报备、核准等互动办事功能。

（二）提升集约化水平。扶持我省重点展览企业向品牌化、集团化、国际化方向发展，培育一批展览企业向专业化、精细化、规范化发展，鼓励大型企业组建专业展览部门参与举办展会。鼓励省内展览企业接受国际知名企业并购重组，引进先进管理，鼓励国际知名展览企业采取独资、合资、合作等多种方式设立外资展览公司，引进国际展览总部企业。

（三）延伸拓展产业链。积极培育展览业前、后向配套产业，形成以大型展览专业企业为核心，以交通、物流、通信、金融、旅游、餐饮、住宿为支撑，以策划、广告、印刷、设计、安装、布展、翻译、租赁、现场服务为配套的产业集群，构建配套齐全、协作紧密、运行高效的展览业产业链。促进展览与旅游、展览与商贸、展览与物流、展览与科技等其他行业、产业的融合发展，逐步形成若干个区域性产品展示交易中心、结算中心、定价中心及研发设计中心、产品质量标准和产业标准的策源地。

（四）完善展馆管理运营。总结推广厦门国际会展中心、福州海峡会展中心的管理运营经验，推进展馆管理体制改革和运营机制创新，鼓励多种所有制企业参与展馆经营，开展多种展览业务，制定公开透明和非歧视的场馆使用规则。鼓励展馆运营管理实体通过品牌输出、管理输出、资本输出等形式提高运营效益。

（五）深化对外交流合作。抓住我省建设"21世纪海上丝绸之路核心区""自由贸易试验区""生态文明先行示范区"的契机，加强与境外展览机构的合作，融入更多主题元素，提升省内展会国际招商招展规模，逐步扩大知名度和影响力。建立两岸展览业"搭桥"工作机制，交换两岸展览业动态、政策、经贸统计数据等信息，试点两岸合作办展，探索合作授权经营展厅。鼓励展览中心城市加入"中国城市会展协会联盟""亚洲会展城市联盟"，支持省内展览协会、展览企业加入国际会展组织。支持开展"福建品牌海丝行""闽货华夏行"等福建商品境内外市场推销活动。进一步降低福建企业参加广交会、华交会等境内重点展会的成本费用。

（六）发挥自贸试验区政策功能。充分运用国家赋予我省直接审批在自贸试验区举办涉台经济技术展览会权限的特殊政策,积极商洽国际知名品牌展会、台湾展览企业落户自贸试验区。允许台湾服务提供者以跨境交付方式在自贸试验区内试点举办展览。充分运用自贸试验区通关便利化措施,简化展品事前通关手续,加强事中事后监管。利用福州海峡展览中心等自贸试验区内展会资源,举办保税展示交易展会。

四、优化发展环境

(一)制定和实施行业标准。鼓励展览企业实施《服务业组织标准化工作指南》(GB／T24421—2009)系列国家标准,推广展览会、设计搭建、展览经营、安全保障等标准,积极开展标准化试点工作,逐步培育和形成展览业标准体系。支持我省举办的国际性展会通过全球展览业协会(UFI)国际大会与会议协会(ICCA)认证。

(二)建立行业诚信体系。建立覆盖展览馆、办展机构、设计搭建和参展企业的诚信体系,推动展会主办(承办)机构诚信办展,践行诚信服务公约,制定展会参展商诚信监管制度,依托各地行业协会建立上述企业的诚信档案。鼓励对诚信企业进行表彰,并建立信息披露制度,褒信惩诈,分类管理。推广信用服务与产品的应用。

(三)加强知识产权保护。在福州、厦门试点的基础上,制定并实施全省展会知识产权保护办法。展览会主办单位要把打击侵权和假冒伪劣列入展览会总体方案和应急处置预案,制定展会参展商诚信和质量安全监管制度;做好对展商的引导、对展品的预先审查和展会的过程管理;明确展会现场侵权投诉的处置流程,配合执法部门加强对展会的巡查监管,防止参展参会单位侵权、造假行为。对重点参展产品实施源头追溯,落实参展企业质量承诺制度。支持展览企业申请专利与商标,支持符合条件的商标注册人申报福建省著名商标,依法开发利用展会名称、标志等无形资产。

(四)加强展会安全防范。严格执行《大型群众性活动安全管理条例》

和《中华人民共和国消防法》等法规，按照"谁主办，谁负责"的原则，落实展会安保工作责任制。有关部门要加强对展会安全保障工作的检查监督，规范保安收费管理，落实好各项安全措施，确保展览会不出安全事故。

五、强化政策导向

（一）制定发展规划。根据我省展览业发展实际，依托优势产业和优势产品，科学编制我省展览业"十三五"发展规划，明确发展目标、重点任务、主要载体、保障措施，指导全省展览业的有序发展。在本省各相关"十三五"专项规划中，体现有利于推动我省展览业发展的内容。九市一区要把展馆布局纳入城市商业网点规划，合理布局配套发展。

（二）给予财税扶持。逐步加大财政支持力度，对市场化运作初期需要培育的自办展会给予适当扶持，对组织企业参加省外、境外重点展会的我省展览机构给予适当奖励，对展览基础设施建设、改造，引导银行业金融机构给予信贷支持。设区市和平潭综合实验区要制定展览奖励扶持政策，激发社会市场化办展积极性，切实做好展馆、会场等不动产纳入"营改增"各项准备工作。落实《国务院关于推进文化创意和设计服务与相关产业融合发展的若干意见》（国发〔2014〕10号），对税收政策范围的创意和设计费用执行税前加计扣除政策。

（三）完善金融服务。鼓励商业银行、保险、信托等金融机构在现有业务范围内，按照风险可控、商业可持续原则，创新适合展览业发展特点的金融产品和信贷模式，推动开展展会知识产权质押等多种方式融资，进一步拓宽办展机构、展览服务企业和参展企业的融资渠道。完善融资性担保体系，加大担保机构对展览业企业的融资担保支持力度。

（四）实施便利通关。加强跨关检区协作，建立展览活动通关协调机制，对经我省口岸进境在闽展览的货物及我省展览企业组织出境展览的货物，简化手续，便利通关。

（五）健全行业统计。以国民经济行业分类为基础，以各城市展览统计为支撑，研究建立全省统一的展览业统计、监测、评估分析体系，设立全省展览统计平台，加强全省展览数据的统计和调查研究，全面准确反映展览经济发展情况，为制定展览产业政策提供依据。

（六）加强人才培训。鼓励高校和职业学校设置会展经济与管理、文物与博物馆学、广告学、网络与新媒体、展览展示艺术设计、会展艺术设计、会展策划与管理、广告与会展等相关专业，培养适应展览业发展的技能型、应用型、复合型人才。鼓励校企合作，定向培养专业人才。支持行业协会和高校合作，加强在职人员培训。就业专项资金要鼓励支持展览人员参加中高技能培训，全面提升展览从业人员的整体素质和水平。发挥省国际商会培训中心作用，推进国际展览人才的培训工作。

各设区市政府和平潭综合实验区管委会要抓紧研究制定本地具体实施方案。省直相关部门要抓紧研究制定配套政策和具体措施，加强协同配合。省商务厅要抓好各项措施落实情况的督促检查，确保各项工作落到实处。

广西壮族自治区进一步促进展览业改革发展的实施方案[①]

为贯彻落实《国务院关于进一步促进展览业改革发展的若干意见》（国发〔2015〕15号）和《中共广西壮族自治区委员会 广西壮族自治区人民政府关于加快服务业发展的若干意见》（桂发〔2015〕4号）精神，加快推进广西展览业发展，结合我区实际，制定本方案。

一、总体要求和发展目标

（一）总体要求。按照党中央、国务院决策部署，贯彻落实创新、协调、绿色、开放、共享发展理念，坚持深化改革、科学发展、市场导向，全面深化展览业管理体制改革，稳步有序放开展览业市场准入，建立公开公平、开放透明的市场规则，不断培育壮大市场主体，大力推进展览业市场化进程，积极推动展览业与相关产业融合发展，大力推动展览业市场化、专业化、国际化、品牌化、信息化发展。

（二）发展目标。到2020年，广西基本建成结构优化、功能完善、基础扎实、布局合理、发展均衡的展览业体系。整合集聚资源，重点培育3～5家市场运作能力强、管理服务水平高的展览业龙头企业；发挥优势，集中打造8～10个具有广西特色的国内新型专业展会；加快"走出去"步伐，培育3～5个在东盟国家具有一定影响力和国际竞争力的知名品牌展会。

[①] http://www.gxzf.gov.cn/html/31064/20161213-560282.shtml。

二、深化管理体制改革

（三）加快简政放权。根据国务院关于深化行政审批制度改革的部署，进一步简化展会审批环节，优化审批程序，逐步取消自治区商务主管部门负责的境内对外经济技术展览会办展项目审批事项，适时将审批制调整为备案制。进一步加强展览活动事中事后监管，依托商务部展览业管理信息系统，完善展会信息采集和统计监测体系。积极提高行政许可效率和便利化水平。

（四）建立统筹协调机制。建立由自治区商务主管部门牵头，自治区发展改革、工业和信息化、教育、科技、公安、民政、财政、人力资源社会保障、外事、文化、旅游发展、国有资产管理、税务、工商、质监、新闻出版广电、统计、金融、博览、知识产权、投资促进，以及对台事务、贸促、海关、检验检疫等部门共同参与的自治区展览业改革发展厅际联席会议制度，统筹全区展览业改革工作，负责全区展览业发展战略、规划、政策、标准等事项的制定和实施，强化政策衔接，推动信息共享，加强事中事后监管，健全公共服务体系，及时协调解决全区展览业发展中的重大问题。自治区展览业改革发展厅际联席会议办公室设在商务厅，承担联席会议日常工作。

（五）建立健全展览业行业协会。发挥社会组织的中介作用和广西大型会展龙头企业的领军作用，通过龙头企业带动其他会展企业、相关行业企业组建展览行业协会，推动开展行业宣传、展览统计与评估、行业自律、资质认定、理论研究和交流培训等工作，向展览企业提供经济信息、市场预测、技术指导、法律咨询等服务。鼓励展览业行业协会联合院校、科研院所开展展览业发展规律和趋势研究，增强辅助决策功能。

三、推动创新发展

（六）提升展览业技术创新水平。结合互联网发展新趋势，提高云计算、大数据、物联网、移动互联等信息技术在展会中的运用水平。探索网上展会、线上线下结合的展览商业新模式，扩大网上展销交易规模。创新展览业招商招展宣传新模式、新途径，形成与现代展览业相适应的展位分配、组团安排、经营管理服务模式。

（七）推行"展会+"模式。推动展会与我区优势产业和电子商务融合发展，通过"产业+展会+电商"模式，打造一批展览业与实体经济相结合的专业展会品牌。积极培育各类会展服务企业，围绕交通、物流、金融、旅游、餐饮、住宿、策划、广告、设计等行业发展配套展会集群，扩大展会与产业叠加和延伸效益，带动展览产业链企业发展壮大。

（八）加快展览业开放步伐。加强与国内外展览业界的交流合作，积极引进国际知名展览品牌和配套服务企业。支持品牌展会加入国际展览业协会，取得国际认证。引进国内外知名展览公司合作办展，吸引人才、资金、管理、服务等要素流入，参与国际合作，实现多地定期办展，扩大广西展会国际影响力。

（九）推动市场主体集群发展。建立以大型专业会展集团为龙头，中小型专业化服务企业为重要组成，业务联系紧密，专业化分工明确的会展市场主体群落，构建有序竞争的展览业生态体系。培育展览业龙头企业，支持龙头企业通过参股控股、兼并收购等形式，扩大运营规模，优化运营模式。

四、优化市场环境

（十）优化展览业规划布局。根据各设区市产业布局，科学制定展览业发展规划，防止展馆重复建设和盲目投资。完善展馆配套设施建设，推动展馆与周边区域一体化建设，加强与交通、商贸物流设施等规划的衔接。建设一批国际化、现代化多功能会展中心，加强展馆间信息互通，完善展馆互动机制，提高展馆设施综合使用率。

（十一）加强知识产权保护。推行参展企业知识产权保护承诺制度，监督参展企业切实履行主体责任。创新监管手段，强化展会举办期间举报投诉和维权援助工作，重点完善展品商标侵权追溯和举报投诉受理处置机制。扩大展会知识产权基础资源共享范围，建立信息平台，服务展览企业。

（十二）提高展品通关便利化水平。提高展品出入境通关效率，提供展品出入境24小时预约通关服务，按规定加快验放速度。创新入境展品查验监管模式，对展览组织机构出具有效证明的展品实施提前申报、集中申报等便利措施，依法规范未获得检验检疫准入展品的管理。举办大型国际展览期间，可通过在展览现场设立检验检疫部门临时办公点等渠道，为参展人员和入境展品提供通关便利。

（十三）建立行业诚信体系。建立全区展览机构信用档案，建设覆盖展览场馆、办展机构和参展企业的信用体系。加大对虚假宣传、商业欺诈等违法行为查处力度，完善对违法违规企业的信息披露制度，推动部门间监管信息共享，开展企业信用分类监管。

五、完善公共服务体系

（十四）建立健全行业标准。加强展览业标准体系建设，在展馆管理、经营服务、节能环保、安全运营等环节组织实施国家标准、行业标准，研究广西地方标准。加快建立与国际接轨的展览业统计、分析和评价指标体系，综合运用多种渠道采集数据，完善检查分析制度，为展馆、办展机构和展览服务企业发展提供基础数据支持。

（十五）加强人才培养引进。健全政府、企业、院校三方人才培养机制，培养适应市场需求的展览业复合型人才。完善人才规划和政策体系，积极营造良好的人才发展环境，大力引进具有国内外展会运作经验的高层次人才，建设全区展览组织策划专业人才储备库。

（十六）加强展览安全管理。贯彻执行《大型群众性活动安全管理条例》（国务院令第 505 号）等有关规定，坚持"承办方负责、政府部门监管"原则，推动展览业安全管理社会化、市场化和专业化运作。建立展览业安全管理工作统筹协调机制，督促行业协会制定完善相关安全规范和技术标准，积极组织开展展览业安全管理培训。

六、加强政策支持引导

（十七）加大财政支持力度。积极发挥财政资金的引导作用，坚持政府引导、市场化运作，支持中小企业参加重点展会。统筹现有的内外贸发展专项资金，通过扶持企业参展、加大对重点品牌展会支持力度等多种形式，大力推动我区展览业发展。

（十八）落实税收优惠政策。认真落实国家促进展览业发展的税收优惠政策，对会展企业符合条件的创意和设计费用执行税前加计扣除政策。对符合条件的会展企业依法执行小微企业增值税优惠政策。

（十九）拓展金融保险渠道。完善融资担保服务，加大对会展企业融资担保支持力度。引导有实力的融资担保公司，为符合条件的会展企业在区域性股权交易市场注册挂牌，提供融资性担保服务。

（二十）强化督促落实。各地各部门要根据国务院部署和本方案要求，结合当地经济社会发展实际，制定具体工作方案，认真做好组织实施工作。自治区有关部门要进一步研究出台细化配套措施，确保各项任务落实到位。商务厅要会同有关部门加强指导和督查，及时总结评估展览业改革发展工作，重大情况及时报告自治区人民政府。

海南省会展业发展规划（2015—2020年）[①]

会展业是会议、展览、节庆、赛事等活动的总称。《国务院关于推进海南国际旅游岛建设发展的若干意见》（国发〔2009〕44号）要求海南省加快发展会展产业，积极招徕承办各种专题会议展览，优化会展业发展环境。"十三五"时期是海南省会展业提升发展的关键时期，加快会展业发展，对于促进海南省提升现代服务业发展水平、加快产业结构调整、增强城市综合实力具有重要促进作用。按照海南省"多规合一"的总体要求，在《海南省总体规划（2015—2030）》框架下，制定《海南省会展业发展规划（2015—2020）》（以下简称《规划》）。

《规划》是指导全省会展业发展的方向和目标，引导各市县、各部门、各会展企业充分发挥各自优势，促进会展业跨越式发展的行动纲领。

一、发展现状

（一）取得的成就

1.会议目的地优势凸显，经济效益不断增强。近年来，我省会展业依托得天独厚的生态环境，丰富的旅游资源，享誉的博鳌亚洲论坛年会、中非合作圆桌会议、三亚国际数学论坛等重要会议，已经成为我省旅游业的重要支撑和旅游收入的重要来源。据统计，全省会议参会人数最多的是2012年，100人以上的会议超过15 000个，参会人数达330万人次，会议接待收入140多亿元，约占全省旅游收入的1/3；会议接待

[①] http://www.hainan.gov.cn/data/hnzb/2015/12/3439/.

的过夜人数约 1300 万人次，约占全省旅游接待过夜人数的 1/3。

表 1   2012—2014 年会议情况汇总

年份		2012		2013		2014	
会议规模（人数）		会议数量（个）	参会人数	会议数量（个）	参会人数	会议数量（个）	参会人数
100～200	全省	10 896	1 635 650	10 158	1 532 190	9015	1 359 550
	海口	77	12 600	77	14 100	86	16 200
	三亚	10 601	1 590 150	9886	1 482 990	8783	1 317 450
	琼海	213	31 950	190	34 200	140	25 000
201～300	全省	2360	590 546	2067	518 775	1597	400 120
	海口	26	8300	45	12 300	29	7500

2. 展览规模不断扩大，区域影响力日益提升。2012—2014 年，全省分别举办展览 72 个、93 个、90 个，展览面积分别是 67 万平方米、78 万平方米、70 万平米，参展商分别为 7531 个、10 003 个、11 061 个。其中，岛外参展商的比例分别为 40.8%、51.13%、53.16%，呈逐年增长态势，形成了中国（海南）国际热带冬季农产品交易会、三亚国际热带兰花博览会、海天盛筵等一些品牌展览。

表 2   2012—2014 年展览情况汇总

年份		2012			2013			2014		
展览规模（标准展位个数）		展览个数	展览面积（m²）	参展商个数	展览个数	展览面积（m²）	参展商个数	展览个数	展览面积（m²）	参展商个数
300 以内	全省	36	64 220	3203	54	109 805	5615	45	96 800	6088
	海口	21	24 450	552	26	28 600	563	11	10 800	220
	三亚	11	24 750	2235	24	54 000	4365	30	67 500	4880

续表

年份		2012			2013			2014		
展览规模（标准展位个数）		展览个数	展览面积（m²）	参展商个数	展览个数	展览面积（m²）	参展商个数	展览个数	展览面积（m²）	参展商个数
301～400	全省	7	32 400	773	4	15 200	472	8	35 703	982
	海口	5	26 100	293	3	11 600	292	6	28 503	702
	三亚	2	6300	480	1	3600	180	2	7200	280
401～500	全省	7	44 800	635	14	80 300	979	8	49 700	881
	海口	6	40 300	435	13	75 800	759	7	45 200	681
	三亚	1	4500	200	1	4500	220	1	4500	200
501～600	全省	3	26 000	220	1	8000	42	3	21 400	327
	海口	3	26 000	220	1	8000	42	2	16 000	107
	三亚	0	0	0	0	0	0	1	5400	220
600 以上	全省	19	499 833	2700	20	567 000	2925	26	497 600	2783
	海口	18	445 833	2415	18	487 000	2475	26	497 600	2783
	三亚	1	54 000	285	2	80 000	450			
合计	全省	72	667 253	7531	93	780 305	10 033	90	701 203	11 061
	海口	53	562 683	3915	61	611 000	4131	52	598 103	4493
	三亚	15	89 550	3200	28	142 100	5215	36	164 600	6060

备注：展览不含直接面向市民进行买卖交易的展销会。

3. 会展内容不断拓展，地方特色节事突出。海南省会议、展览、奖励旅游、节事等会展经济活动相互促进，互为补充，形成了以会议和奖励旅游为主，展览、节事各具特色的发展格局，大会展经济崭露头角。全省各市县依托自身的地域文化特色和产业特色举办的节事活动不断增多，如海南岛欢乐节、海南黎族苗族传统节日"三月三"、保亭嬉水节、文昌南洋文化节、万宁国际冲浪节、三亚世界小姐选美赛、环海南岛国际公路自行车赛、环海南岛大帆船赛、观澜湖高尔夫世界明星赛等，都极富有地方特色，亮点突出。

4. 会展设施建设不断加强，办会办展条件逐步改善。目前，全省共有星级酒店157家。其中，海口、三亚和博鳌三地占全省80%以上的星级酒店，这些酒店大多数是比较完善的会议场所。海南国际会展中心（7万平方米）、三亚红树林酒店会议中心（3.3万平方米）已投入运营，三亚亚龙湾中粮会议中心（4万平方米）、三亚湾国际会展中心（7万平方米）和博鳌国际会展中心（6.6万平方米）等展馆正在建设中。

5. 市场主体继续壮大，行业素质不断提高。全省现有会展相关企业（含会议及展览服务业、广告、展览搭建、会奖旅游组织、会议酒店等）约2800家，其中会议及展览服务业企业法人单位357家，米兰世展、中装文行展览、振威展览等知名会展企业相继落户。全省95%以上的会议和展览由各类协会、企业举办，会展业多元化、市场化程度不断加深。

（二）机遇和挑战

海南会展业虽然取得了较大成就，但仍然存在一些问题与不足。受会展设施不配套、会展企业竞争力较弱、会展人才匮乏、政策支持体系不健全等因素制约，大型会展、自主品牌会展及国际会展项目较少，离海南国际旅游岛建设提出打造"国际经济合作和文化交流的重要平台"的战略定位还有较大差距。"十三五"期间，海南会展业必须综合施策，突破制约瓶颈，实现跨越发展。

1. 发展机遇。海南具有"生态立省、经济特区和国际旅游岛"三大优势，是"21世纪海上丝绸之路"的重要战略支点，正处于实施三沙总体规划、"多规合一"试点和国际会展业向发展中国家转移的战略机遇期，利用和放大环境与资源的最大综合效应，充分发挥国家赋予经济特区和国际旅游岛的开放政策、背靠13亿国人消费升级的大市场、省直管市县体制等比较优势，形成政策叠加效应，完全有可能转化为会展业发展的现实生产力。

2. 面临的挑战。一是国内外经济增长乏力，经济复苏过程缓慢，不稳定、不确定性因素多，实体经济下行压力较大，企业参展、办会意愿低。近年来，受国家宏观政策影响，国有企业、党政机关在三亚、博鳌办会的数量明显下降。二是国内已形成京津冀、长三角、珠三角、"武汉—重庆—成都"四大展览城市群，各大城市都陆续出台了系列财政、金融、人才等扶持政策，加剧了国内会展业的竞争。三是随着电子商务发展，各种各样的"网上展会"应运而生，365天全时段永不落幕，其成本低、高效率、展期长、展出空间广阔、观众面广泛、贸易机会多、反馈及时、统计和评估电子化，这些优点是传统会展不可比拟的，受到新生代专业买家的青睐，正在冲击传统的会展市场，尤其对海南这样消费型省份影响更大。

二、发展目标

（一）总体思路

海南会展业要围绕国际旅游岛建设目标，发挥"生态立省、经济特区、国际旅游岛"三大优势，积极融入"一带一路"国家战略，着力创建"企业主体、市场运作、政府推动"的会展发展模式。科学规划，统筹推进，构建以海口、三亚、琼海（博鳌）为中心，其余市县特色化、差异化发展的空间格局。坚持以会为主，会议、展览、培训融合发展，通过体制机制创新，加大会展业政策扶持，大力发展会奖旅游，积极引进国际性会议、协会和大公司年会，在旅游购物、海洋旅游、健康医疗、互联网产业、特色高效农业、航天产业等方面培育一批国际化、专业化和品牌化的展会。

（二）发展目标

1. 总体目标

通过5年左右时间，引进一批国际知名会展机构，打造一批知名会展品牌，培育一批会展龙头企业。到2020年，初步形成功能配套、布局合理的会展设施体系，逐步建立健全市场化运作机制，不断提升会展品牌化、专业化和国际化水平，切实增强会展企业竞争力，会议和奖励旅游进入全国前列，展览业辐射力扩展到全国，努力把海南打造成国际知名的会议目的地和中国著名的会展中心。

2. 具体目标

（1）设施建设目标。加快海口、三亚、琼海（博鳌）三地的展馆建设和配套，其余市县鼓励依托星级酒店建设多功能会议中心，一般不新建5000平方米以上的室内展馆。到2020年，全省展馆面积达到30万平方米，拥有各种会议设施的五星级酒店达到60家。

（2）会展数量目标。到2020年，每年举办1000人以上会议200个；展览200场、展览面积200万平方米。

（3）品牌会展目标。到2020年，每年举办国际性、全国性大型论坛、会议30个以上；国际性著名展览2个以上，在全国有较大影响的品牌展览10个以上。

（4）市场化运作目标。到2020年，海口市、三亚市、琼海市成立相应的会展行业协会，初步形成以行业协会为指导、专业会展公司为主体的会展业运作格局，会展市场规范有序。

（5）经济效益目标。会议接待人数和会展业直接经济收入增速高于同期旅游接待人数和旅游收入增速。到2020年，会议接待人数达到3000万人次，会展业直接经济收入达到400亿元左右，会展业成为实现海南经济转型升级的重点产业。

（三）空间布局

将会展业规划列入全省"多规合一"总体规划。充分发挥城市在会展发展中的载体作用，重点发展、培育海口、三亚、琼海（博鳌）等会展城市，并各有侧重。

1. 海口市充分发挥省会中心城市功能，以综合性会展为主，会议、展览、培训融合发展，发展涵盖会议、展览、节庆、赛事等内容的综合性会展产业，建设中国著名的会展中心城市，海上丝绸之路重要会展城市。

2. 三亚市充分利用丰富的旅游资源和独特的气候优势，以会议、节事为主，在展览上突出游艇、公务机、婚庆、康体保健等时尚类展览，打造世界知名的会议、奖励旅游目的地。

3. 琼海市依托博鳌亚洲论坛平台，以会议为主，建设亚洲知名的会议之都，在健康医疗、南海文化等产业方面，培育面向海上丝绸之路沿线国家的专题展览。

4. 其余有条件的市县可以结合自身的特色产业和资源，走"差异化、特色化、专业化、品牌化"发展之路，以举办特色节事、主题论坛、研讨会为主，充分利用露天广场、体育场（馆）、海滨、港口等场所，举办一些面向大众化消费类展览展销。

三、发展重点

（一）依托特色资源和优势产业，培育会展品牌

1. 积极承揽各种大型会议，大力发展会奖旅游。继续办好博鳌亚洲论坛年会，最大限度地利用好论坛，举办海南健康、互联网等特色产业分论坛，争取纳入论坛日程。提升三亚国际数学论坛、中非合作圆桌会议、岛屿观光政策论坛、中国游戏大会、海南邮轮游艇产业发展峰会的国际影响力，办成定期定址在海南举行的周期性会议。积极引进、培

育博鳌国际旅游论坛、全球服务业峰会、世界马业论坛、中国互联网大会。大力发展会奖旅游，争取国家级协会、世界500强、中国500强和上市公司在海南举办学术会、年会、订货会等会议。促进会议与培训的融合发展，以会代训，依托健康医疗美容、海洋、游艇、公务机等会展，打造美容、潜水、游艇、公务机驾驶等领域的培训基地。

表3 2015—2020年海南省重点会议项目

序号	项目名称	举办地点	举办时间	责任单位
1	博鳌亚洲论坛年会	琼海	每年3月	省外事侨务办
2	国际数学论坛	三亚	每年一届	三亚市政府
3	中非合作圆桌会议	万宁	每年11月	省外事侨务办
4	岛屿观光政策论坛	海口	轮流举办	省外事侨务办
5	中国游戏大会	海口	每年一届	省工业和信息化厅
6	博鳌国际旅游论坛	三亚	每年3月	省旅游委
7	全球服务业峰会	海口	2017年3月	省商务厅
8	世界马业论坛	海口	每年11月	省商务厅
9	中国互联网大会	海口	每年一届	省工业和信息化厅
10	西普会	博鳌	每年一届	中康资讯公司
11	2015海南邮轮游艇产业发展国际论坛	三亚	2015年10月	省海防口岸办
12	世界自然保护联盟理事会议	海口	2015年10月	省外事侨务办
13	中国公共外交论坛	三亚	2015年第四季度	中国公共外交协会
14	G20财长会议	三亚	2015年12月	省财政厅
15	2015欧亚丝路经贸投资论坛	琼海	每年11月	省贸促分会、琼海市工商联
16	健康产业论坛	博鳌	每年一届	广州大医精诚医院管理咨询有限公司

续表

序号	项目名称	举办地点	举办时间	责任单位
17	生态旅游发展论坛	海口	每年11—12月	海南春秋西点公司
18	国际水论坛	海口	每年3—5月	海南春秋西点公司
19	博鳌期货（金融衍生品）论坛	博鳌	每年10月	海南春秋西点公司
20	南海原油高峰论坛	海口	每年5月	海南春秋西点公司
21	糖尿病专用食品大会	海口	每年10月	海南春秋西点公司
22	中国（海口）互联网投资大会	海口	每年12月	天涯社区、北京清科创投集团
23	中国（海口）国际医药产业论坛	海口	每年12月	中青旅集团、海南智海王潮会议展览公司

2. 着力打造一批国内外品牌展览。提升中国（海南）国际热带冬季农产品交易会、三亚热带兰花博览会、海天盛筵、海洋渔业博览会和婚庆博览会的品质，增强区域影响力。围绕国际旅游岛的战略定位，选择优质的合作伙伴，以股权投资等形式，集中财力和各种办展资源，采取市场化运作方式，搭建会展平台公司，用3～5年时间培育立足海南产业优势的旅游购物、海洋旅游、会奖休闲、健康医养、热带农业和航海航天等主题博览会，打造一批区域性知名展览。鼓励企业通过市场化运作，举办汽车、房地产、装修材料、酒店用品等消费型展览展销，培育消费热点。

表4 2015—2020年海南省重点培育的展览项目

序号	项目名称	举办地点	举办时间	责任单位
1	中国（海南）国际热带农产品冬季交易会	海口	每年12月中旬	省农业厅
2	中国（三亚）国际热带兰花博览会	三亚	每年1月	三亚柏盈公司

续表

序号	项目名称	举办地点	举办时间	责任单位
3	海天盛筵	三亚	每年4月上旬	海南海天盛筵会展有限公司
4	旅游购物博览会	三亚	每年3月底—4月初	省商务厅
5	婚庆博览会	三亚	每年12月中旬	海南电视台
6	海洋（旅游）产业博览会	海口	每年11月	省贸促分会、海南共好会展公司
7	农民博览会	屯昌	每年5月	屯昌县政府
8	热带种业博览会	海口	策划阶段	省商务厅
9	航天主题博览会	海口	策划阶段	省商务厅
10	海南国际会奖休闲产业博览会	海口	策划阶段	海南智海王潮公司
11	健康医养产业博览会	海口	每年12月中旬	海南海旅会展服务有限公司
12	中国国际露营大会休闲、度假房车博览会	海口	每年12月中旬	海南红帆公司
13	汽车展	海口	每次间隔3个月	会展企业
14	法国时装周暨中国国际时装博览交易会	三亚	2016年10月	三亚会展协会
15	海南金融博览会	海口	每年10月	海口九愚会展
16	海南国际教育博览会	海口	每年6月	海口九愚会展
17	世界游艇盛典	海口	每年12月	海南辰达公司
18	中国（海南）国际高尔夫旅游商品展览会	海口	每年11月上旬	省贸促分会、海南红帆公司
19	2015首届国际中华旗袍会文化节	海口	2015年10月	海南睿尚公司
20	海南（21世纪海上丝绸之路）文化产业交易博览会	海口	每年3月、12月各举办1届	省文化广电出版体育厅、海口市会展局

续表

序号	项目名称	举办地点	举办时间	责任单位
21	中国（海南）动漫游戏博览会	海口	2015年10月1—4日	海口市会展局
22	华南（海南）农资暨种业博览会	海口	2015年9月6—8日（第二届）	海口市会展局
23	海南广告四新及LED城市景观照明展览会	海口	2015年10月23—25日（第二届）	海口市会展局
24	海南国际美酒美食文化博览会	海口	2015年11月20—22日（第四届）	海口市会展局
25	中国（海南）会奖目的地产业博览会	海口	2015年10月23—25日（首届）	海口市会展局

3.促进节庆活动转型升级。将中国海南岛欢乐节升级为定期定址的国际性旅游狂欢节。继续办好"三月三"和保亭嬉水节，吸引更多的国内外游客参与，培育成产品展示、传播民族文化、促进民族经济发展的盛会。丰富金岛音乐节的内容，打造国内唯一的集海岛风光、沙滩风情和旅游时尚于一体的海洋音乐节。培育海上丝绸之路电影节、图书节、沙雕文化艺术节、国际旅游岛美食节等特色鲜明的节庆品牌。

表5　2015—2020年海南省重点节庆项目

序号	项目名称	举办地点	举办时间	责任单位
1	海南岛狂欢节	海口	每年1月	省旅游委
2	三月三	全省	每年3月	省民宗委
3	嬉水节	保亭	每年7月	保亭黎族苗族自治县政府
4	金岛音乐节	海口	每年5月	省文化广电出版体育厅
5	海上丝绸之路电影节、图书展	海口	每年5月	省文化广电出版体育厅

续表

序号	项目名称	举办地点	举办时间	责任单位
6	沙雕文化艺术节	海口	每年 11 月	省文化广电出版体育厅
7	国际旅游岛美食节	海口	每年 12 月	省商务厅
8	中国商标节品牌节	海口	2015 年 11 月	海口市政府
9	中国国际会展文化节	海口	2015 年 8 月起定期每年举办	海口市政府
10	海南乡村旅游文化节	全省	每年 5 月	省旅游委

4. 培育文化体育赛事品牌。争取世界小姐选美赛事永久落户三亚，在此基础上定期定址承办更多国际性选美赛事，建设中国著名的"美丽之都"。提高环海南岛国际公路自行车赛、环海南岛大帆船赛、观澜湖高尔夫明星赛、万宁国际冲浪节的赛事水平，推动赛事职业化，打造国际一流的精品赛事。下力气培育国际马拉松赛、青少足球赛、沙滩排球赛、搏击对抗赛、台球巡回赛、德州扑克大赛总决赛等赛事品牌。

表 6　2015—2020 年海南省重点赛事项目

序号	项目名称	举办地点	举办时间	责任单位
1	世界小姐等选美赛事	三亚	每年 12 月	三亚市政府
2	环海南岛国际公路自行车赛	海口	每年 12 月	省文化广电出版体育厅
3	环海南岛国际大帆船赛	三亚	每年 3 月	省文化广电出版体育厅
4	世界女子高尔夫锦标赛	海口	每年 3 月	观澜湖集团
5	观澜湖高尔夫明星赛	海口	每年 9 月	省文化广电出版体育厅
6	冲浪节	万宁	每年 10 月	万宁市政府

续表

序号	项目名称	举办地点	举办时间	责任单位
7	国际马拉松赛	海口/儋州	每年1月	海口市、儋州市
8	沙滩排球赛	海口	每年一次	省文化广电出版体育厅
9	搏击对抗赛	海口	每年一次	省文化广电出版体育厅
10	台球巡回赛	海口	每年一次	省文化广电出版体育厅
11	德州扑克大赛总决赛	三亚	每年12月	腾讯公司
12	国际摩托车文化节	海口	每年12月	宏歌天成公司
13	三亚千人比基尼派对暨《时尚健康》庆典	三亚	每年7、8月	时尚传媒集团
14	索道滑水世界杯	三亚	2016年起每年12月	海南拓世恒丰旅业开发有限公司
15	中国滑水巡回大奖赛	三亚	2016年起每年12月	海南拓世恒丰旅业开发有限公司

（二）加强会展硬件设施建设，提高会展承载能力

1.加快新会展场馆规划建设。充分考虑全省会展业发展迅速的特点，坚持适度超前原则，着眼长远发展，科学规划并加快三亚保利国际会议中心、三亚湾国际会展中心和博鳌国际会展产业园建设，全力推动海口五源河文体中心建设，尽快启动海南国际会议展览中心二期建设，依托博鳌亚洲论坛品牌优势，使海南成为我国立足亚洲、面向世界的重要国际交往平台。展馆作为城市公共产品，在新建会展场馆投资运营模式上，应以政府主导、市场引导为原则，鼓励国有企业积极参与，鼓励多渠道融资，在配套设施及土地规划方面，要纳入全省"多规合一"，

要具有前瞻性，为会展业发展留足场馆扩张及基础设施配套的发展空间。

2. 加快现有专业场馆的配套设施建设。加快海南国际会议展览中心等展馆周边配套设施建设，加强交通、通信、酒店、餐饮、休闲服务和娱乐设施建设，有条件的要开通会展客运专线，完善广告设计、邮政、银行、海关、商检、运输、保险、贸易咨询等配套服务设施。

3. 引导鼓励社会资源参与建设会展设施。依托各产业园区、大型专业批发市场、城市综合商业体及其他可用空间资源，如博物馆、文化馆、体育场馆、宾馆酒店和度假村、城市公园和广场等，建设各具特色、布局合理的展览、展示区。推进各星级酒店建设会议室、会议中心，培育一批会议型酒店，促进会议与展览结合，充分利用会议场所举办展览会。

表7 2015—2020年海南省重点会展设施建设项目

序号	项目名称	项目业主	建设规模及内容	建设地点
1	博鳌国际会展产业园项目	海南博鳌中海国际商务会展投资有限公司	建筑面积20万平方米，其中进口大型展馆8万平方米，国际精品展销群4万平方米，商务博物馆0.3万平方米等	琼海市博鳌镇
2	亚龙湾精品会展项目	三亚虹霞开发建设有限公司	主要建设精品会展、配套酒店、托管物业级综合服务配套设施	三亚市亚龙湾
3	三亚国际会展中心项目	保利（三亚）房地产开发有限公司	建设会展中心及配套设施、产权式酒店、商业及相关配套设施	三亚市海棠湾
4	三亚国际文化会展中心项目	海南八方会议会展有限公司	主要建设国际会展区，建筑面积17 688平方米，全国媒体之家，建筑面积19 930平方米	三亚市天涯区

续表

序号	项目名称	项目业主	建设规模及内容	建设地点
5	海口五源河文体中心	海口市城建集团	建设内容主要包括体育中心、文化中心、奥林匹克公园及配套景观绿化等,其中体育中心建筑面积约20.8万平方米,文化中心建筑面积约13.4万平方米(含展览中心建筑面积5万平方米)。整个文体中心可作为展览场地的面积约13万平方米	海口市五源河片区
6	海南国际会展中心二期工程	海口市会展局	在会展中心一期用地上进行扩建,新建建筑按平均两层,新建约7万平方米的建筑,增设展厅、多功能厅、停车场、配套机房、仓储、广场、公园绿化、餐饮购物、公交站等设施	海口市秀英区

(三)培育会展主体,提高会展企业竞争力

1. 壮大本地会展企业。组建国有控股大型会展战略投资企业,积极发挥国有资本在会展基础设施建设、会展引进和品牌培育方面的主导作用,促进海南省会展业迅速转型、快速崛起,形成发展强势。支持事业单位、社团组织和媒体投资组建会展公司,办展办会。加强对现有会展资源的整合,支持会展企业通过兼并重组实现快速扩张,培育一批实力雄厚、诚信度高、竞争力强的会展企业。

2. 积极引进知名会展企业。大力吸引国内外著名会展公司和社团组织到海南省设立会展机构、举办会展。鼓励本地会展企业通过合资、合作等方式与国际会展公司联合办展,引进国际品牌展会,提升展会水平。

3. 厘清政府和市场的关系。落实党中央、国务院对党政机关举办会展的要求,制定规范海南省党政机关举办会展的实施办法,减少党政机关直接参与会展的运作,对于确须由政府主办的展会,要严格履行审批手续,鼓励政府通过股权投资等方式,委托会展企业承办,逐步实现会

展业的市场化运作。

4. 建立会展行业资质评定制度。积极推行ISO9001服务质量认证，组建会展行业专家委员会，对办展主体、展览工程企业进行级别评定，实行信用级别分级管理。对品牌展会进行项目评估，开展"海南十大品牌会展""海南重点扶持十大会展公司"等认定工作。加强展会商标注册管理，保护展会知识产权。

（四）加强会展业的营销和国内外交流

1. 强化会展的招商工作。将引进国内外高端会展项目、会展企业作为全省招商引资工作的重要内容，通过在国内外重点城市、重点客源地和重点招商平台举办品牌宣传推介会，在北京、上海、广州等重点城市乃至海外设立办事处，对重点客户实行点对点招商、一对一服务等方式，加强会展环境和项目营销，联络招揽参展商和买家，培育有竞争力的自主品牌会展。

2. 加大会展业的宣传力度。电视、广播、网站对会展项目的广告要给予优惠政策，并通过专栏报道、印制宣传手册、"海南会展网"等方式加强海南会展环境宣传。建立会展产业和会展项目季度新闻发布制度，加大会展信息发布和对外宣传力度。与国际专业会展网站建立联系，提供网上信息发布与网上招展，吸引更多的海内外企业来海南参展，吸引更多的海内外会展到海南举办。

3. 扩大国内外交流与合作。各级会展主管部门和协会要积极参与区域性会展联盟组织，加强与各城市间的融合联动，与国际展览业协会（UFI）、国际展览与项目协会（IAEE）、独立组展商协会（SISO）、国际大会和会议协会（ICCA）等国际知名会展机构开展交流与合作，鼓励会展项目进行国际认证。组团参加国际性会展展会，组织国际买家和境外会展机构来海南考察。

四、保障措施

（一）理顺管理体制

1. 健全会展业发展联席会议制度。成立由分管省政府领导为召集人，商务、宣传、发展改革、旅游、农业、财政、文体、贸促分会等部门和海口、三亚、琼海等重点会展城市为成员单位的联席会议，办公室设在省商务厅。联席会议至少每半年召开一次，其主要职责是，制定全省会展业发展战略、规划和政策，及时协调全省会展题材、时间、城市布局等重大问题，负责全省年度会展项目协调，检查督促各项扶持政策的落实情况，建立会展产业季度评比通报制度，充分调动市县、部门和会展企业的积极性。

2. 加强会展行业管理。省商务厅内设省会展局，负责全省会展业的统筹协调、促进与管理工作，承担会展业统计、评估、培训和对外宣传推介工作，统筹品牌会展活动、会展企业的引进培育和会展设施的规划建设。海口、三亚、琼海等重点会展城市和有条件的市县应明确会展管理部门，负责拟订本市县会展业发展规划并组织实施，对辖区内各类展会实施行业管理，培育龙头会展企业、品牌展会和会展专业人才，建立健全重点会展活动的交通、餐饮、安保、住宿等协调机制和相关配套措施。

3. 充分发挥行业协会作用。会展（专业）行业协会应在为政府决策献策和服务、协调、监督行业内部等方面发挥重要作用。会展协会要制定行业管理规范和行为准则，建立行业资质评定标准和评审制度，建立会展成果调查统计制度，制定行业自律管理办法，推动本行业诚信建设，为会员提供信息和人才培训服务，加强与国内国际交流，带领企业做大做强。

（二）加大政策支持力度

1. 设立会展业发展专项资金。充分发挥财政资金的宏观导向和激励作用，设立海南省会展业发展专项资金，并建立适时增长机制。有条件市县也要设立会展业发展专项资金。重点支持会展场馆设施建设，创立股权投资资金和创业引导基金，培育规模大、效益好、有发展潜力的本土品牌会展；支持新办会展和国际国内大型会展引进；支持会展企业培育和整合；支持会展环境推介、会展信息平台建设、会展项目认证、会展人才培养等。具体扶持办法由省商务厅会同省财政厅制定。

2. 落实税收扶持措施。对在海南省举办国际性、全国性大型文化、体育比赛、展览及旅游推介活动的企业，其广告和业务宣传费支出依税法规定在税前扣除。展览馆、会展中心等专门用作会展活动的房产，按规定缴纳房产税有困难的，按照税收管理权限报经批准后，给予一定减免优惠。对会展企业聘任的国内外高级管理人员、高层次研发人才和高级创意人才，属于海南省认定的高层次文化产业人才的，个人所得税地方分享部分，自认定之日起5年内，由省级和市县财政分别全额奖励给个人；对用人单位按照国家统一规定发放的安家补助费，免征个人所得税；对省政府颁发的奖金及经省政府同意给予的奖励，免征个人所得税；对符合条件的会展业小微企业落实小微企业税收优惠政策；落实会展业"营改增"各项税收措施。

3. 完善要素供给。对会议中心和展馆建设，按照管理权限报经批准后，可以分期缴纳土地出让金。进一步完善价格政策，对专业展馆列入鼓励类服务业，用水、用电、用气实现与工业同价，对会议型酒店要及时评估和完善峰谷分时电价政策。引入竞争机制，降低涉及会展业的安保费用。鼓励金融、担保机构加大对小微会展企业的贷款，开发针对会展业的保险服务产品。积极推动龙头会展企业在区域性股权市场挂牌融资。

4. 强化人才支撑。实施"十百千"人才计划，即引进和培育十名会展业领军人物、百名会展业高级管理人才、千名会展从业人员；将会展人才引进纳入省人才引进计划，公开招聘有专业办展经验、有较强组织策划能力的经理人才；发挥协会间的交流，与发达省市互派从业人员岗位交流；支持高等院校和相关职业院校开设会展课程或讲座，培育一批善经营、会管理、懂法律的知识型会展管理人才和熟悉会展知识、精通市场营销的业务人员；依托劳动就业培训中心和其他培训机构举办会展策划师职业资格培训和认证。

（三）夯实会展业发展基础

1. 完善会展服务体系。鼓励开通更多国内外航线，提高出入海南的便捷性。重要会展活动举办期间，开通公共交通专线，确保公共交通高效、便捷运行。提升会展城市建设和管理水平，完善水电气供应、邮电通信等市政设施，提高城市接待能力。按照国际城市标准，建立标准化、规范化的城市标识系统。推动会展业和互联网的融合，探索建设智慧会展城市，整合各种会展服务资源，在重要实物会展举办同期开展网上会展，提供信息发布、在线展览与销售、观众预登记、表单下载、住宿餐饮预订等多种自助服务功能，为参展企业和浏览者提供功能强大的信息查询系统，利用技术手段提高会展服务水平。

2. 深化行政审批改革。最大限度地依法依规为会展业发展"松绑"，逐步下放除航空航海、动植物等需额外审批之外的对外经济技术展览会行政审批权。对于会展项目涉及的广告、城管、气象、消防、安防等行政审批，逐步建立联合受理、联合审批及网上办理的机制。对重点支持的大型会展，要给予快速审批和绿色通道待遇。

3. 依法规范市场秩序。在市场化运作的前提下，科学、合理地对展会进行排期，有条件的市县会展管理部门要制定相关管理办法，实行展会年度申报登记制度和活动前备案制度，对已形成品牌的会展进行知识产权保护，防止重复办展和恶性竞争。加强对会展活动监督检查，建立健全对会展活动的长效监管机制，制止并查处乱检查、乱收费、乱罚款和乱摊派行为。会展主（承）办单位要严格审查参展企业资质和产品合格证明，禁止假冒伪劣商品参展。

（四）建立会展业统计制度

建立科学、规范、系统、全面的会展业统计指标体系，做好会展业数据统计和分析工作，发布年度会展业发展白皮书，引导更多的社会资源关注和参与会展业发展，为全省各级政府制定会展业发展政策提供依据。

（五）切实做好安全管理工作

严格按照《大型群众性活动安全管理条例》规定，遵循安全第一、预防为主的方针，坚持承办者负责、政府主管部门监管的原则，切实做好安全管理工作，为会展活动顺利举行提供可靠的保障。

内蒙古自治区人民政府关于促进展览业改革发展的实施意见[①]

各盟行政公署、市人民政府，自治区各委、办、厅、局，各大企业、事业单位：

为贯彻落实《国务院关于进一步促进展览业改革发展的若干意见》（国发〔2015〕15号）精神，进一步推动我区展览业改革发展，做大做强展览经济，更好地发挥其在稳增长、促改革、调结构、惠民生中的积极作用，带动自治区现代服务业快速发展，结合自治区实际，现提出如下意见。

一、总体要求

（一）指导思想。全面贯彻党的十八大和十八届三中、四中、五中全会精神，认真落实党中央、国务院和自治区党委、政府决策部署，深化改革，开拓创新，充分发挥自治区的产业、资源和区位优势，坚持市场化改革方向，更好地发挥政府作用，推进展览业市场化进程；坚持专业化、国际化、品牌化、信息化方向，倡导低碳、环保、绿色理念，推动展览业转型升级，更好地服务于自治区经济和社会发展大局。

（二）总体目标。展览业市场化程度不断提升，发展环境日益优化，经济功能和社会效益日益显现。培育一批龙头品牌展会和一批有竞争力的展览企业，培养打造一批具有较高展览专业知识和技能的人才队伍，展览业规模显著扩大，举办具有国际影响力的展会数量持续增长。力争

[①] http://www.nmg.gov.cn/xxgkml/zzqzf/gkml/201606/t20160602_552809.html.

到 2020 年，形成以"呼包鄂"为核心、多盟市协调发展的展览业区域格局，基本建成结构优化、功能完善、基础扎实、特色鲜明、布局合理的展览业体系。

二、主要任务

（三）健全管理体制。完善展览业管理体制和机制，建立由自治区商务主管部门牵头，发展改革、教育、科技、公安、财政、税务、工商、文化、海关、质监、统计、知识产权、食品药品监管、检验检疫、贸促等部门和单位共同参与的自治区展览业改革发展厅际联席会议制度，协调解决展览业改革发展中遇到的重大问题。加强展览业发展战略、规划、政策、标准等制定和实施，加强事中事后监管，优化公共服务体系。

（四）进一步简政放权。按照国家有关展会管理办法和《国务院关于第二批取消 152 项中央指定地方实施行政审批事项的决定》（国发〔2016〕9 号）要求，除党政机关主办的展会需严格履行审批手续外，取消自治区商务主管部门负责的境内举办对外经济技术展览会办展项目行政审批。自治区商务部门要做好取消项目审批事项后续衔接工作。

（五）推进市场化进程。严格规范各级政府办展行为，减少财政出资和行政参与，逐步加大政府向社会购买服务的力度，建立政府办展退出机制。放宽市场准入条件，着力培育市场主体，加强专业化分工，拓展展览业市场空间。

（六）加快国际化步伐。引进国内外知名品牌展会落户自治区，进一步提升自治区展会的国际化水平。鼓励自治区展会提升办展质量，形成品牌优势。支持部分具备条件的自治区品牌展会打造国家级国际展会。加大对"一带一路"战略相关展会的支持力度。进一步加强和深化与国际展览机构的交流合作，促进自治区企业"走出去"，用好世博会等国际展览平台，培育境外展览项目，改善境外办展结构，构建多元化、宽领域、高层次的办展新格局。

（七）提升展览企业竞争力。鼓励多种所有制企业公平参与竞争，积极引进国内外展览行业组织和骨干展览企业，通过在我区设立分支机构，或与自治区展览企业组建合资、合作企业等方式，打造具有先进办展理念、管理经验和专业技能的行业龙头企业，提升行业竞争力。

（八）拓展展馆服务功能。科学布局场馆建设，避免展会资源恶性竞争。推进展馆管理体制改革和运营机制创新，制定公开透明和非歧视的场馆使用规则。加强展馆信息管理，推动馆展互动、信息互通，提高场馆设施的使用率。

（九）深化信息技术应用。引导企业运用现代信息技术，开展服务创新、管理创新、市场创新和商业模式创新，发展新兴展览业态。借助电子商务平台举办网络展会，支持中小企业电子商务推广与应用，促进电子商务交易、网络零售、电子商务服务业等发展，形成线上线下展会互动的新模式。推动云计算、大数据、物联网、移动互联等在展览业的推广应用。

（十）健全展览产业链。促进展览业与生活服务业等融合发展，加快构建以交通、物流、通信、金融、旅游、餐饮、住宿等为支撑，策划、广告、印刷、设计、安装、租赁、现场服务等为配套，通过与节事活动、会奖旅游和商业、文化、娱乐、演艺、体育等相关行业融合，形成行业配套、产业联动、运行高效的展览业服务体系，增强产业链上下游企业协同能力，带动各类展览服务企业发展壮大。

（十一）发挥中介组织作用。按照社会化、市场化、专业化原则，积极发展规范运作、独立公正的专业化行业组织。完善展览行业协会功能，充分发挥展览业协会等行业组织的服务、协调、自律作用。鼓励上下游展览企业建立展览业联合体制机制。鼓励行业协会开展展览业发展规律和趋势研究，并充分发挥贸促机构等经贸组织的功能与作用，向企业提供经济信息、市场预测、技术指导、法律咨询、人员培训等服务，提高行业自律水平。

（十二）规范展会场馆安全管理。加强对展会场馆及设施的维护，保证展会场所、设施及施工符合国家相关安全标准和安全技术规范。场馆与展会主办单位要对所举办的展会签订安全责任书，共同承担展会的公共安全责任。对在场馆内发现的各类不安全因素应及时向所在地有关部门反映，并立即开展应急处置，对未取得合法手续的展会应拒绝提供场馆租赁服务。

三、政策措施

（十三）落实财税政策。按照政府引导、市场化运作原则，通过优化公共服务，支持中小企业参加重点展会开拓国际市场，鼓励展览机构到境外办展参展，为中小企业提供服务。落实小微企业税收优惠政策，符合《国务院关于推进文化创意和设计服务与相关产业融合发展的若干意见》（国发〔2014〕10号）规定条件的，可享受相应的税收优惠政策，促进展览企业及相关配套服务企业健康发展。

（十四）改善金融保险服务。鼓励商业银行、保险、信托等金融机构在现有业务范围内，按照风险可控、商业可持续原则，创新适合展览业发展特点的金融产品和信贷模式，推动开展展会知识产权质押等多种方式融资，进一步拓宽办展机构、展览服务企业和参展企业的融资渠道。完善融资性担保体系，加大担保机构对展览业企业的融资担保支持力度。

（十五）提高便利化水平。进一步优化展品出入境监管方式方法，提高展品出入境通关效率。引导、培育展览业重点企业成为海关高级认证企业，适用海关通关便利措施。简化符合我国出入境检验检疫要求的展品通关手续，依法依规允许符合要求的展品、样品在境内销售。

（十六）健全行业标准和统计制度。完善展览业标准化体系建设，落实国家展览业有关标准体系，制定、完善和推广展览管理、经营服务、节能环保、安全运营等地方标准，逐步形成面向市场、服务产业、主次分明、科学合理的具有内蒙古特色的展览业标准化框架体系。商务主管部门、贸促会与统计部门共同建立展览业统计分析制度，做好专项会展、年度会展的数据统计与分析工作，为展览行业发展评估及政策制定提供科学依据。展览企业通过商贸流通业行业统计信息平台报送展馆使用和展会举办情况。

（十七）加大知识产权保护力度。支持和鼓励展览企业通过专利申请、商标注册等方式，开发利用展会名称、标志、商誉等无形资产，提升对展会知识产权的创造、运用和保护水平。扩大展会知识产权基础资源共享范围，建立信息平台服务展览企业。把打击侵犯知识产权和制售假冒伪劣商品列入展会总体方案和应急处置预案。完善重点参展产品追溯制度，推动落实参展企业质量承诺制度，展会应设置知识产权服务台，提供知识产权咨询、文献检索、侵权查处等服务。加强展会维权援助和举报投诉处置能力建设。

（十八）加强诚信体系建设。建立展览企业诚信经营承诺制度，加快建立覆盖展览场馆、办展机构和参展企业的展览业信用体系，推广信用服务和产品的应用。建立信用档案和违法违规单位信息"黑名单"制度，推动部门间监管信息的共享和公开，褒扬诚信，惩戒失信，实现信用分类监管。

（十九）加强人才体系建设。鼓励高校按照市场需求设置专业课程，培养适应展览业发展需要的技能型、应用型和复合型专门人才。创新人才培养机制，鼓励中介机构、行业协会与相关院校和培训机构联合培养、培训展览专门人才。探索实施展览业从业人员分类管理制度，研究加强专业人才队伍建设的措施办法，全面提升展览业人员整体水平。

各地区、各部门要充分认识进一步促进展览业改革发展的重要意义，加强组织领导，健全工作机制，强化协同配合。要结合本地区、本部门实际，按照本意见确定的目标任务，明确职责分工，细化政策措施，确保各项任务落实到位，努力推动自治区展览业持续健康发展。

宁夏回族自治区人民政府办公厅关于加快发展会展业的实施意见[①]

各市、县（区）人民政府，自治区政府各部门、直属机构：

为贯彻落实《国务院关于进一步促进展览业改革发展的若干意见》（国发〔2015〕15号）精神，促进我区会展业健康有序快速发展，增强会展业对我区经济、社会、文化发展的推动作用，提升会展业国际化、专业化、市场化发展水平，现就加快发展我区会展业提出以下实施意见。

一、总体思路

（一）指导思想。充分发挥中国—阿拉伯国家博览会的引领作用，结合我区产业特色和发展方向，积极探索"政府引导推动、企业专业化运作"的发展模式。加强政策扶持，拓展会展资源，壮大市场主体，培育自主品牌，不断提高我区会展经济发展水平。

（二）发展目标。力争用5年时间，培育和打造一批影响力强、美誉度高的品牌展会，新设和引进一批实力雄厚、专业化程度高、竞争力强的展览公司，培养和造就一批高素质的会展专业人才，使全区会展业逐步实现从政府扶持向市场化运作的转变，从综合性展会向专业性展会转变，从区域性展会向全国性展会转变，从粗放型向集约化转变。

到2020年，全区每年举办20个专业性强、有特色的展会，5个以上大型节庆活动；培育和引进3个以上市场化程度高、产业带动力强、

[①] http://www.nxdofcom.gov.cn/zcfgqnzc/2244.jhtml.

品牌影响力大的品牌展会；培育和引进2个以上外向关联度高、办展引会能力强的国际知名会展主体，逐年实现会展业产值年增长率15%和会展及相关产业收入135亿元的目标，将宁夏打造成为中国面向阿拉伯国家及"一带一路"沿线国家的经贸交流中心。

（三）发展原则。一是坚持自主培育和申办引进相结合。加快培育自办会展品牌，增强本地会展企业竞争力；积极申办和引进国内外知名会展品牌落户宁夏。二是坚持会展产业和重点产业相结合。立足我区及周边产业特色，通过会展业搭建贸易洽谈和招商引资平台，促进我区重点产业和战略性新兴产业的加快发展。三是坚持会议、展览、节庆、赛事和文化活动的共同发展，充分发挥各自优势，统筹兼顾，协调发展，构建宁夏会展业发展新格局。

二、工作重点

（四）积极扶持本地特色展会。结合我区产业特色和文化优势，创新推出特色会展、节庆、赛事等活动，着力培育清真食品穆斯林用品、牛羊肉、葡萄酒、轻纺、新能源等方面的专业性展会，务实推进各类展会扩大规模、增加内涵、提升专业化程度、不断取得实效，促进品牌展会项目通过全球展览业协会（UFI）、国际大会与会议协会（ICCA）认证。

（五）大力引进国内外品牌会展。鼓励政府相关部门、商会、行业协会、会展公司等专业机构积极引进一批国际化、品牌化、符合我区产业发展方向的知名展览、会议来宁举办。形成引进会展和自主培育会展相互补充、相互促进的办展格局，提高我区的会展质量和水平。

（六）积极培育会展主体。鼓励现有会展机构积极整合资源，组建成立涵盖会展全产业链的博览集团公司。鼓励国内外资金通过多种方式参与我区会展公司资产重组和股份制改造，带动会展相关产业升级。逐步建立以会展龙头企业为带动、中小企业为辅助、各类配套服务行业为补充的会展产业链。

（七）加强会展业硬件建设。加快推进全区会展业场馆建设，加大招商引资力度，发展壮大酒店服务业，提升我区承接国际大型展会的硬件条件，把中阿博览产业园打造成中国与阿拉伯国家及"一带一路"沿线国家经贸、文化、政治交流的重要平台。

（八）推动会展业信息化建设。全力打造宁夏会展业信息平台，把网上展览会与线下展览会结合起来，加强"互联网+"和大数据在会展业的应用，增强我区会展业的活力和竞争力。

（九）不断提升会展服务水平。一是加强交流合作，学习和借鉴国内外会展名城在政策引导、行业管理、场馆建设、项目运作、办会理念等方面的宝贵经验，提升我区会展业品牌影响力和创造力。二是支持本地企业在境外、区外组展参展，充分利用知名展会平台，全方位宣传推介我区产业和人文优势。三是加强我区会展业的对外宣传和推广，多渠道、全方位的营造良好的口碑和美誉度。

三、推进措施

（十）加强组织领导。成立由自治区分管领导任组长的专项工作小组，对全区会展业进行宏观指导，研究解决会展业发展过程中的重大问题，制定会展业发展规划，制定适应我区会展业发展的配套政策，研究推进会展业基础设施建设。

（十一）加大对会展业的财政支持力度。自治区博览局与自治区财政厅共同制定《宁夏回族自治区会展业发展专项资金管理办法》，自治区每年设立2000万元的会展业发展专项资金，充分发挥财政资金对会展业的引导和激励作用。自治区博览局制定《宁夏回族自治区会展业发展目标任务考核奖励办法》，成立会展业目标任务考核小组，建立健全奖励机制，落实考核统计工作。资金主要用于补助符合我区产业发展方向并取得明显经济、社会效益的会展企业和主办机构，全区会展业人才培养及行业培训学习，支持我区企业在境外、区外参展、考察等活动，奖励全区会展年度工作目标考核先进单位等。

（十二）提升会展业相关单位服务效率。海关、检验检疫、食品药监、民航、铁路等部门开辟展会绿色通道，为参展单位、采购商等提供便利快捷的业务服务。工商、质监、公安、住房城乡建设、城管、卫生计生、旅游、物价、知识产权、消防等部门依据各自职责加强对展会活动的巡查和监管工作。

（十三）加强业务管理指导。各市、县（区）办展部门和企业要依据相关规定办理会展备案等手续。各市、县（区）每年11月底前向自治区博览局提交下一年度会展计划。自治区博览局按照保护重点品牌会展、3个月之内不重复举办内容相同或相近的会展等原则，确定并发布全区会展年度计划名录。

（十四）发挥会展行业协会的职能作用。以效能和服务为原则，进一步建立健全行业协会内部管理机制。通过行业协会集中管理，完善听证、决策、咨询等制度，畅通行业协会与各个部门之间的沟通协调。

（十五）加强会展行业人才培养。支持高等院校因地制宜地开设会展专业，鼓励社会培训机构针对市场需求举办专题培训班或讲座。通过高校、培训机构、企业三者相结合的培养模式，培育一支高素质的会展专业人才队伍，营造良好人才培养环境。

陕西省人民政府关于进一步促进展览业改革发展的实施意见[①]

各设区市人民政府，省人民政府各工作部门、各直属机构：

根据《国务院关于进一步促进展览业改革发展的若干意见》（国发〔2015〕15号）精神，为进一步促进我省展览业改革发展，制定本实施意见。

一、发展目标

到2020年，全省展览场馆总面积达到40万平方米以上，着力培育一批市场化程度高、产业带动力强、具有国际国内影响力的品牌展会；培育和形成一批外向关联度高、招展引资能力强的展览主体；培养一批专业化水平高、创新能力强的展览人才；展览业的营业收入、就业人数等业绩指标，力争进入全国前列，基本建成结构优化、功能完善、基础扎实、布局合理、发展均衡的展览业体系。

二、改革管理体制

（一）理顺管理体制。由省商务厅牵头，会同发展改革、教育、科技、公安、财政、税务、工商、海关、出入境检验检疫、质监、食品药品监管、统计、知识产权、贸促等省级部门和单位，统筹协调，分工协作，研究制定和实施全省展览业发展战略、规划、政策、标准等，加强

[①] http://www.shaanxi.gov.cn/gk/zfwj/46970.htm.

事中事后监管，健全公共服务体系。

（二）推进市场化发展。严格规范全省各级政府和部门办展行为，减少财政出资和行政参与，逐步加大政府向社会购买服务的力度，建立政府办展退出机制。放宽市场准入条件，着力培育形成众多市场主体，加强专业化分工，拓展展览业市场空间。

（三）发挥中介组织作用。按照市场化、社会化、专业化原则，积极发展规范运作、独立公正的专业化行业组织。鼓励行业组织开展展览业发展规律和趋势研究，并充分发挥贸促机构等经贸组织的功能与作用，向企业提供经济信息、市场预测、技术指导、法律咨询、人员培训等服务，提高行业自律水平。

三、推动创新发展

（四）加快信息化进程。引导展览企业和机构运用现代信息技术，开展服务创新、管理创新、市场创新和商业模式创新，发展新兴展览业态。举办网上展览会，形成线上线下有机融合的新模式。推动云计算、大数据、物联网、移动互联等在新兴展览业态中的应用，为客户与参展商提供市场信息、交易平台、货币结算、售后服务等全方位服务。

（五）提升组织化水平。鼓励多种所有制企业公平参与竞争，引导展览企业通过收购、兼并、控股、参股、联合等形成国际化展览集团。加强政策引导扶持，打造具有先进办展理念、管理经验和专业技能的龙头展览企业，充分发挥示范和带动作用，提升行业核心竞争力。

（六）健全展览产业链。以展览企业为龙头，发展以交通、物流、通信、金融、旅游、餐饮、住宿等为支撑，策划、广告、印刷、设计、安装、租赁、现场服务等为配套的产业集群，形成行业配套、产业联动、运行高效的展览业服务体系，增强产业链上下游企业协同能力，带动各类展览服务企业发展壮大。

（七）深化国际交流合作。推动展览机构与国际知名的展览业组织、行业协会、展览企业等建立合作机制，引进国际知名品牌展会到省内合作办展，提高展会的质量和效益。配合实施国家"一带一路"战略及多双边、区域经贸合作，用好丝绸之路国际博览会暨中国东西部合作与投资贸易洽谈会、中国杨凌农业高新科技成果博览会、欧亚经济论坛等国际会展平台，培育境外展览项目，改善境外办展结构，构建多元化、宽领域、高层次的境外参展办展新格局。

四、优化市场环境

（八）加快制定展览业地方标准。按照总体规划、分步实施的原则，加快制定和推广展馆管理、经营服务、节能环保、安全运营等地方标准。鼓励展览企业和机构积极申请开展国家级、省级服务业标准化试点，通过试点促建展览业标准化管理体系，规范企业经营管理行为，以试点效应带动整个行业发展，促进展览业服务质量标准化、规范化和品牌化。进一步加大展览业标准化试点的政策和资金倾斜力度，提供及时有效的专家技术咨询服务，为全省展览业健康有序发展提供有力的资金和政策保障。

（九）完善行业诚信体系。加快建立覆盖展览场馆、办展机构和参展企业的展览业信用体系，推广信用服务和产品的应用，提倡诚信办展、服务规范。建立知识产权信用档案和违法违规单位信息披露制度，推动部门间监管信息的共享和公开，实现信用分类监管。依法公开侵犯知识产权和制售假冒伪劣商品的企业信息，健全对知识产权失信行为的联合惩戒措施。

（十）加强知识产权保护。建立我省企业参与国际重点展会知识产权工作机制，指导企业有效规避知识产权风险，应对知识产权纠纷。出台我省展览业知识产权保护办法，强化展会知识产权全程协同监管。提升知识产权规范化管理水平，完善展会知识产权和贸易纠纷解决机制。开发利用知识产权无形资产，提升展览业知识产权创造、运用、保护、管理能力。

（十一）打击侵权和假冒伪劣。创新监管手段，把打击侵权和假冒伪劣列入展览会总体方案和应急处置预案。完善重点参展产品追溯制度，推动落实参展企业质量承诺制度，切实履行主体责任。加强展览会维权援助举报投诉和举报处置指挥信息能力建设，完善举报投诉受理处置机制。

（十二）建立展品质量监督信息平台。建立以质监、工商、食品药品监管、知识产权等部门参与的展品质量监督网络信息平台，针对展览业常见的侵权和假冒伪劣行为不定期进行监督抽查，及时在信息平台上曝光不合格展品及责任企业。进一步发挥"12315"服务平台（陕西工商百事通）投诉举报作用，加强对全省展览业的社会监督。

五、强化政策引导

（十三）优化展览业布局。按照我省区域协调发展战略要求，进一步优化全省会展业布局，全力打造服务国家"一带一路"战略的会展平台。支持西安市在浐灞建设西安丝路国际会展中心，打造有世界影响力的会展名城。支持宝鸡、渭南、榆林、汉中、杨凌等市（区）规划建设区域性、专业性特色展馆。定期发布引导支持展览会目录，培育一批产业特色鲜明、区域特点显著的品牌展会。

（十四）落实财税政策。按照政府引导、市场化运作原则，通过优化公共服务，支持中小企业参加重点展会，鼓励展览机构到境外办展参展。落实小微企业增值税和营业税优惠政策，对属于《国务院关于推进文化创意和设计服务与相关产业融合发展的若干意见》（国发〔2014〕10号）税收政策范围的创意和设计费用，执行税前加计扣除政策，促进展览企业及相关配套服务企业健康发展。

（十五）改善金融保险服务。鼓励商业银行、保险、信托等金融机构在现有业务范围内，按照风险可控、商业可持续原则，创新适合展览业发展特点的金融产品和信贷模式，推动开展展会知识产权质押和专利保险等多种方式融资，进一步拓宽办展机构、展览服务企业和参展企业的融资渠道。完善融资性担保体系，加大担保机构对展览业企业的融资担保支持力度。

（十六）提高便利化水平。进一步优化展品出入境监管方式方法，提高展品出入境通关效率。引导、培育展览业重点企业成为海关高信用企业，适用海关通关便利措施。简化通关手续，对符合我国出入境检验检疫通关要求的入境商品和参展人员，优先通关、快速验放。依法规范未获得检验检疫准入展品的管理。

（十七）健全行业统计制度。以国民经济行业分类为基础，建立和完善展览业统计监测分析体系，构建以展览数量、展出面积及展览业经营状况为主要内容的统计指标体系，建设以展馆、办展机构和展览服务企业为主要对象的统计调查渠道，综合运用统计调查和行政记录等多种方式采集数据，完善监测分析制度，建立综合性信息发布平台。

（十八）加强人才体系建设。创新人才培养机制，鼓励中介机构、行业协会与相关院校和培训机构联合培养、培训展览专门人才。探索形成展览业从业人员分类管理机制，研究促进展览专业人才队伍建设的措施办法，鼓励展览人才发展，全面提升从业人员整体水平。

各地、各部门要加强组织领导，健全工作机制，强化协同配合。各市（区）要结合自身经济社会发展实际研究制定具体实施方案，细化政策措施，确保各项任务落到实处。各有关部门要研究制定配套政策和具体措施，为展览业发展营造良好环境。各级商务主管部门要会同相关部门做好指导、督查和总结工作，共同抓好落实，重大事项及时向省政府报告。

云南省人民政府关于进一步促进展览业改革发展的实施意见[①]

各州、市人民政府,省直各委、办、厅、局:

为贯彻落实《国务院关于进一步促进展览业改革发展的若干意见》(国发〔2015〕15号)精神,推进我省展览业深化改革,加快发展,进一步发挥展览业对全省经济社会发展的促进作用,现提出以下意见。

一、指导思想

认真贯彻落实党的十八大和十八届三中、四中、五中全会及省委九届十次、十一次、十二次全会精神,深入贯彻习近平总书记系列重要讲话和考察云南重要讲话精神,围绕把我省建成民族团结进步示范区、生态文明建设排头兵、面向南亚东南亚辐射中心,以加快发展现代服务业为契机,突出发挥区位、交通、气候和展览设施优势,以优化功能、错位发展为主线,以市场化、国际化、专业化、品牌化和产业化发展为导向,深化展览业管理体制改革,推动我省展览业更新发展理念、升级发展模式、改善发展环境,通过优化产业布局、整合品牌资源、延伸产业链条、构建支撑体系,着力把我省打造成为会展经济强省,更好地服务于全省经济社会发展。

二、基本原则

——坚持扩大开放与创新发展。以市场化改革和体制机制创新激发

---

① http://www.yn.gov.cn/yn_zwlanmu/qy/wj/yzf/201602/t20160219_23904.html.

市场主体活力和创造力，秉持开放包容的态度学习借鉴国内外展览业先进发展理念和管理经验。扶持品牌展览、鼓励规模展览、培育特色展览，选择具有比较优势、代表未来发展方向的产业领域，申办、引进与自办并举，打造一批具有自主知识产权的特色展览品牌。

——坚持市场主导与优化监管。加快政府职能转变和简政放权，逐步减少由政府举办的各类展会活动。提高展览业的市场化、专业化和国际化程度，坚持市场在展览业资源配置中的决定性作用，切实发挥好政府作用。培育壮大市场主体，形成市场主导、企业主体、协会服务、政府监管的良性发展机制。

——兼顾经济效益和社会效益。大力发展会展经济，注重提高展览业的经济效益，提高展览企业盈利能力，同时发挥其社会效益，推动展览业基础设施和公共设施建设，优化展览业发展软硬件环境，助推当地经济发展和城市形象提升。

三、发展目标

到 2020 年，把我省建设成为在国内有更大影响力、在国际有更高认知度的重要展会举办地，展览业对全省服务业增加值的贡献度显著提高，展览业成为助推全省经济社会实现跨越式发展的有力支撑。

——发展环境不断优化。政策法规进一步完善，管理体制进一步优化，逐步消除影响市场公平竞争和行业健康发展的体制机制障碍，形成平等参与、竞争有序的市场环境；展览业发展的政策环境、社会环境和服务环境得到全面优化；以资源优势、区位优势及民族文化优势为依托，基本形成特色鲜明、结构优化、务实高效、布局合理、动力强劲的展览业发展格局。

——市场化水平显著提升。政府与市场关系更加清晰合理，政府直接办展进一步规范和减少，各种所有制企业根据市场需求自主举办展览，市场化、专业化、品牌化展览数量不断增加，展览设施投资建设及管理运营市场化、专业化程度不断提升。

——国际化程度逐步提高。展览业市场规则与国际逐步接轨，国际化、专业化招商招展活动的规模和水平进一步提升。展览业"走出去"步伐不断加快，企业赴境外组展办展能力大幅提升，培育一批具有国际竞争力的知名品牌展会，逐步打入国际展览市场，在国际展览业的影响力不断提高。

四、改革管理体制

（一）理顺行政管理。改革行政审批管理模式，按照规定程序，由云南国际博览事务局依法依规履行党政机关境内举办展会活动的审批备案职责。建立由省人民政府分管领导牵头，云南国际博览事务局及省商务厅、发展改革委、工业和信息化委、教育厅、科技厅、公安厅、财政厅、农业厅、文化厅、旅游发展委、地税局、工商局、质监局、统计局、招商合作局、民航发展管理局、知识产权局，贸促会云南省分会、昆明海关、云南出入境检验检疫局等有关部门和单位共同参与的联席会议制度，具体工作由云南国际博览事务局负责。统筹协调，分工协作，推进和督促全省展览业发展战略、规划、政策措施等制定实施，进一步健全展览业发展的公共服务支撑体系。

（二）加快市场化进程。严格规范全省政府系统办展行为，逐步减少财政出资和行政参与，扩大政府向社会购买公共服务，建立政府办展退出机制。着力培育市场主体，加强专业分工，拓展市场空间。按照《大型群众性活动安全管理条例》（国务院令第505号）规定，落实展会活动承办主体责任，探索推进展会安全保卫工作市场化运作。发挥行业协会作用，按照社会化、市场化、专业化原则，积极发展规范运作、独立公正的专业化行业组织。鼓励行业协会开展展览业发展规律和趋势研究分析，充分发挥贸促机构等经贸组织的功能作用，向企业提供经济信息、市场预测、技术指导、法律咨询、人员培训等服务，提高行业自律水平。

五、推动创新发展

（三）加快信息化重构。引导企业运用现代信息技术，开展服务创新、管理创新、营销创新和商业模式创新，发展新兴展览业态。推动云计算、大数据、物联网、移动互联等在展览业的应用。优化提升我省展览业电商平台，加快推进展览业电商化发展，将我省展览业电商平台逐步打造成为面向南亚东南亚全面提供展览会议、参展组展、商品交易、项目投资等一揽子电子商务信息服务的重要平台。继续发挥中国—南亚博览会（以下简称南博会）作为我省展会龙头的引领示范作用，将南博会商务门户网站建设成为面向全球开放的优质电商平台，实现组展商、参展商、采购商、场馆服务提供商和公众用户大数据收集分析、信息分流处理和快速提取，整合企业形象展示与供求信息发布，使南博会等品牌展会真正由线下向线上延伸，打造"永不落幕"的博览会。

（四）提升主体竞争力。鼓励多种所有制企业公平参与竞争，引导大型龙头展览企业通过收购、兼并、控股、参股、联合等形式组建国际性展览集团。加强政策引导扶持，打造具有先进办展理念、管理经验和专业优势的龙头展览企业，充分发挥示范和带头作用，提升行业核心竞争力。支持中小展览企业做活做优，走"小而专、小而精、小而优、小而特"的专业化发展道路，切实提高展览企业的展会策划、组织、执行能力。支持和引导本省展览企业组建专业化、国际化展览营销团队，大力引进国内外知名展会到我省举办，吸引国内外知名展览企业落户我省。加强与央企和省外民企的对接和服务，为企业到我省参展参会、办展办会提供便利条件，推动与我省展览企业建立全方位战略合作关系。

（五）健全展览产业链。发展以展览企业为龙头，以交通、物流、通信、金融、旅游、餐饮、住宿等为支撑，策划、广告、印刷、设计、安装、租赁、保税仓储、场馆服务等为配套的产业集群，形成行业配套、产业联动、运行高效的展览业综合服务保障体系，增强产业链上下游企业协同发展能力，带动各类展览服务企业发展壮大。

（六）完善展馆管理运营。制定公开透明的展览场馆运营规范，坚持社会公益性和市场效益兼顾原则，鼓励我省现有展览场馆运营管理实体通过品牌输出、管理输出、资本输出等形式提高运营效益，深化展馆管理体制改革和运营机制创新。鼓励展览场馆加强合作，实现专业场馆功能互补，共同轮流举办展会，提高利用率，增强场馆整体竞争力。

（七）创新展览业推广模式。支持、引导、策划并组织实施宣传我省展览业的主题采访报道及各类发布会、推介会等，精准投放商业广告，创新形式宣传推广我省重大展览活动。充分发挥互联网、新媒体作用，整合传统媒体与新媒体、国内媒体与国际媒体优势，打造针对南博会等重点品牌展览推广营销的南亚东南亚跨国媒体联盟。

（八）加强对外交流合作。加强向国家有关部委的汇报沟通，积极申办全国性展会，引进省外和境外优质展会，组织赴境外参展、办展和联合办展。配合国家实施"一带一路"等重大发展战略，继续扩大和提升南博会招商招展和品牌影响，借助南博会平台，加强与南亚东南亚国家和地区展览业界的合作，实现互惠共赢。引进国际知名展览企业到我省参展办展，学习借鉴其在展览运作、场馆运营、经营管理、招展组展、宣传推广等方面先进经验，提高我省展会水平与质量。推动本省企业与境外展览机构、展览行业协会加强交流合作。

六、优化市场环境

（九）提升行业标准化水平。按照"总体规划、分步实施"的原则，鼓励高校科研机构和行业龙头企业积极参与，加快制定和推广我省展览业展馆管理、经营服务、节能环保、安全运营等有关领域的地方标准。到2020年，基本建成我省展览业地方标准体系，以标准化促进展览业快速健康发展。每年至少开展1个展览业服务标准化试点建设，通过展览业的国家、行业和地方标准相互衔接，逐步形成面向市场、服务产业、主次分明、科学合理的展览业标准化框架体系。

（十）建立行业诚信体系。运用现代信息技术和管理手段，加快建立覆盖展览场馆、办展机构和参展企业的展览业诚信体系，推广信用服务和产品应用，提倡诚信办展、规范服务。建立信用档案和违法违规失信企业信息披露制度，推动部门间监管信息的共享，褒扬诚信，惩戒失信，实现分类监管。

（十一）加强知识产权保护。制定出台我省展览业知识产权保护规范，强化展览业知识产权保护工作。支持和鼓励展览企业通过专利申请、商标注册等方式，开发利用展览会名称、标志、商誉等无形资产，提升对展会知识产权的创造、运用和保护水平。扩大展览会知识产权基础资源共享范围，建立信息平台，服务展览企业。强化对参展商的审核，打击侵权和假冒伪劣产品，加强展览会维权、援助、举报、投诉和信息协调处置能力建设，建立完善举报投诉受理机制。

（十二）完善监督保障体系。建立组展商、服务商、参展商、专业采购商和消费者纠纷调解与仲裁制度体系，维护展览业企业与消费者的合法权益，形成符合国家政策法规和市场经济规律的行业运行监督保障体系，预防和杜绝行业腐败现象。

七、强化政策引导

（十三）优化展览产业布局。实行省、州市联动，加快形成我省展览经济核心区。以昆明市为中心，坚持优势互补、错位发展，重点承接、培育全国性和国际性展会活动，打造专业性精品展会，形成在国内外具有较高影响力的展览业集聚区。昆明重点举办大型综合性、专业性展览，保山、红河、文山、普洱、西双版纳、德宏、临沧等州、市以举办边境经济贸易交易会为主。加强我省展览业与旅游、商贸服务、餐饮、文化传媒、交通运输等产业联动发展，实现会展经济与旅游经济、休闲经济融合发展。

（十四）加大财税支持力度。积极支持和鼓励本省中小企业参加国内外经贸合作展览，支持本省展览企业到境外组展办展。贯彻《国务院关于推进文化创意和设计服务与相关产业融合发展的若干意见》（国发〔2014〕10号）精神，落实国家和我省对现代服务业和小微企业的税收扶持等优惠政策。对企业发生的符合规定条件的创意和设计费用，执行税前加计扣除政策，支持和促进展览企业及有关配套服务企业加快发展。

（十五）设立会展产业发展基金。按照"政府引导性投入、市场化运作"的原则，设立云南省会展产业发展基金，规范基金的投资和监管。主要用于支持展览业的创新发展，扶持现有品牌展会，培育新兴展会。引进国内、国际知名展览品牌，加大对国际性展会申办的扶持力度。鼓励各州、市设立会展产业发展基金，支持当地展览业加快发展。

（十六）改善金融保险服务。鼓励商业银行、保险、信托等金融机构在现有业务范围内，按照"风险可控、商业可持续"的原则，创新开发适合展览业特点的金融产品和服务模式，推动开展展会知识产权质押等多种方式融资，进一步拓宽办展机构、展览服务企业和参展企业的融资渠道。完善融资性担保体系，加大担保机构对展览企业的融资担保支持力度。

（十七）提高配套服务水平。优化展品出入境监管方式，提高展品出入境通关效率。结合我省实际，对符合国家出入境检验检疫要求的展品通关进一步简化手续、提高效率，依法规范未获得检验检疫准入展品的管理。建立完善通关信用和信息化管理体系，引导参展商恪守信用、依法报关、高效通关。积极改进和创新监管模式，探索在昆明滇池国际会展中心建设保税仓库和免税店，推动打造"永不落幕"的南博会。

（十八）健全行业统计制度。建立和完善我省展览业统计监测分析体系，构建以展览数量、展出面积、展览业经营状况及展览成交额等为主要指标的统计体系，建立以展馆、办展机构和展览服务企业为主要对象的统计调查渠道，综合运用多种统计调查方式采集数据，建立综合性信息监测分析和发布平台。

（十九）完善人才培养机制。鼓励我省高校和教育培训机构按照市场需求设置学科、专业和课程，培养适应展览业发展需要的技术技能型、应用复合型专门人才。鼓励大型企业、中介机构、行业协会与有关院校等联合培养展览行业人才。探索展览业从业人员分类管理，加强对展览职业教育的指导，促进展览职业教育体系建设。加强人才引进和培养，提高工作待遇，改善工作条件，强化工作责任。规范和完善展览从业人员的培训和考核，提高我省展览业人才综合素质。

各地、有关部门要充分认识进一步促进展览业改革发展的重要意义，加强组织领导，健全工作机制，强化协同配合。各地要根据本意见，结合本地经济社会发展实际，研究制定具体工作方案，细化政策措施，确保各项改革落到实处。省直有关部门和单位要抓紧研究制定配套政策和具体工作措施，为我省展览业发展营造良好环境。云南国际博览事务局要会同有关部门和单位做好指导、督查和总结工作，共同抓好落实，重大事项及时向省人民政府报告。

政策标准篇

中华人民共和国国家标准

GB/T 33489—2017

展览会信息管理系统建设规范

Building specification for exhibition information management system

2017-02-28 发布　　2017-09-01 实施

中华人民共和国国家质量监督检验检疫总局
中国国家标准化管理委员会　发布

前　言

本标准按照 GB/T 1.1—2009 给出的规则起草。

本标准由全国会展业标准化技术委员会 (SAC/TC 348) 提出并归口。

本标准主要起草单位：北京昆仑亿发科技发展有限公司、北京国际展览中心、中国国际贸易促进委员会纺织行业分会、中邮国际展览广告有限公司。

本标准主要起草人：张钢、陈峰、徐迎新、潘臻、顾君剑、周景龙、满艳茶。

展览会信息管理系统建设规范

1 范围

本标准规定了展览会信息管理系统的术语和定义、建设基本要求、功能要求、安全保障等。

本标准适用于各类展览会信息管理系统的设计、构建及相关软件功能开发等活动。

2 规范性引用文件

下列文件对于本文件的应用是必不可少的。凡是注日期的引用文件，仅注日期的版本适用于本文件。凡是不注日期的引用文件，其最新版本（包括所有的修改单）适用于本文件。

GB/T 26165—2010　经济贸易展览会　术语

GA/T 708—2007　信息安全技术　信息系统安全等级保护体系框架

3 术语和定义

GB/T 26165—2010 界定的以及下列术语和定义适用于本文件。

3.1　展览信息管理系统　exhibition information management system

基于现代展览管理理念，利用信息技术实现对展览会信息的全面管理，包括数据采集、数据库管理、观众邀请、商务配对等功能的管理系统。

3.2　观众信息　visitor information

观众的基本信息、行为信息和其他展览会主办单位需要收集和管理的信息。

注1：观众的基本信息包括观众名片、现场登记表等描述观众身份

和联络方式的信息。

注2：观众行为信息包括观众入场、离场、参观展台、参加会议和活动等行为的信息。

3.3 参展商信息 exhibitor information

参展商的基本信息、参展信息和其他展览会主办单位需要收集和管理的信息。

注1：参展商的基本信息包括企业名称、联络方式等。

注2：参展信息包括展位信息、会刊信息、楣板信息、胸卡信息、合同信息、付款记录和服务预订信息。

3.4 观众数据采集终端设备 visitor information collection terminal

在展览会现场供主办单位和参展商识别、验证和记录观众信息的设备，包括门禁闸机或移动读卡设备等。

3.5 商务配对系统 match making system

为商务配对提供数据支持和管理的系统。

4 建设基本要求

展览会信息管理系统的建设应满足展览会主办单位的需求，实现对观众和参展商等展览会重要信息的收集、处理、存储、应用、维护等，信息收集途径符合国家相关法律法规规定，并符合以下基本原则。

a）收集信息准确、完整；

b）系统运行快速、稳定；

c）界面操作简便、易用；

d）信息处理功能深入、全面；

e）信息应用、存储和传输安全可靠。

5 系统功能

5.1 功能构成

展览会信息管理系统应包括观众信息管理、参展商信息管理、商务配对、邀请、数据库管理等功能。

5.2 观众信息管理
5.2.1 展前数据采集系统

展前数据采集系统应能够：

a）提供各种来源数据的录入功能；

b）提供网上预登记和管理功能，以实现：

    1）个体观众预登记，包括：对首次预登记观众，登记观众信息，开展预登记调查等；对往届观众和已预登记观众，提供观众信息和调查表的查看和更新等；

    2）团体观众预登记：提供数据文件上传、数据批量导入等；

    3）活动及会议参加者预登记：提供各类活动及会议信息的检索、下载、打印，提供活动及会议的报名或取消报名等。

5.2.2 现场信息管理

现场信息管理应具备现场观众登记功能，并根据需要实现观众行为管理功能：

a）现场观众登记：为进入展览会参观的观众办理现场登记，根据需要收集名片、登记表等观众信息，上传到观众数据库，为观众发放观众身份识别标识等；

b）观众行为管理：根据展览会主办单位对观众信息获取的要求，利用数据采集终端设备收集和管理观众行为。

5.3 参展商信息管理
5.3.1 参展商基本信息管理

参展商基本信息管理应具备下列功能。

a）储存管理参展商基本信息；

b）生成招展邀请，保存与参展商的联络记录；

c）生成用于制作会刊、楣板、参展证件等的信息。

5.3.2 展位销售管理

展位销售管理应具备下列功能：

a）实现展位管理；

b）实现销售过程管理；

c）实现销售人员管理。

5.3.3 展览服务管理

展览服务管理应具备下列功能：

a）发布和回收展览会服务信息；

b）实现展览会的互联网服务；

c）汇总和统计服务信息；

d）分类和导出服务信息。

5.4 商务配对

商务配对应具备下列功能：

a）为参展商和观众提供商务信息检索功能；

b）基于参展商和观众的供求信息分析进行商务匹配；

c）为参展商和观众之间的自主商务邀约提供系统平台；

d）管理参展商和观众间的动态预约信息；

e）根据预约配对情况，生成活动日程并自动提醒。

5.5 邀请

可根据需要配置多种信息技术营销功能，用于展览会的招商、招展等。

5.6 数据库管理

5.6.1 数据处理

信息管理系统应当具备下列数据处理功能：

a）批量导入和导出数据；

b）增加、删除、修改、合并数据；

c）参展历史数据关联及追溯；

d）重复数据提示及合并；

e）误操作恢复。

5.6.2 数据利用

信息管理系统应当具备下列数据利用功能：

a）数据库操作记录；

b）多检索条件合并查询；

c）数据库操作记录查询；

d）数据筛选；

e）数据分类管理；

f）统计及分析：

    1）当届数据统计及分析；

    2）历届数据对比分析。

6 安全保障

6.1 系统加密

系统安全应满足 GA/T 708—2007 中的第二级基本要求。

观众信息电子识别、观众信息读写、登记系统数据传输和系统间数据通信等采用的密码算法，应符合国家对密码管理的法律法规和标准的规定。

6.2 系统权限管理

应制定专门的系统安全和数据保密管理要求，并在系统开发建设和运行中执行。

应实行数据操作分级授权制度，制定各级权限的分配和审批程序，赋予与权限相对应的账号和密码。

6.3 数据备份管理

应具备数据定时自动备份功能。

6.4 应急预案

应制定系统安全应急预案，并在系统开发建设中测试和运行中演练。

附　录

附录1　2016年"一带一路"沿线地区展馆数据一览

单位：平方米

序号	展馆名称	年度展出总面积	年度展览总数量/个	其中自办展数量/个	其中自办展面积	室内展厅面积	室外展厅面积
1	上海新国际博览中心	6 494 000	129	0	0	200 000	100 000
2	中国进出口商品交易会展馆	6 469 900	89	11	1 353 000	338 000	43 600
3	国家会展中心（上海）	4 260 000	43	1	114 580	400 000	100 000
4	深圳会展中心	3 100 000	108	1	126 000	105 000	15 000
5	厦门国际会议展览中心	2 120 000	180	8	451 000	150 000	0
6	西安曲江国际会展中心	1 950 000	111	7	142 500	64 000	40 000
7	上海世博展览馆	1 838 000	91	4	43 000	70 000	20 000
8	广州保利世贸博览馆	1 590 000	72	0	0	80 000	2000
9	沈阳国际展览中心	1 465 000	71	1	60 000	105 600	200 000
10	哈尔滨国际会展体育中心	1 319 600	63	4	36 000	70 000	100 000
11	广东现代国际展览中心	1 272 500	26	10	700 000	150 000	70 000
12	重庆国际博览中心	1 145 000	25	2	73 000	200 000	100 000

续表

序号	展馆名称	年度展出总面积	年度展览总数量/个	其中自办展数量/个	其中自办展面积	室内展厅面积	室外展厅面积
13	福州海峡国际会展中心	1 128 000	42	0	0	80 000	0
14	珠海国际会展中心	1 060 000	11	0	0	30 000	3000
15	长春国际会展中心	1 010 000	90	2	40 000	100 000	15 500
16	宁波国际会议展览中心	1 000 000	39	2	36 616	77 416	20 570
17	JSWB 国际展览中心	980 000	8	3	550 000	60 000	60 000
18	新疆国际会展中心	911 348	55	8	132 000	42 000	60 000
19	义乌国际博览中心	751 591	32	1	53 200	120 000	20 000
20	甘肃国际会展中心	712 000	84	3	6100	31 844	22 920
21	上海光大会展中心	696 000	128	4	28 000	28 000	2000
22	杭州和平国际会展中心	670 000	60	0	0	20 000	8000
23	内蒙古国际会展中心	660 000	52	0	0	55 000	35 000
24	昆明国际会展中心	645 700	52	8	205 624	50 000	20 000
25	温州国际会议展览中心	630 000	51	9	110 000	32 000	22 000
26	南宁国际会展中心	574 000	47	3	41 200	90 500	26 000
27	嘉兴国际会展中心	543 000	61	0	0	25 000	30 000
28	重庆国际会议展览中心	542 000	90	11	200 000	58 000	13 000
29	海南国际会议展览中心	450 000	30	1	20 000	38 000	25 000
30	大连世界博览广场	430 000	42	3	57 000	50 000	1 000 000
31	银川国际会展中心	426 000	41	0	0	30 000	40 000
32	大连星海会展中心	385 714	56	9	45 000	14 000	6000
33	台州市国际会展中心	350 000	21	8	130 000	23 000	10 000
34	青海国际会展中心	330 000	26	2	7300	77 620	10 080
35	惠州会展中心	300 000	30	14	123 000	24 000	30 000

续表

序号	展馆名称	年度展出总面积	年度展览总数量/个	其中自办展数量/个	其中自办展面积	室内展厅面积	室外展厅面积
36	余姚市中塑国际会展中心	278 000	18	4	78 000	46 000	25 000
37	上海国际展览中心	265 000	37	12	105 000	12 000	0
38	西安绿地笔克国际会展中心	244 640	30	1	20 000	20 000	2000
39	中国轻纺城国际会展中心	208 500	21	2	30 000	19 200	37 000
40	桂林会展中心	204 300	71	0	0	28 900	26 500
41	浙江世贸展览中心	198 000	29	1	8000	12 800	1600
42	慈溪国际会展中心	168 000	10	2	40 000	20 000	8000
43	广西壮族自治区展览馆	120 000	12	0	0	23 000	20 000

资料来源：《中国规模以上展览机构调研分析报告（第十版）》。

附录2 2016年"一带一路"沿线地区展览概览

序号	名称	举办地区	地点	时间	所属行业	主办单位	网址
1	2016第十五届中国西部(重庆)国际农产品交易会	重庆市	重庆国际会议展览中心	2016.01	农林牧渔	台盟中央、重庆市人民政府	www.cciapf.com
2	2016重庆社会公共安全产品与技术装备展览会	重庆市	重庆展览中心	2016.03	公共安全	重庆市公共安全技术防范协会、重庆市公安局社会公共安全行业管理办公室	www.cqjmzl.com.cn
3	2016第十五届中国西部(重庆)广告与传媒博览会	重庆市	重庆国际会议展览中心	2016.03	媒体广告	重庆市人民政府会展办公室、重庆市商业委员会、重庆市新闻出版局	www.westxb.net
4	2016第十一届重庆国际LED及城市景观照明展览会	重庆市	重庆国际会议展览中心	2016.03	家具家居	重庆市人民政府、重庆市商业委员会	www.west-ledexpo.com
5	2016西部锂电工业展览会	重庆市	重庆国际博览中心	2016.03.31—04.02	其他	重庆市经济和信息化委员会、中国汽车工业协会	www.wlpcs.net
6	2016第十二届CMPE中国西部国际塑胶工业展览会	重庆市	重庆国际博览中心	2016.03.31—04.02	其他	重庆市商业委员会、重庆市经济和信息化委员会	www.cplastic.cn

续表

序号	名称	举办地区	地点	时间	所属行业	主办单位	网址
7	2016第十届中国（重庆）国际汽车制造技术及装备展览会	重庆市	重庆国际博览中心	2016.03.31—04.02	交通	重庆汽车工程学会、中国汽车工程学会、中国汽车工程研究院有限公司、四川省汽车工程学会	www.ciame.net
8	2016中国（重庆）充电站桩技术设备展览会	重庆市	重庆国际博览中心	2016.03.31—04.02	其他	中国汽车工业协会、重庆市经济和信息化委员会	www.wlpcs.net
9	2016中国（重庆）新能源汽车展览会	重庆市	重庆国际博览中心	2016.03.31—04.02	其他	中国汽车工业协会、重庆市经济和信息化委员会	www.wlpcs.net
10	2016第四届西部国际工业自动化和机器人展览会	重庆市	重庆国际博览中心	2016.03.31—04.02	其他	重庆市经济和信息化委员会、重庆市科学技术研究院、中国科学院重庆绿色智能技术研究院、重庆市机器人与智能装备产业发展联盟	www.iarexpo.com
11	2016重庆春季房地产展示交易会	重庆市	重庆国际会议展览中心	2016.04	其他	重庆市房地产业协会	
12	2016第十六届中国重庆国际建筑科技博览会	重庆市	重庆国际会议展览中心	2016.04.08—04.10	建筑建材	中国室内装饰协会	
13	2016重庆珠宝首饰玉石、工艺品收藏品、茶文化及紫砂工艺展	重庆市	重庆国际会议展览中心	2016.05	体育休闲娱乐	中国珠宝玉石首饰行业协会、重庆市对外贸易经济委员会	

续表

序号	名称	举办地区	地点	时间	所属行业	主办单位	网址
14	2016（重庆）国际表面处理、电镀、涂装展览会	重庆市	重庆国际博览中心	2016.05.11—05.13	其他	中国表面工程协会电镀分会、中国表面工程协会涂装分会	www.reexpo.cn
15	2016立嘉（重庆）国际金属材料展览会	重庆市	重庆国际博览中心	2016.05.11—05.14	其他	重庆市经济和信息化委员会、重庆市立嘉会议展览有限公司	
16	2016国际（重庆）工业水处理及环保设备展览会	重庆市	重庆国际博览中心	2016.05.11—05.13	其他	广东智展展览有限公司、香港智展国际有限公司	
17	2016中国西部国际制冷、空调、供热、通风及食品冷冻加工展览会	重庆市	重庆国际博览中心	2016.05.11—05.13	其他	重庆市制冷学会、重庆世展展览有限公司、陕西省制冷学会、重庆市土木建筑学会热能动力专委会、中国勘察设计协会建筑环境与设备分会重庆委员会、重庆市制冷空调行业协会	www.cq-expo.comindex.html
18	2016第十七届立嘉国际机械展览会	重庆市	重庆国际博览中心	2016.05.11—05.14	机电	重庆市立嘉会议展览有限公司、重庆市经济与信息化委员会	www.cwmte.com.cn
19	2016第十九届中国（重庆）国际投资暨全球采购会	重庆市	重庆国际博览中心	2016.05.19—05.22	经贸活动	中华人民共和国商务部、重庆市人民政府、西部各省区及部分中东部省市人民政府、国务院三峡工程建设委员会办公室、中国国际贸易促进委员会	www.ccisf.com

续表

序号	名称	举办地区	地点	时间	所属行业	主办单位	网址
20	2016 第十八届中国重庆国际汽车工业展	重庆市	重庆国际博览中心	2016.06.07—06.13	交通	中国国际贸易促进委员会汽车行业分会、中国汽车工业协会	www.autochongqing.com
21	2016 重庆文化产业博览会	重庆市	重庆国际博览中心	2016.09	其他	重庆日报报业集团	www.cncqcie.com
22	2016 第七届中国（重庆）国际休闲产业博览会	重庆市	重庆国际会议展览中心	2016.09	其他	重庆市人民政府	www.xiuxianzhan.com
23	2016 第 34 届中国国际体育用品博览会	福建省	福州海峡国际会展中心	2016.04.22—04.25	其他	中国体育用品业联合会	www.sportshow.com.cn
24	2016 年福州国际佛事用品展览会	福建省	福州海峡国际会展中心	2016.04.23—04.26	其他	福州市人民政府、厦门国际商会、福州海峡会展中心	www.buddhafair.com
25	2016 第十八届海峡两岸经贸交易会	福建省	福州海峡国际会展中心	2016.05.17—05.21	其他	国务院台湾事务办公室、中国国际贸易促进委员会福建省促进会、中华人民共和国海关总署、国家质量监督检验检疫总局、福建省人民政府	www.china518.gov.cn
26	2016 第九届福建海峡社会公共安全项目产品博览会	福建省	福州海峡国际会展中心	2016.06.18—06.21	公共安全	福建省公安厅	www.hxcps.com

续表

序号	名称	举办地区	地点	时间	所属行业	主办单位	网址
27	2016第五届海峡物联网产业博览会暨海峡电子信息产业博览会	福建省	福州海峡国际会展中心	2016.06.18—06.21	机电	科学技术部、中国科学技术协会、福建省人民政府、中国航天科工集团公司、中国科学院、工业和信息化部、中国工程院、教育部	www.slot-expo.com
28	2016年第六届中国（福州）建材装饰品博览会/福州建材展	福建省	福州海峡国际会展中心	2016.11	家具家居	中国对外贸易中心、福州市人民政府、福建省对外贸易经济合作厅	
29	2016年第七届海峡两岸电机电器博览会（宁德电博会、宁德电机展）	福建省	宁德会展中心	2016.06.17—06.19	其他	中国对外贸易中心、福州市人民政府、福建省对外贸易经济合作厅	www.chinamotorexpo.com
30	中国厦门国际石材展览会	福建省	厦门国际会展中心	2016.03.06—03.09	能源矿产	中国五矿化工进出口商会、厦门市贸易发展局、中国国际贸易促进委员会厦门市分会	www.stonefair.org.cn
31	2016第十三届中国检验医学暨输血仪器试剂博览会	福建省	厦门国际会展中心	2016.03.18—03.20	医疗健康	全国卫生产业企业管理协会医学检验产业分会	www.caclp.org

续表

序号	名称	举办地区	地点	时间	所属行业	主办单位	网址
32	2016第五届海西（厦门）国际新能源产业博览会暨新能源高峰论坛	福建省	厦门国际会展中心	2016.03.18—03.20	能源矿产	福建省经济贸易委员会、福建省对外经济贸易合作厅、福建省住房和城乡建设厅、厦门市经济发展局、福建省国际文化经济交流中心、厦门市进出口办公室、福建省信息化局、福建省机电产品进出口商会、厦门欣中安会展服务有限公司、厦门市商务局	www.xmnee.com
33	2016第20届海峡两岸机械电子商品交易会暨厦门对台进出口商品交易会	福建省	厦门国际会展中心	2016.04.12—04.15	机电	中国机电产品进出口商会、台湾区电机电子工业同业公会、厦门市人民政府	www.straitsfair.org.cn
34	2016第八届中国（厦门）国际工程机械暨建材机械展览会	福建省	厦门国际会展中心	2016.04.12—04.15	建筑建材	福建省经济贸易委员会、福建省对外贸易经济合作厅、厦门市人民政府	www.xicme.com.cn/index.asp
35	2016年第九届中国厦门国际素食养生展（春季）	福建省	厦门国际会展中心	2016.04.21—04.25	其他	厦门市总商会、厦门市国际商会、厦门会展集团股份有限公司	www.vffair.com
36	2016第二届中国（厦门）国际婴童产业博览会	福建省	厦门国际会展中心	2016.05.01—05.03	其他	新浪厦门、《父母必读》杂志、《海峡都市报》闽南版	www.xmiebc.com

续表

序号	名称	举办地区	地点	时间	所属行业	主办单位	网址
37	2016中国（厦门）国际物流展览会	福建省	厦门国际会展中心	2016.05.11—05.13	其他	振江国际展览（北京）有限公司	
38	2016第六届中国（厦门）火锅料节	福建省	厦门国际会展中心	2016.05.18—05.20	体育休闲娱乐	《中国食品报》、福建省冷冻食品工业协会、河南省冷冻食品工业协会	www.fishexpo.cn
39	2016第十一届中国国际（厦门）渔业博览会	福建省	厦门国际会展中心	2016.05.25—05.27	农林牧渔	中国水产流通与加工协会、福建省水产加工流通协会	
40	2016第二十届中国国际投资贸易洽谈会	福建省	厦门国际会展中心	2016.09.08—09.11	经贸活动	中华人民共和国商务部	www.chinafair.org.cn
41	2016中国（厦门）国际葡萄酒及烈酒展览会	福建省	厦门国际会展中心	2016.09.08—09.11	食品饮料	中华人民共和国商务部	www.amoywine.org
42	2016第十一届中国厦门国际佛事用品展览会	福建省	厦门国际会展中心	2016.10.15—10.19	其他	厦门市总商会、厦门会展集团股份有限公司、厦门国际商会	autumn.buddhafair.com
43	2016中国（厦门）国际口腔器材展览会暨学术交流会（ESDEA）	福建省	厦门国际会展中心	2016.11.20—11.22	医疗健康	福建省口腔医学会	www.hmdent.com

续表

序号	名称	举办地区	地点	时间	所属行业	主办单位	网址
44	2016第十七届西北（兰州）医疗器械与口腔设备展览会	甘肃省	甘肃国际会展中心	2016.04	医疗健康	甘肃药学会，甘肃省口腔医学会，甘肃省医学会口腔科专业委员会，甘肃亚飞览策划有限公司	www.yfexpo.com
45	2016第六届中国（兰州）艺术品收藏博览会	甘肃省	甘肃国际会展中心	2016.04.07—04.11	其他	中国收藏家协会	www.lzjlt.com
46	2016年中国·兰州国际广告标识展览会/中国·兰州LED光电照明及城市景观亮化展览会	甘肃省	甘肃国际会展中心	2016.04.10—04.12	媒体广告	甘肃省广告协会，甘肃省工商行政管理局，甘肃商业联合会，甘肃省印刷技术协会，甘肃省广告协会，甘肃奥美工贸有限公司，三力会展集团	www.lzsanli.com.cn
47	2016（第五届）甘肃国际汽车交易会	甘肃省	甘肃国际会展中心	2016.04.29—05.04	交通	中国汽车工业国际合作总公司，甘肃会展中心有限责任公司	www.szautoshow.com
48	2016第九届中国（兰州）新型建材与建筑装饰博览会	甘肃省	甘肃国际会展中心	2016.06.05—06.07	其他	甘肃省墙材专业委员会，甘肃亚飞展览策划有限公司，兰州市房地产开发办公室，兰州市供热管理办公室，兰州市墙体材料革新建筑节能办公室，甘肃省室内装饰协会	

续表

序号	名称	举办地区	地点	时间	所属行业	主办单位	网址
49	2016第二十二届中国兰州投资贸易洽谈会	甘肃省	甘肃国际会展中心	2016.07	其他	中华人民共和国商务部、国务院台湾事务办公室、天津市人民政府、山东省人民政府、云南省人民政府、青海省人民政府、深圳市人民政府、国家工商行政管理总局、中华全国工商业联合会、黑龙江省人民政府、广东省人民政府、西藏自治区人民政府、宁夏回族自治区人民政府、厦门市人民政府、中国国家旅游局、中华全国归国华侨联合会、安徽省人民政府、重庆市人民政府、陕西省人民政府、新疆维吾尔自治区人民政府、国务院侨务办公室、中国国际贸易促进委员会、江西省人民政府、四川省人民政府、新疆生产建设兵团、甘肃省人民政府	www.lanzhoufair.gov.cn
50	2016（第七届）中国西部（兰州）国际汽车博览会	甘肃省	甘肃国际会展中心	2016.08	交通	中国汽车工业国际合作总公司、甘肃会展中心有限责任公司	www.szautoshow.com
51	2016年第七届甘肃国际农业机械博览会	甘肃省	甘肃国际会展中心	2016.09	其他	《甘肃农业》杂志社	

续表

序号	名称	举办地区	地点	时间	所属行业	主办单位	网址
52	2016第五届国际文化产业大会暨第九届甘肃敦煌文博会	甘肃省	甘肃国际会展中心	2016.10	其他	中共甘肃省委宣传部、甘肃省商务厅、甘肃省文化厅、甘肃省新闻出版广电局、甘肃省各州市政府、亚太总裁协会（APCEO）、甘肃省文化产业发展集团公司、敦煌市人民政府、亚太财富（北京）经济咨询中心	
53	2016第三十五届国际名家具（东莞）展览会	广东省	广东现代国际展览中心	2016.03.16—03.20	家具家居	香港家私协会	www.gde3f.com
54	2016第十七届中国（东莞）国际纺织制衣工业技术展暨第十届华南国际缝制设备展	广东省	广东现代国际展览中心	2016.03.26—03.29	纺织、服装	广东省缝制设备商会、上海讯展会议展览有限公司	www.dtcshow.com
55	2016第八届东莞现代结婚展	广东省	东莞国际会展中心	2016.03.28—03.29	其他	广东现代展会管理有限公司	www.jiehundg.com
56	2016东莞茗茶、名酒博览会	广东省	广东现代国际展览中心	2016.04.17—04.20	其他	广东省茶业行业协会、广州好展展览有限公司	
57	2016第十六届广东国际汽车展示交易会（春季）	广东省	广东现代国际展览中心	2016.04.30—05.03	其他	中国汽车工业国际合作总公司、东莞市纵横经济策划有限公司、广东现代国际展览中心	www.gdautoshow.com

续表

序号	名称	举办地区	地点	时间	所属行业	主办单位	网址
58	2016东莞振宗机械联盟展览会	广东省	广东现代国际展览中心	2016.06.03—06.05	建筑建材	广东省机械行业协会、东莞市机电工程学会	www.dgzzexpo.com
59	2016第十二届东莞国际电镀工业、表面处理及涂料展	广东省	广东现代国际展览中心	2016.06.03—06.05	机电	香港电镀业商会有限公司	www.sf-exhibition.net/cn/index.aspx
60	2016广东（厚街）茶业博览会	广东省	广东现代国际展览中心	2016.06.12—06.15	食品饮料	迪亿会展（香港）有限公司、东莞市茶叶行业协会	www.tea-tickfair.com
61	2016中国加工贸易产品博览会	广东省	广东现代国际展览中心	2016.06.18—06.21	体育休闲娱乐	中华人民共和国商务部	
62	2016第36届国际名家具（东莞）展览会、暨机械材料展、家居饰品展	广东省	广东现代国际展览中心	2016.09.03—09.07	家具家居	香港家私协会	www.3f.net.cn
63	2016中国国际彩盒展	广东省	广东现代国际展览中心	2016.09.16—09.18	其他	励展博览集团大中华区	www.sino-foldingcarton.com
64	2016第七届（春季）佛山国际汽车展览会	广东省	佛山国际会展中心	2016.04.30—05.03	其他	广东省汽车行业协会、广州市合强展览有限公司	www.foshanchezhan.com
65	2016第七届中国广州国际工艺品艺术品收藏品红木精品展	广东省	中国进出口商品交易会会馆	2016.01.09—01.12	其他	中国礼品产业协会、中国家居产业联合会、广州工艺美术行业协会	www.shczh.cn

续表

序号	名称	举办地区	地点	时间	所属行业	主办单位	网址
66	2016迪培思广州国际LED屏显技术展览会	广东省	广州保利世贸博览馆	2016.02.23—02.26	家具家居	广州市闻信展览服务有限公司	www.chinaledexpo.com
67	2016迪培思数字喷印、雕刻技术展	广东省	广州保利世贸博览馆	2016.02.23—02.26	印刷包装	广州迪培思联合网络科技有限公司	www.chinasignexpo.com
68	2016广州国际LED屏及LED发光技术展	广东省	广州保利世贸博览馆	2016.02.23—02.26	其他	D・PES迪培思	www.chinasignexpo.com
69	2016第三十二届广州特许连锁加盟展览会/第十五届广州投资理财金融展览会	广东省	中国进出口商品交易会展馆	2016.02.25—02.27	其他	广州富众展览有限公司、广东省连锁经营协会、广州市连锁经营协会	www.foro.cn
70	2016广州国际旅游展览会	广东省	中国进出口商品交易会展馆	2016.02.25—02.27	其他	广东省旅游局、广州市旅游局	www.gitf.com.cn
71	2016第十三届广州(国际)车用空调及冷藏链技术展览会	广东省	广州保利世贸博览馆	2016.02.25—02.27	机电	广州巴斯特展览有限公司	www.84.cn
72	2016第九届广州(国际)车用电机电器展览会	广东省	中国进出口商品交易会展馆	2016.02.25—02.27	交通	中国汽车后市场联合会、香港巴斯特国际会展(集团)公司	www.84.cn
73	2016广州国际汽车改装服务业展览会	广东省	中国进出口商品交易会展馆	2016.02.26—02.28	交通	广州九州塔苏斯展览有限公司	www.aaitf.org

续表

序号	名称	举办地区	地点	时间	所属行业	主办单位	网址
74	2016第二十三届华南国际印刷工业展览会	广东省	中国进出口商品交易会展馆	2016.03.02—03.04	印刷包装	中国对外贸易中心、雅式展览服务有限公司	www.printingsouthchina.com
75	2016第五届广州国际摄影器材及数码影像展览会	广东省	广州国际采购中心	2016.03.03—03.05	其他	广东省摄影行业协会、广东省青年摄影家协会	www.scpe.cn.
76	2016第十二届广州国际包装制品展览会	广东省	南丰国际会展中心	2016.03.03—03.05	印刷包装	广州市昱晖贸易展览有限公司	www.box-show.com
77	2016第二十届广州国际工业自动化技术及装备展览会	广东省	中国进出口商品交易会展馆	2016.03.08—03.10	机电	中国对外贸易广州展览总公司、广州光亚法兰克福展览有限公司	www.fairwindow.com
78	2016第四十四届广东国际美容美发化妆用品进出口博览会	广东省	中国进出口商品交易会展馆	2016.03.09—03.11	美容化妆	广东省美容美发化妆品行业协会	www.cantonbeauty.com
79	2016第十七届中国（广州）国际给排水、水处理技术与设备展/第十届中国（广州）泵、阀门、管道展	广东省	中国进出口商品交易会展馆	2016.03.09—03.11	节能环保	中国对外贸易广州展览总公司	www.waterchina.gz.com

续表

序号	名称	举办地区	地点	时间	所属行业	主办单位	网址
80	2016第二十三届中国国际包装工业展/第十八届中国国际啤酒、饮料及酿酒工业展	广东省	中国进出口商品交易会展馆	2016.03.09—03.11	印刷包装	雅式展览服务有限公司、中国对外贸易中心	www.chinasinopack.com
81	2016第十届广州国际台球及配套设施展	广东省	中国进出口商品交易会展馆	2016.03.09—03.11	其他	香港鸿威国际展览集团、广东省对外经济合作企业协会、广东省文化产业促进会	www.gbechina.com
82	2016中国广州宠物博览会	广东省	广州国际采购中心	2016.03.18—03.20	其他	羊城晚报报业集团、金羊网、广东宠物行业协会、广州明一展览服务有限公司	www.chinapetfair.com
83	2016第二十八届广州国际礼品、家居用品及室内装饰品展	广东省	南丰国际会展中心	2016.03.18—03.20	玩具礼品	广州市星晖贸易展览有限公司	www.gh-show.com
84	2016第二十届全国铝门窗幕墙行业年会暨铝门窗幕墙新产品博览会	广东省	广州保利世贸博览馆	2016.03.18—03.20	建筑建材	广州市城博展览有限公司	www.windoorexpo.com
85	2016年第三十七届中国（广州）国际家具博览会第一期	广东省	中国进出口商品交易会展馆	2016.03.18—03.22	家具家居	中国家具协会、中国对外贸易中心（集团）、广东省家具协会	www.ciff-gz.comcn/ciffgz/index.html

- 327 -

续表

序号	名称	举办地区	地点	时间	所属行业	主办单位	网址
86	2016 第七届中国（广州）门业博览会	广东省	广州保利世贸博览馆	2016.03.24—03.26	建筑建材	深圳亚太传媒股份有限公司	
87	2016 第六届中国（广州）衣柜展览会	广东省	广州保利世贸博览馆	2016.03.24—03.26	家具家居	深圳亚太传媒股份有限公司	
88	2016 TFC 全球移动游戏开发者大会暨游戏交易会（春季）	广东省	南丰国际会展中心	2016.03.25—03.26	其他	上方汇	tfcexpo2014.sfw.cn
89	2016 中国（广州）国际康复设备暨福祉辅具展览会	广东省	广州保利世贸博览馆	2016.03.27—03.29	医疗健康	中国国际经济技术交流中心、广东省残疾人联合会、广东省残疾人辅助器具资源中心	www.cantonrehacare.com
90	2016 中国广州国际木工机械、家具配料展览会	广东省	中国进出口商品交易会展馆	2016.03.28—04.01	家具家居	中国对外贸易中心、科隆展览中国有限公司	www.rzfair.com
91	2016 中国（广州）国际分析测试及实验室设备展览会暨技术研讨会	广东省	广州保利世贸博览馆	2016.03.31—04.02	文化艺术教育	励展博览集团国药励展展览有限责任公司	www.chinalabexpo.com
92	2016 广州（国际）演艺设备、智能声光产品技术展览会	广东省	广州保利世贸博览馆	2016.04.01—04.04	体育休闲娱乐	中国国际贸易促进委员会广东省委员会	www.getshow.com.cn

续表

序号	名称	举办地区	地点	时间	所属行业	主办单位	网址
93	2016第十四届中国（广州）国际专业灯光、音响展览会	广东省	中国进出口商品交易会展馆	2016.04.05—04.08	体育休闲娱乐	广东省科学技术厅、广东省对外科技交流中心	www.soundlight.cn
94	2016华南国际口腔医疗器材展览会	广东省	中国进出口商品交易会展馆	2016.04.05—04.08	医疗健康	广东国际科技贸易展览公司（广东科展）	www.dentalsouthchina.com
95	2016第七届华南医疗器械（广州）博览会	广东省	南丰国际会展中心	2016.04.06—04.08	医疗健康	广东省医疗器械行业协会、香港巴斯特国际会展（集团）公司	www.18-yf.com
96	2016第二十八届广州国际玩具及模型展览会	广东省	广州保利世贸博览馆	2016.04.08—04.10	妇婴用品	广东省玩具协会	www.chinatoyfair.com
97	2016第七届广州童车及婴童用品展览会	广东省	广州保利世贸博览馆	2016.04.08—04.10	妇婴用品	广东省玩具协会	www.chinababyfair.com
98	第十四届广州国际采购博览会一期（建材、厨卫、照明及电子展）	广东省	广州国际采购中心	2016.04.14—04.18	家具家居	广州国际采购中心集团有限公司、中国国际贸易促进委员会广东省分会、广州华亚展览服务有限公司	
99	2016广州精品卫浴展（春季）	广东省	南丰国际会展中心	2016.04.14—04.18	家具家居	广州南丰展览有限公司	

续表

序号	名称	举办地区	地点	时间	所属行业	主办单位	网址
100	2016亚洲照明及消费电子产品展	广东省	广州保利世贸博览馆	2016.04.14—04.17	家具家居	广州市光合作用展览有限公司	www.aleex.cn
101	2016第一百一十九届中国进出口商品交易会（一期）	广东省	中国进出口商品交易会展馆	2016.04.15—04.19	经贸活动	中华人民共和国商务部、广东省人民政府	www.cantonfair.org.cn
102	2016第十五届广州国际家居日用品展采购博览会	广东省	广州国际采购中心	2016.04.21—04.27	玩具礼品	中国工艺品协会、中国对外贸易中心、东南亚华商协会	
103	广州陶艺家居展（春季）	广东省	南丰国际展中心	2016.04.21—04.27	家具家居	广州南丰展览有限公司	
104	2016第一百一十九届中国进出口商品交易会（二期）	广东省	中国进出口商品交易会展馆	2016.04.23—04.27	经贸活动	中华人民共和国商务部、广东省人民政府	www.cantonfair.org.cn
105	2016年第十一届萤火虫动漫游戏嘉年华	广东省	广州保利世贸博览馆	2016.05.01—05.03	其他		www.fireflyacg.com
106	2016第一百一十九届中国进出口商品交易会（三期）	广东省	中国进出口商品交易会展馆	2016.05.01—05.05	经贸活动	中华人民共和国商务部、广东省人民政府	www.cantonfair.org.cn

续表

序号	名称	举办地区	地点	时间	所属行业	主办单位	网址
107	2016第六届中国锁业博览会	广东省	中国进出口商品交易会展馆	2016.05.09—05.11	五金	亚洲建筑技术联盟协会、香港鸿威国际展览集团	www.lock-china.net
108	2016第六届中国国际地下管网设备展暨中国国际非开挖技术装备展	广东省	中国进出口商品交易会展馆	2016.05.09—05.11	建筑建材	中国市政工程协会、广州市鸿威展览服务有限公司	
109	2016中国（广州）国际名酒展览会（春季展）	广东省	中国进出口商品交易会展馆	2016.05.10—05.12	食品饮料	广州科通展览有限公司	www.interwine.org
110	2016第五届广州国际颜料展览会	广东省	广州保利世贸博览馆	2016.05.11—05.13	机电	香港智展国际有限公司、《中国颜料》杂志社	www.ex360.com
111	2016第19届广州阀门展览会暨广州管件管材展览会	广东省	中国进出口商品交易会展馆	2016.05.14—05.16	机电	广州流体展览有限公司	www.flow-expo.com
112	2016第九届广州国际润滑油、脂及相关技术设备展览会	广东省	广州保利世贸博览馆	2016.05.16—05.18	石油化工	广州一流展览服务有限公司、中国对外贸易经济合作企业协会	www.cirhy.com
113	2016年广州国际机床模具展览会	广东省	中国进出口商品交易会展馆	2016.05.21—05.23	建筑建材	诺展集团、中国机电产品流通协会	www.jinnuo-gzjc.com

续表

序号	名称	举办地区	地点	时间	所属行业	主办单位	网址
114	2016年珠三角房博会	广东省	广州保利世贸博览馆	2016.05.22—05.24	其他	广州商桥展览策划有限公司	www.xinhuanet.comhouse/gz/zt/2015bh/index.html
115	2016中国国际陶瓷技术装备及建筑陶瓷卫生洁具产品展览会	广东省	中国进出口商品交易会展馆	2016.05.25—05.28	建筑建材	中国建筑材料联合会、中国建筑卫生陶瓷协会、中国国际贸易促进委员会建筑材料行业分会	www.ceramicschina.net
116	2016中国（广州）国际物流装备与技术展览会	广东省	中国进出口商品交易会展馆	2016.05.26—05.28	其他	广东省物流行业协会、广州市巴斯特会展有限公司、国家工程机械质量监督检验中心	
117	2016广州（第十一届）国际纺织品印花工业技术展览会/国际纺织品数码印花技术展览会	广东省	广州保利世贸博览馆	2016.05.27—05.29	纺织、服装	《纺织品印花》杂志社、中华印花网	www.citpe.com
118	第二十届中国烘焙展览会	广东省	中国进出口商品交易会展馆	2016.05.28—05.30	食品饮料	全国工商联烘焙业公会、广东文博展览有限公司	www.gdbaking.cn
119	2016春季中国（广州）国际茶业博览会	广东省	中国进出口商品交易会展馆	2016.05.28—06.01	食品饮料	广州益武国际展览有限公司	www.teaexpo.cn

续表

序号	名称	举办地区	地点	时间	所属行业	主办单位	网址
120	2016第二十六届广州国际鞋类、皮革及工业设备展览会	广东省	中国进出口商品交易会展馆	2016.06.01—06.03	鞋类皮革	广州显辉展览服务有限公司	www.shoesleather-guangzhou.com
121	2016第十四届广州国际家庭医疗展览会	广东省	中国进出口商品交易会展馆	2016.06.04—06.06	医疗健康	标点资讯集团、广东省保健食品行业协会、《21世纪药店》报、广州市艺帆展览服务有限公司	www.fmfair.com
122	2016广州国际大健康产业博览会	广东省	中国进出口商品交易会展馆	2016.06.04—06.06	医疗健康	中国食品工业协会	www.gzyfzl.com
123	第六届中国(广州)国际粮油机械及包装设备展览会	广东省	中国进出口商品交易会展馆	2016.06.04—06.06	家具家居	中国粮油学会油脂分会、中国食品和包装机械行业协会、广东省食品工业协会	
124	第十届中国(广州)国际优质大米及品牌杂粮展览会	广东省	中国进出口商品交易会展馆	2016.06.04—06.06	食品饮料	中国粮油学会、中国粮油学会油脂分会	www.damiz.cn
125	第二十五届中国(广州)国际医药保健产业博览会	广东省	中国进出口商品交易会展馆	2016.06.04—06.06	医疗健康	广东省保健食品行业协会、《21世纪药店》报、广州市艺帆展览展服务有限公司、标点资讯集团	www.gzyfzl.com

续表

序号	名称	举办地区	地点	时间	所属行业	主办单位	网址
126	2016第16届广州国际食品展暨广州进口食品展览会	广东省	中国进出口商品交易会展馆	2016.06.04—06.06	食品饮料	中国食品工业协会、广东省保健食品行业协会、中国农业展览协会、广州市艺帆展览服务有限公司、广州开发区进口食品质量管理协会、中国粮油学会油脂分会	www.gzspz.com
127	2016第七届华南国际幼教产业博览会	广东省	广州保利世贸博览馆	2016.06.05—06.07	妇婴用品	华南国际幼教产业高峰论坛组委会、广东省学前教育专业委员会游戏与玩具研究部	
128	2016第七届中国国际环保锅炉及配套设备展览会	广东省	中国进出口商品交易会展馆	2016.06.06—06.08	其他	广州市特种设备行业协会、全国锅炉压力容器检验协会、全国机械工程学会、上海压力容器协会、台北市锅炉压力容器协会、北京市环保局、北京市供暖中心	www.guoluzhan.com
129	2016第十四届中国（广州）国际汽车用品及汽车改装展	广东省	广州保利世贸博览馆	2016.06.08—06.10	其他	中国对外贸易经济合作企业协会	www.ciaae.cn
130	2016广州国际照明展览会	广东省	中国进出口商品交易会展馆	2016.06.09—06.12	其他	广州光亚法兰克福展览有限公司	www.alighting.cn
131	2016广州国际建筑及建材机械展览会	广东省	中国进出口商品交易会展馆	2016.06.09—06.12	建筑建材	广州光亚法兰克福展览有限公司	

续表

序号	名称	举办地区	地点	时间	所属行业	主办单位	网址
132	2016广州国际家电电配件采购博览会	广东省	中国进出口商品交易会展馆	2016.06.09—06.11	家具家居	广东省家用电器行业协会、广州博优会展服务有限公司	www.jdpjz.cpooo.com
133	2016第八届法兰克福广州国际线缆展	广东省	中国进出口商品交易会展馆	2016.06.09—06.12	能源矿产	德国法兰克福展览有限公司、广州光亚法兰克福展览服务有限公司、广州博优会展服务有限公司	www.gz2009.cpooo.com
134	2016第五届中国（广州）国际食品食材展览会	广东省	广州保利世贸博览馆	2016.06.11—06.14	食品饮料	中国国际贸易促进委员会、广州市人民政府	www.gifms.com
135	2016第十七届广州国际金属暨冶金工业展览会	广东省	中国进出口商品交易会展馆	2016.06.16—06.18	其他	广州巨浪展览策划有限公司	www.julang.com.cn
136	2016第十三届广州国际电力电工及输配电技术设备展览会	广东省	中国进出口商品交易会展馆	2016.06.16—06.18	能源矿产	广东省机械行业协会	
137	2016第十二届广州国际品牌叉车及配件展览会	广东省	中国进出口商品交易会展馆	2016.06.16—06.18	建筑建材	国家工程机械质量监督检验中心、中国叉车后市场联合会、香港巴斯特国际会展（集团）公司	www.84.cn
138	2016第五届中国（广州）皮草皮衣博览会	广东省	广州保利世贸博览馆	2016.06.17—06.19	纺织、服装	深圳亚太传媒股份有限公司	www.furfair.cn

续表

序号	名称	举办地区	地点	时间	所属行业	主办单位	网址
139	2016第六届广州国际真空工业展览会	广东省	广州保利世贸博览馆	2016.06.17—06.19	文化艺术教育	广东省真空学会、香港金属表面处理学会	www.chinavacuumshow.com
140	2016第九届中国（广州）国际劳保防护用品交易会	广东省	广州保利世贸博览馆	2016.06.25—06.27	纺织、服装	中国国际贸易促进委员会、广东省委员会、广东省安全生产协会	www.laobaozl.com
141	2016第八届广州光合国际佛事用品展览会暨光合国际香文化博览会	广东省	广州保利世贸博览馆	2016.06.26—06.29	玩具礼品	广州市光合作用展览有限公司	www.fojiaogd.com
142	2016第五届中国（广州）国际金融交易博览会	广东省	中国进出口商品交易会展馆	2016.06.26—06.28	其他	广州市人民政府金融工作办公室、广东省人民政府金融工作办公室	www.gzife.com
143	2016第十四届广州国际酒店设备用品展览会	广东省	中国进出口商品交易会展馆	2016.06.26—06.28	旅游酒店	亚太酒店用品协会、亚太酒店总经理协会、粤港澳酒店总经理协会、广东省厨委会、烹饪协会、广州华展展览策划有限公司	www.hosfair.com
144	2016第四届广州国际珠宝首饰展览会	广东省	中国进出口商品交易会展馆	2016.06.26—06.29	体育休闲娱乐		www.gzhaizhan.com
145	2016第八届中国（广州）国际高端瓶装水、饮品展览会	广东省	中国进出口商品交易会展馆	2016.06.27—06.29	食品饮料	中国食品工业联合会、广东博昌展览服务有限公司、中国轻工业联合会	www.cibe-gz.com

续表

序号	名称	举办地区	地点	时间	所属行业	主办单位	网址
146	2016中国（广州）国际咖啡产业博览会	广东省	中国进出口商品交易会展馆	2016.06.29—07.01	其他	中国果品流通协会、广州进口食品质量管理协会、广东省保健食品行业协会、中国食品工业协会	www.coffeexpo.org
147	2016第八届中国（广州）国际葡萄酒及烈酒展览会	广东省	中国进出口商品交易会展馆	2016.06.29—07.01	其他	中国食品工业协会、广州进口食品质量管理协会进口葡萄酒专业委员会、广州市艺帆展览服务有限公司	www.yfzlw.com
148	2016广州建筑遮阳及门窗系统展览会	广东省	广州国际采购中心	2016.07.08—07.10	建筑建材	广州斯洛伽特展览策划有限公司	www.gzshading.cn
149	2016第十八届中国（广州）国际建筑装饰博览会	广东省	中国进出口商品交易会展馆	2016.07.08—07.11	建筑建材	中国对外贸易中心、中国建筑装饰协会、中国对外贸易广州展览总公司	
150	2016第十届（广州）国际石材及技术装备展览会	广东省	南丰国际会展中心	2016.07.08—07.10	能源矿产	全国工商联石材业商会、山东省石材行业协会	www.aiqgz.com
151	2016第十三届广州国际制浆造纸工业、纸业展览会暨第六届广州国际生活用纸及一次性卫生用品展览会	广东省	广州保利世贸博览馆	2016.07.15—07.17	其他	广东省造纸行业协会、广州市奥驰展览服务有限公司、山东省轻工机械协会	www.paperexpo.com.cn

续表

序号	名称	举办地区	地点	时间	所属行业	主办单位	网址
152	2016 第十五届中国（广州）国际信息产业周	广东省	中国进出口商品交易会展馆	2016.08.14—08.16	通信电脑软件	广州信息产业周组委会	
153	2016 南国书香节第七届中国（广州）办公文具、学生用品展览会	广东省	中国进出口商品交易会展馆	2016.08.15—08.20	办公用品	中共广东省委宣传部、广东省新闻出版局、中共广州市委宣传部、广州市文化广电新闻出版局	www.vinshzl.com
154	2016 广州国际电子变压器电感器展览会	广东省	广州保利世贸博览馆	2016.08.18—08.20	机电	广州天衡展览会展有限公司	www.eaei-expo.com
155	2016 第六届广州国际电源产品及应用技术展览会	广东省	广州保利世贸博览馆	2016.08.18—08.20	能源矿产	亚洲电池协会	www.bspexpo.com
156	2016 第八届广州国际太阳能光伏展览会	广东省	中国进出口商品交易会展馆	2016.08.18—08.20	文化艺术教育	中国机电产品进出口商会太阳能光伏产品分会、中国国际贸易促进委员会广东省委员会、中国国际商会广东商会	www.pvguangzhou.com
157	2016 第七届广州交通博览会	广东省	中国进出口商品交易会展馆	2016.08.20—08.22	物流	广东省城市公共交通协会、广州道路运输行业协会	

- 338 -

续表

序号	名称	举办地区	地点	时间	所属行业	主办单位	网址
158	2016 第十届中国广州环保产业、节能与新能源技术博览会	广东省	中国进出口商品交易会展馆	2016.08.20—08.22	节能环保	中国环境科技学会、广州环境保护产业协会、广州环卫行业协会、广东博昌展览服务有限公司	www.huanbaozhan.com.cn
159	2016 第九届广州国际超市采购交易会	广东省	中国进出口商品交易会展馆	2016.08.21—08.23	体育休闲娱乐	广州市人民政府、中国对外贸易中心	www.cwsz2009.cn
160	2016 第二十四届广州博览会	广东省	中国进出口商品交易会展馆	2016.08.28—08.31	文化艺术教育	广东省人民政府、广州市人民政府	www.gzfair.com.cn
161	2016 第十四届中国国际聚氨酯展览会	广东省	广州保利世贸博览馆	2016.08.31—09.02	其他	中国五矿集团公司、克雷恩通讯有限公司、中国聚氨酯工业协会	www.puchinashow.com
162	2016 中国（广东）国际旅游产业博览会暨酒店用品展	广东省	中国进出口商品交易会展馆	2016.09.10—09.13	其他	广东省人民政府	www.citie.gov.cn
163	2016 第十二届TFC全球移动游戏大会暨能娱乐展（秋季）	广东省	南丰国际会展中心	2016.09.10—09.11	其他	上方汇	tfcexpo2014.sfw.cn
164	2016 第十三届粤港澳国际体育用品博览会暨第十七届广东国际体育用品博览会	广东省	广州保利世贸博览馆	2016.09.11—09.13	体育休闲娱乐	广东省商业企业集团公司、广东省教育厅、广东省旅游局	www.sportgd.com

续表

序号	名称	举办地区	地点	时间	所属行业	主办单位	网址
165	2016第七届中国（广州）国际保健食品及营养品展览会	广东省	中国进出口商品交易会展馆	2016.09.11—09.13	医疗健康	浙江省保健品行业协会、广东省保健食品行业协会、振威展览集团	www.hciexpo.com
166	2016年广州国际模具展览会	广东省	中国进出口商品交易会展馆	2016.09.15—09.17	机电	广州光亚法兰克福展览有限公司	asiamold.gymf.com.cn
167	2016艺术广东国际收藏品及艺术品博览会	广东省	广州保利世贸博览馆	2016.09.17—09.20	其他	广州市光合作用展览有限公司	www.artcanton.com
168	2016广州国际缝制设备展/2016广州国际纺织服装面料辅料展	广东省	中国进出口商品交易会展馆	2016.09.18—09.20	纺织、服装	广州国际服装节暨广州时装周组委会	www.gzicte.com
169	2016第五届广州国际自行车电动车展览会	广东省	南丰国际会展中心	2016.09.18—09.20	体育休闲娱乐	广州乐佳展览策划有限公司、全国各地自行车电动车行业协会、广东产品质量监督研究院、广东出入境检验检疫局检疫技术中心、佛山市顺德区博容展览策划有限公司	
170	2016第七届中国（广州）国际低碳环保产品和技术展览会	广东省	广州保利世贸博览馆	2016.10.10—10.13	节能环保	中国国际贸易促进委员会、广州市人民政府	www.lowcarbonfair.com
171	2016广州精品卫浴展（秋季）	广东省	南丰国际会展中心	2016.10.14—10.18	家具家居	广州南丰展览有限公司	

续表

序号	名称	举办地区	地点	时间	所属行业	主办单位	网址
172	2016第33届广州（锦汉）家居用品及礼品展览会	广东省	广州保利世贸博览馆	2016.10.21—10.26	其他	广州市保利锦汉展览有限公司	www.jinhanfair.com
173	2016广州紧固件专业展	广东省	广州保利世贸博览馆	2016.11.01—11.03	其他	广州商搜会展服务有限公司、广东省紧固件行业协会	www.fastenerexpo.cn
174	2016中国（广州）国际名酒展览会（秋季展）	广东省	中国进出口商品交易会展馆	2016.11.10—11.12	食品饮料	广州科通展览有限公司	www.interwine.org
175	第79届全国汽车配件交易会	广东省	广州保利世贸博览馆	2016.11.12—11.14	其他	中国机械工业联合会、中国汽车工业配件销售有限公司	www.qipeihui.com
176	第十四届中国（广州）国际汽车展览会	广东省	中国进出口商品交易会展馆	2016.11.21—11.29	其他	广州市人民政府、广东省经济和信息化委员会、中国对外贸易中心、中国机械工业联合会、中国汽车工业协会	www.autoguangzhou.com.cn
177	第十六届中国（广州）国际箱包皮具手袋展	广东省	中国进出口商品交易会展馆	2016.11.26—11.28	其他	广州瑞鸿展览服务有限公司	www.chinabagsfair.com.cn
178	2016第二十三届广州酒店用品展览会	广东省	中国进出口商品交易会展馆	2016.12.14—12.16	其他	广东佛兴展览服务有限公司	www.gzhoshow.com

续表

序号	名称	举办地区	地点	时间	所属行业	主办单位	网址
179	2016 第十届中国（广州）国际食品工业博览会	广东省	中国进出口商品交易会展馆	2016.12.19—12.21	食品饮料	广东佛兴展览服务有限公司	
180	2016 惠州（第七届）婚庆文化博览会	广东省	广东惠州会展中心	2016.05.01—05.03	其他	惠州广播电视传媒集团	
181	2016 南国书香节暨第五届惠州书展	广东省	广东惠州会展中心	2016.08.14—08.18	媒体广告	中共广东省委宣传部	www.ccitf.com
182	2016 中国（惠州）物联网云计算技术应用博览会	广东省	广东惠州会展中心	2016.11.01—11.03	其他	广东省经济和信息化委员会	www.cloud-expo.cn
183	2016 第十八届中国澄海国际玩具礼品博览会	广东省	澄海展览中心	2016.04.20—04.23	玩具礼品	汕头市人民政府	www.ccitf.com
184	2016 深圳国际家纺布艺暨窗帘家居装饰展览会	广东省	深圳会展中心	2016.03.07—03.10	纺织、服装	广东省家用纺织品行业协会（深圳市博奥展业有限公司、全国工商联纺织服装业商会、中国家用纺织品行业协会布艺专业委员会、广东省家用纺织品行业协会）	www.szexpo.com.cn

续表

序号	名称	举办地区	地点	时间	所属行业	主办单位	网址
185	2016第十届深圳国际模型及航拍展览会	广东省	深圳会展中心	2016.03.27—03.29	交通	会多展览（深圳）有限公司	hbh.szjhw.cn
186	2016第十七届中国（深圳）国际机械制造工业展览会	广东省	深圳会展中心	2016.03.28—03.30	机电	深圳市协广机械有限公司、深圳市机械行业协会	
187	2016深圳春季婚博会	广东省	深圳会展中心	2016.04.04—04.06	其他	深圳市美博会展有限公司	www.citexpo.org/ShowInfo9070.html
188	2016中国电子信息博览会	广东省	深圳会展中心	2016.04.09—04.11	机电	中华人民共和国工业和信息化部、深圳市人民政府	www.elexcon.com
189	2016工业计算机及嵌入式系统展	广东省	深圳会展中心	2016.04.15—04.17	机电	创意时代会展	
190	2016深圳国际医疗电子与健康管理产业博览会	广东省	深圳会展中心	2016.04.15—04.17	医疗健康	深圳市创意时代会展有限公司	www.elexcon.com
191	2016移动终端新技术与供应链展	广东省	深圳会展中心	2016.04.15—04.17	通信电脑软件	创意时代会展	www.elexcon.com

续表

序号	名称	举办地区	地点	时间	所属行业	主办单位	网址
192	2016第十四届中国（深圳）国际黄金珠宝玉石展览会	广东省	深圳会展中心	2016.04.20—04.22	体育休闲娱乐	中国黄金协会	exhibitions.jewellerynet.com/szj/zh-cn/fairinfo/introduction
193	2016第二十四届中国（深圳）国际礼品、工艺品、钟表及家庭用品展览会	广东省	深圳会展中心	2016.04.25—04.28	玩具礼品	励展博览集团励展华博展览（深圳）有限公司	www.reedhuabo.com
194	2016第八届中国（深圳）佛事文化用品展览会	广东省	深圳会展中心	2016.05.07—05.10	文化艺术教育	深圳工艺美术行业协会、深圳市佛教协会	www.fojiaosz.com
195	2016中国（深圳）国际品牌内衣展览会	广东省	深圳会展中心	2016.05.07—05.09	纺织、服装	广东省纺织协会、深圳市盛世九州展览有限公司	www.siuf.com
196	第十届亚洲（深圳）激光应用技术论坛暨激光创新技术展	广东省	深圳会展中心	2016.05.07—05.09	机电	广东省光学学会、广东科学技术协会	www.laserfair.cn
197	2016第十二届中国（深圳）国际文化产业博览交易会	广东省	深圳会展中心	2016.05.14—05.18	其他	中华人民共和国文化部、中华人民共和国商务部、国家新闻出版广电总局、中国国际贸易促进委员会深圳市委员会	www.cnicif.com

续表

序号	名称	举办地区	地点	时间	所属行业	主办单位	网址
198	2016深圳（国际）集成电路技术创新与应用展	广东省	深圳会展中心	2016.05.21—05.23	机电	深圳市科技工贸和信息化委员会、深圳市科学技术协会	www.chinaicexpo.com
199	2016第八届中国（深圳）国际品牌特许加盟展	广东省	深圳会展中心	2016.06.19—06.21	其他	深圳市国际贸易促进委员会、深圳市品牌经营协会、中国国际贸易促进委员会深圳分会、深圳市中瑞展览有限公司	
200	2016第四届中国（深圳）电子商务博览会	广东省	深圳会展中心	2016.06.19—06.21	机电	深圳市贸促委	www.szece.net
201	2016第五届深圳国际智能交通与卫星导航位置服务展览会	广东省	深圳会展中心	2016.06.24—06.26	物流	交通运输部公路科学研究院、中国卫星导航定位协会、深圳市智能交通行业协会	www.its-expo.com
202	2016第九届国际触摸屏技术暨设备（深圳）展览会	广东省	深圳会展中心	2016.06.25—06.27	机电	中国通信工业协会、日经BP社、香港中瀚会议展览公司、慧聪网	www.touchchinaexpo.com
203	2016第二十七届中国（深圳）国际钟表展览会	广东省	深圳会展中心	2016.06.25—06.28	体育休闲娱乐	中国钟表协会、深圳市经济贸易和信息化委员会	www.szwatchfair.com

续表

序号	名称	举办地区	地点	时间	所属行业	主办单位	网址
204	2016中国（深圳）进出口食品及饮料展览会	广东省	深圳会展中心	2016.06.27—06.29	食品饮料	中国国际贸易促进委员会深圳市委员会	www.szfise.com
205	2016第20届华南国际工业自动化展览会	广东省	深圳会展中心	2016.06.29—07.01	机电	广东省科学技术厅、广东省自动化学会	www.ia-shenzhen.com
206	2016第18届华南国际水展	广东省	深圳会展中心	2016.07.01—07.03	节能环保	广东省科学技术厅、广东会展推广有限公司	www.waterexpo.org
207	2016第11届（深圳）国际茶产业博览会暨紫砂、陶瓷、茶器用品展	广东省	深圳会展中心	2016.07.02—07.05	玩具礼品		www.goodtea.cc
208	2016第5届深圳港澳国际名酒展	广东省	深圳会展中心	2016.07.02—07.05	食品饮料	深圳市贸促委	www.goodwine.cc
209	2016深圳国际纺织面料及辅料博览会	广东省	深圳会展中心	2016.07.09—07.11	物流	中国国际贸易促进委员会纺织行业分会	www.intertextile.com.cn
210	第十六届中国（深圳）国际品牌服装服饰交易会/2016深圳国际纺织面料及辅料展览会/2016深圳制衣设备展览会	广东省	深圳会展中心	2016.07.10—07.12	纺织、服装	深圳市服装行业协会	www.fashionszshow.com

续表

序号	名称	举办地区	地点	时间	所属行业	主办单位	网址
211	2016第六届中国国际汽车电子产品（深圳）展览会	广东省	深圳会展中心	2016.07.15—07.17	交通	中国电子商会、慧聪汽车电子网	info.carec.hc360.com/list/carec_first.shtml
212	2016深圳国际宠物展览会	广东省	深圳会展中心	2016.07.14—07.17	其他		www.szpetfair.com
213	2016多人行国际虚拟现实、增强现实、全息技术展览会/2016第三届多人行国际智能穿戴、智能医疗展览会	广东省	深圳会展中心	2016.07.20—07.22	信息通信	国际虚拟现实行业协会、国际增强现实行业协会	www.e9999.com
214	第八届深圳动漫节	广东省	深圳会展中心	2016.07.21—07.25	其他	深圳广播电影电视集团	www.szcaf.com
215	第二届深圳国际智能装备产业博览会暨第五届深圳国际电子装备产业博览会	广东省	深圳会展中心	2016.07.28—07.30	机电	深圳市人民政府	www.cieeie.com

续表

序号	名称	举办地区	地点	时间	所属行业	主办单位	网址
216	2016宝安产业发展博览会	广东省	深圳会展中心	2016.07.28—07.30	其他	深圳市宝安区政府	www.baoanexpo.com
217	第一届深圳国际老龄博览会	广东省	深圳会展中心	2016.07.29—07.31	其他	中国高科技产业化研究会、中国老龄产业联盟、深圳市企业联合会	www.szgjllbh.org.cn
218	2016（秋季）深圳国际家纺布艺暨家居装饰展览会	广东省	深圳会展中心	2016.08.07—08.09	纺织、服装	广东省家用纺织品行业协会（深圳市博奥展览有限公司）、全国工商联纺织服装业商会、中国家用纺织品行业协会布艺专业委员会、广东省家用纺织品行业协会	www.szexpo.com.cn
219	2016年第十六届中国广东国际投资理财金融博览会	广东省	深圳会展中心	2016.08.13—08.14	印刷包装	中国投资理财促进会、香港富众国际会展集团	www.2foro.com
220	2016深港韩时尚美容博览会	广东省	深圳会展中心	2016.04.03—04.05	其他	深圳美容组委会	www.szmbh.cn
221	2016深圳国际品牌授权展览会	广东省	深圳会展中心	2016.08.17—08.19	其他	前城会展	www.00861.com
222	2016深圳国际物联网与应用中国博览会	广东省	深圳会展中心	2016.08.20—08.22	通信电脑软件	国际物联网贸易与应用促进会	www.rfidexpo.com.cn
223	2016深圳国际现代绿色农业博览会	广东省	深圳会展中心	2016.08.20—08.22	其他	农民日报社经济发展中心、深圳市生态农业促进会	www.szjgjie.com

续表

序号	名称	举办地区	地点	时间	所属行业	主办单位	网址
224	2016第二十二届华南国际电子生产设备暨微电子工业展览会	广东省	深圳会展中心	2016.08.25—08.27	机电	中国国际贸易促进委员会电子信息行业分会	www.nepconsouthchina.com
225	2016中国（深圳）国际节能减排和新能源产业博览会	广东省	深圳会展中心	2016.08.26—08.28	能源矿产	中国工业节能与清洁生产协会、深圳市住房与建设局、深圳市发展和改革委员会、深圳市经济贸易和信息化委员会	www.eserexpo.com
226	2016第二十一届国际集成电路研讨会暨展览会	广东省	深圳会展中心	2016.08.31—09.03	机电	环球资源公司、深圳市电子行业协会、源捷展览（深圳）有限公司	www.iic-china.com
227	2016第十八届中国国际光电博览会暨第二十一届IIC.China电子工程盛会	广东省	深圳会展中心	2016.08.31—09.03	其他	中国科学技术协会	www.cioe.cn

续表

序号	名称	举办地区	地点	时间	所属行业	主办单位	网址
228	2016深圳国际珠宝展览会	广东省	深圳会展中心	2016.09.10—09.14	体育休闲娱乐	深圳邦友展览有限公司，中国人民银行深圳市中心支行，深圳市文体旅游局，中国珠宝玉石首饰行业协会，深圳市经济贸易和信息委员会，国土资源部珠宝玉石首饰管理中心，深圳市罗湖区人民政府	9h.0755zb.com
229	2016第四届深圳国际养老产业博览会	广东省	深圳会展中心	2016.09.10—09.12	其他	深圳市优博国际展览有限公司，嘉兰图老龄事业设计咨询有限公司	www.agedexpo.com
230	2016年深圳国际红木艺术展览会	广东省	深圳会展中心	2016.09.18—09.21	家具家居	富春山投资	
231	2016第三届深圳国际电玩节	广东省	深圳会展中心	2016.10.01—10.05	其他	中国动画学会	www.sz-gameshow.com
232	2016第十一届中国（深圳）国际物流与交通运输博览会	广东省	深圳会展中心	2016.10.14—10.16	物流	中国道路运输协会城市客运分会，中华人民共和国交通运输部，中国科学技术协会新技术开发中心	www.scmfair.com
233	2016第16届中国国际社会公共安全产品博览会	广东省	深圳会展中心	2016.10.29—11.01	公共安全	深圳市安博会展有限公司	www.cpse.com.cn
234	2016第十届中国（深圳）国际金融博览会	广东省	深圳会展中心	2016.11.05—11.07	其他	深圳市人民政府	www.szife.com

续表

序号	名称	举办地区	地点	时间	所属行业	主办单位	网址
235	2016第十八届中国国际高新技术成果交易会	广东省	深圳会展中心	2016.11.16—11.21	其他	深圳市人民政府	www.chtf.com
236	2016第五届深圳国际艺术博览会	广东省	深圳会展中心	2016.11.27—11.30	其他	文化部艺术发展中心、深圳市企业联合会	www.szartex.com
237	2016国际线路板及电子组装展览会	广东省	深圳会展中心	2016.12.02—12.04	其他	香港线路板协会有限公司、中国国际贸易促进委员会广州市委员会	www.hkpca-ipc-show.org
238	2016第十二届中国（深圳）国际文化产业博览交易会冬季工艺美术精品展	广东省	深圳会展中心	2016.12.12—12.15	其他	中国工艺美术学会	winter.cnicif.com
239	2016中国顺德国际家用电器博览会	广东省	顺德展览中心	2016.08.20—08.22	家具家居	中国机电产品进出口商会	www.shundexpo.cn
240	2016中国（中山）红木家具文化博览会暨第十六届中国红木古典家具展览会	广东省	中山博览中心	2016.03.15—03.19	家具家居	中国林产工业协会	www.ircff.com
241	2016第四届中国（中山）动漫游戏文化节	广东省	中山博览中心	2016.07.25—07.27	其他	中山会议展览行业协会	www.zsacg.cn

续表

序号	名称	举办地区	地点	时间	所属行业	主办单位	网址
242	2016第十一届中国（中山）装备制造业博览会	广东省	中山火炬国际会展中心	2016.09.17—09.19	其他	中山市人民政府、中国光学学会激光加工专业委员会	www.zshjexpo.com
243	2016中国（珠海）国际打印耗材展览会	广东省	珠海国际会展中心	2016.10.15—10.17	其他	中国国际贸易促进委员会珠海市分会	www.irecyclingtimes.com
244	2016年第十届广西国际糖业技术设备展览会	广西壮族自治区	南宁国际会展中心	2016.03	食品饮料	广西糖业发展局	www.nanchunhz.com
245	2016年第二十六届北部湾广西口腔设备与材料展览会	广西壮族自治区	南宁国际会展中心	2016.03	医疗健康	广西医疗器械行业协会、广西南宁力帮展览有限公司	www.gxylxx.com
246	2016年广西锅炉及压力容器展览会	广西壮族自治区	南宁国际会展中心	2016.03.21—03.23	机电	广西机械工程学会、南宁南春展览服务有限公司	www.nanchunhz.com
247	2016第五届中国（南宁）国际红木家具与木雕艺术展览会	广西壮族自治区	南宁国际会展中心	2016.04	家具家居	中国木材与木制品流通协会、越南红木工艺美术协会	hz.china-vn.com
248	2016第二十届南宁国际学生用品交易会	广西壮族自治区	南宁国际会展中心	2016.07	文化艺术教育	南宁市人民政府、中国国际贸易促进会广西分会	www.mispf.com.cn

续表

序号	名称	举办地区	地点	时间	所属行业	主办单位	网址
249	2016广西制冷空调及通风设备展览会	广西壮族自治区	南宁国际会议展览中心	2016.08	机电	广西制冷学会	www.nanchunhz.com
250	2016第十三届中国—东盟博览会	广西壮族自治区	南宁国际会议展览中心	2016.09	文化艺术教育	东盟秘书处、越南工贸易部、泰国商业部、新加坡贸易和工业部、菲律宾贸易部和工业部、缅甸商务部、马来西亚国际贸易和工业部、老挝工业贸易部、印度尼西亚贸易部、柬埔寨商业部与各省市商业厅、文莱工业和初级资源部、中华人民共和国商务部、广西壮族自治区人民政府	www.caexpo.org
251	2016第十三届中国—东盟博览会电力工业展	广西壮族自治区	南宁国际会议展览中心	2016.09	能源矿产	南宁华越会展服务有限公司	
252	2016第六届中国（南宁）国际茶产业博览会	广西壮族自治区	南宁国际会议展览中心	2016.11	建筑建材	深圳市华巨臣实业有限公司	www.goodtea.cc
253	2016第13届海南国际汽车工业展览会	海南省	海南国际会议展览中心	2016.04.01—04.04	其他	中国汽车工业协会、海口市人民政府、海南省贸促会、海南日报报业集团、南海网	www.autohainan.net

续表

序号	名称	举办地区	地点	时间	所属行业	主办单位	网址
254	2016海南国际老龄产业博览会	海南省	海南国际会议展览中心	2016.05.01—05.03	其他		www.hnlaobohui.com
255	2016中国海南（海口）国际汽车博览会	海南省	海南国际会议展览中心	2016.07.10—07.13	其他	海南广播电视总台、海南省汽车行业协会	auto.hainan.net/car2015/xiajichezhan/index.shtml
256	2016中国（海口）绿色健康生活产业博览会	海南省	海口国际会展中心	2016.10.10—10.20	医疗健康	海南海旅会展服务有限公司	
257	2016海南金融博览会	海南省	海南国际会议展览中心	2016.11.13—11.15	其他	海口市会展局	
258	2016海南国际海洋旅游博览会	海南省	海南国际会议展览中心	2016.11.27—11.29	其他	中国国际贸易促进委员会海南分会、海南省人民政府	www.jiuyumice.com
259	2016中国（海南）国际社会公共安全产品博览会	海南省	海南国际会议展览中心	2016.12	公共安全	海口易展展览服务有限公司	
260	第五届东北三省及呼伦贝尔地区新能源电动车自行车及零部件展览会	黑龙江省	哈尔滨国际会展体育中心（哈尔滨国际会展中心）	2016.01.16—01.17	体育休闲娱乐	哈尔滨太平洋展览服务有限公司	

续表

序号	名称	举办地区	地点	时间	所属行业	主办单位	网址
261	2016中国哈尔滨第二十一届节能环保建筑装饰材料展览会	黑龙江省	哈尔滨国际会展体育中心（哈尔滨国际会展中心）	2016.04.09—04.11	建筑建材	哈尔滨装饰协会	
262	2016第十三届哈尔滨国际家具暨木工机械展览会	黑龙江省	哈尔滨国际会展体育中心（哈尔滨国际会展中心）	2016.04.15—04.17	家具家居	哈尔滨市人民政府，哈尔滨市工业和信息化委员会，哈尔滨市商务局，中国贸易促进委员会哈尔滨市分会，哈尔滨市政府采购办，深圳市家具行业协会	www.hrbjjz.com
263	2016东北三省畜牧业交易会暨中国·哈尔滨畜牧业产业博览交易会	黑龙江省	哈尔滨国际会展体育中心（哈尔滨国际会展中心）	2016.04.22—04.24	农林牧渔	内蒙古自治区农牧局，哈尔滨市畜牧兽医局，黑龙江省畜牧业协会，吉林省畜牧业协会，辽宁省畜牧业协会	
264	2016第十四届中国国际奶业展览会暨高层论坛	黑龙江省	哈尔滨国际会展体育中心（哈尔滨国际会展中心）	2016.04.22—04.24	其他	中国检验检疫学会，黑龙江省出入境检验检疫局，黑龙江省质量技术监督局，黑龙江省商务厅	www.dairyexpo.com
265	2016第14届中国哈尔滨国际绿色节能建筑装饰及材料博览会	黑龙江省	哈尔滨国际会展体育中心（哈尔滨国际会展中心）	2016.04.27—04.29	其他	哈尔滨市人民政府	

续表

序号	名称	举办地区	地点	时间	所属行业	主办单位	网址
266	2016中国哈尔滨（春季）国际珠宝展览会	黑龙江省	哈尔滨国际会展体育中心（哈尔滨国际会展中心）	2016.05	体育休闲娱乐	黑龙江出入境检验检疫局、上海市经济和信息化委员会、哈尔滨市人民政府、黑龙江省商务厅、黑龙江省地矿局、黑龙江省质量技术监督局	
267	2016第三十届哈尔滨亚太美容美发化妆品博览会	黑龙江省	哈尔滨国际会展体育中心（哈尔滨国际会展中心）	2016.05.09—05.12	美容化妆	中共黑龙江省委宣传部、中国国际贸易促进委员会哈尔滨市分会	
268	2016第五届中国（哈尔滨）国际茶业博览会	黑龙江省	哈尔滨国际会展体育中心（哈尔滨国际会展中心）	2016.05.30—06.03	其他	哈尔滨市贸易促进委员会、《新晚报》、香港亚泰（国际）展览集团	www.ytblh.com
269	2016哈尔滨第十九届中外医疗器械展览会	黑龙江省	哈尔滨国际会展体育中心（哈尔滨国际会展中心）	2016.06.11—06.13	医疗健康	黑龙江省医疗器械研究所、哈尔滨龙江医疗器械经销有限公司	
270	2016第十一届中国龙江国际文化艺术产业博览会	黑龙江省	哈尔滨国际会展体育中心（哈尔滨国际会展中心）	2016.08	其他	中国工艺美术协会、中共黑龙江省委宣传部	www.hljwbh.com

续表

序号	名称	举办地区	地点	时间	所属行业	主办单位	网址
271	2016第十九届哈尔滨国际汽车工业展览会	黑龙江省	哈尔滨国际会展体育中心（哈尔滨国际会展中心）	2016.08.03—08.10	其他	哈尔滨市人民政府、中国汽车工业协会、中国汽车工程学会	
272	2016黑龙江国际绿色有机食品产业博览会暨哈尔滨世界农业博览会	黑龙江省	哈尔滨国际会展体育中心（哈尔滨国际会展中心）	2016.09.17—09.21	其他	黑龙江省人民政府、哈尔滨市人民政府	
273	2016第十六届中国哈尔滨国际装备制造业博览会	黑龙江省	哈尔滨国际会展体育中心（哈尔滨国际会展中心）	2016.10	其他	中国国际贸易促进委员会、黑龙江省人民政府、哈尔滨市人民政府	
274	2016第三届中国·俄罗斯博览会暨第二十七届哈尔滨经济贸易洽谈会	黑龙江省	哈尔滨国际会展体育中心（哈尔滨国际会展中心）	2016.10.12—10.16	其他	中华人民共和国商务部、黑龙江省人民政府、俄罗斯联邦经济发展部、俄罗斯联邦工业和贸易部	www.china-russiaexpo.org
275	2016第三十一届哈尔滨亚太美容美发化妆品博览会	黑龙江省	哈尔滨国际会展体育中心（哈尔滨国际会展中心）	2016.10.28—10.30	其他	中共黑龙江省委宣传部、中国国际贸易促进委员会哈尔滨市分会	www.hrbmbh.com

续表

序号	名称	举办地区	地点	时间	所属行业	主办单位	网址
276	2016第17届黑龙江肥料科技博览会	黑龙江省	哈尔滨国际会展体育中心（哈尔滨国际会展中心）	2016.11.01—11.02	其他	黑龙江农联土肥技术服务有限公司、黑龙江省土壤肥料学会、黑龙江省土壤肥料协会	
277	2016第七届哈尔滨秋季车展会	黑龙江省	哈尔滨国际会展体育中心（哈尔滨国际会展中心）	2016.11.17—11.23	交通	哈尔滨国际车展组委会、哈尔滨市贸易促进委员会、中国国际汽车网、哈尔滨交通广播	www.autoharbin.org
278	2016第十三届中国（齐齐哈尔）国际小商品交易会	黑龙江省	齐齐哈尔国际会展中心	2016.07.18—07.26	其他	（中国）商业发展中心、齐齐哈尔市人民政府	www.qqhrxjh.com
279	2016中国（绥芬河）国际口岸贸易博览会	黑龙江省	绥芬河世茂国际商展中心	2016.08.08—08.11	经贸活动	中国国际商会	www.sfhhz.com
280	2016年长春春季婚博会	吉林省	长春国际会展中心	2016.03.14—03.15	其他	五九一文化传媒集团、591结婚网	www.ccwedexpo.com
281	2016年长春第十九届广告及LED照明博览会	吉林省	长春国际会展中心	2016.03.16—03.18	媒体广告	长春市广告协会	www.wdexpo.cn

续表

序号	名称	举办地区	地点	时间	所属行业	主办单位	网址
282	2016年第十一届中国•东北(长春)汽车用品展暨后市场产品博览会	吉林省	长春国际会展中心	2016.03.21—03.23	交通	长春市会展业协会、吉林省汽车后市场产品协会	
283	2016年第十二届中国长春国际汽车零配件及售后服务用品展洽会	吉林省	长春国际会展中心	2016.03.31—04.02	交通	长春市人民政府、中国国际贸易促进委员会	www.gzhyzl020.com
284	2016年第九届东北(长春)国际塑料橡胶及包装工业展览会	吉林省	长春国际会展中心	2016.03.31—04.02	其他	中国塑料加工工业协会、长春市政府	www.expo-china.com
285	2016年中国长春工业机器人自动化展览会	吉林省	长春国际会展中心	2016.04.01—04.02	其他	长春市人民政府、中国国际贸易促进委员会长春市分会	www.expo-china.com/exhibition-96837.html
286	2016年第十二届中国(长春)国际汽车用品展览会(CCAPF)	吉林省	长春国际会展中心	2016.04.01—04.03	其他	长春市政府、中国国际贸易促进委员会长春市分会	www.expo-china.com/exhibition-84838.html
287	2016年吉林第二十一届中国国际建筑装饰及材料博览会	吉林省	长春国际会展中心	2016.04.08—04.10	建筑建材	吉林省建筑装饰业协会	www.wdexpo.com.cn

续表

序号	名称	举办地区	地点	时间	所属行业	主办单位	网址
288	2016年吉林（长春）第十八届供热供暖锅炉空调及节能减排技术设备展览会	吉林省	长春国际会展中心	2016.04.08—04.10	机电	吉林省建筑装饰业协会、吉林省地暖协会	www.wdexpo.com.cn
289	2016年吉林（长春）第十八届国际给排水、水处理及水泵阀管道展览会	吉林省	长春国际会展中心	2016.04.08—04.10	节能环保	吉林省环境保护厅、长春市环保协会	www.wdexpo.com.cn
290	2016年吉林（长春）第十四届国际社会公共安全产品展览会	吉林省	长春国际会展中心	2016.04.08—04.10	公共安全	吉林省社会公共安全产品行业协会、长春维达展览服务有限公司	www.wdexpo.com.cn
291	2016年东北（长春）第十二届国际家具展览会	吉林省	长春国际会展中心	2016.04.08—04.10	家具家居	吉林省家具协会	jj.wdexpo.com.cn
292	2016年东北（长春）第十四届国际消防设备技术交流展览会	吉林省	长春国际会展中心	2016.04.08—04.10	其他	吉林省社会公共安全产品行业协会	www.expo-china.com/exhibition-96895.html
293	2016年东北（长春）第十四届建筑电工电气、楼宇自动化及智能家居展览会	吉林省	长春国际会展中心	2016.04.08—04.10	其他	吉林省建筑装饰业协会、吉林省社会公共安全产品行业协会	www.expo-china.com/exhibition-96898.html

续表

序号	名称	举办地区	地点	时间	所属行业	主办单位	网址
294	2016年吉林（长春）第九届太阳能及新能源展览会	吉林省	长春国际会展中心	2016.04.10—04.12	其他	中国节能协会	www.expo-china.com/exhibition-93265.html
295	2016年吉林（长春）第十九届国际门窗幕墙、屋顶技术及加工设备展览会	吉林省	长春国际会展中心	2016.04.10—04.12	其他	吉林省建筑装饰业协会	www.expo-china.com/exhibition-93513.html
296	2016年吉林（长春）第十一届国际建筑节能产品、新型墙材展览会暨国际干混砂浆、墙体保温技术与产品展览会	吉林省	长春国际会展中心	2016.04.10—04.12	其他	吉林省建筑装饰业协会	www.expo-china.com/exhibition-93514.html
297	2016年吉林（长春）第二十一届国际装饰玻璃、门窗（彩铝门窗、移门）包覆铝材博览会	吉林省	长春国际会展中心	2016.04.10—04.12	其他	吉林省建筑装饰业协会	www.expo-china.com/exhibition-93518.html
298	2016年中国长春第六届特许连锁加盟展	吉林省	长春国际会展中心	2016.05.21—05.23	其他	吉林省商务厅	www.wdexpo.com.cn

续表

序号	名称	举办地区	地点	时间	所属行业	主办单位	网址
299	2016年中国长春第十七届国际工业装备展览会	吉林省	长春国际会展中心	2016.05.22—05.25	其他	吉林省模具工业协会、吉林省工业和信息化厅、沈阳装备制造业协会	www.wdexpo.com.cn
300	2016年第三十八届（春季）沈阳国际医疗器械设备展览会	辽宁省	沈阳国际展览中心	2016.03.22—03.24	其他	辽宁省经济和信息化委员会、辽宁省医疗器械工业公司、辽宁省卫生和计生委员会	www.lnsgzl.com
301	2016中国（沈阳）国际新能源汽车与电动车展览会	辽宁省	沈阳国际展览中心	2016.06.03—06.05	交通		www.neaechina.com
302	第五届包头国际珠宝玉石及收藏文化博览会	内蒙古自治区	包头国际会展中心	2016.03.03—03.07	体育休闲娱乐	山西三晋会展服务有限公司	www.expo0351.com
303	2016中国国际燃气、供热新技术与新设备（内蒙古）展览会	内蒙古自治区	包头市会展中心	2016.08.26—08.28	机电		
304	2016第六届包头国际汽车展览会	内蒙古自治区	包头市会展中心	2016.09	交通	包头市人民政府、中国汽车工业国际合作总公司	zh.cnaico.com.cn

续表

序号	名称	举办地区	地点	时间	所属行业	主办单位	网址
305	2016年内蒙古（蒙东）国际农业机械博览会	内蒙古自治区	赤峰国际会展中心	2016.07.03—07.05	其他	畜牧及饲料加工机械分会、内蒙古农牧业机械工业协会、山东省农业机械工业协会、内蒙古农业机械工业协会、中国农业机械工业协会	www.nmgnjz.com
306	2016第十九届内蒙古农业博览会	内蒙古自治区	赤峰国际会展中心	2016.08	农林牧渔	内蒙古自治区农牧业厅、内蒙古自治区水利厅、内蒙古自治区林业厅、内蒙古自治区经济发展与研究促进会	www.nmgnbh.com
307	2016第十一届鄂尔多斯国际煤炭及能源工业博览会	内蒙古自治区	鄂尔多斯国际会展中心	2016.04.16—04.18	能源矿产	鄂尔多斯市人民政府、鄂尔多斯市煤炭局、鄂尔多斯煤炭销售协会、鄂尔多斯市商务局、世信朗普国际展览（北京）有限公司	www.ceiechina.com
308	2016第十八届内蒙古农业博览会	内蒙古自治区	内蒙古国际会展中心	2016.03.16—03.18	农林牧渔	内蒙古自治区农牧业厅、内蒙古自治区水利厅、内蒙古自治区林业厅、内蒙古自治区经济发展与研究促进会	www.nmgnbh.com
309	2016第八届中国（内蒙古）农牧业机械展览会	内蒙古自治区	内蒙古国际会展中心	2016.03.26—03.28	机电	呼和浩特市商务局、内蒙古农牧业机械行业协会	www.nmgexpo.com
310	2016第十届中国（内蒙古）国际乳业博览会	内蒙古自治区	内蒙古国际会展中心	2016.03.26—03.28	食品饮料	内蒙古自治区家畜改良工作站、内蒙古奶业协会	www.dairyexpo.cn

续表

序号	名称	举办地区	地点	时间	所属行业	主办单位	网址
311	2016第十二届中国内蒙古国际食品（糖酒）博览会	内蒙古自治区	内蒙古国际会展中心	2016.04.15—04.17	食品饮料	香港爱克思博国际集团、中国营养协会、呼和浩特市商务局	www.foodnmg.com
312	2016第八届中国（呼和浩特）国际汽车展览会	内蒙古自治区	内蒙古国际会展中心	2016.07	交通	呼和浩特市人民政府	
313	2016丝绸之路经济带·西安国际广告产业博览会	陕西省	西安曲江国际会展中心	2016.03.03—03.05	媒体广告	陕西日报传媒集团、陕西省广告标识专业委员会	
314	2016中国·西安第十四届结婚产业博览会	陕西省	西安曲江国际会展中心	2016.03.08—03.10	其他	乐婚网	jiehun.6wed.com
315	2016第22届中国西部国际装备制造业博览会	陕西省	西安曲江国际会展中心	2016.03.19—03.22	建筑建材	西安市人民政府、中国国际贸易促进委员会西安分会、成都市人民政府、西安曲江之联会展有限公司、中国机械工业联合会	www.cwieme.com
316	2016西部国际医疗器械展览会	陕西省	西安曲江国际会展中心	2016.03.26—03.28	医疗健康	陕西省药学会、陕西省健康促进与教育协会	www.med-china.com.cn
317	2016第十一届西部汽车用品博览会	陕西省	西安曲江国际会展中心	2016.03.30—04.02	交通	西安北三环汇能国际汽车用品广场、西安联方会展有限公司	www.ciaame.com

续表

序号	名称	举办地区	地点	时间	所属行业	主办单位	网址
318	2016第十九届中国（西安）国际供热采暖与建筑环境技术设备及新型建材博览会	陕西省	西安曲江国际会展中心	2016.04.22—04.24	机电	振威展览集团、陕西省土木建筑学会	www.cnhe.com.cn
319	2016第十二届中国（西安）国际建筑节能及新型建材博览会	陕西省	西安曲江国际会展中心	2016.04.22—04.24	建筑建材	中国建筑节能协会、振威展览集团	www.cibes.com.cn
320	2016西安五一汽车博览会	陕西省	西安曲江国际会展中心	2016.05.01—05.10	交通	华商报社	
321	2016中国（西安）国际社会公共安全产品暨警察反恐技术装备博览会	陕西省	西安曲江国际会展中心	2016.05.08—05.10	公共安全	陕西省公安厅、西安市公安局安全技术防范管理办公室、陕西省安全防范产品行业协会	xa.sxcps.cn/c_ming14.html
322	2016第十七届西安国际酒店设备及用品展览会	陕西省	西安曲江国际会展中心	2016.05.15—05.17	旅游酒店	陕西省旅游局	
323	2016中国（西安）国际养生产业博览会	陕西省	西安曲江国际会展中心	2016.06.12—06.14	医疗健康	中国商业联合会、中国足健会、中华足道、中国老年学学会	www.yangsheng-china.com

续表

序号	名称	举办地区	地点	时间	所属行业	主办单位	网址
324	2016年中国（西安）电子展览会	陕西省	西安曲江国际会展中心	2016.06.19—06.21	机电	中国电子器材总公司	
325	第24届中国（西安）国际美容美发美化妆品博览会暨首届中国西部大医美新产品新技术展览会	陕西省	西安曲江国际会展中心	2016.06.10—06.12	美容化妆	陕西省美容美发化妆品业协会	
326	2016第四届中国西北国际口腔器材展览会暨医学学术交流会	陕西省	西安曲江国际会展中心	2016.07.01—07.03	医疗健康	亚洲经贸发展促进中心、陕西省口腔医学会、海名国际会展集团	www.hmdent.com
327	2016第七届中国西安汽车工业展览会	陕西省	西安曲江国际会展中心	2016.07.08—07.13	其他	中国国际贸易促进委员会、中国国际贸易促进委员会汽车分会	www.xachezhan.com
328	2016第十四届中国欧亚民军民结合暨新兴产业博览会	陕西省	西安曲江国际会展中心	2016.08.27—08.29	公共安全	西安市人民政府	
329	2016第五届中国西部跨国采购洽谈会	陕西省	西安曲江国际会展中心	2016.09.22—09.25	其他	陕西省人民政府、中国国际贸易促进委员会	www.westernsourcing.com.cn
330	2016第30届中国西部国际医疗器械展览会	陕西省	西安曲江国际会展中心	2016.09.01—09.03	其他	陕西省药学会、陕西省健康促进与教育协会	www.med.china.com.cn

续表

序号	名称	举办地区	地点	时间	所属行业	主办单位	网址
331	2016第十五届新疆(南疆)农业农博会	新疆维吾尔自治区	喀什国际会展中心	2016.03.18—03.20	农林牧渔	喀什农业局，新疆维吾尔自治区农业厅，喀什畜牧局	
332	2016第十九届中国(新疆)国际供热供暖与节能减排技术设备展览会	新疆维吾尔自治区	新疆国际会展中心	2016.04.15—04.17	机电	振威展览集团，陕西省土木建筑学会，陕西省建设厅住宅产业促进中心	
333	2016第五届新疆新能源亚欧光电展	新疆维吾尔自治区	新疆国际会展中心	2016.05.09—05.11	其他	新疆维吾尔自治区经济和信息化委员会，新疆维吾尔自治区科学技术厅	www.ealexpo.com
334	2016新疆国际广告及新及LED城市景观照明展览会	新疆维吾尔自治区	新疆国际会展中心	2016.05.23—05.25	其他	新疆广告协会，北京中创华信展览服务公司	www.xjggz.com
335	2016第九届中国新疆国际观赏石、和田玉精品博览会	新疆维吾尔自治区	新疆国际会展中心	2016.06.19—06.28	其他	新疆观赏石协会，乌鲁木齐市旅游局，乌鲁木齐市文化局，乌鲁木齐市商务局	
336	2016第四届新疆国际酒店用品博览会	新疆维吾尔自治区	新疆国际会展中心	2016.07.11—07.13	旅游酒店	新疆维吾尔自治区商务厅，新疆维吾尔自治区招商发展局，新疆生产建设兵团经济技术协作办公室，振威展览集团	www.xjhse.com

续表

序号	名称	举办地区	地点	时间	所属行业	主办单位	网址
337	2016第五届中国（新疆）国际建筑节能及新型建材展览会	新疆维吾尔自治区	新疆国际会展中心	2016.07.20—07.22	建筑建材	新疆经济和信息化委员会、新疆科学技术厅、新疆人民政府经济技术协作办公室、新疆建筑材料行业管理办公室	
338	2016第十三届中国新疆国际煤炭工业博览会	新疆维吾尔自治区	新疆国际会展中心	2016.07.22—07.24	其他	新疆维吾尔自治区商务厅、新疆维吾尔自治区国土资源厅	www.icme.com.cn
339	2016第六届中国新疆国际工程机械、建筑机械及运输车辆博览会	新疆维吾尔自治区	新疆国际会展中心	2016.07.22—07.24	建筑建材	新疆维吾尔自治区经济和信息化委员会、新疆维吾尔自治区交通运输厅、新疆维吾尔自治区住房和城乡建设厅、新疆维吾尔自治区国土资源厅、新疆维吾尔自治区招商发展局、新疆维吾尔自治区机械电子工业行业管理办公室、新疆生产建设兵团经济技术协作办公室、振威展览集团	www.xjice.com
340	2016第十六届新疆国际汽车工业博览会	新疆维吾尔自治区	新疆国际会展中心	2016.07.30—08.04	交通	中国汽车工业协会、乌鲁木齐市人民政府	
341	2016中国（新疆）国际珠宝首饰展览会	新疆维吾尔自治区	新疆国际会展中心	2016.08.01—08.04	体育休闲娱乐		

续表

序号	名称	举办地区	地点	时间	所属行业	主办单位	网址
342	2016 中国·亚欧商品贸易博览会	新疆维吾尔自治区	新疆国际会展中心	2016.08.12—08.16	其他	中国国际贸易促进委员会新疆分会	
343	2016 第十六届新疆国际农业博览会	新疆维吾尔自治区	新疆国际会展中心	2016.08.21—08.23	农林牧渔	振威展览集团	www.cxiaf.com.cn
344	2016 第十二届新疆警用反恐技术装备博览会	新疆维吾尔自治区	新疆国际会展中心	2016.08.27—08.29	其他	新疆安全技术防范行业协会	
345	2016 年第九届华展云南广告暨四新LED照明展览会	云南省	昆明国际会展中心	2016.03	媒体广告	四川华展传播有限公司	
346	2016 中国中西部（昆明）医疗器械展览会	云南省	昆明国际会展中心	2016.03	医疗健康	中英合资好博塔苏斯展览有限公司	www.cwmee.com
347	2016 中国昆明泛亚幼儿产业博览会	云南省	昆明国际会展中心	2016.03.17—03.19	妇婴用品	中华全国妇女儿童用品协会、云南省优生优育妇幼保健协会	www.kmybh.com
348	2016 第十三届云南地产文化节（昆明）春季房地产展览交易会	云南省	昆明国际会展中心	2016.04	其他	云南日报报业集团	
349	2016 第十一届中国云南茶博会	云南省	昆明国际会展中心	2016.04.01—05.18	其他	中华人民共和国农业部、云南省文化厅、云南省商务厅、云南省农业厅、云南省人民政府	

续表

序号	名称	举办地区	地点	时间	所属行业	主办单位	网址
350	2016印刷包装展	云南省	昆明国际会展中心	2016.04	印刷包装	云南出版集团有限责任公司、云南省印刷行业协会	
351	2016第四届中国南亚博览会暨第二十四届中国昆明进出口商品交易会	云南省	昆明滇池国际会展中心	2016.06	经贸活动	中华人民共和国商务部	
352	第十二届云南国际教育博览会	云南省	昆明国际会展中心	2016.06	文化艺术教育	云南省教育国际交流协会	
353	2016年中国昆明泛亚石博会暨国际珠宝玉化节	云南省	昆明国际会展中心	2016.07	其他	云南人民政府	www.kmsbh.com
354	2016年云南文化产业博览会	云南省	昆明国际会展中心	2016.08	其他	云南省文化厅、云南世博国际展览有限公司、昆明市人民政府、云南省新闻出版局、云南省广电局	
355	第十三届西南三省农资博览会、第七届云南种业博览会、第五届节水灌溉、园艺资材、农业机械展览会	云南省	昆明国际会展中心	2016.08	农林牧渔		www.nfnzw.com

- 370 -

续表

序号	名称	举办地区	地点	时间	所属行业	主办单位	网址
356	2016第七届云南国际绿色建筑与市政设施展览会	云南省	昆明国际会展中心	2016.08.21—08.23	交通	云南省建筑业协会、云南省市政工程协会、云南省城市燃气协会、云南省塑料行业协会、云南省城镇供水协会、云南省太阳能产业联盟	www.was-expo.com
357	2016昆明秋季房交会	云南省	昆明国际会展中心	2016.09	其他	昆明市房地产开发协会	
358	2016中国昆明（泛亚）家居家具博览会	云南省	昆明国际会展中心	2016.11	其他	中国国际贸易促进委员会云南分会、云南省总商会、云南省工商业联合会	www.kpfe.org
359	第29届中国上海国际婚纱摄影器材展览会	上海市	上海新国际博览中心	2016.02	媒体广告	中国国际贸易促进委员会上海分会、中国人像摄影学会	www.chinaweddingexpo.com.cn
360	第十六届中国（上海）国际眼镜业展览会	上海市	上海世博展览馆	2016.02	体育休闲娱乐	中国眼镜协会、中国轻工业对外经济技术合作公司	www.siof.cn
361	2016中国国际化妆品个人及家庭护理用品原料展览会	上海市	上海世博展览馆	2016.03	美容化妆	励展博览集团国药励展展览有限责任公司	www.pchi-china.com

续表

序号	名称	举办地区	地点	时间	所属行业	主办单位	网址
362	2016 第26届中国华东进出口商品交易会	上海市	上海新国际博览中心	2016.03	经贸活动	上海世博集团上海外经贸商务展览有限公司	www.ecf.gov.cn
363	2016 第二十七届上海国际流行纱线展示会（春夏季）	上海市	上海世博展览馆	2016.03	纺织、服装	Well Link Consultants Ltd	www.spinexpo.com
364	第十一届中国（上海）国际袜业采购交易会	上海市	上海世博展览馆	2016.03	纺织、服装	上海内衣行业协会、中国同源有限公司	www.chpe.com.cn
365	2016 上海国际品牌内衣及泳装博览会	上海市	上海世博展览馆	2016.03	其他	上海内衣行业协会、中国同源有限公司	www.nyiexpo.com
366	2016CME中国机床展	上海市	国家会展中心（上海）	2016.03	机电	商务部外贸发展局	www.cme021.com
367	2016 中国（上海）春季婚博会	上海市	上海世博展览馆	2016.03	其他		sh.expo.jiehun.com.cn
368	2016 中国（上海）热泵热水、采暖、特种应用及配套设备展览会暨2016中国（上海）南方供暖产业及配套设备展览会	上海市	上海光大会展中心	2016.03	机电	戎马传媒·《热泵市场》杂志社	www.ch-hpf.cn

续表

序号	名称	举办地区	地点	时间	所属行业	主办单位	网址
369	2016意大利米兰国际鞋展（上海分展）暨第七届上海国际名牌鞋业皮具展览会	上海市	上海展览中心	2016.03	鞋类皮革	意大利国家鞋履制造商协会，意大利米兰国际展览公司	www.micamonline.com.cn
370	2016第二十一届中国国际教育巡回展（上海）	上海市	上海东亚展览馆	2016.03	文化艺术教育	中国（教育部）留学服务中心	www.cieet.com
371	2016中国（上海）第二十一届国际玩具展暨上海第五十二届玩具博览会	上海市	上海光大会展中心	2016.03	妇婴用品	上海玩具进出口有限公司，上海国际展览中心有限公司，上海玩具行业协会	www.toy-sh.com
372	2016第十一届海外置业·移民·投资（上海）展览会	上海市	上海国际会议中心	2016.03	其他	上海福茂展览服务有限公司	www.opifair.com.cn
373	2016第13届上海画与框艺术展览会	上海市	上海国际展览中心	2016.03	其他	中国美术产业联盟	www.cafexpo.cn
374	2016中国（上海）国际健身、康体休闲展览会	上海市	上海世博展览馆	2016.03	体育休闲娱乐	中国文教体育用品协会、中国医保商会保健按摩器具分会、北京健身器材流通协会	www.ciwf.com.cn

续表

序号	名称	举办地区	地点	时间	所属行业	主办单位	网址
375	2016第十七届中国国际农用化学品及植保展览会	上海市	上海新国际博览中心	2016.03	其他	中国国际贸易促进委员会化工行业分会	www.agrochemshow.com
376	2016上海国际智能产业博览会（i展）	上海市	上海新国际博览中心	2016.03	其他	上海博华国际展有限公司	www.ifairchina.com
377	中国家电及消费电子博览会	上海市	上海新国际博览中心	2016.03	家具家居	中国家用电器协会	www.appliance-expo.com
378	2016第二十四届上海国际广告技术设备展览会	上海市	国家会展中心（上海）	2016.03	媒体广告	上海现代国际展览有限公司	www.appexpo.com
379	2016第二十一届中国（上海）零售业博览会	上海市	国家会展中心（上海）	2016.03	其他	东浩集团上海现代国际展览有限公司、上海新格富展览服务有限公司	www.creexpo.com
380	2016第二十四届上海国际印刷包装纸业展览会	上海市	国家会展中心（上海）	2016.03	其他	中国印刷及设备器材工业协会	www.chinaprint-sh.com
381	2016第十一届中国（上海）国际LED照明产业技术展览会暨高峰论坛	上海市	国家会展中心（上海）	2016.03	其他	上海市科学技术委员会、东浩集团上海现代国际展览有限公司	

续表

序号	名称	举办地区	地点	时间	所属行业	主办单位	网址
382	2016第三届上海国际餐饮美食加盟展览会	上海市	上海世博展览馆	2016.03	其他	全球加盟网，上海交通大学海外教育学院	www.china-cice.com
383	2016中国上海春季沪香交易会	上海市	上海展览中心	2016.03	其他	上海博峻会展服务有限公司	www.shbojun.cn
384	2016年第五届上海国际杂货运输展览会	上海市	上海世博展览馆	2016.03	物流	Breakbulk Events & Media	www.breakbulkchina.com
385	2016第二十九届中国上海国际半导体设备、材料、制造和服务展览会暨研讨会	上海市	上海新国际博览中心	2016.03	机电	中国电子商会，SEMICON China（国际半导体设备及材料协会）	www.semiconchina.org
386	第98届中国针棉织品交易会	上海市	上海新国际博览中心	2016.03	纺织、服装	中国纺织品商业协会	www.ckcf.cn
387	2016中国夏令家居用品博览会	上海市	上海新国际博览中心	2016.03	家具家居	中国纺织品商业协会	www.xialingzhan.com
388	2016第二十五届中国国际电子电路展览会	上海市	上海新国际博览中心	2016.03	机电	中国印制电路行业协会 CPCA	www.ying-zhan.com
389	2016慕尼黑上海光博会	上海市	上海新国际博览中心	2016.03	机电	德国慕尼黑国际博览集团、中贸慕尼黑展览（上海）有限公司	www.photonicschina.cn

续表

序号	名称	举办地区	地点	时间	所属行业	主办单位	网址
390	2016慕尼黑上海电子展	上海市	上海新国际博览中心	2016.03	其他	德国慕尼黑国际博览集团	www.electronicachina.com.cn
391	2016中国国际服装服饰博览会（春季）	上海市	国家会展中心（上海）	2016.03	纺织、服装	中国服装协会、中国国际贸易促进委员会纺织行业分会	autu.cn.chiconline.com.cn
392	2016中国国际纺织面料及辅料（春夏）博览会	上海市	国家会展中心（上海）	2016.03	纺织、服装	中国纺织工业联合会	www.intertextile.com.cn
393	2016上海国际振动机械设备及技术博览会	上海市	上海光大会展中心	2016.03	其他	上海振动工程学会、中国国际贸易促进委员会上海分会、新乡振动机械设备行业协会	www.zhenbohui.com
394	2016中国·上海国际分选设备及技术展览会	上海市	上海光大会展中心	2016.03	其他	中国国际贸易促进委员会上海浦东分会、上海浦东国际展览公司、上海福琼展览有限公司	www.sorting-expo.com
395	2016中国国际家用纺织品及辅料（春夏）博览会	上海市	国家会展中心（上海）	2016.03	纺织、服装	中国国际贸易促进委员会纺织行业分会、中国家用纺织品行业协会、法兰克福展览（香港）有限公司	www.intertextile-home.com.cn

续表

序号	名称	举办地区	地点	时间	所属行业	主办单位	网址
396	2016第十六届国际眼科学学术会议/第十六届国际视光学学术会议/第四届国际角膜塑形学术论坛	上海市	上海跨国采购中心	2016.03	医疗健康	上海市医学会眼科分会、浙江省医学会眼科分会、安徽省医学会眼科分会、福建省医学会眼科分会、山东省医学会眼科分会、江苏省医学会眼科分会、江西省医学会眼科分会、湖南省医学会眼科分会、湖北省医学会眼科分会、河南省医学会眼科分会、河北省医学会眼科分会、中华眼科学会眼视光学组、复旦大学附属眼耳鼻喉科医院、温州医科大学附属眼视光学院、上海瑞欧展览服务有限公司	www.cooc.org.cn
397	2016第五届上海国际宠物大博览会	上海市	上海世博展览馆	2016.03	农林牧渔	上海世博集团上海外经贸商务展览有限公司、上海环宇宠尚文化传播有限公司	www.dogexpo.com.cn
398	2016富世·第十五届海外置业投资移民展	上海市	上海展览中心	2016.03	其他	VNU亚洲展览集团 上海万耀企展览有限公司	www.chinarealestatexpo.com
399	2016第二届中国（上海）微商博览会	上海市	上海光大会展中心	2016.03	其他	中国电子商务协会	www.smexpo.net
400	2016第九届中国高端健康饮品及酵素展览会	上海市	上海光大会展中心	2016.03	食品饮料	中国食品土畜进出口商会	cedexpo.com

- 377 -

续表

序号	名称	举办地区	地点	时间	所属行业	主办单位	网址
401	2016第三届中国高端牛羊肉展览会	上海市	上海光大会展中心	2016.03	食品饮料	中国食品土畜进出口商会（北京金穗展览中心）	www.cbmmeatexpo.com
402	第十八届中国国际地面材料及铺装技术展览会	上海市	上海新国际博览中心	2016.03	建筑建材	VNU亚洲展览集团上海万耀企龙展览有限公司	www.dacf.cn
403	第十二届亚洲门窗及遮阳技术博览会	上海市	上海新国际博览中心	2016.03	建筑建材	VNU亚洲展览集团上海万耀企龙展览有限公司、德国斯图加特国际展览公司	www.rtasia.org
404	2016年集装箱多式联运亚洲展	上海市	上海世博展览馆	2016.03	物流	中国集装箱行业协会、Informa Exhibitions Ltd、中国交通运输协会联合分会	www.intermodal-asia.com
405	2016第二十届中国食品添加剂和配料展览会暨第二十六届全国食品添加剂生产应用技术展示会	上海市	国家会展中心（上海）	2016.03	食品饮料	中国食品添加剂和配料协会、中国国际贸易促进委员会轻工行业分会	www.chinafoodadditives.com
406	2016第二十一届中国国际建筑贸易博览会	上海市	国家会展中心（上海）	2016.03	建筑建材	中国对外贸易中心	www.cbdf.com.cn
407	2016上海第二十一届创业项目投资暨连锁加盟展览会	上海市	上海光大会展中心	2016.03	其他	中国对外贸易中心	www.shqszh.com

续表

序号	名称	举办地区	地点	时间	所属行业	主办单位	网址
408	2016第十二届上海春季酒具展	上海市	上海东亚展览馆	2016.03	其他	上海企龙文化传播有限公司	www.yujuzhan.com
409	2016上海第十七届国际投资理财金融博览会	上海市	上海光大会展中心	2016.03	其他	中国小微与互联网金融行业协会	www.jinrongzhan.com
410	2016第十届（上海）餐饮食品博览会	上海市	上海光大会展中心	2016.03	食品饮料	上海企顺展览服务有限公司	www.qscyz.com
411	2016上海第七届海外置业投资移民（春季）展览会	上海市	上海光大会展中心	2016.03	其他	上海企顺展览服务有限公司	www.shangpuzhan.com
412	2016第二十四届中国国际建筑装饰展览会	上海市	上海新国际博览中心	2016.03	建筑建材	中国建筑文化中心、中国科学技术协会	www.expocacc.com
413	2016第十七届中国清洁展（上海展）	上海市	上海世博展览馆	2016.03	家具家居	上海博华国际展览有限公司、亚洲博闻有限公司	www.chinacleanexpo.com
414	2016第二十五届上海国际酒店用品博览会	上海市	上海新国际博览中心	2016.03	其他	上海博华国际展览有限公司、中国旅游饭店业协会、上海博华国际展览有限公司	www.hotelex.cn

续表

序号	名称	举办地区	地点	时间	所属行业	主办单位	网址
415	2016第23届上海国际美容美发化妆品博览会（春季）	上海市	上海光大会展中心	2016.03	美容化妆	上海美容美发行业协会、东方国际集团广告展览有限公司	www.meirongexpo.com
416	2016第二十九届中国国际五金博览会	上海市	国家会展中心（上海）	2016.03	五金	中国五金交电化工商业协会、中国建筑装饰协会、中国五矿化工进出口商会	www.hardware-fair.com
417	2016上海国际数据中心技术设备展览会	上海市	国家会展中心（上海）	2016.03	文化艺术教育	中国绿色数据中心推进联盟	www.chinaidcexpo.com
418	2016第十三届上海教育博览会	上海市	上海展览中心	2016.04	文化艺术教育	上海教育报刊总社	www.shedunews.com
419	2016第24届上海连锁加盟展览会（春季）	上海市	上海国际展览中心	2016.04	其他	上海市商业联合会、上海连锁经营协会、上海伊比逊会展有限公司	www.sh-ybxhz.com
420	2016中国（上海）国际会议旅游及大会博览会	上海市	上海跨国采购中心	2016.04	其他	TTG亚洲传媒会展部、国旅（北京）国际展览有限公司、国际展会策划集团	chinese.itcmchina.com
421	2016第二十一届中国（上海）国际游艇展	上海市	上海世博展览馆	2016.04	机电	上海船舶工业行业协会、中国船舶工业行业协会船艇分会、上海对外科学技术交流中心、上海博华国际展览有限公司	www.boatshowchina.cn

续表

序号	名称	举办地区	地点	时间	所属行业	主办单位	网址
422	2016上海国际休闲展	上海市	上海世博展览馆	2016.04	其他	上海博华国际展览有限公司、上海市旅游行业协会	www.expoleisure.com
423	2016上海金融理财博览会暨研讨会（4月）	上海市	上海世贸商城	2016.04	其他	中国国际贸易促进委员会上海浦东分会、中国理财业协会、FX168财经集团、上海博亚国际展览有限公司、上海创业投资协会	www.cmfexpo.com
424	2016第十六届中国国际染料工业及有机颜料、纺织化学品展览会	上海市	上海世博展览馆	2016.04	纺织、服装	中国染料工业协会、中国印染行业协会、中国国际贸易促进委员会上海分会	www.chinainterdye.com
425	2016上海国际奢侈品包装展	上海市	上海展览中心	2016.04	印刷包装	乐派展览（上海）有限公司、上海鸿宏展览服务有限公司	www.luxepackshanghai.com
426	2016中国国际成人保健及生殖健康展览会	上海市	上海跨国采购中心	2016.04	医疗健康	中国国际展览中心集团公司	www.adc-expo.com
427	2016第七届上海国际高端生活方式展览会	上海市	上海展览中心	2016.04	其他	上海市国际服务贸易行业协会、世界时尚品牌联盟知识产权管理中心、红颜会	www.luxuryexpo.org
428	2016第九十二届中国劳动保护用品交易会	上海市	上海新国际博览中心	2016.04	公共安全	中国纺织品商业协会	www.ciosh.com

- 381 -

续表

序号	名称	举办地区	地点	时间	所属行业	主办单位	网址
429	2016第22届中国国际医疗器械设计与制造技术（春季）展览会	上海市	国家会展中心（上海）	2016.04	医疗健康	励展博览集团国药励展展览有限责任公司	www.icmd.com.cn
430	2016第四届上海国际职业装博览会	上海市	上海世博展览馆	2016.04	纺织、服装	全国工商联纺织服装业商会、灵硕集团控股有限公司	www.globaloue.com
431	2016第三届上海国际牛仔服装博览会	上海市	上海世博展览馆	2016.04	纺织、服装	全国工商联纺织服装业商会、广东省纺织协会、灵硕集团控股股份有限公司	www.jeansexpo.com
432	2016第十四届亚洲打印技术及耗材展	上海市	上海展览中心	2016.04	印刷包装	ReChina Corporation（USA）、中国计算机协会耗材专委会、《RePrint 打印时代》杂志	www.rechinaexpo.com.cn
433	2016中国（上海）国际技术进出口交易会	上海市	上海世博展览馆	2016.04	文化艺术教育	中华人民共和国商务部、中华人民共和国科学技术部、中华人民共和国国家知识产权局、上海市人民政府	www.csitf.cn
434	2016中国国际生物技术和仪器设备博览会	上海市	上海世博展览馆	2016.04	文化艺术教育	中华人民共和国商务部、中华人民共和国科学技术部、中华人民共和国国家知识产权局、上海市人民政府	www.biotech-china.com

续表

序号	名称	举办地区	地点	时间	所属行业	主办单位	网址
435	2016上海国际物流技术与装备展览会	上海市	上海世博展览馆	2016.04.21—04.23	其他	中华人民共和国商务部、中华人民共和国科学技术部、中华人民共和国国家知识产权局、上海市人民政府、上海市仓储行业协会、上海市物流协会、上海东浩会展活动策划有限公司	www.ws-china.cn
436	2016上海智能建筑国际博览会暨2016亚太智能建筑论坛	上海市	上海世博展览馆	2016.04.21—04.23	其他	上海市智能建筑建设协会	www.sh-sce.com
437	SNEC2016第十届国际太阳能产业及光伏工程（上海）展览会暨论坛	上海市	上海新国际博览中心	2016.04.24—04.26	能源矿产	亚洲光伏产业协会、中国可再生能源学会、中国循环经济协会可再生能源专业委员会、上海市经济技术开发交流中心、上海市能源研究会、国际光伏设备协会、日本太阳光发电协会、美国太阳能行业协会、亚太光伏产业协会、亚太新能源行业协会、中国机电产品进出口商会、中国可再生能源学会光伏专业委员会、台湾太阳光电产业协会、国际光伏行业协会、韩国光伏行业协会、马来西亚光伏产业协会、巴基斯坦可再生能源学会、德国商会大中华区德中生态商务平台	www.snec.org.cn

续表

序号	名称	举办地区	地点	时间	所属行业	主办单位	网址
438	2016 上海国际 3D 打印技术展览会	上海市	上海世博展览馆	2016.04.26—04.28	其他	上海励扩展览有限公司	www.3dchinaexpo.com
439	2016 第十五届上海国际触摸屏展览会	上海市	上海世博展览馆	2016.04.26—04.28	其他	励展博览集团上海分公司	www.quanchu.com.cn
440	2016 上海国际高性能薄膜制造技术展览会	上海市	上海世博展览馆	2016.04.26—04.28	其他	上海励扩展览有限公司	www.film-expo.com
441	2016 第二十六届中国国际电子生产设备暨微电子工业展	上海市	上海世博展览馆	2016.04.26—04.28	机电	励展博览集团、中国国际贸易促进委员会电子信息行业分会	www.nepconchina.com
442	2016 第十七届国际表面活性剂和洗涤剂展览会	上海市	上海跨国采购中心	2016.04.27—04.29	家具家居	中国日用化学工业研究院、中国日用化学工业信息中心	www.iesdexpo.com
443	2016 中国（上海）国际先进陶瓷工业展览会暨会议	上海市	上海光大会展中心	2016.04.27—04.29	建筑建材	中国陶瓷工业协会、上海粉末冶金学协联合会、中国硅酸盐学会陶瓷分会	www.cn-aceexpo.com
444	2016 假日楼市—上海房地产春季展示会	上海市	上海展览中心	2016.04.30—05.03	其他	上海展览中心、VNU展览集团 VNU Exhibitions Europe、上海协作国际展览有限公司	www.springre.com

续表

序号	名称	举办地区	地点	时间	所属行业	主办单位	网址
445	2016中国（上海）国际电子材料与电子化学品展览会	上海市	上海世博展览馆	2016.05	其他	上海展览中心、VNU展览集团VNU Exhibitions Europe、上海协作国际展览有限公司	www.ciece.cn
446	2016上海国际珠宝首饰展览会	上海市	上海世博展览馆	2016.05	体育休闲娱乐	中国珠宝玉石首饰行业协会、国土资源部珠宝玉石首饰管理中心	
447	2016第十六届中国（上海）国际食用油及橄榄油产业博览会	上海市	上海国际展览中心	2016.05	其他	中国对外贸易经济合作企业协会、中国国际贸易促进委员会、亚洲营养健康产业促进会、国际橄榄油协会	www.oilfair.cn
448	2016第十六届上海国际包装和食品加工技术展	上海市	上海新国际博览中心	2016.05.05—05.07	印刷包装	中国食品和包装机械工业协会、中国包装和食品机械有限公司、法国爱博展览集团	www.packtech-foodtech.com.cn
449	2016第十七届中国环境博览会	上海市	上海新国际博览中心	2016.05.05—05.07	节能环保	中贸慕尼黑展览（上海）有限公司、德国慕尼黑国际博览集团、中国环境科学学会、环境保护部固体废物与化学品管理技术中心、全国工商联环境服务业商会	www.ie-expo.cn
450	2016第十七届中国国际食品和饮料展览会	上海市	上海新国际博览中心	2016.05.05—05.07	食品饮料	法国高美爱博展览集团、（中国）商业发展中心	www.sialchina.cn
451	2016第11届中国（上海）国际空气净化产业博览会	上海市	上海新国际博览中心	2016.05.05—05.07	节能环保	上海戈发展览服务有限公司	www.mfexpo.cn

续表

序号	名称	举办地区	地点	时间	所属行业	主办单位	网址
452	2016 第二十六届中国国际自行车展览会	上海市	国家会展中心（上海）	2016.05.06—05.09	体育休闲娱乐	中国自行车协会	www.e-chinacycle.com
453	2016 第十六届中国（上海）国际休闲食品及名品特产博览会	上海市	上海国际展览中心	2016.05.08—05.10	其他	中国对外贸易经济合作企业协会、中国国际贸易促进联合会、亚洲营养健康产业促进会	www.csfechinaexpo.com
454	2016 中国国际电梯展览会	上海市	国家会展中心（上海）	2016.05.10—05.13	建筑建材	中国电梯协会	www.elevator-expo.com
455	2016 第十九届中国国际焙烤展览会	上海市	上海新国际博览中心	2016.05.11—05.14	食品饮料	中国焙烤食品糖制品工业协会、北京贝克瑞会展服务有限责任公司	www.cnbakery.com
456	2016 亚洲消费电子展	上海市	上海新国际博览中心	2016.05.11—05.13	其他	美国消费类电子产品协会	www.cesasia.cn
457	2016 第十三届上海国际工业自动化及工业机器人展览会	上海市	上海光大会展中心	2016.05.16—05.18	机电	中国设备管理协会、中国机械制造工业协会	www.asia-sia.com
458	2016 第八届中国（上海）国际进出口轴承及轴承装备展览会	上海市	上海光大会展中心	2016.05.16—05.18	其他	中国设备管理协会、北京中展世信国际展览服务有限公司	www.zcfair.com
459	2016 第12届上海国际胶粘带、保护膜及光学膜展览会	上海市	国家会展中心（上海）	2016.05.17—05.19	其他	上海富亚展览有限公司	www.apfechina.com

续表

序号	名称	举办地区	地点	时间	所属行业	主办单位	网址
460	2016第二届上海国际零售业设计与设备展览会	上海市	上海新国际博览中心	2016.05.18—05.20	其他	杜赛尔多夫展览（上海）有限公司	www.c-star-expo.com
461	2016第二十一届中国美容博览会（上海CBE）	上海市	上海新国际博览中心	2016.05.18—05.20	美容化妆	中国国际贸易促进委员会轻工行业分会、上海百文会展有限公司	www.chebaiwen.com
462	2016第十六届上海公共安全产品国际博览会	上海市	上海世博展览馆	2016.05.18—05.20	公共安全	上海安全防范报警协会	www.shabh.cn
463	2016上海世界旅游博览会	上海市	上海展览中心	2016.05.19—05.22	其他	上海市旅游局、VNU欧洲展览集团	www.worldtravelfair.com.cn
464	2016中国（上海）国际茶业博览会	上海市	上海世博展览馆	2016.05.19—05.22	食品饮料	中国茶叶流通协会、中华全国供销合作总社杭州茶叶研究院、中国长三角茶业合作（上海）组织、国家经济质量监督检验中心、上海市商业联合会、上海市茶叶行业协会	www.tea-shexpo.com
465	2016年第十一届上海国际幼儿教育暨用品展	上海市	上海世贸商城	2016.05.20—05.22	文化艺术教育	上海里扬展览服务有限公司	www.kidsedu.cn

续表

序号	名称	举办地区	地点	时间	所属行业	主办单位	网址
466	2016第16届中国国际电力电工设备暨智能电网展览会	上海市	上海新国际博览中心	2016.05.24—05.26	能源矿产	上海市电机工程学会、上海市电工技术学会、上海电器行业协会、新加坡MP会展集团	www.epower-china.cn
467	2016第五届上海国际分布式能源与储能应用展览会暨论坛	上海市	上海新国际博览中心	2016.05.24—05.26	其他	中国城市燃气协会分布式能源专业委员会、上海市节能协会分布式供能专业委员会、新中贸德瑞展览（上海）有限公司	www.distributed-energy.cn
468	2016中国国际有机食品博览会	上海市	上海世博展览馆	2016.05.26—05.28	食品饮料	纽伦堡国际博览集团、中国绿色食品发展中心	www.biofachchina.com
469	2016第十三届上海国际箱包皮具手袋展览会	上海市	上海世贸商城	2016.05.27—05.29	其他	上海市皮革技术协会、上海雅辉展览有限公司	www.cshbox.com
470	2016第十三届上海国际鞋类展览会	上海市	上海世贸商城	2016.05.27—05.29	鞋类皮革	上海市皮革技术协会、上海纺织品商业行业协会	www.ilse.com.cn
471	2016上海国际春季婴童博览会	上海市	上海世博展览馆	2016.05.27—05.29	文化艺术教育	上海东浩兰生国际服务贸易（集团）有限公司、上海汇购商贸有限公司	www.kidsjoy.cn
472	2016第十三届（上海）国际皮革、合成革展览会	上海市	上海世贸商城	2016.05.27—05.29	鞋类皮革	上海市皮革技术协会、上海雅辉展览有限公司	www.leathersh.com

续表

序号	名称	举办地区	地点	时间	所属行业	主办单位	网址
473	2016第八届上海国际工业陶瓷展览会	上海市	上海世博展览馆	2016.05.31—06.02	其他	上海硅酸盐工业协会、中国机械工程学会工程陶瓷专业委员会、上海市新材料协会	www.sicchina.net
474	2016第九届中国（上海）矿山、起重运输机械展览会	上海市	上海世博展览馆	2016.05.31—06.02	机电	上海市起重运输机械行业协会、中国重型机械工业协会、国家桥门式起重机械产品质量监督检验中心、中国起重运输机械工业协会、北京五洲卓越国际展览有限公司	www.chmexpo.com
475	2016第十七届中国国际模具技术和设备展览会	上海市	上海新国际博览中心	2016.06	机电	中国模具工业协会、上海市国际展览有限公司	www.dmcexpo.com
476	2016中国国际厨房、卫浴设施展览会（第二十一届）	上海市	上海新国际博览中心	2016.06.01—06.04	建筑建材	WES上海环球展览有限公司	www.wes-expo.com.cn
477	2016第九届中国国际嵌入式大会暨展览会	上海市	上海光大会展中心	2016.06	通信电脑软件	国家可信嵌入式软件工程技术研究中心、上海产业技术研究院、中国自动化学会、中国计算机学会微机（嵌入式系统）专业委员会、中国汽车工程学会	www.embeddedchina.cn

续表

序号	名称	举办地区	地点	时间	所属行业	主办单位	网址
478	2016中国（上海）园林景观产业贸易博览会/第十三届上海（国际）城市园林景观设计及设施展览会	上海市	上海跨国采购中心	2016.06.01—06.03	其他	上海市园林绿化行业协会	www.slagta-expo.com
479	2016第二十一届中国国际质量控制与测试工业设备展览会	上海市	上海新国际博览中心	2016.06	其他	上海材料研究所	www.qc-expo.com
480	2016中国（上海）国际电影技术展览会	上海市	上海跨国采购中心	2016.06	媒体广告	中国电影器材有限责任公司、中国电影发行放映协会电影技术分会、中国电影家协会电影高新科技委员会、上海电影家协会、影视工业网	www.cifte.com.cn
481	2016中国上海国际礼品、促销品、家居用品创意展览会	上海市	上海世贸商城	2016.06	玩具礼品	北京励京华群展览有限公司	www.giftsshanghai.com
482	2016上海互联网金融博览会	上海市	上海展览中心	2016.06	其他	上海《理财周刊》社、VNU展览集团 VNU Exhibitions Europe	
483	2016上海国际广告四新展览会	上海市	上海新国际博览中心	2016.06	媒体广告	上海现代国际展览有限公司、上海新格雷展览服务有限公司、上海市广告协会	www.expo-ad.com

续表

序号	名称	举办地区	地点	时间	所属行业	主办单位	网址
484	2016第二十届中国（上海）国际传感器与应用技术展览会	上海市	上海光大会展中心	2016.06.03—06.05	机电	中国自动化学会、中国传感网国际创新园、上海微技术工业研究院、上海市传感技术学会、上海仪器仪表行业协会、北京大陆恒科贸发展有限责任公司（中国仪器仪表学会）	www.iac-expo.com
485	2016第十一届中国国际养老及康复医疗博览会	上海市	上海新国际博览中心	2016.06.08—06.10	医疗健康	上海市民政局、上海市老龄工作委员会办公室、上海市国际贸易促进委员会	www.china-aid.com
486	2016第六届中国（上海）国际客车技术展览会	上海市	上海新国际博览中心	2016.06.08—06.10	其他	上海鸿智广告有限公司	www.bustec.cn
487	2016夏季中国婚博会（上海）	上海市	上海世博展览馆	2016.06.13—06.14	其他	上海博万会展有限公司	sh.expo.jiehun.com.cn
488	2016第七届中国国际物流、交通运输及远程信息处理博览会	上海市	上海新国际博览中心	2016.06.14—06.16	物流	德国慕尼黑国际博览集团，慕尼黑展览（上海）有限公司	www.tl-c.cn
489	2016亚洲生鲜配送展	上海市	上海新国际博览中心	2016.06.14—06.16	其他	慕尼黑展览（上海）有限公司，郑州海名汇博会展策划有限公司	www.fl-a.cn

续表

序号	名称	举办地区	地点	时间	所属行业	主办单位	网址
490	2016第110届中国文化用品商品交易会暨中国国际制笔文具博览会	上海市	上海新国际博览中心	2016.06.14—06.16	办公用品	中百文华展览（北京）有限公司	www.csfair.org.cn
491	2016第三届上海国际航空维修及工程技术展	上海市	上海新国际博览中心	2016.06.14—06.16	其他	中国民用航空维修协会、上海高登商业展览有限公司	www.mroexpo.com.cn
492	2016（第十一届）中国国际轨道交通展览会	上海市	上海新国际博览中心	2016.06.14—06.16	物流	上海国际展览中心有限公司	www.railmetrochina.com
493	2016中国国际隧道与地下工程技术展览会	上海市	上海新国际博览中心	2016.06.14—06.16	其他	中国土木工程学会隧道与地下工程分会、上海国际展览中心有限公司	www.tunnel-china.org
494	2016上海国际啤酒、饮料制造技术及设备展览会	上海市	上海新国际博览中心	2016.06.14—06.16	食品饮料	上海市酿酒专业协会	www.chinabeer-beverage.com
495	2016第十六届中国（国际）电机博览会暨发展论坛	上海市	上海新国际博览中心	2016.06.14—06.16	机电	中国机电产品流通协会、中国电器工业协会分马力电机分会、中国机电产品流通协会电机分会、上海电机行业协会	www.motor-china.org

续表

序号	名称	举办地区	地点	时间	所属行业	主办单位	网址
496	2016第五届中国国际航空服务产业博览会	上海市	上海新国际博览中心	2016.06.14—06.16	交通	上海高登商业展览有限公司	www.aviationfair.com.cn
497	第三届上海国际乳、乳制品及冰淇淋展览会	上海市	上海新国际博览中心	2016.06.14—06.16	其他	上海高登商业展览有限公司	www.dairyexpo.com.cn
498	2016第五届FLOWEX CHINA上海国际泵管阀展	上海市	国家会展中心（上海）	2016.06.15—06.17	其他	上海荷瑞会展有限公司CHC	www.flowex.com.cn
499	2016上海空气展	上海市	国家会展中心（上海）	2016.06.15—06.17	其他	上海荷瑞会展有限公司CHC、浙江省环保装备行业协会	www.ecotechair.com.cn
500	2016第九届AQUATECH CHINA上海国际水展	上海市	国家会展中心（上海）	2016.06.15—06.17	节能环保	荷兰阿姆斯特丹RAI国际会展中心、上海展览中心、上海荷瑞会展有限公司CHC	www.aquatechchina.com
501	2016第十八届亚洲食品配料、健康天然原料中国展	上海市	上海新国际博览中心	2016.06.21—06.23	食品饮料	欧洲博闻展览咨询有限公司、中国医药保健品进出口商会（CCCMHPIE）	www.fia-china.com
502	2016第十六届世界制药原料中国展	上海市	上海新国际博览中心	2016.06.21—06.23	其他	中国医药保健品进出口商会（CCCMHPIE）、欧洲博闻展览咨询有限公司	www.cphi-china.cn

续表

序号	名称	举办地区	地点	时间	所属行业	主办单位	网址
503	2016第七届中国国际健康与营养保健品展	上海市	上海新国际博览中心	2016.06.21—06.23	其他	中国医药保健品进出口商会（CCCMHPIE）、亚洲博闻有限公司、中华人民共和国商务部外贸发展事务局	www.hncexpo.com
504	2016上海紧固件专业展暨第七届上海汽车紧固件、冲压件、车床件展	上海市	上海世博展览馆	2016.06.23—06.25	其他	艾特恰（亚洲）展览有限公司、上搜展览有限公司	www.fastenerexpo.cn
505	2016第十五届中国国际古典家具（春季）展览会	上海市	上海展览中心	2016.06.24—06.27	家具家居	上海瑞欧展览服务有限公司	www.antiquefurniturefair.com
506	2016世界移动大会——上海	上海市	上海新国际博览中心	2016.06.27—06.29	其他	GSM协会	www.mwcshanghai.com
507	2016第二届西瓦国际木业展	上海市	上海世贸商城	2016.06.27—06.29	其他	上海木材行业协会	vipwzh.com
508	2016年中国（上海）绕线机、线圈、绝缘材料、磁性材料及电机变压器制造展览会	上海市	上海世博展览馆	2016.06.28—06.30	其他	中国贸易促进委员会电子信息行业分会、英国121展览集团	www.coilwindingexpo.com.cn

续表

序号	名称	举办地区	地点	时间	所属行业	主办单位	网址
509	2016上海国际电力元件、可再生能源管理展览会	上海市	上海世博展览馆	2016.06.28—06.30	能源矿产	法兰克福展览（香港）有限公司、德国美赛高法兰克福展览有限公司、广州光亚法兰克福展览有限公司	www.pcimasia-expo.com.cn
510	2016第十二届中国国际动漫游戏博览会	上海市	上海世博展览馆	2016.07	其他	中华人民共和国文化部、上海市人民政府	www.ccgexpo.cn
511	2016第十四届中国国际数码互动娱乐展览会	上海市	上海新国际博览中心	2016.07	其他	北京汉威信恒展览有限公司、中国音数协游戏工委、上海市新闻出版局	www.chinajoy.net
512	2016第六届中国（上海）国际木业贸易博览会	上海市	上海新国际博览中心	2016.07.05—07.07	建筑建材	上海木材行业协会	www.shjzexpo.com.cn
513	2016国际绿色建筑建材（上海）博览会	上海市	上海新国际博览中心	2016.07.05—07.07	其他	上海现代国际展览有限公司、上海市建筑材料行业协会	www.expojc.com
514	2016上海亚洲（夏季）运动用品与时尚展	上海市	上海新国际博览中心	2016.07.06—07.08	其他	慕尼黑展览（上海）有限公司	www.ispo.com.cn
515	2016中国国际机器人展览会	上海市	国家会展中心（上海）	2016.07.06—07.09	其他	中国机械工业联合会、中国机器人产业联盟、上海中机联展览有限公司	www.ciros.com.cn
516	2016上海第十八届国际投资理财金融博览会	上海市	上海光大会展中心	2016.07.08—07.10	其他	中国小微与互联网金融行业协会	www.jinrongzhan.com

续表

序号	名称	举办地区	地点	时间	所属行业	主办单位	网址
517	2016上海第二十二届创业项目投资暨连锁加盟展览会	上海市	上海光大会展中心	2016.07.08—07.10	其他	上海企顺展览服务有限公司	www.shqszh.com
518	2016上海第八届海外置业投资移民（夏季）展览会	上海市	上海光大会展中心	2016.07.08—07.10	其他	上海企顺展览服务有限公司	www.shangpuzhan.com
519	2016第十七届中国国际洗染业展览会	上海市	上海新国际博览中心	2016.07.12—07.14	家具家居	中国商业联合会、广东新之联展览服务有限公司	www.laundryexpo.cn
520	2016中国国际铝工业展览会	上海市	上海新国际博览中心	2016.07.12—07.14	其他	中国商业联合会、广东新之联展览服务有限公司	www.aluminumchina.com
521	2016第十一届中国国际压铸会议暨展览会	上海市	上海新国际博览中心	2016.07.12—07.14	其他	中国商业联合会、广东新之联展览服务有限公司	www.diecastexpo.cn
522	2016第十五届上海国际残疾人、老年人康复护理保健用品用具展览会	上海市	上海世博展览馆	2016.07.13—07.15	其他	中国医促会中老年保健专业委员会、上海聚亿展览服务有限公司	www.china-cjrexpo.com.cn

续表

序号	名称	举办地区	地点	时间	所属行业	主办单位	网址
523	2016中国（上海）医疗美容及整形设备展览会	上海市	上海世博展览馆	2016.07.13—07.15	其他	中国医促会	www.chinaymzexpo.com
524	2016第二十二届上海国际加工包装展览会	上海市	上海新国际博览中心	2016.07.13—07.15	印刷包装	华汉国际会议展览（上海）有限公司	www.propakchina.com
525	2016第十八届中国（上海）国际医疗器械展览会	上海市	上海世博展览馆	2016.07.13—07.15	医疗健康	中国医促会、中国医疗保健国际交流促进会	www.chinaylqexpo.com
526	2016第16届中国孕婴童展、童装展	上海市	国家会展中心（上海）	2016.07.20—07.22	妇婴用品	亚洲博闻有限公司	www.cbmexpo.com
527	2016上海书展暨"书香中国"上海周	上海市	上海展览中心	2016.08	媒体广告	国家新闻出版广电总局、上海市人民政府	www.shbookfair.cn
528	2016秋季中国婚博会（上海）	上海市	上海世博展览馆	2016.08	其他	上海博万会展有限公司	sh.expo.jiehun.com.cn
529	2016中国国际家用纺织品及辅料（秋冬）博览会	上海市	国家会展中心（上海）	2016.08	纺织、服装	中国国际贸易促进委员会纺织行业分会、中国家用纺织品行业协会、法兰克福展览（香港）有限公司	www.intertextilehome.com.cn
530	2016第十九届亚洲宠物展览会	上海市	上海世博展览馆	2016.08	农林牧渔	VNU亚洲展览集团上海万耀企龙展览有限公司	www.petfairasia.com

- 397 -

续表

序号	名称	举办地区	地点	时间	所属行业	主办单位	网址
531	2016第十三届上海秋季渔具展	上海市	上海东亚展览馆	2016.08	农林牧渔	上海企龙文化传播有限公司	www.yujuzhan.com
532	2016上海国际尚品家居及室内装饰展览会	上海市	上海新国际博览中心	2016.08.04—08.06	玩具礼品	中国轻工工艺品进出口商会	www.chinaluxehome.com
533	2016第110届中国日用百货商品交易会	上海市	上海新国际博览中心	2016.08.04—08.06	玩具礼品	励展华百展览（北京）有限公司	www.reedhuabai.com
534	2016第二十一届中国（上海）墙纸、布艺、地毯及家居软装饰展览会	上海市	上海新国际博览中心	2016.08.13—08.15	建筑建材	中国国际贸易促进委员会、中国建筑装饰协会、中国国际展览中心集团公司	www.shqzz.com
535	2016浦东国际汽车展览会	上海市	上海新国际博览中心	2016.08.14—08.18	交通	中国国际贸易促进委员会汽车行业分会、中国国际贸易促进委员会上海浦东分会	www.autopudong.com
536	2016年第十三届上海国际珠宝首饰展览会	上海市	上海新国际博览中心	2016.08.17—08.21	体育休闲娱乐	亚洲经贸发展促进中心、海名国际展集团	www.hmjewelryfair.com
537	2016上海国际珠宝首饰展览会—华东夏季珠宝展览会	上海市	上海新国际博览中心	2016.08.17—08.21	其他	青岛海名国际会展有限公司	www.qile-china.com

续表

序号	名称	举办地区	地点	时间	所属行业	主办单位	网址
538	2016第十三届上海模型展览会	上海市	上海跨国采购中心	2016.08.20—08.22	其他	中英合资好博塔苏斯展览有限公司	www.shmodelexpo.com.cn
539	第八届中国（上海）国际锂电工业展览会	上海市	上海新国际博览中心	2016.08.23—08.25	机电	中国电池工业协会锂电池应用专业委员会、广东省电源行业协会、广州振威国际展览有限公司	www.cnibf.net
540	2016cippe第八届中国（上海）国际石油化工技术装备展览会	上海市	上海新国际博览中心	2016.08.23—08.25	石油化工	振威展览集团天津振威展览有限公司、中国国际贸易促进委员会化工行业分会、上海市石油学会	sh.cippe.com.cn
541	2016上海国际汽车制造技术与装备及材料展览会	上海市	上海新国际博览中心	2016.08.24—08.26	交通	中国汽车工业工程公司、中国汽车工艺装备成套开发集团、上海世博集团上海现代国际展览有限公司	www.shanghaimts.com
542	2016国际质量检测分析技术及测量测试仪器仪表展览会	上海市	上海新国际博览中心	2016.08.24—08.26	其他	德国SCHALL展览公司中国办事处	www.control-china.cn
543	第十一届亚洲光伏创新技术展览会	上海市	上海跨国采购中心	2016.08.25—08.27	其他	中国国际贸易促进委员会上海浦东分会	www.asiasolar.net
544	2016第十一届上海国际渔业博览会	上海市	上海新国际博览中心	2016.08.25—08.27	农林牧渔	全国工商联水产业商会、上海歌华展览服务有限公司	www.sifse.com

续表

序号	名称	举办地区	地点	时间	所属行业	主办单位	网址
545	2016第七届上海国际冷冻冷藏食品博览会暨2016上海国际餐饮食材展览会	上海市	上海新国际博览中心	2016.08.25—08.27	食品饮料	中国同源有限公司、上海市冷冻食品行业协会、中国饭店协会、中国冻品联盟	www.ffh2b.com
546	2016中国国际皮革展	上海市	上海新国际博览中心	2016.08.31—09.02	鞋类皮革	亚太区皮革展有限公司、中国皮革工业协会	www.aclechina.com
547	2016第二十二届中国国际复合材料工业技术展览会	上海市	上海世博展览馆	2016.08.31—09.02	石油化工	中国复合材料集团有限公司、中国复合材料工业协会、中国硅酸盐学会玻璃钢分会	www.chinacompositesexpo.com
548	2016上海国际供热通风空调、城建设备与技术展览会	上海市	上海新国际博览中心	2016.08.31—09.02	机电	法兰克福展览（上海）有限公司	sh.ishc-cihe.com
549	2016第十二届中国国际轨道交通技术展览会	上海市	上海世博展览馆	2016.08.31—09.02	物流	RT轨道交通网	www.crtschina.com
550	2016第十届上海国际智能建筑展览会	上海市	上海新国际博览中心	2016.08.31—09.02	机电	广州光亚法兰克福展览有限公司、中国国际贸易促进委员会浦东分会	www.ibexpo.com
551	2016第二十八届上海国际流行纱线展示会（秋冬季）	上海市	上海世博展览馆	2016.09.01—09.03	纺织、服装	Well Link Consultants Ltd	www.spinexpo.com

续表

序号	名称	举办地区	地点	时间	所属行业	主办单位	网址
552	2016国际特许加盟（上海）展览会	上海市	上海新国际博览中心	2016.09	其他	中国连锁经营协会	www.chinafranchiseexpo.com
553	2016第五届中国国际养生食品博览会	上海市	上海国际展览中心	2016.09	其他	中国食品土畜进出口商会	www.china-dqe.com.cn, www.sh-foodexpo.com
554	2016第十九届中国国际胶黏剂及密封剂展览会暨第十一届中国国际胶黏带与标签展览会	上海市	上海世博展览馆	2016.09	印刷包装	中国贸易促进委员会化工行业分会，中国胶黏剂和胶黏带工业协会	www.chinaadhesive2000.com
555	2016中国（上海）国际时尚家居用品展览会	上海市	上海新国际博览中心	2016.09	家具家居	法兰克福展览（上海）有限公司，江苏联亚国际展览有限公司	www.il-china.com
556	2016第六届中国上海香博会	上海市	上海展览中心	2016.09	其他	中工美术学会工艺设计分会，中国上海香博会组委会	www.shxbh.com
557	2016中国茶业交易会	上海市	国家会展中心（上海）	2016.09	其他	中国茶叶流通协会	www.cnteafair.com
558	2016第三届上海国际照明展览会	上海市	上海新国际博览中心	2016.09	家具家居	中国国际贸易促进委员会上海浦东分会，广州光亚法兰克福展览有限公司	www.alighting.cn

续表

序号	名称	举办地区	地点	时间	所属行业	主办单位	网址
559	2016第九届即弃卫生用品暨生活用纸(上海)展览会	上海市	上海世贸商城	2016.09	其他	全国卫生产业企业管理协会卫生材料分会、上海生活用纸专委会	www.ahpe-china.com
560	2016第十三届中国(上海)国际玻璃工业展览会/2016第十三届中国(上海)国际玻璃艺术、装饰展览会	上海市	上海新国际博览中心	2016.09	建筑建材	北京海闽展览有限公司、浙江省行业玻璃协会、广东省玻璃行业协会、上海三玻行业协会	www.bcige.com
561	2016第38届中国(上海)国际家具博览会	上海市	国家会展中心(上海)	2016.09.07—09.10	家具家居	广东省家具协会、中国轻工工艺品进出口商会、广州市家具协会、中国对外贸易中心	www.ciff-gz.com
562	2016上海国际生物发酵产品与技术装备展览会	上海市	上海光大会展中心	2016.09.07—09.09	食品饮料	中国生物发酵产业协会	www.biozl.net
563	2016第二十二届中国国际家具展览会	上海市	上海新国际博览中心	2016.09.08—09.11	家具家居	中国家具协会、上海博华国际展览有限公司	www.furniture-china.cn
564	2016第二十二届中国国际家具生产设备及原辅材料展览会	上海市	上海世博展览馆	2016.09.08—09.11	石油化工	中国家具协会、上海博华国际展览有限公司	www.fmcchina.cn

续表

序号	名称	举办地区	地点	时间	所属行业	主办单位	网址
565	2016上海国际健身与康体博览会	上海市	上海跨国采购中心	2016.09.08—09.10	体育休闲娱乐	励展博览集团药励展展览有限责任公司	www.fibo-china.cn
566	2016第三届上海艺术影像展	上海市	上海展览中心	2016.09.09—09.11	其他	安格斯蒙哥马利艺术	cn.photoshanghai.org
567	2016第19届亚洲制造业商洽会	上海市	上海世贸商城	2016.09.09—09.10	其他	工场网信息咨询(上海)有限公司	fbcsh.factorynetasia.cn
568	2016第十二届海外置业·移民·投资(上海)展览会	上海市	上海国际会议中心	2016.09.10—09.12	其他	上海褔皮展览服务有限公司	www.opifair.com.cn
569	2016上海金融理财博览会暨研讨会(9月)	上海市	上海世贸商城	2016.09.11—09.13	其他	中国理财业协会、中国创业投资协会、中国国际贸易促进委员会上海浦东分会	www.cmfexpo.com
570	2016 BWT中国建筑水展&UWT中国城镇水展	上海市	上海新国际博览中心	2016.09.11—09.13	节能环保	中国国际贸易促进委员会上海浦东分会、中国建筑学会建筑给水排水研究分会、中国建筑金属结构协会给水排水设备分会、中国塑料加工工业协会塑料管道专业委员会、中国房地产总工之家	www.bwtexpo.com

- 403 -

续表

序号	名称	举办地区	地点	时间	所属行业	主办单位	网址
571	2016年第8届中国国际时尚发制品及美发用品展览会	上海市	上海世博展览馆	2016.09.14—09.16	其他	中国轻工工艺品进出口商会	www.hairfair.com.cn
572	2016第八届上海国际数字标牌及视听集成技术展览会	上海市	上海新国际博览中心	2016.09.16—09.18	文化艺术教育	上海博华国际展览有限公司	www.chinadigitalsignage.org
573	2016第九届中国上海红木艺术家具展览会	上海市	上海展览中心	2016.09.18—09.21	家具家居	中国工艺美术学会工艺设计分会、中国上海红木艺术家具展览会组委会	www.hongmuexpo.com
574	2016中国（上海）国际汽车升级及配套产品展览会暨2016中国（上海）改装车展	上海市	上海汽车会展中心	2016.09.18—09.21	交通	中国汽车用品联合会、中国汽车维修行业协会、全国工商联汽摩配用品业商会生产制造分会、上海国际汽车城（集团）有限公司、世博集团上海国际汽车城东浩会展中心有限公司	www.cn-autosalon.com
575	2016第十四届上海国际广告标识展	上海市	上海新国际博览中心	2016.09.19—09.22	媒体广告	广州闽信展览服务有限公司	www.signchina-sh.com
576	2016第十二届上海国际LED暨LED照明展	上海市	上海新国际博览中心	2016.09.19—09.22	家具家居	广州闽信展览服务有限公司	www.ledchina-gz.com
577	2016中国国际轴承及其专用装备展览会	上海市	上海世博展览馆	2016.09.20—09.23	其他	中国轴承工业协会	www.bearingfair.cn

续表

序号	名称	举办地区	地点	时间	所属行业	主办单位	网址
578	2016全球云计算大会（中国站）	上海市	上海国际会议中心	2016.09.20—09.22	文化艺术教育	亚洲博闻有限公司	www.cloudconnectevent.cn
579	2016（第十五届）中国国际化工展览会	上海市	上海光大会展中心	2016.09.21—09.23	石油化工	中国石油和化学工业联合会	www.icif.cn
580	2016第十五届中国（上海）国际跨国采购大会	上海市	上海世博展览馆	2016.09.22—09.24	其他	中华人民共和国商务部、上海市人民政府	fair.sourcing.org.cn
581	2016第十四届绿色医院建筑设计与装备（上海）展览会	上海市	上海世贸商城	2016.09.24—09.26	医疗健康	全国卫生产业企业管理协会、全国卫生产业企业管理协会卫生材料分会	www.21cse.com.cn
582	中华口腔医学会第18次全国口腔医学学术会议/2016上海国际口腔设备器材博览会	上海市	国家会展中心（上海）	2016.09.25—09.28	医疗健康	中华口腔医学会、励展博览集团国药励展展览有限责任公司	www.chinadentalshow.com
583	2016第十八届上海国际机床机器人及智能工厂展览会	上海市	国家会展中心（上海）	2016.09.25—09.28	其他	上海东博文化发展有限公司	www.eastpo.net

续表

序号	名称	举办地区	地点	时间	所属行业	主办单位	网址
584	2016中国国际汽车商品交易会	上海市	国家会展中心（上海）	2016.09.25—09.27	交通	中国通用技术集团	www.iapechina.com
585	2016第十届中华老字号博览会	上海市	上海展览中心	2016.09.25—09.28	其他	上海市商务委员会、上海市经济和信息化委员会、黄浦区人民政府、中国商业联合会中华老字号工作委员会	www.chinalaozihao.com
586	2016第十四届中国国际轮胎博览会	上海市	上海世博展览馆	2016.09.26—09.28	其他	北京海富展览服务有限公司、上海拓辟展览服务有限公司	www.citexpo.com.cn
587	2016上海汽车测试及质量监控博览会（中国）	上海市	上海世博展览馆	2016.09.27—09.29	其他	北京海富展览服务有限公司	www.testing-expo.com
588	2016第十二届上海国际内衣泳装原辅料展	上海市	上海展览中心	2016.10	纺织、服装	法国欧罗维特展览公司	www.intertextile.com.cn
589	2016中国国际纺织面料及辅料（秋冬）博览会	上海市	国家会展中心（上海）	2016.10	纺织、服装	中国纺织工业联合会	www.interfiliere.com
590	2016第二十三届中国国际纸浆造纸暨纸制品工业展览会及会议	上海市	上海国际展览中心	2016.10	印刷包装	Adforum公司、美国克劳斯公司	www.chinapaperexpo.cn
591	2016中国（上海）国际乐器展览会	上海市	上海新国际博览中心	2016.10	体育休闲娱乐	中国乐器协会	www.musicchina-expo.com

续表

序号	名称	举办地区	地点	时间	所属行业	主办单位	网址
592	2016 上海国际供热及热动力技术展览会/第十四届上海国际锅炉、辅机及工艺设备展览会/2016 上海国际生物质能利用及技术展览会	上海市	上海世博展览馆	2016.10	其他	中国电器工业协会电炉及工业炉分会、上海工业锅炉研究所	www.heatecchina.com
593	2016 中国国际文具及办公用品展览会	上海市	上海新国际博览中心	2016.10	办公用品	法兰克福展览（上海）有限公司，中国轻工工艺品进出口商会，广州外贸华南展览有限公司	www.paperworldchina.com
594	SFEC2016 第十一届上海高端进口食品与饮料展览会	上海市	上海光大会展中心	2016.10	食品饮料	上海富邦展览服务有限公司	fd.cofe-expo.com
595	第十一届上海（秋季）餐饮进口食博览会	上海市	上海光大会展中心	2016.10	其他	上海企顺展览服务有限公司	www.qscyz.com
596	2016 第十五届中国国际玩具及教育设备展览会	上海市	上海新国际博览中心	2016.10	妇婴用品	中国玩具和婴童用品协会	www.china-toy-expo.com
597	2016 上海国际品牌授权展览会	上海市	上海新国际博览中心	2016.10	其他	中国玩具和婴童用品协会、中工美国际展览有限责任公司	www.chinalicensingexpo.com

续表

序号	名称	举办地区	地点	时间	所属行业	主办单位	网址
598	2016第十二届上海国际金属工业展览会	上海市	上海新国际博览中心	2016.10	其他	中国金属学会、上海金属学会、宝钢集团有限公司	www.metalexpo.cc
599	2016第十六届中国国际五金展	上海市	国家会展中心（上海）	2016.10	五金	中国五金制品协会、德国科隆国际展览有限公司、全国工商联五金机电商会、中国国际贸易促进委员会轻工行业分会	www.cihs.com.cn
600	2016第二十届中国国际口腔器材展览会暨学术研讨会	上海市	上海世博展览馆	2016.10	医疗健康	中国国际科技会议中心、上海交通大学医学院附属第九人民医院	www.dentech.com.cn
601	2016第四届中国（上海）蒸发及结晶技术设备展览会	上海市	上海跨国采购中心	2016.10	文化艺术教育	中国石油和化学工业联合会、中国石油和化学工业联合会技术装备办公室蒸发及结晶技术专业委员会、中国化工学会化工工程专业委员会蒸发专业学组	www.shecexpo.com
602	2016第十五届国际电磁兼容暨微波展览会	上海市	上海光大会展中心	2016.10	其他	上海优创创展览服务有限公司	www.emcexpo.com
603	2016第十六届全国农药交流会暨农化产品展览会	上海市	上海世博展览馆	2016.10	其他	中国农药工业协会	www.agrochemex.net
604	2016（第十二届）中国国际水处理化学品技术及应用展览会	上海市	上海世博展览馆	2016.10	其他	中国化工信息中心、全国功能高分子行业委员会	www.waterchem.com.cn

续表

序号	名称	举办地区	地点	时间	所属行业	主办单位	网址
605	2016 第 23 届上海国际美容美发化妆品博览会（秋季）	上海市	上海光大会展中心	2016.10	其他	上海美容美发行业协会、东方国际集团广告展览有限公司	www.meirongexpo.com
606	2016 富世·第十六届海外置业投资移民展	上海市	上海展览中心	2016.10.03—10.06	其他	VNU 亚洲展览集团 上海万耀企龙展览有限公司	www.chinarealestatexpo.com
607	2016 假日楼市·上海房地产（秋）季展示会	上海市	上海展览中心	2016.10.03—10.06	其他	上海展览中心、VNU 展览集团 VNU Exhibitions Europe、上海协作国际展览有限公司	www.springre.com
608	2016 上海国际珠宝展暨黄金珠宝创意产业博览会	上海市	上海世博展览馆	2016.10.08—10.11	其他	上海珠宝玉石首饰行业协会、中国黄金协会、上海黄金饰品行业协会、上海市工商联黄金珠宝商会	www.jewelleryshanghai.com
609	2016 上海国际包装制品与材料展览会	上海市	上海光大会展中心	2016.10.10—10.12	印刷包装	中华全国工商业联合会、中国包装联合会、中国包装行业协会	www.hexinexpo.com
610	第四届上海国际切削工具及装备展览会	上海市	上海世博展览馆	2016.10.11—10.13	五金	中国机械工业金属切削刀具技术协会、成都工具研究所有限公司、灵硕集团控股有限公司	www.cctechina.com
611	2016 针织博览会暨时尚第一汇（秋季）	上海市	国家会展中心（上海）	2016.10.13—10.15	纺织、服装	中国纺织工业联合会	www.phvalue.org

- 409 -

续表

序号	名称	举办地区	地点	时间	所属行业	主办单位	网址
612	2016中国国际服装服饰博览会（秋季）	上海市	国家会展中心（上海）	2016.10.13—10.15	纺织、服装	中国服装协会、中国国际贸易中心股份有限公司、中国国际贸易促进委员会纺织行业分会	autu.cn.chiconline.com.cn
613	IPB 2016 第十四届中国国际粉体加工／散料输送展览会	上海市	上海跨国采购中心	2016.10.13—10.15	石油化工	中国颗粒学会、纽伦堡会展服务（上海）有限公司	www.ipbexpo.com
614	2016上海第十九届国际投资理财金融博览会	上海市	上海光大会展中心	2016.10.16—10.18	其他	中国小微与互联网金融行业协会	www.jinrongzhan.com
615	2016上海第二十三届创业项目投资暨连锁加盟展览会	上海市	上海光大会展中心	2016.10.16—10.18	其他	上海企顺展览服务有限公司	www.shqszh.com
616	第十二届上海国际汽车（定制）改装博览会	上海市	上海世博展览馆	2016.10.19—10.21	其他	中国汽车工业国际合作有限公司、汽车品牌科技研究中心	www.rachina.org
617	2016中国国际婴童用品展览会	上海市	上海新国际博览中心	2016.10.19—10.21	妇婴用品	中国玩具和婴童用品协会、德国科隆国际展览有限公司	www.china-kids-expo.com
618	2016中国（上海）国际游乐设施设备博览会	上海市	上海世博展览馆	2016.10.21—10.23	其他	中国游艺机游乐园协会	www.caapa.org

续表

序号	名称	举办地区	地点	时间	所属行业	主办单位	网址
619	2016中国国际厨房博览会	上海市	国家会展中心（上海）	2016.10.21—10.23	家具家居	中国五金制品协会、德国现代厨房协会	www.cikb.com.cn
620	2016中国国际医疗设备设计与技术展	上海市	上海世博展览馆	2016.10.26—10.28	其他	汇科传讯集团、中国国际贸易促进委员会上海分会	www.medtecchina.com
621	2016上海国际专业灯光音响展览会	上海市	上海新国际博览中心	2016.10.26—10.29	其他	上海国际展览中心有限公司、法兰克福展览（上海）有限公司	prolight-sound-hk.messefrankfurt.com
622	2016中国汽车工程学会年会暨展览会	上海市	上海汽车会展中心	2016.10.27—10.29	其他	中国汽车工程学会、纽伦堡会展服务（上海）有限公司	www.caemex.cn
623	2016亚洲国际动力传动与控制技术展览会	上海市	上海新国际博览中心	2016.10.27—10.30	其他	中国液压气动密封件工业协会、中国机械通用零部件工业协会	www.ptc-asia.com
624	2016中国国际教育展（上海）	上海市	上海世博展览馆	2016.10.29—10.30	文化艺术教育	中国教育国际交流协会	www.chinaeducationexpo.com
625	2016第二十五届上海连锁加盟展览会（秋季）	上海市	上海展览中心	2016.10.30—11.01	其他	上海市商业联合会、上海连锁经营协会	www.sh-ylbxhz.com

续表

序号	名称	举办地区	地点	时间	所属行业	主办单位	网址
626	2016第十七届中国制冷、空调与热泵节能博览会	上海市	上海光大会展中心	2016.11	其他	中华人民共和国商务部外贸发展事务局	www.hvacrex.com
627	2016第四届上海国际海洋技术与工程设备展览会	上海市	上海跨国采购中心	2016.11	其他	励展博览集团	www.oichina.com.cn
628	2016第八届上海国际减灾应急安全博览会/中国（上海）国际智慧城市建设与发展博览会/上海国际校园安全与智慧教育装备博览会	上海市	上海新国际博览中心	2016.11	其他	欧洲经济发展一体化委员会（AEI）中国办公室，四川省都江堰市人民政府，上海市商务委员会，中国高等教育学会保卫学专业委员会，教育部教育信息化技术标准委员会	www.smartcitychina.com.cn，www.disasterchina.org
629	2016第六届上海秋茶展	上海市	上海国际展览中心	2016.11	其他	上海市商业联合会，上海市经济团体联合会，中国长三角合作（上海）组织，上海市茶叶行业协会	www.goodtea.org.cn
630	2016上海理财博览会	上海市	上海展览中心	2016.11	其他	上海《理财周刊》社、VNU欧洲展览集团	www.moneyfair.org

续表

序号	名称	举办地区	地点	时间	所属行业	主办单位	网址
631	2016第二十一届中国（国际）小电机技术展览会暨第十七届中国（国际）磁性材料技术展览会	上海市	上海光大会展中心	2016.11	能源矿产	中国电子科技集团公司，中国电子元件行业协会微特电机与组件分会，中国电工技术学会微特电机专委会，国家微特电机及组件产品质量监督检验中心，中国电子科技集团公司第二十一研究所	www.emotorcn.com
632	2016中国国际精细化工及定制化学品展览会	上海市	上海世博展览馆	2016.11	其他	中国国际贸易促进委员会化工行业分会，浙江网盛生意宝股份有限公司	www.specchemchina.com
633	2016中国上海国际童书展	上海市	上海世博展览馆	2016.11	媒体广告	上海市新闻出版局，中国教育出版传媒集团有限公司，环球新闻出版发展有限公司	www.ccbookfair.com
634	2016歌华（第十四届）中国上海国际车用空调及冷藏技术展览会	上海市	上海光大会展中心	2016.11	机电	中国同源有限公司	www.autocoolexpo.com
635	2016中国国际医药（化妆品）工业展览会暨技术交流会	上海市	上海新国际博览中心	2016.11	其他	中国食品药品国际交流中心	www.china-pharm.net
636	全球零售自有品牌产品亚洲展·2016上海	上海市	上海新国际博览中心	2016.11	其他	上海市品牌授权经营企业协会自有品牌专业委员会（PLSC），自有品牌制造商协会（PLMA）	www.plfasia.com

续表

序号	名称	举办地区	地点	时间	所属行业	主办单位	网址
637	2016第十一届中国（上海）国际肉类工业展览会	上海市	上海光大会展中心	2016.11	食品饮料	上海市肉类协会、上海津通商务咨询有限公司、东方国际集团广告展览有限公司、上海联视文化传播有限公司、上海市现代食用农产品交流促进中心	www.meatexpo.com.cn
638	2016第十八届中国国际工业博览会	上海市	国家会展中心（上海）	2016.11.03—11.07	机电	中华人民共和国国家发展和改革委员会、中华人民共和国商务部、中华人民共和国工业和信息化部、中国科学院、中国工程院、中国国际贸易促进委员会、中华人民共和国文化部、上海市人民政府、联合国工业发展组织	www.ciif-expo.com
639	2016第二十二届中国国际电源展览会	上海市	上海新国际博览中心	2016.11.03—11.07	能源矿产	中国电源学会	www.cpsexpo.cn
640	2016第十四届中国（上海）国际保温材料与节能技术展览会	上海市	上海新国际博览中心	2016.11.04—11.06	建筑建材	中国建筑节能协会、中国绝热节能材料协会、上海市绿色建筑协会、中国房地产总工之家、中国国际贸易促进委员会上海浦东分会	www.baowenzhan.com.cn
641	2016第88届中国电子展	上海市	上海新国际博览中心	2016.11.11—11.13	机电	中国电子器材总公司	www.icef.com.cn

续表

序号	名称	举办地区	地点	时间	所属行业	主办单位	网址
642	2016上海国际食品饮料及餐饮设备展览会	上海市	上海新国际博览中心	2016.11.11—11.13	食品饮料	华汉国际会议展览（上海）有限公司	www.fhcchina.com
643	第十六届中国国际橡胶技术展览会暨2016中国国际橡胶胶材料展览会	上海市	上海新国际博览中心	2016.11.11—11.13	其他	中联橡胶有限责任公司，中国天然橡胶协会，中国合成橡胶工业协会	www.rubbertech.com.cnIndex.aspx
644	2016第二十届中国烘焙展览会（上海）	上海市	国家会展中心（上海）	2016.11.13—11.15	食品饮料	中华全国工商业联合会烘焙业公会	www.baking-china.com
645	2016中国（国际）调味品及食品配料博览会	上海市	上海光大会展中心	2016.11.25—11.27	其他	中国调味品协会	www.cfe-expo.com
646	2016全国名优特农副产品（上海）交易博览会	上海市	上海光大会展中心	2016.12	农林牧渔	上海金喜展览服务有限公司	
647	2016上海国际汽车零配件、维修检测诊断设备及服务用品展览会	上海市	国家会展中心（上海）	2016.12	交通	中国汽车工业国际合作总公司，法兰克福展览（香港）有限公司	www.autopartsshanghai.com, automechanika-shanghai.hk, messefrankfurt.com

续表

序号	名称	举办地区	地点	时间	所属行业	主办单位	网址
648	2016第十六届全国农产品（上海）交易博览会	上海市	上海光大会展中心	2016.12	农林牧渔	上海市农学会、中国健康绿色发展促进会、中国合作贸易企业协会、中国食文化研究会、上海华港展览服务有限公司	www.agriexpo.com.cn
649	2016第十五届上海国际袋式除尘技术与设备展览会暨研讨会	上海市	上海世贸商城	2016.12.02—12.04	家具家居	中国环境保护产业协会袋式除尘委员会、中国职业安全健康协会工业防尘专业委员会、东北大学、国家工业烟气除尘工程技术中心、中国环境保护产业协会城市生活垃圾处理专业委员会	www.bagfilter.net
650	2016第十七届上海国际葡萄酒及烈酒展览会	上海市	上海光大会展中心	2016.12.04—12.06	食品饮料	上海高登商业展览有限公司	www.winefair.com.cn
651	2016冬季中国婚博会（上海）	上海市	上海世博展览馆	2016.12.12—12.13	其他	上海博万会展有限公司	www.jiehun021.com
652	2016海宁中国皮革原料、辅料展	浙江省	海宁中国皮革城	2016.03	纺织、服装	海宁市人民政府	
653	2016第十六届浙江国际智能楼宇技术与安防产品展览会	浙江省	浙江世贸国际展览中心	2016.03	公共安全	浙江省土木建筑学会	

续表

序号	名称	举办地区	地点	时间	所属行业	主办单位	网址
654	2016第九届中国（杭州）国际花园、户外家具及休闲用品展览会	浙江省	杭州和平国际会展中心	2016.03	其他	杭州市人民政府、中国轻工工艺品进出口商会、浙江省商务厅	www.outdoorhangzhou.com.cn
655	2016第十七届中国（杭州）国际纺织面料、辅料博览会	浙江省	杭州和平国际会展中心	2016.06	纺织、服装	杭州国际商会服装专员委员会、中国国际商会杭州商会	www.tex-zj.com
656	2016第三届浙江（杭州）五金紧固件产业博览会	浙江省	杭州和平国际会展中心	2016.09	五金	浙江紧固件行业协会	www.fasteners-hz.com
657	2016第37届中国浙江国际自行车、电动车展览会	浙江省	杭州白马湖国际会展中心	2016.11	其他	浙江省自行车电动车行业协会、浙江省自行车电动车商会	www.huada-expo.com
658	2016第五届浙江国际养老服务业博览会	浙江省	杭州和平国际会展中心	2016.11	其他	浙江省老龄工作委员会、中国国际贸易促进委员会浙江省分会、浙江日报报业集团、浙江省残疾人联合会、浙江省商务厅、浙江省民政厅	www.zjlaobohui.com
659	2016第十四届长三角（嘉兴）智能机械装备博览会	浙江省	嘉兴国际会展中心	2016.05	其他	嘉兴市商务局	www.csjexpo.com

续表

序号	名称	举办地区	地点	时间	所属行业	主办单位	网址
660	2016中国国际紧固件产业博览会（嘉兴）	浙江省	嘉兴国际会展中心	2016.10	其他	中国机电产品进出口商会、嘉兴市人民政府	www.jgzh.com
661	2016第五届宁波国际时尚礼品及家庭用品展览会	浙江省	宁波国际会议展览中心	2016.03	玩具礼品	宁波市人民政府、中国国际贸易促进委员会宁波分会	
662	2016第二十五届宁波国际汽车博览会	浙江省	宁波国际会议展览中心	2016.03	交通	宁波江东前程展览有限公司	www.qczlnb.com
663	2016第十七届中国国际机械工业展览会	浙江省	宁波国际会议展览中心	2016.03	建筑建材	宁波市人民政府、中国机械设备工程股份有限公司	www.chinamaching.cn
664	2016第十三届中国国际文具礼品博览会	浙江省	宁波国际会议展览中心	2016.03	玩具礼品	中国国际贸易促进委员会、宁波市人民政府	expo.21wenju.com
665	2016宁波国际家居博览会（4月）	浙江省	宁波国际会议展览中心	2016.04	家具家居	中国轻工业联合会、宁波市人民政府	www.cliexpo.org
666	2016中国（宁波）国际智能电表暨智能低压电器展览会	浙江省	宁波国际会议展览中心	2016.05	机电	宁波电子行业协会	
667	2016第十二届中国模具之都博览会	浙江省	宁波国际会议展览中心	2016.05	其他	中国机械工业联合会、宁波市经济和信息化委员会、中国机械工程学会	

续表

序号	名称	举办地区	地点	时间	所属行业	主办单位	网址
668	2016中国（宁波）国际灯具灯饰采购交易会	浙江省	宁波国际会议展览中心	2016.05	家具家居	上海易盛展览服务有限公司、宁波电子行业协会	www.yishengexpo.com
669	2016中国宁波国际工程塑料与改性塑料展览会	浙江省	宁波国际会议展览中心	2016.05	其他	宁波市塑料行业协会、际华展览服务（上海）有限公司、宁波市橡胶商会、宁波市热塑性弹性体商会、宁波市塑料机械行业协会	www.nbplas.com
670	2016第十四届宁波国际纺织面料、辅料及纱线展览会	浙江省	宁波国际会议展览中心	2016.05	纺织、服装	宁波市服装协会	www.nb-tex.com
671	2016"制造者"外贸工厂展览会	浙江省	宁波国际会议展览中心	2016.06	经贸活动	宁波江东前程展览有限公司	www.qczlnb.com
672	2016第十八届中国浙江投资贸易洽谈会	浙江省	宁波国际会议展览中心	2016.06	经贸活动	浙江省人民政府	www.zjits.com
673	2016第十五届中国国际日用消费品博览会	浙江省	宁波国际会议展览中心	2016.06	体育休闲娱乐	浙江省人民政府、中华人民共和国商务部	www.cicgf.com
674	2016第二十六届宁波国际汽车博览会	浙江省	宁波国际会议展览中心	2016.08	交通	宁波江东前程展览有限公司	

续表

序号	名称	举办地区	地点	时间	所属行业	主办单位	网址
675	2016第六届中国（宁波）智慧城市技术与应用产品博览会	浙江省	宁波国际会议展览中心	2016.09	其他	中华人民共和国工业和信息化部、中国科学院、国家新闻出版广电总局	
676	2016中国国际（宁波）水表博览会	浙江省	宁波国际会议展览中心	2016.09	机电	宁波江东博展览有限公司	www.expoiningbo.com
677	2016宁波国际旅游展览会	浙江省	宁波国际会议展览中心	2016.09	其他	宁波中博国际展览有限公司、中国国际贸易促进委员会宁波分会	www.nbwire.com
678	2016中国（宁波）国际电线电缆展览会	浙江省	宁波国际会议展览中心	2016.11	五金	宁波市电线电缆商会、际华展览服务（上海）有限公司、宁波市建筑电气学术委员会、宁波市电力行业协会、宁波市电工电气行业协会	
679	2016中小型工厂展览会	浙江省	宁波国际会议展览中心	2016.12	建筑建材	宁波江东前程展览有限公司	www.qczlnb.com
680	2016中国（宁波）国际茶业博览会	浙江省	宁波国际会议展览中心	2016.12	其他	中国国际茶文化研究会、中国茶叶学会	www.teaexpo.cc
681	2016绍兴春季国际家居博览会	浙江省	中国轻纺城国际会展中心	2016.04	家具家居	绍兴县报社	

续表

序号	名称	举办地区	地点	时间	所属行业	主办单位	网址
682	2016（春季）中国（柯桥）国际纺织品面料博览会	浙江省	中国轻纺城国际会展中心	2016.05	纺织、服装	浙江省绍兴市柯桥区人民政府	www.kqexpo.com
683	2016中国柯桥国际纺织品博览会	浙江省	中国轻纺城国际会展中心	2016.10	纺织、服装	浙江省人民政府、中国商业联合会、中国纺织工业联合会、中国国际贸易促进委员会	www.ctcte.com
684	2016中国（台州）水暖阀门卫浴博览会	浙江省	台州市国际会展中心	2016.02	家具家居	台州市经信委	
685	2016第十三届中国·台州（黄岩）电动车及零部件展览会	浙江省	台州市国际会展中心	2016.03	体育休闲娱乐	台州市经信委	
686	第十二届中国（台州）机床·工模具展览会	浙江省	台州市国际会展中心	2016.03	机电	中国国际贸易促进委员会台州市支会	www.itzjcz.com
687	2016中国台州眼镜业展览会	浙江省	台州市国际会展中心	2016.04	其他	台州市人民政府	
688	2016台州住宅产品博览会	浙江省	台州市国际会展中心	2016.04	其他	台州市路桥区人民政府	tz.loupan.com

续表

序号	名称	举办地区	地点	时间	所属行业	主办单位	网址
689	2016中国（温州）国际工业博览会	浙江省	温州国际会展中心	2016.03	机电	温州市人民政府、中国机床总公司、温州模具协会	www.cwiif.com
690	第二十三届中国（温州）国际胶塑模具及塑胶工业展览会	浙江省	温州国际会展中心	2016.03	机电	温州市人民政府、中国机床总公司	
691	2016第十四届"魅力之都"温州国际汽车展览会	浙江省	温州国际会展中心	2016.04	交通	温州市汽车流通行业协会	auto.donnor.com
692	2016第十四届中国（温州）国际眼镜业展览会	浙江省	温州国际会展中心	2016.05	体育休闲娱乐	温州市人民政府、浙江省眼镜行业协会	www.donnor.com
693	2016中国国际合成革展览会	浙江省	温州国际会展中心	2016.08	鞋类皮革	中国塑料加工工业协会	www.chinaleatherfair.cn
694	2016第十一届中国（温州）机械装备展览会	浙江省	温州国际会展中心	2016.10	其他	中国机械工业联合会、温州市人民政府	www.cwmee.cn
695	2016第十一届义乌消费品出口交易会	浙江省	义乌国际博览中心	2016.04	体育休闲娱乐	中华人民共和国商务部外贸发展事务局、义乌市人民政府	www.yiwusourcingfair.com

续表

序号	名称	举办地区	地点	时间	所属行业	主办单位	网址
696	2016义乌化妆品、日化产品原料及设备包装展	浙江省	义乌国际博览中心	2016.04	体育休闲娱乐	中华人民共和国商务部外贸发展事务局、义乌市人民政府	
697	2016第十三届中国国际五金电器博览会	浙江省	义乌国际博览中心	2016.04	五金	中国五金交电化工商业协会、义乌市人民政府	www.ywexpo.cn
698	2016第十一届中国义乌文化产业交易会	浙江省	义乌国际博览中心	2016.04	其他	中华人民共和国文化部、中国国际贸易促进委员会、浙江省人民政府	www.ssofair.com
699	2016第四届聚汇·孕婴童用品博览会	浙江省	义乌国际博览中心	2016.05	妇婴用品	中国百货商业协会、金华聚汇展览服务有限公司	www.cpbcf.com
700	2016中国义乌国际旅游商品博览会	浙江省	义乌国际博览中心	2016.05	其他	中国国家旅游局、浙江省人民政府	
701	2016中国义乌国际小商品博览会	浙江省	义乌国际博览中心	2016.10	其他	浙江省人民政府、中国轻工业联合会、中国商业联合会、中华人民共和国商务部、中国国际贸易促进委员会浙江省分会	
702	2016第九届中国义乌国际森林产品博览会	浙江省	义乌国际博览中心	2016.11	其他	国家林业局、浙江省人民政府	www.forestryfair.com
703	2016中国义乌国际装备制造业博览会	浙江省	义乌国际博览中心	2016.11	机电	浙江省人民政府	www.me-expo.com.cn

续表

序号	名称	举办地区	地点	时间	所属行业	主办单位	网址
704	2016第十七届中国（义乌）国际袜子、针织及染整机械展览会	浙江省	义乌国际博览中心	2016.11	纺织服装	浙江省人民政府	
705	2016中国永康国际门业博览会	浙江省	永康国际会展中心	2016.05	家具家居	中国建筑金属结构协会、永康市人民政府、中国商业联合会、中国房地产业协会	www.chidf.com
706	2016中国五金博览会	浙江省	永康国际会展中心	2016.09	五金	中国国际贸易促进委员会、中国国际贸易促进委员会浙江省分会、中国商业联合会、中国轻工业联合会	www.chhwf.com

资料来源：《中国博览会和展览会（2016）》、e展网和展馆公开信息等。

图书购买或征订方式

关注官方微信和微博可有机会获得免费赠书

 淘宝店购买方式：
直接搜索淘宝店名：**科学技术文献出版社**

 微信购买方式：
直接搜索微信公众号：**科学技术文献出版社**

 重点书书讯可关注官方微博：
微博名称：**科学技术文献出版社**

 电话邮购方式：
联系人：王　静
电话：010-58882873，13811210803
邮箱：3081881659@qq.com
QQ：3081881659

汇款方式：
户　名：科学技术文献出版社
开户行：工行公主坟支行
帐　号：0200004609014463033